1° Y²
5569

FILLEULS DE NAPOLÉON

Capitaine DANRIT

Filleuls de Napoléon

Illustrations de
PAUL DE SÉMANT

Histoire d'une Famille de Soldats

2ᵉ Période : 1830-1870

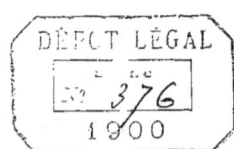

PARIS
LIBRAIRIE CH. DELAGRAVE
15, RUE SOUFFLOT, 15

Au bon petit Français,
au futur soldat qu'est
Jean de Sémant,

j'offre ce livre des "Filleuls
de Napoléon", suite de l'Histoire
de ce "Jean Tapin" que le crayon
de Paul de Sémant fait
revivre ici, sous les traits
intelligents et avec le
regard profond de son
fils.

Je mets en même
temps dans cette dédicace
mon amicale gratitude
pour l'artiste qui,
depuis dix ans, parse-
mant mes modestes
essais, d'illustrations
aussi fidèles que vivantes,
m'a puissamment aidé
dans ma tâche de glorifier l'Armée française
et de rappeler aux oublieux que la Patrie est mutilée.

L. Riaut

Décembre 99.

Comm^t le 1er Bat^on de
Chasseurs à pied.

FILLEULS DE NAPOLÉON

HISTOIRE
d'une Famille de Soldats

*

DEUXIÈME
GÉNÉRATION
1807-1870

*

CHAPITRE Ier

SUR LA TERRE
D'AFRIQUE

— C'est égal! mon cher de Nessy, vous direz ce que vous voudrez! Je n'en démords pas!... La flotte devrait être ici... mouillée en rade d'Alger, côte à côte avec notre brick et la division navale chargée du blocus...

Raoul de Nessy, enseigne de vaisseau, commandant en second le brick de guerre l'*Aventure*, eut un léger sourire; et, interrompant son interlocuteur, un sous-lieutenant de chasseurs à cheval, au visage plein et rose, mais dont la physionomie, un peu enfantine au repos, s'éclairait soudain d'un regard énergique :

— Mon cher Cardignac, dit-il, vous parlez en cavalier que rien n'arrête; en chasseur à cheval qui n'apprécie que cette formule : « En avant!... pour charger... au galop!!... » Vous ne songez pas qu'une flotte ne se mène pas comme un escadron et qu'il est une puissance avec laquelle, nous autres marins, nous devons compter : le vent... ami ou ennemi selon son bon plaisir... Patience, mon cher, patience! Vous aurez tout le temps de vous dédommager en jouant du sabre avec les Arabes et les Turcs...

Henri Cardignac eut une moue impatientée.

— N'importe! fit-il, c'est singulier!... Comment! le vice-amiral Duperré détache notre brick pour annoncer son arrivée; nous avons quitté Toulon en même temps que lui; voilà quarante-huit heures que nous sommes ici, et la flotte n'est pas encore en vue!... C'est à croire qu'il lui est arrivé malheur...

— Non! repartit vivement l'officier de marine. Je ne crois pas à un malheur : la flotte est en marche; mais notre avance n'a rien d'étonnant, car l'*Aventure* est un marcheur exceptionnel, et c'est évidemment cette raison qui l'a fait désigner par l'amiral comme éclaireur d'avant-garde.

— Que serait-ce donc, alors, s'écria en riant Henri Cardignac, si les idées de mon frère Jean prenaient corps!...

Et devant le regard interrogateur de M. de Nessy :

— Oui, poursuivit le jeune sous-lieutenant, non sans une pointe de raillerie, j'ai mon frère Jean, mon frère jumeau, qui est déjà, paraît-il, un savant très distingué; il est artilleur et sort de Polytechnique; il a sans cesse le nez dans les chiffres, et couche avec les plans des nouvelles inventions; or il prétendait, l'autre jour, que, dans un avenir prochain, tous vos navires supprimeraient la voile et ne marcheraient plus qu'à la vapeur, comme ces machines qui commencent à se répandre dans l'industrie.

— Les machines de Watt : oui, votre frère a raison, dit gravement l'enseigne de vaisseau; c'est l'avenir!

— Vraiment! Vous aussi, mon cher marin! fit Henri un peu démonté par l'assurance de cette réponse, vous y croyez?

— J'y crois !

— Ah !... Pourtant l'Empereur Napoléon n'y a pas cru...

— Ne dites pas cela, Cardignac. Je suis persuadé qu'au fond, l'Empereur a reconnu que la découverte de Fulton était géniale ; mais il n'a pas eu le temps de la faire entrer dans la pratique : elle n'était d'ailleurs pas mûre alors, tandis qu'aujourd'hui...

— Un grain !... par le travers !... Bâbord derrière !...

Ces mots, lancés par un gabier du vigie, tombèrent du haut des hunes, coupant la phrase de l'enseigne de vaisseau.

Brusquement, celui-ci fit demi-tour et sonda du regard la direction désignée.

— C'est vrai ! murmura-t-il... un fort grain !

Puis, laissant Cardignac sur le gaillard d'arrière, M. de Nessy dégringola l'escalier à rampe de cuivre et se dirigea rapidement vers la passerelle.

C'était vrai ! un fort grain arrivait en effet sur la flotte de blocus.

Dans la brume envahissante, une buée montait des flots, estompant en silhouette confuse la ville d'Alger, dont on ne distinguait déjà plus que les fanaux.

A la droite du brick l'*Aventure*, les vaisseaux de haut bord de la division française commençaient à danser fortement sur les vagues, qui déjà moutonnaient, devenaient furieuses. Dans le ciel, envahi par la nuit, une épaisse nuée d'orage accourait à toute vitesse. Simple petit nuage noir lorsque la vigie l'avait aperçue, elle grossissait à vue d'œil, poussée par une rafale de vent d'ouest ; et avec elle, arrivait aussi une pluie cinglante.

— Tonnerre de Lorient ! grogna le maître-timonier qui venait de se poster près de la roue du gouvernail... — Est-ce que ça se gâterait ?... On dirait que ça chasse !

— Bah ! questionna Henri Cardignac ;... ce ne sera pas grave.

— Savoir !... mon officier ! Savoir !...

Effectivement, le grain devenait tempête. La mâture craqua ; les cordages sifflèrent sous l'effort du vent ; les vagues, soulevées, secouèrent rageusement l'*Aventure*, dont les chaînes d'ancre gémirent.

Malgré le danger d'une pareille manœuvre en pleine tempête, les matelots, sur l'ordre du commandant, le lieutenant de vaisseau d'Assigny, se précipitèrent, escaladant les haubans, gravissant les échelles. Cramponnés aux vergues, ils réussirent à carguer les voiles qui se trouvaient à demi déployées, dans la position d'attente.

Devant un semblable mépris du danger, le jeune sous-lieutenant de cavalerie ne put s'empêcher de pousser un « bravo! » à l'adresse de ces audacieux.

Pourtant, tout brave qu'il fût lui-même, il sentait une intense émotion l'envahir. Ce cataclysme subit, ce déchaînement des éléments auquel il assistait pour la première fois, le surprit et lui fit passer sur le cœur, en une pointe d'angoisse, l'âpre saveur du péril.

— Il a raison, le timonier! murmura-t-il; ça va se gâter... Mais, baste!... au moins, j'aurai vu une vraie tempête.

N'ayant pas, comme un marin de profession, l'habitude des grosses mers, il avait dû, pour maintenir son équilibre que compromettaient les rudes secousses des vagues, s'accrocher au portemanteau du canot major. Insoucieux de la pluie qui lui fouettait les tempes, Henri Cardignac suivait, avec une curiosité anxieuse, les péripéties de cette lutte d'un petit brick contre les forces coalisées de la nature. Soudain, dans la brume épaisse qui environnait maintenant le navire, une trouée se produisit.

Henri aperçut, passant à quelques encâblures de l'*Aventure*, et pourtant avec vitesse, bien que ses voiles fussent carguées, la masse d'un brick français. A la lueur de ses fanaux, le jeune homme put lire le nom de ce navire : le *Silène*..; et le vaisseau disparut dans le brouillard : la trombe l'entraînait vers l'Est.

— Dérapés! dit le timonier... Ils sont flambés!...

Mais à peine avait-il achevé sa phrase qu'un bruit, analogue à celui d'une détonation suivie d'un grincement, se produisit à l'avant de l'*Aventure*, et le brick donna de suite de la bande à tribord.

— L'ancre de bâbord a lâché! Tonnerre de Brest!... hurla le timonier.

C'était la vérité!... et Henri, que le choc avait jeté sur les genoux, s'aperçut en se relevant, que le bâtiment tournait sur lui-même; puis une autre secousse moins rude se produisit, l'ancre de tribord venait de « déraper » elle aussi...

Et emporté à son tour dans la rafale, le brick se mit à filer, chevauchant les hautes vagues.

— Au cabestan!... lâchez l'ancre de miséricorde!

A ce commandement, jeté par de Nessy, les matelots se ruèrent à l'avant.

Henri les vit dérouler en courant la chaîne de la dernière ancre... mais la tentative resta vaine.

Peut-être, la vitesse extrême de marche empêcha-t-elle l'ancre de mordre?

Peut-être, comme le brick avait dérivé vers le Nord-Est, ainsi que l'indiquait la boussole, la chaîne ne pouvait-elle atteindre le fond de la haute mer?

Trois matelots étaient écrasés par une caronade.

Toujours est-il que pas un instant la marche ne parut entravée!

Il est difficile, n'est-il pas vrai, mes enfants, de se figurer une situation plus terrible que celle où se trouvaient ces officiers et ces marins.

Entraîné en pleine obscurité, tel un fétu de paille, le brick ne pouvait plus gouverner... Il n'y avait plus qu'à se « laisser porter », comme disent les navigateurs, et attendre l'accalmie.

Pourtant tout le monde faisait preuve du plus beau des courages : le courage calme devant l'imminence de la mort.

Tout effort étant inutile, les matelots, après avoir tranché les amarres des canots afin de les dégager vivement en cas de besoin, restaient silencieux près du bordage.

Les officiers, sur la passerelle, se taisaient aussi et cherchaient à percer du regard l'opacité des ténèbres.

Quant à Henri Cardignac, qui commandait à bord un peloton de vingt chasseurs à cheval embarqué à Toulon, il rejoignit, sur le faux-pont du gaillard d'avant, ses soldats et ses deux maréchaux des logis, dont l'un, nommé Gœlder, vieil Alsacien à moustaches grises, avait, comme jeune conscrit aux lanciers, chargé à Waterloo.

En arrivant au milieu de ses chasseurs, Henri s'attendait à les trouver au moins inquiets, sinon effrayés; aussi le jeune officier, soucieux de son devoir de chef, se tenait-il prêt à leur remonter le moral par ses conseils et surtout par son attitude.

Il n'en eut pas besoin, car c'étaient, pour la plupart, de vieux soldats éprouvés, et que le général de Bourmont avait fait trier sur le volet, dans les régiments de la « légère », pour cette expédition d'Algérie qu'on voulait décisive.

Dressés par les survivants de la grande école napoléonienne, ils en gardaient les vertus militaires.

Ces cavaliers valaient ceux de Lassalle, de Murat, d'Hautpoul, de Caulaincourt. La tempête sur mer ne les effrayait pas plus que le canon sur terre. Et quand le vieux Gœlder commanda : Fixe! à l'arrivée du sous-lieutenant, ce dernier trouva sa troupe très calme, déjà préparée en vue d'un échouement possible; chaque homme en effet portait sur lui ses armes, son portemanteau et ses vivres.

— Rien de nouveau, Gœlder? demanda Cardignac.

— Si, ma liéténant! Il y afre droix chéfaux... ils ont crévé débuis la dembède! Et bar ce demps dé chien, les autres il afre l'air malate!

— Sans doute, mais qu'y faire?... Pour le moment nous sommes impuissants... Attendons! Peut-être que...

Henri ne put terminer sa phrase : un choc effroyable venait de se produire, si violent, si imprévu, que les chasseurs, les sous-officiers et Cardignac lui-même roulèrent pêle-mêle sur le pont.

Quand, après le premier moment de stupeur, ils se redressèrent, heureusement sans accident ni fracture, le brick était immobile ; mais des vagues énormes embarquaient, le balayant de l'avant à l'arrière.

Le vaisseau avait touché à bâbord sur des récifs ! Et maintenant, incliné sur les roches, il offrait à la mer en furie une proie plus facile à détruire.

En effet, à chaque lame qui couvrait l'*Aventure*, des débris de vergue, de mâture, de filin, s'abattaient sur le pont.

Déjà trois matelots avaient été écrasés par une caronade que la mer avait balayée d'un bord à l'autre ; déjà quelques autres avaient été enlevés par les vagues et emportés dans la nuit sinistre.

Mais, au milieu de cette épouvantable catastrophe, les officiers restaient d'un calme imperturbable.

M. d'Assigny s'était lié au grand mât pour ne pas être emporté, et on put entendre sa voix dominer le fracas de la mer :

— Mes amis ! Du calme !... Le navire a touché, mais il semble grippé solidement... Attachez-vous au bordage supérieur et attendons l'accalmie !... Si les portemanteaux tiennent bon, nous nous servirons des canots quand la tempête fera trêve... De l'énergie... et surtout du calme !...

Et comme il finissait de lancer cet ordre, qui parvint nettement jusqu'à Cardignac, celui-ci vit arriver de Nessy.

L'enseigne trempé jusqu'aux os, avait dû se cramponner au bordage pour arriver jusqu'aux chasseurs.

— Ah ! s'écria-t-il, vous êtes là, Cardignac ! Dieu soit béni ! J'avais peur de ne plus vous retrouver ! Restez-y avec vos hommes, c'est la meilleure place, ou plutôt la moins mauvaise, et attendons.

C'était en effet le seul parti à prendre, et je vous laisse à penser, mes enfants, si les deux heures qu'ils passèrent ainsi, sous la tempête, parurent interminables aux chasseurs de Cardignac.

De Nessy les avait quittés pour rejoindre le commandant d'Assigny ; et l'enseigne ne reparut que lorsqu'une légère accalmie se produisit.

La mer, violente encore, était pourtant moins démontée ; la pluie avait à peu près cessé ; mais l'obscurité durait toujours, car les fanaux avaient été éteints par le vent.

Aussi fut-ce avec une véritable joie que les cavaliers virent apparaître, aux côtés de l'enseigne, un matelot portant un falot.

— Vite! ordonna de Nessy, nous embarquons dans les canots! le maître-calfat vient de visiter l'intérieur et il déclare que le brick glisse sur les roches. Avant une heure, il sera presque entièrement submergé.

Les chasseurs ne se firent pas répéter l'invitation.

Rapidement, mais en ordre parfait, ils embarquèrent dans deux canots qu'on mit à l'eau, du côté opposé aux récifs.

Ce transbordement ne se fit pas sans danger, car les vagues étaient toujours fortes.

Pourtant on réussit à éviter tout accident, et bientôt, sur la mer agitée par les dernières convulsions de la tempête, les canots prirent la file.

Dans le premier, monté par les chasseurs, se trouvaient de Nessy et Cardignac.

Dans le dernier, M. d'Assigny, qui pleurait d'avoir à quitter son navire, emportait avec lui la caisse et les papiers du bord.

— Où allons-nous? demanda Henri.

L'enseigne eut un geste vague :

— A l'aventure!... dit-il.

— La terre est-elle proche?

— Sans doute... les récifs en sont une preuve. Quant à déterminer le point exact où nous sommes... impossible.

Mais à cet instant, le rideau des nuages sombres se déchira sous une poussée du vent; un coin de ciel bleu, semé d'étoiles, apparut.

— Chouette! dit un chasseur, v'là les quinquets du papa bon Dieu qui se rallument!

— Ça être bas tommache! conclut Gœlder.

En effet, la trouée s'accentuait dans la nue; les bords de l'échancrure s'argentaient... et bientôt la lune émergea.

Un cri de joie partit de toutes les poitrines.

— Enfin!... On y voit clair!... s'écria Henri Cardignac.

Mais soudain, tous les passagers du premier canot se retournèrent.

— Terre! La terre à tribord derrière!

Ce signal arrivait du canot de M. d'Assigny; presque aussitôt la voix du commandant retentit, vibrante :

— La barre à tribord! commanda-t-il... Toute!... Vers la terre!

Les canots évoluèrent; ils formaient maintenant une ligne de front, et se dirigeaient à force de rames vers une plage sablonneuse, semée de roches, que la clarté lunaire permettait d'apercevoir à un mille environ.

Quelques instants plus tard, les galets de la côte algérienne criaient sous la morsure des étraves, et le débarquement s'opérait.

Tout l'équipage de l'*Aventure*, (sauf huit hommes, tués ou disparus pendant la tempête), les vingt chasseurs à cheval et leur chef, Henri Cardignac, étaient sauvés !

CHAPITRE II

PRISONNIERS

Sauvés!... Ce cri est, en effet, celui que soldats et marins poussèrent en foulant la terre ferme.

Un des chasseurs, natif de Belleville, l'accentua même d'un : « Vive le plancher des vaches! » énergique et bien senti.

Ce fut, pendant un instant, un échange bruyant d'exclamations joyeuses et même de lazzis, tant il est vrai que, chez le soldat français, la gaieté reste la qualité maîtresse, même au milieu des plus tragiques circonstances.

Seuls, les officiers demeuraient soucieux. Ils s'étaient retirés à l'écart et s'entretenaient à voix basse.

Enfin, après quelques minutes de colloque, le commandant d'Assigny éleva la voix :

— Donc, c'est entendu, lieutenant, dit-il à Cardignac. Vous prenez les mesures de sûreté nécessaires?

— Entendu, commandant, répondit l'officier qui se dirigea immédiatement vers ses hommes.

Cependant le calme s'était rétabli parmi les matelots et les soldats, et pendant que le sous-lieutenant prescrivait à ses chasseurs de changer la poudre du bassinet des carabines, M. de Nessy s'occupait des embarcations.

Hélas! au moment du débarquement, on avait négligé de les amarrer, et, avec la marée montante, six d'entre elles avaient repris flot. Puis, emportées par le remous d'un courant, elles avaient dérivé vers la haute mer, comme si elles eussent voulu rejoindre là-bas, vers les récifs, la carcasse désemparée de l'*Aventure*. De Nessy poussa un cri de désespoir!

Henri Cardignac plaçait des sentinelles...

Ainsi donc, en cas de besoin, deux seuls canots lui restaient, ceux qui, ayant pris terre plus avant dans la plage, s'étaient plus fortement ensablés!

L'enseigne les fit amarrer solidement, et rassemblant son monde, il prescrivit le silence absolu.

On dut même renoncer à allumer du feu, afin de ne pas déceler à l'ennemi la présence d'une troupe française.

Pourtant les vêtements étaient trempés, les hommes grelottaient; mais, stoïques, ils se résignèrent.

Pendant ce temps, Henri Cardignac plaçait ses sentinelles de manière à prévenir toute attaque, et constituait une grand'garde prête à tout avec le reste de ses chasseurs.

C'est que, mes enfants, le cri de délivrance, poussé par tous ces hommes en touchant le rivage, s'adaptait bien mal à la situation.

Sauvés, ils ne l'étaient pas encore.

Si la Providence les avait arrachés à la « grande mangeuse d'hommes », la mer, il n'était point encore écrit qu'ils échapperaient au terrible yatagan des Arabes.

En effet, c'est en ce mois de mai 1830 que le gouvernement du roi Charles X avait décidé l'expédition qui marque pour la France le début de la conquête d'une de nos plus belles colonies : l'Algérie.

Il faut vous dire, mes enfants, que l'Algérie d'alors, vassale du Sultan de Constantinople, avait pour gouverneur un Turc de Smyrne, nommé Hussein, ancien officier d'artillerie du Sultan.

En tant que gouverneur de l'Algérie, Hussein portait le titre de Dey d'Alger.

Il résidait à Alger même, dans la Kasbah, château fort qui dominait la ville de la menace de ses canons.

Et si vous vous étonnez, mes enfants, qu'un monarque soit obligé d'imposer le respect à ses sujets par la prépondérance des armes, je vous dirai qu'à cette époque, et cela depuis trois cents ans, les Deys d'Alger régnaient sur le pays, moins par le sentiment de la justice ou par l'affection qu'un chef de nation doit inspirer à ses peuples, que par la terreur.

Une garde particulière, sorte d'aristocratie militaire, composée d'éléments turcs, et désignée sous le nom de « Janissaires », veillait constamment sur le Dey. Elle constituait pour lui une force, prête à réduire ses sujets à l'obéissance par tous les moyens, même les plus cruels.

C'est vous dire que ni le Dey ni ses janissaires n'étaient aimés des populations arabes, kabyles et autres qu'ils pressuraient. Ce gouvernement bizarre n'avait, vous le voyez, rien de commun avec les gouvernements civilisés. Bien mieux, les fameux janissaires se trouvaient être les maîtres réels du Dey, puisque ce dernier ne pouvait gouverner qu'avec leur appui. Aussi ne se faisaient-ils pas faute de le changer selon leur fantaisie ou leur intérêt : il n'était pas rare qu'un Dey disparût subitement, empoisonné ou poignardé par ses janissaires, qui en acclamaient et proclamaient un autre de leur choix.

L'Algérie était, comme de nos jours, divisée en trois grandes provinces; mais, au lieu de les appeler provinces, on les nommait des « beylicats », chacun ayant à sa tête un « Bey », tributaire et vassal du Dey. Ces trois Beys, les Beys d'Oran, de Titeri et de Constantine, représentaient, vis-à-vis de leur province, l'autorité turque, que le Dey représentait vis-à-vis de l'Algérie tout entière.

Si les Deys d'Alger s'étaient contentés de gouverner, même avec cruauté, les malheureuses populations qui les subissaient, le mal, quoique grand, ne nous eût pas porté préjudice. Mais, depuis des siècles, leurs flottes nombreuses avaient conquis, en Méditerranée, un véritable renom de férocité et de piraterie.

On ne s'aventurait en mer, sur un navire marchand, qu'avec l'angoisse de rencontrer les pirates barbaresques. Malheur aux vaisseaux de commerce qui tombaient entre leurs mains!

L'or, les marchandises, étaient pillés. De plus, comme l'esclavage existait dans tout le territoire soumis au Sultan, ces forbans de la mer capturaient aussi les femmes, les enfants, pour les revendre comme esclaves. Quand les hommes n'étaient pas tués, décapités ou mutilés par ces brigands, ils subissaient le même sort : chargés de chaînes, ils étaient amenés dans les ports d'Algérie, où on les vendait à l'encan, comme un bétail.

Joignez à ces mœurs barbares le fanatisme religieux, qui animait et anime encore aujourd'hui le musulman contre le chrétien, le *Roumi*, et vous vous rendrez compte des innombrables atrocités dont la Méditerranée fut, pendant des siècles, le théâtre, grâce aux sauvages exploits des pirates turcs.

On aurait dû et pu — me direz-vous encore — réprimer de telles exactions, et ne pas attendre des siècles pour tenter ce que le gouvernement français tentait en ce mois de mai 1830. — Sans doute! On avait bien essayé, et cela datait déjà de loin, puisque Charles-Quint, roi d'Espagne, avait autrefois tenté de les réduire.

Malheureusement sa flotte avait été détruite par une tempête. Louis XIV, lui aussi, fit bombarder Alger, mais sans résultat appréciable.

Le Premier Consul Bonaparte eut, à son tour, l'intention d'abattre la puissance des Deys ; il écrivit à celui qui régnait alors une lettre de menaces.

Le colonel Cardignac avait laissé sur le terrain son adversaire mortellement touché.

Mais les graves événements d'Europe empêchèrent le grand homme de réaliser son projet.

Ne vous étonnez donc pas, mes enfants, que les Deys d'Alger, orgueilleux et féroces, se croyant invulnérables, sûrs de l'impunité et défiant tout effort de l'Europe, aient continué, en plein XIXe siècle, à porter une atteinte permanente au commerce maritime des nations civilisées.

En fait, leur arrogance avait atteint son comble en 1829 : le Dey Hussein avait insulté notre Consul, M. Deval, en le frappant, pendant une audience diplomatique, d'un coup de son chasse-mouches.

Puis une frégate française, la *Provence*, envoyée par nous en parlementaire, pour demander réparation, avait été reçue dans le port d'Alger à coups de canon.

Le pavillon national était insulté : le gouvernement français se fâcha pour tout de bon.

Immédiatement une flotte fut envoyée pour bloquer Alger; en même temps, on préparait l'expédition décisive dans laquelle notre ami, le sous-lieutenant Cardignac, commençait, vous l'avez vu, à jouer son rôle en faisant ses premières armes.

Depuis Waterloo, depuis la chute définitive de Napoléon, survenue quinze ans auparavant, jamais l'armée française n'avait ressenti fièvre pareille. Le père de notre ami Henri, Jean Cardignac, ancien colonel du 1er grenadiers de la Garde impériale, éprouva lui-même une émotion profonde en constatant que l'armée sortait de sa longue torpeur. Son visage, soucieux d'ordinaire, reprit un air de gaieté en apprenant la nouvelle des armements.

Jamais en effet le colonel Cardignac n'avait pardonné au régime que la France, fatiguée par vingt-deux ans de guerre continue, avait été obligée d'accepter.

Après le départ de son héros pour Sainte-Hélène, il s'était farouchement isolé dans sa petite maison de Saint-Cyr.

Il avait été jusqu'à refuser de faire liquider sa pension de retraite :

— Je ne veux pas de leur argent! s'était-il écrié.

Personne de son entourage, pas plus sa femme que ses beaux-parents, n'avaient essayé de le faire revenir sur sa décision.

L'unique distraction du colonel Cardignac était d'aller voir manœuvrer les soldats. Rien que dans ce but, il faisait souvent le trajet de Saint-Cyr à

Versailles, et on le voyait s'arrêter de longues heures sur la place d'armes, inspectant silencieusement les mouvements ou causant avec des officiers, ses anciens camarades, restés dans l'armée.

Il avait eu un duel retentissant avec un jeune noble, fils d'émigré, capitaine aux Gardes du corps, qui l'avait toisé dédaigneusement en passant... Ç'avait été un de ces duels qui ne pardonnent pas; car, après trois passes au pistolet sans résultat, le colonel Cardignac avait, dans une reprise à l'épée, laissé sur le terrain son adversaire, mortellement touché.

Tel était cet homme, survivant des luttes épiques de l'Épopée impériale!

Pour lui, la France seule existait; son maître était toujours celui qui se mourait à Sainte-Hélène; et, avec ce souvenir, le colonel Cardignac n'avait plus qu'un culte, celui de l'armée, qui est la plus puissante incarnation de la France.

Après la mort de Napoléon, ce culte du colonel pour l'armée s'accentua encore, en souvenir de Lui. N'était-elle pas son œuvre, au grand homme? N'étaient-ce pas ses leçons, son génie, qui l'avaient pour toujours imprégnée?

Une seule chose provoquait chez le colonel une rage sourde : c'était la vue du drapeau blanc, substitué aux trois couleurs de Valmy, de Marengo, d'Iéna! Le vieil officier ressentait un crève-cœur à le voir se déployer au vent.

Néanmoins il le respectait, ce drapeau, parce que pour lui c'était — quand même — le symbole de l'honneur militaire; et, quand il le voyait passer, il se découvrait aussi respectueusement qu'il l'avait fait jadis devant le drapeau d'Austerlitz et de Waterloo.

Tel était le père de Henri et de Jean Cardignac, les deux jumeaux nés en 1807, au bruit du canon de Friedland, qui venaient de sortir, l'un de Saint-Cyr dans la cavalerie, l'autre de Polytechnique, comme sous-lieutenant d'artillerie, lorsque la flotte de blocus avait été envoyée devant Alger.

Or, le 5 février 1830 au matin, le jour même où le vice-amiral Duperré était officiellement chargé par Charles X d'organiser la flotte destinée à transporter le corps expéditionnaire d'Algérie, le colonel Cardignac aperçut, de sa fenêtre, son fils Henri, sous-lieutenant au 5e chasseurs à cheval, en garnison à Saint-Germain, qui, arrêtant son cheval devant le perron, sauta lestement à terre, jeta les rênes à son ordonnance et pénétra dans la maison.

— Père! s'écria le jeune sous-lieutenant, après avoir embrassé le colonel, j'arrive d'un temps de trot!... Je suis furieux! oh! furieux!...

— Et pourquoi donc, mon Henri? interrompit Mme Cardignac, dont la silhouette de femme élégante et simple venait de s'encadrer dans la porte.

— Mais, petite mère, il y a de quoi!... Comprends-tu que mon colonel ne veut pas me proposer pour le 13e chasseurs de l'armée d'Afrique!

Et il ajouta, d'un ton dépité :

— Il dit que je suis trop jeune, que je manque d'expérience, de... Est-ce que je sais, moi!... d'un tas de choses!... Bref, je suis désolé... désespéré!... J'ai eu beau insister... Rien! Inébranlable!... Mais enfin, mon colonel, ai-je dit, je suis solide, et puis je suis fils de soldat : mon père, que vous connaissez bien, n'a pas été trouvé trop jeune quand il est parti à douze ans pour Valmy, comme tambour à la 9e demi-brigade! (1).

Le colonel Cardignac sourit.

— Ah! Tu lui as dit cela, à mon ami Nérac?

— Oui, père... Mais ça ne l'a pas décidé.

— C'est bon, reprit le colonel; dis à ton soldat de mener les chevaux à l'écurie. Nous allons déjeuner et ensuite j'irai avec toi voir Nérac.

— Oh! merci, père... merci!

Mme Cardignac eut un sourire triste; un nuage passa sur son front où ondulaient des cheveux presque blancs.

— Oh! mon pauvre petit, murmura-t-elle, n'as-tu pas le temps de partir?

— Ah! sapristi, s'écria le colonel en riant, ma bonne Lise, tu es toujours la même!... Laisse-le faire! Je me retrouve en lui... Et toi! est-ce bien la peine d'avoir fait campagne ensemble à Valmy et à Mayence pour avoir de ces tristesses?... Allons donc! embrasse-moi et embrasse-le, ton soldat! Car c'est un vrai soldat, je t'en réponds, et qui a du sang dans les veines!

On déjeuna, tout en causant de Jean qui, forcé de terminer son stage à l'École d'artillerie, ne pourrait, lui, partir avec son frère le cavalier.

Ensuite le colonel fit seller « Moskowa », sa jument normande; puis tous deux, le père droit en selle, et à son côté le fils, élégant et souple dans son frac vert foncé, partirent au grand trot pour Saint-Germain.

Après quelque résistance, l'ancien colonel du 1er grenadiers ayant fini

---

(1) Voir *Jean Tapin*.

par fléchir le colonel Nérac qu'il avait connu jeune lieutenant pendant la campagne de Russie, Henri Cardignac fut porté au choix pour faire partie du régiment de cavalerie de marche en formation.

Voilà comment, mes enfants, le sous-lieutenant Cardignac, que son père avait tenu à accompagner jusqu'à Toulon, s'embarquait, le 9 mai 1830, avec vingt chasseurs, sur le brick l'*Aventure*, partait avec quarante-huit heures d'avance sur la flotte de l'amiral Duperré, et venait échouer, dans la nuit du 15, sur la terre d'Afrique, dans les dramatiques circonstances que je viens de vous raconter.

Le rivage sur lequel les naufragés de l'*Aventure* avaient pris pied, était une plage mi-sablonneuse, mi-rocheuse, qui formait vers l'intérieur une demi-circonférence. A l'endroit le plus large, la bande de sable mesurait environ trois cents mètres, puis s'amincissait vers ses extrémités, et se soudait avec des rochers presque abrupts.

Au-delà de ce croissant dénudé, le terrain s'élevait rapidement, émaillé de roches arides et de bouquets d'arbustes.

C'est dans ces massifs de cactus, d'arbousiers, de jujubiers, de palmiers nains, que notre ami Cardignac venait de disposer ses sentinelles.

Cette besogne de première nécessité accomplie, il revint vers le petit groupe d'officiers : le commandant d'Assigny venait de les réunir en conseil.

Tout d'abord, on reconnut l'impossibilité de regagner le brick échoué, car déjà sa carcasse commençait à disparaître presque entièrement, recouverte par la mer.

Après une courte discussion, il fut convenu que, dès le lever du soleil, on déterminerait le point exact où l'on se trouvait : c'était heureusement chose facile, car de Nessy avait pu emporter une boîte d'instruments contenant sextant et boussole; on se mettrait alors en marche le long de la côte, jusqu'à ce qu'on arrivât en vue de la flotte de blocus. A ce moment on essaierait, à l'aide des canots qui, eux, suivraient en mer le mouvement, de se mettre en communication avec la flotte, dans le but d'obtenir du secours et l'envoi d'embarcations.

Ce plan venait d'être adopté à l'unanimité, lorsque tout à coup, émergeant au-dessus de la silhouette rocheuse qui terminait le croissant de la plage, une fusée rouge apparut!... Elle éclata avec ce bruit assourdi particulier aux pièces d'artifice... puis, au bout de quelques secondes, sa gerbe, étincelante comme une cascade de pierres précieuses, s'éteignit.

Tous les regards s'étaient dirigés du côté de ce signal.

— Une fusée de détresse! murmura le commandant d'Assigny.

— Oui, commandant; vous êtes sûrement dans le vrai! s'écria Henri, se rappelant soudain le brick le *Silène*, entrevu par lui pendant la tempête.

Gœlder frappait comme un forcené.

Et rapidement il raconta ce qu'il avait vu.

— C'est bien ça, commandant, dit à son tour le maître-timonier qui, lui aussi, avait aperçu le *Silène;* — le lieutenant a raison : c'est sans doute le brick qui demande secours...

— Il faut s'en assurer immédiatement! ordonna M. d'Assigny. Il doit être très près de la côte, contre cette pointe-là, à droite : lieutenant Cardignac, allez-y vous-même avec une patrouille.

Cinq minutes plus tard, Henri, le maréchal-des-logis Gœlder et cinq chasseurs, se dirigeaient vers le point où était apparue la fusée.

Les officiers, les matelots et le reste des chasseurs, silencieux, le cou tendu dans la direction que la patrouille avait prise, attendirent fiévreusement son retour.

Un quart d'heure s'était à peine écoulé, qu'au milieu du silence que coupait seul le chuchotement de quelques conversations à voix basse, l'écho renvoya aux naufragés le bruit bien distinct de coups de feu isolés.

Une action était engagée là-bas, derrière les rochers, car des lueurs rouges zébraient leur crête noire.

Sans doute l'équipage du *Silène*, débarqué, lui aussi, se trouvait aux prises avec un groupe arabe.

Le parti du commandant d'Assigny fut rapidement pris.

— De Nessy ! formez tout votre monde en une seule colonne et... En avant !

Cet ordre s'exécuta avec rapidité.

— En avant ! En avant ! s'écria le commandant en tirant son épée.

Cet appel était bien inutile, car tous, chasseurs et matelots, se sentaient emportés par un même élan d'énergie. Tout à coup, un chasseur tomba. En même temps, des branches d'arbustes se cassèrent avec un bruit sec.

— Nous y sommes ! dit simplement de Nessy.

Il n'y avait pas à s'y tromper : les balles sifflaient, la mort planait sur la petite troupe. On entendait nettement, traversant les fourrés, les cris gutturaux des Arabes, mêlés à des exclamations françaises.

Une voix énergique — celle de Cardignac — donnait des ordres :

— Par ici, les chasseurs !... Défilez-vous !... Tonnerre ! Ne vous laissez pas cerner !...

— Nous voilà !... nous voilà !... Tenez ferme ! cria de Nessy ; nous arrivons.

Un dernier élan des nôtres les porta jusque sur le terrain même de la lutte...

Il était temps !

Sur les sept hommes partis en patrouille, trois seulement restaient :

Cardignac, Gœlder et un chasseur. Encore est-il que ce dernier portait au front une longue estafilade.

Entourés par une bande de Kabyles, ils se défendaient à coups de sabre, à coups de crosse de carabine; et la résistance de ces trois soldats était vraiment admirable et terriblement rude, car un tas de cadavres d'Arabes formait autour d'eux un rempart.

L'arrivée du renfort amené par le commandant jeta un instant le désarroi parmi les assaillants; on put recueillir les trois braves. Mais, après une courte panique, les bandes arabes, un moment rompues, se ressoudèrent et reprirent l'offensive, et, comme ils avaient pour eux le nombre, l'héroïque phalange des naufragés de l'*Aventure* dut rétrograder vers les canots.

Ce fut une retraite terrible, car on eut rapidement épuisé les munitions. Serrés en un petit groupe compact, on se défendait maintenant à l'arme blanche, au sabre ou à la hache d'abordage.

Tant qu'on fut au milieu des bouquets d'arbres, on pouvait résister encore; mais, en atteignant la plage, terrain découvert et en contre-bas, la lutte devint par trop inégale.

Alors, au milieu des rauques clameurs des Kabyles et des coups de pistolet des assaillants, M. d'Assigny, qui avait conservé un calme étonnant, prit une résolution définitive.

— Allons! dit-il, l'honneur est sauf, tâchons de sauver au moins une partie des nôtres!

Puis, après un silence :

— Lieutenant Cardignac, rassemblez ce qui vous reste de chasseurs; de Nessy, prenez vingt de vos hommes et gagnez rapidement les canots... embarquez et prenez le large!

— Jamais! commandant!

Ces mots furent lancés d'une voix terrible, par le jeune sous-lieutenant de chasseurs.

Sans coiffure, les vêtements déchirés, les traits convulsés par l'énergie déployée dans cette lutte atroce, Henri Cardignac était véritablement beau, d'une beauté sauvage.

Les yeux brillaient, ardents, dans son visage noirci de poudre; son sabre, qu'il maniait avec fureur, était rouge jusqu'à la garde, son gant à crispin était rouge aussi. Et près de lui, Gœlder, les sourcils froncés, l'œil cruel, ne disait mot, mais frappait comme un forcené.

A l'ordre de son commandant, de Nessy, très calme, n'avait pas répondu, mais il ne l'exécuta point.

Un pâle sourire plissa les lèvres de M. d'Assigny.

— Braves jeunes gens! murmura-t-il tout bas.

Tout en combattant, la petite troupe avait gagné l'extrémité du croissant formé par la plage, et les deux canots, montés chacun par trois hommes et dirigés du même côté, n'étaient plus qu'à trente mètres d'eux.

— De Nessy, répéta le commandant d'une voix vibrante, embarquez; je le veux!

— Pardonnez-moi, commandant, dit l'officier de marine; c'est la première fois que je vais désobéir, mais c'est aussi la dernière : je ne puis!...

— Et vous, Cardignac!

Mais le jeune officier n'était plus à ses côtés; rassemblant les vingt chasseurs qui lui restaient, il s'était rué avec eux contre les Kabyles et venait de les faire reculer d'une centaine de mètres.

C'était un répit de quelques minutes.

Alors le commandant désigna les hommes qui devaient embarquer. Il les connaissait tous comme s'ils eussent été ses enfants, car depuis quatre ans il commandait l'*Aventure*.

— Toi, Ribière, tu as deux enfants! Et toi, Tévenenc, tu

Un janissaire.

viens de te marier... Et toi aussi, Noël, ta vieille mère n'a que toi... Allons... c'est l'ordre; embarquez...

Et devant leur muette hésitation :

— C'est l'ordre, répéta-t-il de la voix de commandement qu'il avait aux heures graves; obéissez!...

Puis à un vieux timonier qu'il venait de désigner :

— L'escadre doit-être là! dit-il en montrant le nord-ouest; gouverne de ce côté, et raconte à l'amiral ce qui est arrivé.

Il n'eut pas le temps d'en dire plus : trente-cinq hommes venaient de gagner les canots et les poussaient au large; le jour se levait; les Arabes, voyant une partie de leur proie leur échapper, quittaient la lisière de cactus derrière laquelle ils avaient été refoulés, et Cardignac, emporté par leur remous, reculait avec son monde, diminué de moitié.

Quelques minutes après, l'héroïque petite troupe était noyée dans la masse des assaillants. Vingt bras s'abattirent sur chacun d'eux; des ceintures, des lanières de fouet, des courroies en poil de chameau, s'enroulèrent autour de leurs poignets.

Cardignac, qui se défendait comme un lion blessé, fut soudain immobilisé par un burnous qu'on lui jeta sur la tête...

Et bientôt, sur la plage qu'éclairaient maintenant les premières lueurs de l'aurore, ceux des nôtres qui avaient survécu à la tuerie étaient étendus côte à côte, étroitement entravés, le visage couvert d'un bâillon, pendant que les Kabyles exhalaient bruyamment la joie de leur triomphe en un jargon incompréhensible, ponctué de mimiques bizarres.

Le commandant d'Assigny, de Nessy, Henri Cardignac et trente et un matelots ou soldats survivants étaient prisonniers des Arabes!

CHAPITRE III

DANS LES CACHOTS DE LA KASBAH!

Les captifs demeurèrent donc immobilisés par leurs liens, et, les lèvres closes par le bâillon, ils durent assister, muets d'horreur, à la scène atroce qui suivit.

Les morts, leurs morts français étaient restés sur place; plusieurs Arabes, au visage féroce, vinrent, avec une impassibilité cruelle, leur couper la tête. Henri ferma les yeux et se sentit défaillir. Maintenant que l'exaltation du combat était tombée, tout ce que sa mère, la douce Lison, lui avait mis de tendresse et de sensibilité au cœur, fût bouleversé par cet affreux spectacle.

Puis ces têtes furent rassemblées, et un nègre, simplement vêtu d'une large culotte bouffante, les prit et les plaça dans des sacs de cuir, que des femmes arabes, au visage enveloppé d'un kaïck blanc, avaient apportés.

Ces dernières, curieuses, vinrent examiner les captifs, et l'une d'elles, sauvage aussi bien que ses compagnes, prenant une longue épingle d'argent qui retenait sa gandourah, la piqua dans la cuisse de Gœlder qui, malgré son bâillon, poussa, sous la douleur, un hurlement féroce.

Les rires éclatèrent, mêlés de cris bizarres, qui formèrent un instant un vacarme assourdissant autour des prisonniers.

Soudain, elles se turent et s'enfuirent. Un Arabe à barbe grisonnante, au visage intelligent, grand, bien musclé, vêtu de drap bleu soutaché d'argent, venait d'intervenir. Son bras vigoureux maniait un fouet à quatre lanières, en cuir tressé.

Son geste avait suffi : le troupeau se dispersa.

A cet instant, une rumeur parcourut les groupes kabyles, et Henri ayant réussi à se retourner, aperçut une colonne qui débouchait des coteaux boisés.

Escorté d'Arabes aux burnous multicolores, précédé de six cavaliers de belle allure, un

L'une d'elles lui enfonça une longue épingle dans la cuisse.

convoi de prisonniers approchait. C'étaient des matelots et soldats de marine; ils étaient liés entre eux par des cordes d'alfa, et bientôt, sur l'ordre du cavalier qui semblait le chef, ils firent halte, à quelques pas des naufragés de l'*Aventure*.

Ceux-là aussi étaient des naufragés; ils appartenaient au *Silène* : tous ceux qui n'avaient pu rejoindre le brick avaient été pris. Henri en compta soixante-douze.

Après un conciliabule entre les cavaliers et l'Arabe dont le seul geste avait dispersé les femmes, ce dernier s'approcha du commandant d'Assigny, le fit délier, ainsi que de Nessy, Henri Cardignac et Gœlder, puis, en bon français :

— Si vous tenez à votre vie, dit-il, n'essayez pas de fuir.

Les trois officiers échangèrent un regard stupéfait.

Qu'était donc cet indigène et comment avait-il pu s'assimiler la langue française au point de prononcer purement, sans accent, et sans incorrection, cette phrase d'avertissement.

Un sourire plissa ses lèvres.

— Cela vous étonne, dit-il, que je parle français... J'ai servi chez vous... aux mameluks de l'Empereur Napoléon !

Il énonça ce titre, « l'Empereur », avec un accent de respect indéfinissable et porta sa main droite à son cœur, comme s'il n'eût jamais prononcé ce grand nom sans l'accompagner du salut musulman.

— Ah!... je comprends! murmura Cardignac.

— Oui, dit presque tout bas le vieil Arabe; j'y serais encore s'Il n'avait pas été pris par les Anglais... mais... silence!...

— Quelle rencontre extraordinaire! pensa Cardignac. Enfin celui-là, du moins, n'a pas l'air de nous détester.

Mais Lakdar-ben-Ali — ainsi se nommait l'ancien mameluk — venait de les quitter pour aller chercher, dans les rangs des prisonniers du *Silène*, un officier, le lieutenant de vaisseau Bruat, et deux quartiers-maîtres. L'un de ces derniers, nommé Muttin, un tout jeune homme presque imberbe, était blessé au front.

Lakdar les ramena, et les prisonniers des deux équipages échangèrent de douloureux regards.

Puis, pendant que les quatre officiers, Gœlder et les deux quartiers-maîtres étaient confiés à la garde d'une vingtaine de Kabyles, les autres captifs défilèrent tristement devant eux, sous la conduite des cavaliers et de leurs hommes. Derrière suivaient des mulets, chargés des sinistres sacs de cuir.

Ils contournèrent la plage et disparurent derrière les roches qui terminaient la pointe Est.

— En route! ordonna Lakdar-ben-Ali.

On se mit en route.

Après une rude étape de deux heures, accomplie à travers des sentiers rocailleux, au milieu de terrains incultes semés de touffes d'alfa, on aperçut, au flanc d'un escarpement qui dominait les pentes descendant vers la mer, un petit village kabyle.

— C'est là! dit simplement Lakdar.

En effet, toute une population accourait, poussant des cris hostiles. Des enfants nus, aux grands yeux de velours, piaillaient en agitant leur touffe de cheveux, le *mahomet*, qu'ils portent sur le haut de leur crâne rasé, et ils crachaient par terre en lançant des cailloux aux prisonniers.

— *Kelb beni Kelb!* (chien, fils de chien), criaient les femmes.

Mais Lakdar mit tout ce monde à la raison, conduisit ses captifs dans une petite maison en pierres sèches, très basse sous sa *kouba* (coupole), blanchie à la chaux; puis, quand ils eurent pénétré dans l'unique pièce, éclairée seulement d'une petite fenêtre grillée :

— Prenez patience! dit-il; il ne vous sera fait aucun mal si vous ne cherchez pas à vous évader. Je vous quitte : je vais chercher des instructions à Alger. Je serai promptement de retour.

— Que va-t-on faire de nous? lui demanda le commandant d'Assigny.

— Dieu le sait! répondit l'Arabe avec un geste attristé.

Puis, sans rien ajouter, il sortit brusquement, donna des ordres aux Kabyles armés qui l'avaient escorté jusqu'au village, et se dirigea vers un groupe de tentes situées à quelques centaines de mètres, sur le plateau. Là, il retrouva le groupe de cavaliers qu'il commandait, fit seller les chevaux et, escorté de sa troupe d'Arabes, il partit au galop.

Restés seuls, les prisonniers éprouvèrent dans leur détresse comme une détente.

Enfin ils pouvaient causer!

Du reste, la sentinelle indigène qui, de temps à autre, venait les considérer à travers le grillage de la fenêtre, ne leur adressa aucune injonction.

Évidemment, on leur laissait le droit de s'entretenir entre eux. Ils ne s'en firent pas faute, et, par de longues causeries, cherchèrent à tromper l'attente de la mort.

Car, pour eux, cette sinistre éventualité n'était plus qu'une question d'heures. D'Assigny avait d'ailleurs commencé par prévenir ses compagnons, en leur déclarant que ce qu'il connaissait des mœurs arabes lui interdisait, pour sa part, toute espérance de salut, à moins d'un miracle.

— Bah! commandant, avait répondu Henri, moi, je ne désespère pas!... Les miracles?... mais il en pleut!... La vie entière de mon père n'est en quelque sorte qu'une longue suite de miracles!... En tous cas, pour ma part, je ne me laisserai pas décapiter sans crier gare : je saute sur le bourreau et je l'étrangle. Au moins, je tomberai en combattant.

— Le lieutenant il afre raison! ponctua Gœlder.

— Je ne puis vous donner tort, mon cher Cardignac, reprit le commandant. Enfin, attendons!... qui vivra verra! et à la grâce de Dieu!

Trois jours s'écoulèrent ainsi dans une mortelle attente.

Lakdar n'avait pas reparu.

Deux fois par jour, un noir apportait aux captifs leur nourriture, composée de couscous, et de galettes desséchées de maïs; il renouvelait l'eau dans une jarre de terre et disparaissait sans dire un seul mot.

Le soir du deuxième jour, le quartier-maître Muttin avait été saisi d'une fièvre intense, résultat de sa blessure. Le malheureux, étendu sur le sol, grelottait.

Quant à Gœlder, l'aiguille qui lui avait traversé la cuisse avait produit une plaie pénétrante qui s'était enflammée, et le vieux sous-officier en souffrait cruellement; à peine pouvait-il marcher.

On fit l'impossible pour les soigner, pour calmer leur souffrance; mais les médicaments manquaient. Aussi de Nessy — qui s'était improvisé médecin — ne pouvait-il atténuer que bien faiblement le mal qui semblait empirer d'heure en heure.

Enfin, le troisième jour, un bruit d'armes et de chevaux retentit au dehors, et la porte de la prison s'ouvrit.

Un Turc, à l'uniforme couvert de passementeries, parut et adressa aux reclus un ordre qu'ils ne comprirent que par son geste.

On partait!

Une escorte de cavaliers attendait : cependant Lakdar n'était toujours pas là.

En silence, entourés d'Arabes, sabre nu, les prisonniers se mirent en marche; mais, au bout d'un kilomètre, Gœlder fléchit. Quant à Muttin, il ne pouvait plus se traîner, malgré l'aide de Cardignac et de l'enseigne qui le soutenaient sous les bras. Le soleil cuisant augmentait la fièvre et la souffrance des deux blessés.

Henri essaya de parlementer, d'attendrir le chef de l'escorte; mais, d'un air hautain, celui-ci lança un ordre bref accompagné d'un geste de menace.

Cardignac serra les poings, ses yeux flamboyèrent, son regard s'arrêta menaçant sur celui du cavalier.

— Du calme! ordonna M. d'Assigny, du calme!

Henri se contint : ses ongles entrèrent dans sa chair et la marche reprit. Cent pas plus loin, Muttin tomba.

Gœlder qui n'en pouvait plus, s'affaissa à son tour, en lâchant un juron.

— Au tiable! cria-t-il, ch'aime mieux un coup t'yatacan!

Déjà le kabyle levait son arme; mais Henri s'était jeté devant son sous-officier. Et le cimeterre ne tomba pas.

Il y eut un silence... puis, dompté sans doute par l'attitude énergique du jeune homme, le

Ils durent faire ainsi le trajet...

cavalier remit son sabre au fourreau, et donna un ordre à deux Arabes de sa suite.

Ceux-ci, sautant à terre, saisirent Muttin et Gœlder, les remirent debout, leur attachèrent les deux poings au pommeau de leur selle et remontèrent à cheval.

Éperonnant alors leur monture, ils poussèrent de force, avec leur genou, les deux blessés qui, flageolant, durent quand même accomplir de la sorte le long trajet de six lieues qui devait les amener à Alger!

Le soleil commençait à décliner lorsqu'ils arrivèrent en vue de la célèbre capitale des Deys.

Henri avait déjà pu l'apercevoir de la mer; il la voyait maintenant du côté opposé, du haut des coteaux qui la dominent. Il n'eut du reste que le temps d'y jeter un coup d'œil, car un bois d'oliviers lui en intercepta la vue.

La troupe se dirigeait en effet vers un groupe de bâtiments carrés, aux vastes terrasses d'un blanc cru, n'offrant pour toutes ouvertures que d'étroites fenêtres et de profonds créneaux. Au-dessus d'une tour massive flottait l'étendard rouge des Deys d'Alger : c'était la Kasbah, palais de Hussein; l'autre groupe de bâtiments, entouré de hautes murailles et assis sur un mamelon entouré de verdure, était la forteresse qu'on nommait le « Château de l'Empereur ».

Des groupes de janissaires, d'Arabes richement vêtus, de Maures, de Kabyles armés, arrivaient à la rencontre des prisonniers, et ce fut sous le feu de ces milliers de regards hostiles qu'ils firent leur entrée dans la Kasbah.

Un spectacle à la fois horrible et grandiose les y attendait !

Au-dessus du large patio (1), entouré, selon la mode arabe, d'une colonnade formant galerie et dallée de marbre, le ciel d'un bleu intense semblait un grand velum de soie.

La réverbération du soleil sur le blanc des murs répandait partout une chaleur suffocante, et une odeur âcre se dégageait, faite du parfum pénétrant du musc et de la fade saveur du sang. En effet, sur deux trépieds d'argent ouvragé, brûlaient des essences dont la lourde fumée montait lentement en volutes bleutées; mais entre ces deux braseros s'élevait une pyramide de têtes coupées, les têtes de leurs compagnons.

(1) Cour intérieure dans les habitations mauresques.

Derrière ce charnier, entouré de ses dignitaires chamarrés d'or et de pierreries, monté sur un admirable cheval barbe à longue crinière blanche, qu'une splendide selle de velours vert brodée d'or faisait paraître plus admirable encore, le Dey d'Alger, Hussein, se tenait immobile.

Il avait le type osmanlis, les yeux très noirs et enfoncés sous l'orbite, le nez fort, la barbe brune et fournie, le teint mat et les pommettes saillantes.

A son côté, debout contre l'étrier du maître, un esclave noir, d'une taille colossale, revêtu d'une longue gandourah de soie bleue, armé d'un cimeterre à fourreau d'argent que retenaient à la ceinture deux chaînettes de cuivre, tenait, élevé au-dessus de la tête de Hussein, un large parasol qui, coupant les rayons solaires, étendait un plan d'ombre bleue sur son burnous de soie neigeuse.

On ne voyait, au milieu de ce flot d'étoffes blanches, que le visage du Dey, ses mains fines et ses bottes de maroquin rouge historié de dessins filigranés.

En apercevant le monstrueux amas de têtes coupées, les captifs avaient instinctivement poussé un cri d'horreur.

Leur exclamation épouvantée monta, vibrante, rompant le silence de mort qui planait, et, sur le visage de Hussein, un sourire cruel passa.

Mais le commandant dit d'une voix que son énergie rendait calme :

— Allons, mes amis, du sang-froid !

Et silencieux, refoulant leur émotion, tous s'avancèrent jusqu'auprès du sinistre tumulus.

Alors un homme sortit du groupe des janissaires.

C'était Lakdar.

Il s'inclina profondément devant Hussein.

— Seigneur ! dit-il en arabe, que ton nom soit béni ! Voilà les chefs que j'ai pris et que tu m'as chargé d'amener à tes pieds. Dispose d'eux. Allah est grand !

Il y eut un silence pendant lequel Hussein parcourut lentement le groupe des prisonniers ; puis il parla.

Sa voix rauque avait des frémissements de colère ; à plusieurs reprises, son bras, s'agitant nerveusement dans un geste de menace, indiqua les têtes grimaçantes aux pieds de son cheval.

Quand il eut terminé, Lakdar, sur son ordre, traduisit ses paroles :

— Le maître a dit :

Monté sur un admirable cheval barbe, le Dey d'Alger, Hussein, se tenait immobile.

« Allah est grand! et Mahomet est le serviteur d'Allah! Que les Infidèles soient maudits! Hussein, Dey d'Alger, est l'envoyé du Padischah, le représentant du Commandeur des Croyants. Son bras est armé par Allah; que les Roumis tremblent devant sa colère! Les Francs, poussés par le génie du mal, ont osé affronter sa puissance! Un souffle de folie a passé sur l'esprit de leur Roi! Il prétend envahir les terres du Sultan, ombre de Dieu sur la terre : malheur à eux! malheur à lui! Hussein les brisera comme l'orage courbe les épis de blé! Le yatagan de ses guerriers fauchera leurs têtes comme le cimeterre du chaouch (1) a déjà tranché celles des maudits que la mer a livrés!

« Malheur à eux!... Trois fois malheur aux Infidèles! La mer se rougira de leur sang! »

Quant à vous, notre Seigneur Hussein vous garde comme otages; dès ce soir, il fera prévenir le commandant français que si un de ses soldats met le pied sur la terre sacrée, vos têtes tomberont! Allah est grand!

Henri, que la colère empoignait, fit un geste. Il allait parler, mais un serrement de main de Nessy lui cloua les lèvres; en même temps, l'enseigne lui lançait à voix basse, mais énergiquement, un : « Silence!... Tais-toi! » qui rendit le sang-froid au jeune officier.

— C'est bien! dit alors le commandant d'Assigny à Lakdar. Dis au chef que nous avons compris.

Hussein alors étendit le bras.

Lakdar, auquel venait de s'adjoindre un Turc au visage chafouin, au regard faux et cruel, entraîna les captifs vers une porte basse ouvrant dans un angle du patio.

Ils descendirent quelques degrés, s'engagèrent dans un souterrain creusé en plein roc, remontèrent une trentaine de marches et débouchèrent dans la cour intérieure du « Château de l'Empereur » qui allait être leur prison.

Après avoir défilé devant les regards curieux et railleurs des soldats turcs, ils gravirent à nouveau un escalier dallé; enfin, au dernier étage de la citadelle, Lakdar les installa dans une sorte de cellule garnie de nattes, dont la fenêtre s'ouvrait sur la cour intérieure.

Cette ascension ne s'était pas opérée sans difficultés; il avait fallu porter à bras Gœlder qu'on déposa sur des nattes.

(1) Bourreau arabe.

Alors Lakdar intervint :

— Je suis chargé de vous : je veillerai à ce que vous ne soyez pas malheureux, mais pas de résistance! Du reste, Mokran-ben-Abdallah, qui est chaouch du Dey Hussein, a l'ordre de vous tuer à la moindre rébellion.

Et, à mi-voix, il ajouta :

— Il est féroce ; attention à vous !... Et puis il n'a pas les mêmes raisons que moi de vous protéger.

— Merci, Lakdar, fit Henri sur le même ton. Je vois que tu n'as pas oublié tes anciens frères d'armes.

— Dieu est juste! murmura l'Arabe. Tu dis vrai... je me souviens.

Puis, comme s'il eût été gêné par ces sentiments contradictoires qui lui remuaient l'âme, il fronça les sourcils, fit demi-tour et sortit.

— Allons! dit de Nessy ; au moins nous avons un allié dans l'un de nos gardiens!

— Je commence à croire que tout n'est pas perdu, ajouta le commandant d'Assigny, puisque nous sommes encore en vie.

Les prisonniers commencèrent leur installation, et, pour être juste, il faut dire que, s'ils n'eussent été en proie à l'anxiété continue provenant de l'absence de nouvelles, ils eussent trouvé, grâce à Lakdar, leur captivité supportable.

Celui-ci veillait à ce que leur nourriture fût suffisante ; il leur fournit même du tabac, du café, et — chose plus précieuse — quelques médicaments primitifs qui permirent d'amener une amélioration notable dans l'état des deux blessés.

De plus, il s'était partagé les heures de garde avec le chaouch, et, dès le troisième jour, après quelques hésitations, il se décida à entrer en conversation suivie avec ses prisonniers.

Il venait de redire qu'il avait servi le Sultan El-Kébir, lorsque Cardignac lui demanda :

— Alors, tu l'aimais bien, l'Empereur Napoléon ?

— Si je l'aimais! presque autant que j'aime le Prophète ; autant que tous ses soldats l'aimaient ;... autant que tu sembles l'aimer toi-même...

— Oh! pour ça, ce n'est pas possible! répondit Henri en se redressant.

— Et pourquoi ?

— Pourquoi !... Parce que je suis son filleul!

Un regard d'étonnement mêlé à de l'admiration éclaira le visage de l'Arabe.

— Oui, poursuivit Henri, mon frère jumeau et moi, nous sommes les filleuls de Napoléon, et cela, grâce à l'amitié qu'il avait pour mon père, qui l'a suivi partout dans ses batailles, depuis Valmy jusqu'en Égypte, jusqu'à...

— En Égypte! interrompit Lakdar. Ah! oui!... j'avais seize ans... Il s'appelait alors Bonaparte... Et c'est dans cette campagne que vous avez pris Alexandrie, où résidait mon père, le cheik El-Messiri...

— El-Messiri! s'écria Cardignac.

— Tu le connais donc? interrogea Lakdar.

— Certes, je connais son nom. Bien souvent mon père en parlait devant nous, car lui l'a connu et même lui a rendu un de ces services que le Cheik n'a pas dû oublier, s'il vit encore.

— Que dis-tu?... Ton père!... que fait-il?

— Il est ancien colonel au 1er grenadiers de la Garde impériale; mais lors de la campagne d'Égypte, il était sergent.

— Sergent! et il a connu le Cheik El-Messiri!...

— Parbleu! Il a empêché qu'on ne le fusillât! (1).

Lakdar se redressa; malgré le flegme habituel à sa race, une émotion intense se lisait sur ses traits.

— Ton père! balbutia-t-il... Un sergent!... Dis-moi son nom?

— Tiens! fit Cardignac en souriant, en voilà une demande! Il s'appelle comme moi... Cardignac.

— Il n'avait pas d'autre nom? insista Lakdar avec une anxiété visible.

— Mais non!... c'est-à-dire, si. Il avait un surnom qui lui venait de ce qu'il avait été tambour à la 9me demi-brigade... On l'appelait Jean Tapin.

L'Arabe se redressa d'un bond. Il étendit les bras, et, se précipitant vers Henri, lui étreignit les deux mains et baisa son épaule droite:

— Allah! Allah!... s'écria-t-il, ton père a sauvé le mien!... Tu es mon frère!

Jugez, mes enfants, de la stupeur qui s'empara des assistants devant cette scène étrange. Quand la première émotion fut calmée, Lakdar raconta:

Il n'avait jamais pu retrouver Jean Tapin, le sauveur de son père, sans

---

(1) Voir *Jean Tapin*.

doute parce qu'il ne le connaissait que sous ce surnom que le grade d'officier fit naturellement abandonner pour le nom de Cardignac; mais le Cheik El-Messiri avait recommandé à son fils de n'oublier jamais le service rendu. Lakdar avait juré. C'est ainsi qu'il s'était pris d'une véritable affection pour les Français et surtout pour leur chef, ce jeune général Bonaparte, si rayonnant de gloire, que les Musulmans eux-mêmes ainsi que les Fellahs d'Égypte le disaient envoyé par Dieu.

Avec l'affection, l'enthousiasme était venu; et, lorsque le corps des mameluks avait été formé, Lakdar avait demandé et obtenu d'en faire partie.

Depuis, il avait parcouru l'Europe derrière son héros devenu Empereur; mais jamais il ne s'était trouvé en contact avec l'ancien sergent du corps des Dromadaires, qu'il ne connaissait pas, du reste.

— Pourtant, interrompit Henri, tu as dû suivre mon père de près, puisqu'il a toujours été dans la Garde ou à l'État-Major de l'Empereur.

— C'est ainsi cependant, repartit Lakdar.

Puis, avec le fatalisme inné de sa race :

— Mektoub! conclut-il... Il était écrit que je ne le retrouverais pas, mais il était écrit aussi que je connaîtrais son fils; Allah est juste!

— Enfin, reprit Henri avec sa jovialité toujours un peu ironique, tu nous as lâchés après Waterloo; tu as eu tort!

— Je n'aimais qu'un maître après Allah! c'était ton Empereur. Lui parti, je suis revenu vers Allah!

— Le raisonnement ne manque pas de logique, dit le commandant d'Assigny; mais c'est égal! Tu dois convenir toi-même qu'entre les procédés français et ceux du Dey Hussein, il y a une différence sensible : nous autres, nous sommes humains, nous sauvons les prisonniers du massacre, et chez vous on décapite des malheureux sans défense.

— Oui! c'est vrai...

Il y eut un silence après lequel Lakdar continua :

— Sois sans crainte, commandant... Maintenant que je sais... vous êtes sacrés pour moi. Qu'Allah me pardonne, mais je vous protégerai, même au prix de ma tête.

Il s'interrompit, prêtant l'oreille :

— Silence! reprit-il; j'entends Mokran qui vient prendre sa garde.

Il serra encore une fois la main du jeune sous-lieutenant, et sortit.

A dater de ce jour, le sort des prisonniers s'adoucit singulièrement.

Lakdar, qui jusqu'alors n'avait traité Mokran qu'en subordonné, se fit avec lui plus familier, flattant même une des pires manies du chaouch qui, comme beaucoup de Turcs, se livrait avec passion au haschisch, narcotique redoutable qui remplace pour eux l'opium des Chinois et qu'ils absorbent avec délices.

Chaque jour Lakdar en apportait au chaouch une provision; l'hébétude de Mokran s'accentua, et peu à peu il se laissa suppléer par son chef pendant des journées entières. Aussi Lakdar pouvait-il tenir plus facilement ses prisonniers, devenus ses amis, au courant des événements extérieurs.

Ils s'étonnaient de ne pas apprendre par lui que la flotte de débarquement était en vue.

Faits prisonniers le 16 mai, ils étaient captifs depuis trois semaines et l'amiral Duperré n'était pas encore arrivé.

C'est que l'amiral avait eu, lui aussi, à lutter contre les vents contraires.

Songez, mes enfants, que sa flotte était immense.

Depuis l'expédition d'Égypte, la France n'avait pas mis à la mer une force navale comparable à celle-là.

Elle se composait de trois cent quarante-sept bâtiments de guerre et de cent cinquante petites felouques, lougres ou tartanes, destinés au débarquement des troupes.

Ces troupes elles-mêmes ne comprenaient pas moins de trente mille hommes d'infanterie, de cavalerie, d'artillerie, du génie, des services administratifs et du service de santé.

Lorsque le colonel Cardignac, accompagnant Henri à Toulon, avait vu ces préparatifs grandioses :

— Oui, avait-il dit; ce n'est pas trop mal! Ils se sont modelés sur l'expédition de 1798, mais il leur manque ce que nous avions, nous autres... le général Bonaparte!

Sa vieille rancune contre les Bourbons le rendait injuste, car si jamais une expédition d'outre-mer fut bien préparée, ce fut celle-là. Tout avait été prévu, organisé jusque dans les plus intimes détails, et la part du hasard, toujours fatale à la guerre, avait été limitée dans la mesure du possible.

Le colonel n'avait pas manqué non plus de faire une amère réflexion contre le choix du général en chef. Ministre de la guerre, le comte de Bourmont, dont la défection avait jadis, à la veille de Waterloo, entraîné la chute de Napoléon.

— Ce commandement que lui donne Charles X, avait-il dit, c'est le moyen de racheter sa faute.

Et maintes fois on l'entendit répéter : il cherche sa réhabilitation : il ne la trouvera jamais.

Parmi les trois généraux de division, il critiqua de même le choix de deux d'entre eux, le général de Loverdo et le général duc des Cars qui n'avaient pas appartenu à l'ancienne armée.

— Heureusement, conclut-il, il y a avec eux Berthezène... Celui-là, je le connais ! c'est un ancien !

Malgré tout, cet appareil de guerre avait remué dans cette âme de soldat tant de souvenirs de jeunesse, que l'ancien colonel de la Garde avait tenu à rester à Toulon jusqu'au départ définitif de la flotte ; l'aspect imposant de ces trois cent quarante-sept vaisseaux prenant la mer, avait même fini par l'enthousiasmer sincèrement. Quand les dernières voiles avaient disparu à l'horizon, il avait repris la diligence et était rentré à Paris, en passant par Marseille et Lyon.

Quant à la flotte, elle avait été, ainsi que je vous l'ai dit, obligée de relâcher à Las Palmas, d'abord par suite de vents contraires, ensuite pour permettre aux navires moins bons voiliers de rallier le vaisseau amiral.

De sorte que, le 11 juin, elle n'avait pas encore rejoint l'escadre de blocus.

Enfin le 13, au petit jour, elle apparut.

Lakdar l'annonça aux captifs.

L'Arabe était sombre en leur faisant part de cette nouvelle : il songeait évidemment que l'attaque était proche et que la vie des prisonniers allait être en danger.

Cardignac, comprenant ses inquiétudes, lui frappa sur l'épaule :

— Ami, dit-il, tu as peur pour nous.

Évasivement l'ancien mameluk répondit :

— Dieu seul est grand !... Il est le maître de l'heure!

— Tu as raison ! fit de Nessy ; puis à ses compagnons :

— Messieurs, préparons-nous! Le moment approche.
— Espérons quand même! s'écria Henri : Je crois aux miracles!... Et puis Lakdar est là!
— Dieu seul est grand! murmura encore l'Arabe.
Et il s'éloigna pensif.
Ah! ce premier coup de canon, comme ils l'attendirent, anxieux, frémissants !
Pas un d'entre eux ne put fermer l'œil de la nuit.
Le jour se leva et les trouva tous éveillés.
— Ce sera sans doute pour aujourd'hui, dit Henri.
Soudain, comme une réponse, un coup de canon retentit, puis un autre, puis vingt autres, soulignés du crépitement lointain de la fusillade, pareil au bruissement d'une innombrable armée d'insectes.
L'armée française, couverte par les canons de la flotte, débarquait sur la presqu'île de Sidi-Ferruch, et se disposait à livrer la bataille de Staoueli.

CHAPITRE IV

JOURS D'ANGOISSE

En quittant Toulon, après le départ de la flotte, le colonel Cardignac, assis dans le coupé de la diligence, était parfaitement heureux.

Au fond, malgré les critiques qu'il avait formulées, il était enchanté de l'attitude des troupes; et puis c'était la première expédition sérieuse depuis Waterloo; la France guerrière se réveillait donc enfin et allait montrer à l'Europe qu'un grand peuple ne meurt pas. D'ailleurs, l'expédition était remarquablement conçue, et le colonel ne pouvait qu'adresser des compliments à ses organisateurs.

Puis, une autre considération lui faisait monter au cœur une bouffée d'orgueil : « Son fils en était ! »

Chez cet homme, brûlé au feu de vingt batailles, l'idée de voir son fils marcher à l'ennemi provoquait un enthousiasme que peuvent seuls comprendre ceux qui ont une âme de soldat.

Pourtant, la pensée qu'Henri pouvait périr dans cette lutte, contre un ennemi barbare et cruel, l'effleurait parfois; mais, après un frisson qui passait comme un éclair sur son âme de père, l'orgueil, un noble orgueil, reprenait le dessus.

« Soit! pensait-il, mais mourir pour mourir, n'est-ce pas la plus belle des morts, celle qui vient vous prendre sous les plis du drapeau? Ce n'est pas la mort si triste du malade épuisé. C'est la Patrie elle-même qui recueille dans ses bras, sur un lit de lauriers, le combattant qui tombe en brave! Quant à cela, je suis tranquille; s'il doit tomber, mon chasseur tombera comme je suis tombé moi-même... face en avant!

« Car — continuait-il en soliloque — je suis tombé quelquefois en route... mais bah! est-ce que je ne me suis pas toujours redressé, et plus droit qu'auparavant! Il fera comme moi, l'enfant, et vive la France! »

Une seule chose le chiffonnait, et il murmurait dans sa moustache :

« Il n'y a qu'une tache au tableau. Je passerais encore pour Bourmont, bien que j'en eusse préféré un autre... car enfin, après tout, il est de son école à Lui! Mais c'est leur satané drapeau blanc!... ce drapeau blanc qui vous donne toujours l'air d'arriver en parlementaire! »

Ils étaient d'ailleurs nombreux en France, ceux qui pensaient comme le colonel : le culte de Napoléon restait d'autant plus vivace que sa mort en exil, à Sainte-Hélène, l'avait singulièrement grandi aux yeux attendris des Français.

Il n'y avait que neuf ans de cela, et déjà on lui pardonnait tout : son despotisme, ses fautes, son ambition, et tout le sang versé aux quatre coins de l'Europe.

La légende commençait, et quelle légende!

Et l'imagination du colonel vagabondait dans le glorieux passé, pendant que, devant lui, trottaient gaillardement les cinq percherons de l'attelage.

Puis un pli de tristesse barra son front, car, de cette épopée inoubliable, il retomba dans des souvenirs plus récents, et il revit ses anciens camarades de l'armée impériale, pourchassés, traités de « brigands de la Loire », arrêtés pour un souvenir à l'adresse de celui qui avait emporté dans son exil le meilleur de leur âme; il se remémora ces persécutions iniques, cette chasse impitoyable à tout ce qui ne reniait pas le glorieux passé; il vit passer devant ses yeux la noble figure du maréchal Ney, que l'éloquence de son défenseur Berryer ne put arracher à la mort.

Ney! le Brave des Braves! le plus populaire de tous ces héros du premier Empire, si populaires pourtant!

Ney! de la main duquel, lui, Cardignac, avait reçu son grade de colonel.

Ah! comme cela était triste! Et quelle douleur amère lui serrait le cœur en songeant que Ney, cent fois épargné par les balles ennemies, était tombé, frappé par des balles françaises.

Hélas, oui! mes enfants, près de l'Observatoire, presque à la place où vous voyez aujourd'hui se dresser la statue du grand Maréchal, c'est là que la vengeance des Bourbons s'exerça ; ce fut là que mourut le maréchal Ney.

Condamné à mort, il eut, la veille de l'exécution, une dernière entrevue avec sa femme en larmes, et resta digne, noble et calme.

Son âme pleine de sérénité,

Mes amis, visez droit au cœur!

chercha des formules tendres pour calmer la douleur de celle qui, le lendemain, allait être sa veuve ; et le matin, au petit jour, Ney arriva sur le terrain d'exécution, droit, bien pris dans sa longue redingote.

Il jeta sur les troupes de parade et sur les soldats du peloton un long regard.

Presque tous pleuraient.

Il les salua comme autrefois, quand il les passait en revue, et vint se placer à quelques pas devant eux.

Il écarta doucement l'officier qui voulait lui bander les yeux, et indiquant du doigt sa poitrine :

— Mes amis! dit-il avec fermeté, visez droit au cœur!

Il fallut que l'officier gourmandât ses hommes pour les contraindre à obéir.

Les armes tremblaient dans leurs mains.

Enfin, le feu de salve retentit et le grand homme de guerre s'abattit foudroyé.

Ney était mort.

Ah! oui, c'était un souvenir cruel, et ce n'était pas le seul.

Cambronne, aux côtés duquel il était tombé, lui, Cardignac, à Waterloo, traduit en justice; le maréchal Brune, traqué dans le Midi par des bandes de forcenés, assassiné, jeté dans le Rhône; — les mameluks, ces malheureux ramenés d'Égypte, égorgés à Marseille. Et tant d'autres!

Et les conspirations des Patriotes!

Ah! ce souvenir faisait passer un éclair dans les yeux du colonel; car il en avait été, lui aussi, de cette redoutable société secrète des « Carbonari », qui avait fait et faisait encore trembler le pouvoir, à ce point que tous les moyens lui semblaient bons pour la réduire!

Cette société secrète avait en effet pour but d'entraîner le peuple et l'armée, et de créer un nouvel état de choses se rapprochant de la forme consulaire ou impériale. Beaucoup de ses affiliés — et Cardignac était de ceux-là — espéraient bien substituer au roi le fils du grand Empereur, ce jeune homme au front pensif, que son grand-père, l'empereur d'Autriche, avait en quelque sorte emmuré vivant au château de Schœnbrünn, près de Vienne.

Là, celui qui avait été le roi de Rome, celui qu'Henri avait embrassé avec tant de gentillesse aux Tuileries, était prisonnier de son aïeul, et se nommait maintenant le duc de Reichstadt.

Rongé par une maladie de langueur, tourmenté par le souvenir grandiose de son père, l'héritier de Napoléon s'étiolait lentement, et sa mort allait bientôt anéantir pour le colonel ce suprême espoir d'une restauration impériale.

La diligence roulait toujours, sans que le colonel Cardignac s'en aperçût. Seul dans le coupé, il s'abandonnait à sa rêverie, pleine d'évocations à la fois glorieuses et tragiques ; il ressentait une joie étrange à revivre mentalement sa vie, au moment où son fils Henri commençait réellement la sienne.

Arrivé au relai de Dijon, le colonel, en attendant l'heure du départ, déjeunait à l'*Hôtel de la Cloche*, quand une conversation de ses voisins de table attira son attention.

L'un d'eux venait de signaler l'échouage de l'*Aventure* et du *Silène*.

Le colonel pâlit, et d'une voix un peu tremblante :

— Pardon, monsieur, êtes-vous sûr de ce que vous venez d'annoncer?

— Monsieur! répondit son interlocuteur, je suis attaché à la Préfecture, où la nouvelle est parvenue télégraphiquement il y a une heure. Comme M. le Préfet l'a fait communiquer aux journaux, ce n'est plus un secret et je puis en parler.

Malgré sa fermeté habituelle, le colonel eut un tremblement convulsif qui n'échappa point à ses voisins.

— Monsieur, dit alors l'attaché, vous paraissez fort affecté. Est-ce que vous auriez à bord d'un de ces navires un...

— J'y ai mon fils!...

Un silence poignant suivit. Personne n'avait plus faim, tant l'attitude du colonel était impressionnante. Cet homme que son allure, son visage, sa rosette rouge, désignaient comme un des rudes et redoutés soldats de l'Empire, ce vieux brave que rien ne pouvait émouvoir, cet homme pleurait!

Il réagit pourtant, sécha ses larmes, et fiévreusement :

— A-t-on des nouvelles des passagers?

— Oui!... Prisonniers, sauf trente-deux hommes.

— De quel équipage, ces trente-deux hommes?

— Du *Silène*.

— ... Mon Dieu!

Il laissa tomber ses bras, fronça les sourcils, se contraignant à ne pas pleurer, mais une douleur immense l'écrasait. Pourtant il réagit, se redressa et sortit en criant :

— Une chaise de poste! Vite! Attelez! Un postillon!...

Peu après, le colonel Cardignac roulait sur la grand'route.

Trente-six heures plus tard, il arrivait à Saint-Cyr.

Mais ce que, pendant le cours de son voyage, il avait prévu et redouté, s'était, hélas, réalisé?

Sa femme avait, elle aussi, appris la terrible nouvelle, et le choc avait été si rude que le colonel la trouva étendue dans son lit, entourée de son père et de sa mère ainsi que de son fils, le lieutenant d'artillerie Jean Cardignac, qui, à l'annonce de la catastrophe, avait obtenu une permission.

Pendant vingt-quatre heures, le médecin avait cru à un transport au cerveau qui devait fatalement amener la mort. Pourtant, les soins énergiques prodigués à Mme Cardignac par son père et sa mère, Jacques et Catherine Bailly, — deux beaux vieillards que les ans n'avaient point courbés — amenèrent une détente.

Le lendemain, la malade avait recouvré la parole, et la vue de son fils Jean, qui venait d'arriver, avait amené chez elle une crise de désespoir salutaire, car le dicton populaire est vrai : « les larmes soulagent ».

Oh! qu'elle en avait versé d'amères larmes, la pauvre mère!

— Hélas! quel malheur, mon Jean... balbutiait-elle. Quel malheur qu'il soit parti, mon Henri, pour cette fatale expédition!... Oh! mon cœur est brisé!... broyé pour toujours... car, je le sens, on me l'a tué!... Je ne le reverrai plus jamais... jamais!

Pleurant, lui aussi à chaudes larmes, Jean calma sa mère : l'entourant de ses bras, le jeune officier intervertit les rôles, et ce fut un touchant spectacle que celui de ce grand garçon à moustache blonde, élégant comme son frère, s'efforçant de refouler les larmes qui coulaient de ses yeux bleus, profonds et un peu rêveurs, et berçant contre son épaule la tête aux cheveux blancs de sa mère, comme si elle eût été un petit enfant.

— Il reviendra, mère; ne pleure pas ainsi. Est-ce que, père aussi, nous ne l'avons pas cru mort plus d'une fois?

Et prenant à témoins son grand-père et sa grand'mère :

— N'est-ce pas vrai? Dites-le-lui, puisqu'elle l'a oublié! Est-ce que père n'a pas été prisonnier des Anglais, prisonnier des Russes, prisonnier des Prussiens, et n'est-il pas toujours revenu?

— Mais oui! mais oui, tu as raison, mon Jean, répondait Catherine, affectant une confiance et une fermeté qu'elle était, au fond, bien loin de posséder elle-même.

Ces tendresses ramenèrent un peu de calme dans le cœur de la pauvre mère, mais lorsque le colonel arriva, elle eut une crise de désespoir terrible.

Jean Cardignac qui s'était juré d'être calme, ne put tenir sa promesse.

Il fondit en larmes, lui aussi, et le père et la mère s'étreignirent en sanglotant.

A partir de ce jour, une tristesse morne s'empara des habitants de la petite maison de Saint-Cyr, tristesse, il faut le dire, mêlée malgré tout d'espoir, car l'âme humaine ne peut s'en passer. Le cœur d'un père et d'une mère surtout gardent cet espoir jusqu'à la dernière seconde, jusqu'à ce que l'évidence cruelle et brutale vienne l'éteindre à jamais!

Et tous les jours, laissant sa femme aux soins de Catherine, le colonel faisait atteler son cabriolet et partait pour Paris avec son beau-père.

Ils se rendaient au ministère de la Guerre, puis au ministère de la Marine, quittant l'un pour revenir à l'autre, espérant anxieusement, à chaque heure qui s'écoulait, qu'une dépêche d'Alger viendrait les tirer du doute obsédant, de ce doute, plus terrible souvent que la certitude elle-même.

Mais rien ne venait! On en était encore à la première dépêche, annonçant la captivité des passagers du *Silène* et de l'*Aventure*; aussi chaque soir rentraient-ils à Saint-Cyr, la mort dans l'âme.

Enfin, on apprit au Ministère que le Dey Hussein avait envoyé, par parlementaire, un ultimatum menaçant, en ce qui concernait les prisonniers.

Cette nouvelle n'était pas faite pour tranquilliser le colonel; pourtant elle apportait une atténuation à la souffrance de tous, car la dépêche donnait les noms des officiers et sous-officiers prisonniers.

Mme Cardignac lança vers Dieu un cri de fervente reconnaissance : son Henri vivait!

Et Jean, venu en permission un dimanche, la trouva un peu réconfortée.

Il avait du reste, en passant à Paris, appris la réponse du général de Bourmont à l'ultimatum du Dey.

Cette réponse était la seule qui pût sauver les prisonniers; car, à la menace du Dey, le général en chef répondait par une menace.

Il rendait Hussein lui-même garant de la vie des captifs.

Qu'allait faire, devant cette mise en demeure, le Turc sanguinaire et fataliste? N'était-il pas à craindre qu'il envoyât pour toute réponse, au général français, un sac de têtes fraîchement coupées?

L'angoisse était donc toujours la même dans la petite maison de Saint-Cyr, car, le 20 juin, arrivait à Paris la nouvelle du débarquement à Sidi-Ferruch, mais elle ne disait rien des prisonniers.

Puis, la victoire de Staouëli, annoncée aux Parisiens, remua dans le cœur du colonel deux sentiments bien contradictoires : l'orgueil du soldat et le désespoir du père, car le malheureux se demandait si chacune des secondes qui s'égrenaient dans l'éternité, n'emportait pas avec elle l'âme de son enfant.

Enfin arriva la dépêche racontant la prise d'Alger.

La nouvelle en avait été apportée par le vaisseau le *Sphinx*, et transmise par télégraphe à Paris. L'armée française avait fait son entrée dans la capitale barbaresque le 5 juillet 1830, et, dans le rapport transmis par le général en chef, il était dit que les prisonniers du *Silène* et de l'*Aventure* avaient été remis par le Dey au général en chef.

Il m'est bien impossible de vous dépeindre, mes enfants, la joie, l'immense joie que cette nouvelle apporta au cœur du colonel Cardignac et de tous les siens; aussi ne l'essaierai-je point.

La joie ne fait pas mourir... au contraire, et la pauvre mère fut enfin délivrée de la torture morale terrible qu'elle endurait depuis de longues semaines.

Cette nouvelle était parvenue le 9 à Paris; huit jours plus tard, le 17 juillet 1830, le courrier apporta non pas une lettre, mais ce laconique billet, écrit à la hâte par Henri.

« Chère petite mère et cher père,

« Je vous griffonne au galop ces quelques lignes : le courrier est en train d'appareiller et je n'ai que le temps de vous embrasser bien tendrement avec toutes les forces de ma tendresse, car j'ai bien failli ne jamais vous revoir. Le télégraphe vous a déjà avisés que je suis sauvé. Au prochain courrier, longue lettre avec détails.

« Je vous embrasse tous, tous, tous !
« Votre fils sain et sauf,

« Henri. »

Et je vous assure, mes enfants, que, ce soir-là, tout le monde à Saint-Cyr s'endormit heureux !

CHAPITRE V

LETTRE D'AFRIQUE

L'annonce d'une victoire est généralement une joie pour un peuple; pourtant, il faut le reconnaître, la nouvelle du triomphe d'Alger fut accueillie presque froidement par les Parisiens.

Il y eut bien un *Te Deum* solennel à Notre-Dame, illuminations officielles et bal à la Cour, mais ces manifestations restèrent sans écho apparent dans l'âme du peuple.

On était fier de l'armée, oh! certes! mais le même sentiment de rancune, manifesté par le colonel Cardignac lors du départ de la flotte, animait la grande majorité des Parisiens. Charles X était impopulaire, et le silence de la population voulait dire :

« Nous sommes glorieux du succès de nos soldats, mais nous ne voulons pas admettre que vous en tiriez vanité : vous n'y êtes pour rien! »

C'était peut-être au fond un peu injuste, mais un peuple ne raisonne pas ses antipathies, et le régime d'alors était si profondément antipathique aux Français que Charles X allait, malgré son récent triomphe, en acquérir la preuve quelques jours plus tard.

Le 25 juillet 1830, poussé par des conseillers qu'il eut le tort d'écouter, le Roi signait ces « ordonnances » fameuses qui restreignaient la liberté d'écrire au point de la rendre illusoire, et qui modifiaient autoritairement le mode d'élection des députés.

La réponse du peuple fut terrible : deux jours plus tard, le 27 juillet, Paris, soulevé contre Charles X, commençait la révolution de 1830 qui devait chasser les Bourbons du trône de France.

La garnison de Paris, sous les ordres du maréchal Marmont, duc de Raguse — celui-là même qui fut si fatal à Napoléon, et qui devait encore, en ces journées terribles, être fatal à sa Patrie en rougissant de sang français le pavé de Paris — la garnison, disons-nous, était tout entière sous les armes et combattit les insurgés.

Paris était couvert de barricades; grisée par l'odeur de la poudre, l'armée faisait son devoir avec discipline, mais elle le faisait avec une mollesse bien significative : le plus grand nombre des soldats pensait tout bas que la cause du peuple était juste, et tous ceux qui avaient connu le drapeau tricolore le voyaient avec une grande émotion surgir au milieu de la foule enfiévrée.

Que de souvenirs glorieux en effet s'échappaient de ses plis, et comment, à quinze ans de distance seulement, auraient-ils pu être oubliés?

Aussi de tous côtés l'insurrection s'étendait, et l'élan était tel que les élèves de l'École Polytechnique, sautant par dessus les murs de l'école, vinrent se mêler aux insurgés qui les acclamèrent comme leurs chefs.

Plusieurs de ces polytechniciens furent tués dans ces sanglantes journées. L'un d'eux, qui dirigeait l'attaque de la caserne de Babylone, reçut une balle qui l'étendit raide mort. Il se nommait Vaneau, et, en souvenir de sa bravoure, on a baptisé de son nom une rue voisine de l'endroit où il tomba.

Vous comprenez sans peine, mes enfants, que cette levée en masse des Parisiens, arborant le drapeau tricolore, dut terriblement secouer l'âme de tous les camarades du colonel Cardignac. Aussi la plupart d'entre eux se ruèrent-ils à l'assaut du gouvernement qui, d'après eux, n'était parvenu à se substituer au régime impérial qu'avec l'appui des baïonnettes étrangères.

Quant au colonel lui-même, il se trouvait justement à Paris, en quête de nouvelles d'Alger, quand les premiers coups de feu éclatèrent; mais, partagé entre sa tristesse et l'enthousiasme que lui causait la révolution, il fut en outre envahi d'une crainte qui le fit pâlir.

— Pourvu, pensa-t-il, qu'on n'ait pas adjoint les élèves de l'École d'Artillerie aux troupes de répression! Pourvu que mon Jean ait la chance de ne pas avoir à combattre « mon » drapeau!

Et cette seule pensée l'empêcha d'aller revêtir son vieil uniforme et de

Mokran, l'écume aux lèvres, brandissait son cimeterre et vociférait.

se montrer dans la rue; car qui sait si la fatalité n'eût pas amené le père et le fils face à face, dans un de ces affreux combats de barricades?

Ah! mes enfants, quelle horrible chose que la guerre civile, et combien je vous engage à prier Dieu pour qu'il l'évite désormais à notre pays.

Par bonheur, les craintes du colonel Cardignac n'étaient pas fondées : Jean n'eut pas à donner dans ces journées baptisées les *Trois Glorieuses*, mais son père ne le sut qu'après et passa ainsi ces longues heures dans une inquiétude mortelle.

Ne voulant pas combattre ses anciens compagnons d'armes, il quitta Paris après avoir constaté avec joie que le mouvement révolutionnaire entraînait tout, et que le drapeau tricolore flottait sur la capitale.

De sa maison de Saint-Cyr, il vit passer les carrosses de la Cour : ils contenaient Charles X et sa famille, quittant précipitamment le château de Saint-Cloud. Des troupes escortaient le vieux roi, dans cette première étape de sa fuite, étape qui se termina au château de Rambouillet.

De là, quelques jours plus tard, le monarque déchu, accompagné seulement de quelques fidèles, fuyait jusqu'à Cherbourg et s'embarquait pour l'Angleterre.

La dynastie des Bourbons était morte!

Sous le nom de Louis-Philippe Ier, le duc d'Orléans fut proclamé roi des Français.

Vous voyez, mes enfants, que les efforts de ceux qui avaient conspiré pour renverser les Bourbons n'avaient pas amené les résultats espérés par la plupart d'entre eux : ni la République, ni l'Empire ne sortaient de cette courte et victorieuse révolution : aussi Louis-Philippe conserva-t-il bien des ennemis, parmi ceux qui gardaient leur culte pour les anciens souvenirs de la Révolution et de l'Empire.

Pourtant, bon nombre de Français se rallièrent sans arrière-pensée au choix du duc d'Orléans, parce qu'ils se souvenaient que le nouveau roi avait jadis servi la France, à l'heure de nos plus grands dangers : ils se souvenaient surtout qu'il avait chargé à Valmy, aux côtés de Kellermann.

Le colonel Cardignac était de ceux-là : il n'avait d'ailleurs — car sa mémoire était restée très fidèle — qu'à consulter les souvenirs de Jean Tapin (1) pour revoir le jeune duc au milieu des boulets, près de la Butte du Moulin.

(1) Voir le 1er volume d'une Famille de soldats (*Jean Tapin*).

Le peuple, lui non plus, n'avait pas oublié, et ce fut, sans conteste, cette page de l'histoire du duc d'Orléans qui lui valut la couronne.

Néanmoins, comme toutes les convulsions politiques, cette révolution avait amené des troubles intérieurs, et le service des courriers s'en était ressenti.

C'est pourquoi la lettre tant attendue de Henri, ayant subi des retards, n'arriva que le 1er août.

Quel bonheur elle apporta avec elle : je n'essayerai pas de vous le décrire. Lise en la recevant et en l'ouvrant d'une main tremblante, était transfigurée.

Ce fut le colonel qui, la lui prenant des mains, se mit à lire.

Après les premières effusions de tendresse, Henri racontait ce que vous connaissez déjà de la première phase de sa captivité; puis venait le récit de la prise d'Alger et de la délivrance des captifs.

« Vois-tu, ma petite mère, écrivait-il, lorsque nous avons entendu le premier coup de canon tiré par l'armée, une terrible émotion nous envahit tous; malgré ma foi dans un miracle, malgré l'apparente confiance que j'avais montrée jusque-là, j'étais absolument convaincu que nos têtes allaient rouler à terre, comme hélas! celles de nos pauvres soldats.

« Et j'étais bien résolu à ne pas laisser couper la mienne sans résister avec toute l'énergie du désespoir.

« Lakdar — notre ami le janissaire — n'était guère plus rassuré que nous, et ses soucis se lisaient dans les regards inquiets qu'il jetait sans cesse vers la porte, car il fut de garde auprès de nous pendant cette inoubliable journée.

« Pourtant, le lendemain, il revint un peu plus tranquille.

« — Hussein, nous dit-il, m'a donné l'ordre d'attendre : trois cheiks ont été pris à l'attaque de Sidi-Ferruch, et je pense qu'il va vouloir les échanger contre vous.

« Et puis, sûrement, il craint pour sa propre peau, si les Français sont vainqueurs et lui demandent compte de ses prisonniers.

« — C'est même là notre plus sérieuse garantie, répondit de Nessy : espérons.

« Tout de même les journées nous semblaient terriblement longues, et puis je pensais à votre détresse, au chagrin immense de petite mère, qui a dû passer par des heures bien douloureuses en pensant à moi. Mais votre souvenir me donnait du courage, et j'étais déterminé à tenter l'impossible pour vous revoir.

« Comme nous ne sortions jamais de notre cellule, il nous était impossible de nous rendre compte, de visu, de ce qui se passait. Nous en étions réduits à faire des conjectures, d'après le bruit du canon et de la fusillade, qui semblait se rapprocher.

« Lakdar — encore disparu pendant deux jours — revint; ce nous fut une grande joie, car, à dater de son retour, le brave garçon qui ne nous quittait plus guère, nous tint au courant des événements.

« C'est ainsi que nous apprîmes la marche en avant des nôtres, et les combats, victorieux pour nous, de Sidi-Khalef et de Staouëli.

« Enfin, le 30 juin, nos troupes étaient en vue d'Alger.

« Dès ce moment, je remarquai que Lakdar surveillait de très près l'attitude de Mokran. Celui-ci commençait en effet — malgré, ou peut-être à cause de ses fréquentes débauches de haschich — à nous regarder d'un air singulièrement inquiétant; une sorte d'égarement, d'hallucination féroce dilatait sa prunelle.

« Le 1er juillet, nous apprîmes, par l'ancien mameluk, qu'après un vif engagement, nos soldats étaient en train de construire cinq batteries sous le feu même du Château de l'Empereur (en turc : *Sultan-Khalassi*), qui nous servait de prison.

« Du reste, même sans ce renseignement, nous n'eussions pas eu grand peine à deviner la proximité des nôtres, car les vieilles, mais solides murailles de notre cachot, tremblaient sous les détonations des pièces turques qui tiraient de la plate-forme, juste au-dessus de nos têtes.

« Il était évident, pour nous tous, que le sort d'Alger allait se décider tout près de nous. J'avais d'ailleurs remarqué, en arrivant en vue de la ville barbaresque, qu'elle était dominée et commandée par le Château de l'Empereur, et l'attention de notre général en chef devait nécessairement se porter sur ce point, clef de la défense et réduit de toutes les positions qui avoisinaient la Kasbah. Tout l'effort de nos artilleurs et de leurs pièces de siège allait donc converger sur les murailles qui nous recouvraient, et le vacarme commença, terrible, assourdissant, énervant au plus haut point.

« Car il n'y a pas à dire : c'est une fichue situation que de se sentir prisonnier, dans un ouvrage ennemi, exposé au feu des batteries amies. Toi-même qui as connu bien des situations extraordinaires, je ne crois pas, père, que tu aies passé par celle-là et on a beau essayer de commander à ses nerfs, se dire qu'on est officier, c'est-à-dire toujours prêt à recevoir la mort de belle humeur, c'est un drôle de moment à passer.

« Le surlendemain, 3 juillet, le feu des Turcs cessa. Mais le 4, avant le lever du jour les batteries françaises, enfin construites et armées, se mirent en action.

« Tout d'abord leur tir, mal réglé sans doute, ne portait pas sur nous...

« Ah! père, quelle émotion! Comme nous aurions payé cher pour voir les bombes françaises crever les murailles de notre prison, au risque d'être fauchés par elles! Au milieu du silence poignant que nous gardions tous, Gœlder, mon maréchal-des-logis, lança une de ces boutades auxquelles sa prononciation donnait une saveur particulière :

« — Ces sagrées canaches d'artilleurs! s'écria-t-il. Ils beuvent tonc pas direr chuste!

« Et nous partîmes tous de rire, le commandant d'Assigny comme les autres, car Gœlder ne faisait qu'énoncer, sous une forme triviale, notre pensée à tous.

« Mais, dame! vers cinq heures du matin, les artilleurs ne méritaient plus le reproche de Gœlder. Le tir était repéré et ça ronflait dur, d'autant plus que les Turcs, de leur côté, avaient recommencé le feu : des détonations éclataient juste au-dessus de nous, et le crépi du plafond voûté s'écaillait par places. Nos bombes tombaient aussi dans la cour du château. Cette canonnade enragée dura sans interruption jusqu'à dix heures.

« Cinq longues heures! tu vois ça d'ici, père? c'est long, va!

« Vers huit heures, le feu des Turcs s'affaiblit sensiblement, et, une heure après, il cessa tout à fait. Chacun de nous poussait un soupir de soulagement quand, soudain, la porte de notre cellule s'ouvrit et deux hommes s'y précipitèrent.

« C'étaient Mokran et Lakdar.

« Le premier, les yeux hors de l'orbite, l'écume aux lèvres, brandissait son cimeterre et vociférait.

« Lakdar l'avait empoigné par sa veste et cherchait à le maintenir... Quant à moi, j'ai vu rouge! La rapide vision de ton évasion, à la citadelle de Bromberg, m'a traversé l'esprit; saisissant la jarre de terre où était notre provision d'eau, je l'ai brisée sur la tête du chaouch qui s'est écroulé comme une masse. J'ai empoigné son cimeterre, et, ma foi! chacun pour son compte, n'est-il pas vrai? Mokran est à cette heure dans le paradis de Mahomet, à moins qu'il ne soit au diable.

« Tout cela avait été fait si prestement, que Lakdar n'avait pu s'y opposer à temps. Si tu avais vu sa tête et même celle de mes camarades! Ils n'en revenaient pas, s'attendant à chaque instant à voir apparaître à la porte d'autres janissaires armés.

« Moi aussi, je les attendais; mais je pouvais du moins vendre chèrement ma vie, et je n'aurais pas cédé, pour tout l'or du monde, l'arme terrible dont je serrais fiévreusement la poignée.

« Ce fut notre ami le mameluk qui reprit son sang-froid le premier.

« — Qu'Allah ait son âme, dit-il; mais vite, vite, suivez-moi!

« Nous ne nous fîmes pas prier, tu peux m'en croire. Le château était vide de soldats turcs, nous traversâmes la cour au galop, enjambant les morts, buttant dans les éclats de bombe, risquant d'être écharpés par le tir de nos batteries. Ah! les braves gens, qu'ils tiraient juste! Heureusement, nul de nous ne fut touché.

« Toujours suivant Lakdar, et toujours courant, nous voilà dans le souterrain par lequel nous étions arrivés, quand une explosion formidable, surhumaine, nous renverse les uns sur les autres...

« Tu es aussi passé par ce genre d'exercice, n'est-ce pas père, lorsque tu as sauté à Saint-Jean-d'Acre, avec un Turc dans les bras en guise de plastron?

« Tu connais donc, par expérience, la sensation toute spéciale qu'on éprouve en se sentant enveloppé, soulevé, comprimé, aplati par le terrible refoulement de l'air et des gaz. J'en avais la tête à l'envers, en me relevant dans cet étroit boyau rempli de fumée.

« Je me tâte, je fais l'appel de mes membres... rien de cassé!

« J'appelle mes compagnons. On me répond, on se retrouve... Personne de tué! Seulement Gœlder avait été projeté sur la muraille et son nez était en marmelade. Il n'a vraiment pas de chance, mon pauvre Gœlder!

« Lakdar aussitôt était allé en arrière, pour se rendre compte.

« — La grande tour a sauté! nous dit-il en revenant. C'est là qu'était la poudre : Dieu l'a voulu. Maintenant, filons!

« Et nous voilà repartis.

« J'ai su depuis que c'était le gouverneur turc qui avait mis le feu au magasin à poudre, juste à l'instant où nos troupes pénétraient par la brèche extérieure; seulement l'explosion a eu lieu un peu trop tôt, et elle n'a pas, du reste, arrêté les colonnes d'assaut.

« Ah! si nous avions su qu'à cette heure même elles pénétraient dans l'ouvrage! Tu penses bien que nous serions revenus sur nos pas; songe donc, que juste au moment où nous suivions Lakdar, nos compatriotes étaient à cinquante pas derrière nous : mais nous ne pouvions pas savoir...

« Enfin nous débouchons dans une sorte de cave, sous la Kasbah; dans le coin Lakdar ouvre une porte peu apparente, et nous descendons un interminable escalier.

« Voilà qui est extraordinaire, n'est-il pas vrai? J'ai l'air de raconter une histoire de souterrains et d'oubliettes du Moyen Age.

« C'est qu'aussi, dans ce pays turc, fermé à tout contact avec l'Europe depuis des centaines d'années, nous sommes en plein Moyen Age, si ce n'est même en pleine antiquité.

« En arrivant au bas de l'escalier, nous nous trouvons dans le fond d'un puits desséché, à parois de pierres. Tu vois, petite mère, que cela tient du merveilleux.

« — Montons, dit Lakdar.

« Et, sans dire un mot de plus, il nous donne l'exemple en s'aidant des pieds et des mains aux excavations du mur. Nous grimpons derrière lui, et, après cette rude ascension, nous débouchons au milieu du feuillage bas d'un énorme figuier, dans le jardin d'une maison mauresque, en plein Alger!

« — Ouf! m'écriai-je; où vas-tu nous mener maintenant?

« — Nous sommes arrivés, répondit Lakdar. Ici, vous êtes en sûreté; vous vous trouvez dans une maison appartenant au khodja (1) d'Hussein; mais elle est vide, car il ne l'habite plus depuis longtemps.

« Bravo! l'espoir nous était revenu à tous.

« Notre mameluk nous installe dans une pièce, nous recommande à plusieurs reprises de ne pas bouger, et nous quitte après un serrement de mains.

---

(1) Secrétaire.

« Ce qui s'est passé ensuite, je vais vous le dire d'après le récit que nous en a fait Lakdar.

« Pendant que nous étions dans notre maison abandonnée, prêtant l'oreille aux bruits du dehors et nous demandant si la cessation du feu ne correspondait pas avec la reddition de la ville, Hussein avait envoyé à notre quartier général un parlementaire; mais, savez-vous? il n'avait rien trouvé de mieux que de le faire accompagner par le consul d'Angleterre!

« Je te demande un peu, père? Ces Anglais que je déteste autant que toi et qui sont nos plus dangereux ennemis, ne sont-ils pas étonnants? On les trouve toujours partout, même — et surtout — où ils n'ont rien à faire.

« De quoi se mêlait-il, celui-là? Assurément il espérait en imposer à notre général en chef, lui faire diminuer ses exigences ou encore, car c'est bien là l'éternelle tactique anglaise, obtenir de lui *part à deux*.

« Seulement, il tombait mal : le général de Bourmont n'était pas homme à se laisser intimider par les gros yeux et les sous-entendus du bonhomme, et, avant tout pourparler, il lui notifia qu'il n'avait rien à faire là en un pareil moment.

« Il le mit donc poliment à la porte, et comme le parlementaire d'Hussein n'apportait que des propositions dérisoires, il les renvoya tous deux dos à dos, l'un furieux, l'autre penaud.

« Immédiatement après, M. de Bracewitz — un ancien d'Égypte — était envoyé par le général au Dey Hussein.

« Lakdar qui en nous quittant s'était rendu auprès de ce dernier, assista à l'arrivée de M. de Bracewitz, et il paraît qu'un moment tout faillit mal tourner.

« Les janissaires qui entouraient leur chef ne voulaient rien entendre, et peu s'en fallut que notre parlementaire et le Dey lui-même ne passassent un mauvais quart d'heure.

« Hussein réussit pourtant à se débarrasser de ses trop fanatiques défenseurs, et consentit à la redditon sans conditions; puis, comme M. de Bracewitz réclamait la restitution des prisonniers du *Silène* et de l'*Aventure*, le Dey devint très pâle et ne répondit point.

« Lakdar qui s'était dissimulé derrière une colonne, jugea le moment venu de se montrer, et vint, sans rien dire, se prosterner devant le monarque musulman.

« — A-t-on exécuté mes ordres en ce qui concerne les captifs? lui demanda Hussein.

« — Seigneur, l'ordre allait être exécuté, répondit avec aplomb Lakdar ; mais, juste à cet instant, les Français s'emparaient du château : Mokran est tombé mort... une balle... une bombe... je ne sais!

« — Et ensuite?

« — Alors j'ai dû fuir précipitamment avec les prisonniers, que j'ai gardés à ta disposition dans les souterrains de la Kasbah.

« Le Dey eut un froncement de sourcils suivi d'un silence : mais son visage se rasséréna, car au fond il devait bien sentir qu'il l'échappait belle.

« — C'est bon, dit enfin le Dey ; prends une escorte et ramène les prisonniers au quartier général français.

« Lakdar n'insista pas et vint nous retrouver dans notre retraite, en laissant Hussein échanger avec M. de Bracewitz les signatures d'usage.

« Et voilà comment, mes chers parents, nous faisions, une heure après, notre entrée à cheval dans la cour de Sultan Khalassi, au milieu des cris d'enthousiasme de nos camarades. Seul le quartier-maître Muttin était à pied.

« — Jamais je n'ai enfourché ces bêtes-là, avait-il dit. Je ne tiens pas à me faire casser la figure au moment de la délivrance.

« Nous avions, il faut l'avouer, une drôle de tournure avec nos effets souillés, lacérés, nos yeux caves et nos barbes de chemineau ; pour moi, j'étais tête nue et je n'avais pas lâché mon cimeterre, mais personne n'y prenait garde et notre joie était débordante.

« Je vous laisse à penser l'accueil qui nous fut fait par le général en chef et par tous les officiers présents. Tous voulaient nous saisir la main, et j'ai connu ce jour-là une des meilleures émotions de ma vie.

« Le commandant d'Assigny reçut l'ordre d'adresser au général en chef, le lendemain, un rapport complet sur notre captivité, ainsi que sur les événements de mer qui l'avaient précédée.

« Moi, j'ai été de suite réintégré à mon escadron, et, grâce à l'obligeance de mon lieutenant qui m'a prêté une tenue, je suis à peu près présentable.

« Quant à Lakdar, le commandant, voulant lui éviter des représailles de la part du Dey, raconta sa conduite au général : celui-ci, serrant la main de notre ami, le remercia et l'attacha immédiatement au quartier général *comme interprète.*

« Notre sauveur est, derechef, mameluk, comme tu vois!

« J'ai donc dit, non sans émotion, au revoir à mes camarades les marins qui retournaient à bord de la *Provence*; puis, avec Gœlder, nous avons repris notre service à l'escadron.

« Le lendemain nous avons fait notre entrée à Alger, au milieu d'une population plutôt épouvantée qu'hostile, et on a logé notre cavalerie dans les écuries des janissaires, où j'ai du reste, avec l'autorisation de mon colonel, choisi un cheval pour moi.

« Mon pauvre cheval Tambour, noyé avec l'*Aventure*, est remplacé par un magnifique cheval syrien, gris truité, qui a nom Soliman. Si excellent que fût Tambour, je ne perds pas au change.

« Mes harnachements et effets ont été, eux aussi, perdus à bord du brick; mais je touche de ce chef une indemnité de remplacement; en attendant,

Si excellent que fût Tambour, je ne perds pas au change.

je monte en selle arabe, ce qui est un peu gênant au premier abord, car on y est absolument emboîté, mais on s'y fait vite.

« Hier, Hussein a quitté Alger. On l'a embarqué sur la *Jeanne d'Arc*, avec son harem, sa suite et sa fortune personnelle. Le général de Bourmont l'autorise à se retirer à Naples.

Quant à nous, à part le 1ᵉʳ escadron parti en reconnaissance vers Blidah, nous attendons les événements à Alger. On parle d'une expédition prochaine à l'intérieur... Tant mieux!

« Je termine cette lettre, mes chers parents, sur cette espérance que je vais pouvoir me dédommager de mon début de campagne plutôt triste. Mais ce que je veux vous dire encore, c'est ma ferveur reconnaissante pour toi, père!

« Si nous vivons, moi et mes compagnons, c'est à toi que nous le devons!

« Si tu n'étais pas le soldat à la fois brave et humain par excellence, je ne serais pas là pour t'écrire, et si — petit sergent, petit Jean Tapin en Egypte — tu n'avais pas sauvé le cheik El-Messiri, son fils Lakdar, tout ancien mameluk qu'il fût, ne nous eût peut-être pas sauvés nous-mêmes!

« Il t'a payé la dette de son père, mais moi, je ne pourrai jamais assez t'aimer, ni jamais assez te le dire!

« A bientôt une autre lettre. Elle sera bonne, j'en suis sûr : ton souvenir et ton exemple me rendent brave et fort. Et dans ces souvenirs, dans ces exemples, je confonds petite mère, ma bonne petite maman Lise, que ma lettre va réjouir, et pour laquelle je mets un baiser, là, dans le coin gauche de la page. Elle le partagera avec toi, avec grand'mère Catherine, avec papa Bailly, avec mon Jean le savant. Et quand elle l'aura bien partagé, il en restera encore, car c'est tout mon cœur, toute mon âme que je mets là!

« A bientôt, et vive les chasseurs de l'armée d'Afrique!

« Henri Cardignac. »

« *P.-S.* — A la dernière minute m'arrive une bonne nouvelle!!!... A la suite du rapport du commandant d'Assigny, je suis porté pour lieutenant au choix, à la première vacance. De Nessy est porté par l'amiral pour le grade supérieur. Mon brave Gœlder — oh! joie de sa vie — est inscrit pour la croix ainsi que Muttin. Quant aux commandants Bruat et d'Assigny, ils reçoivent le commandement d'une frégate à désigner.

« Lakdar, qui vient d'arriver pour me serrer la main, me charge de faire ses amitiés au petit sergent de l'ex-9ᵉ demi-brigade.   « Henri. »

Encore une fois, comment vous dépeindre, mes enfants, la joie immense qui, à la lecture de cette lettre, inonda le cœur de tous?

Le colonel rayonnait en lisant à haute voix ce récit à la famille assemblée. J'avoue pourtant qu'à plus d'un passage, il dut s'arrêter : la pensée du terrible danger couru par Henri donnait à sa voix, si nette d'ordinaire, des frémissements inaccoutumés.

Quant à la mère et à la grand'mère, leurs larmes coulaient, à la fois douces et amères, en songeant aux dangers futurs; mais ce fut Jean qui trouva pour elles le mot qui fait espérer :

— Chançard! s'écria-t-il en riant. Avant peu je lui devrai le respect! Il sera mon supérieur et me flanquera aux arrêts!

Et sur un soupir de sa mère :

— Petite mère chérie, ajouta-t-il, sois tranquille. Il y a pour les soldats un proverbe : *Non bis in idem!* Jamais deux fois pour le même!... Mon Henri a payé sa dette à la mort : maintenant qu'elle l'a frôlé de si près, elle n'osera plus le regarder en face.

Pourtant, malgré cette réconfortante promesse, une prière muette mais ardente s'éleva ce soir-là du cœur de la mère et monta vers Dieu!

CHAPITRE VI

A TRAVERS LA POUDRE

Alger était donc à nous! Le drapeau tricolore, surmonté du coq gaulois, flottait sur ses murailles. Le coq gaulois, pour la monarchie d'Orléans, remplaçait l'aigle du Premier Empire.

La puissance des Deys avait — du fait de l'occupation de leur capitale — reçu un coup irrémédiable; l'objectif principal de l'expédition semblait donc atteint, puisque la sécurité des mers était assurée.

Mais un simple coup d'œil jeté sur la carte vous démontrera, mes enfants, mieux que ne pourrait le faire une longue explication, combien la situation du corps d'occupation était précaire malgré son beau succès.

Alger n'est point l'Algérie; c'était certes un point d'appui, une excellente base d'opérations, mais le plus fort restait à faire.

En effet, si le Dey Hussein n'existait plus, s'il était parti en exil à Naples, en même temps que son vainqueur, Charles X, partait en exil pour l'Angleterre, il restait encore, sur tout le territoire algérien, les Beys, lieutenants de Hussein. Or, ceux-ci n'avaient point désarmé : ils commandaient à des populations animées contre notre pays des sentiments les plus hostiles, et imbues de ce fanatisme musulman qui leur eût suffi, à défaut de patriotisme, pour nous faire une guerre à mort.

Ces Arabes ne défendaient pas seulement leur sol, ils croyaient encore de leur devoir de combattre en nous des chrétiens, des *roumis*, comme ils nous appelaient.

C'était donc à la fois une guerre d'indépendance et une guerre de religion, poussée jusqu'au fanatisme, qu'ils allaient entreprendre contre nous.

Vous avez peut-être, mes enfants, de grands frères qui ont pris part à nos guerres coloniales actuelles : au Tonkin, à Madagascar, au Soudan.

Peut-être les avez-vous écoutés avec une attention admirative, lorsqu'ils racontaient, autour de la table de famille, les péripéties de leurs luttes et de leurs combats.

Eh bien, si rudes qu'aient été leurs épreuves, soyez sûrs que les conquérants de l'Algérie durent en subir de plus dures encore.

A cette époque, en effet, les progrès scientifiques adaptés aujourd'hui à la guerre, n'existaient pas. On en était encore au fusil à pierre, au canon de bronze se chargeant par la gueule, comme sous le Premier Empire.

Le service médical, malgré le dévouement de ceux qui le composaient, ne possédait ni les antiseptiques, ni les fébrifuges connus aujourd'hui; or, de tous les ennemis, la fièvre est peut-être, pour le soldat en expédition coloniale, le plus redoutable des dangers.

Les Arabes étaient il est vrai mal armés, sans discipline; mais ils avaient pour eux le nombre, la connaissance de leur sol et surtout l'accoutumance du climat.

Enfin il surgit au milieu d'eux — ainsi qu'il arrive parfois chez les peuples aux heures de crise — un grand chef, l'Émir Abd-el-Kader, qui trouva moyen de les discipliner, en partie du moins, et qui fut pour nous un adversaire tout à fait redoutable.

Ajoutez à cela les difficultés pendantes en Europe et qui, détournant le gouvernement français de l'attention continue qu'il eût dû porter aux choses de l'Algérie, le prédisposaient à n'agir qu'avec lenteur au lieu de porter tout de suite un coup décisif.

Et vous ne serez pas étonnés que la conquête proprement dite de l'Algérie ait nécessité, de la part de nos généraux et de nos soldats, trente années d'efforts continus et une somme de bravoure invraisemblable.

Ce qui est certain, c'est que notre ami Henri Cardignac ne fut pas le dernier à donner de sa personne : de 1830 à 1836, c'est-à-dire en six ans, il ne revint en permission en France qu'une seule fois, en 1832, en congé d'un mois, et dans des circonstances particulièrement tristes, car c'était pour rendre à ses grands parents, Jacques et Catherine Bailly, les derniers devoirs.

L'ancienne cantinière de la 9ᵉ demi-brigade avait été, ainsi que son mari, emportée en deux jours par l'horrible épidémie de choléra qui sévit cruellement, cette année-là, à Paris et dans plusieurs grandes villes de France.

Le père de Henri, le colonel Cardignac, sa bonne mère Lise et son frère Jean avaient heureusement échappé à ce terrible fléau.

Entre temps, Jean, l'artilleur, avait, lui aussi, reçu le baptême du feu.

Il avait fait partie de l'expédition envoyée en Belgique pour aider ce pays à conquérir son indépendance sur les Hollandais. Jean avait pris part au siège d'Anvers et en était revenu sans blessure.

Rentré dans sa garnison, après cette courte campagne, il consacrait à la science tous les instants que lui laissait son service. Pour le moment il s'adonnait, de concert avec un ingénieur de ses amis, à des recherches sur l'application de la vapeur.

C'était maintenant un grand jeune homme au visage grave, aux traits sérieux.

Sa moustache blonde avait poussé, comme celle de son frère Henri, dont le brillant uniforme et le teint hâlé faisaient l'admiration du colonel.

Lieutenant de chasseurs d'Afrique.

Les deux frères avaient le double galon d'or sur la manche : Jean avait gagné son nouveau grade au siège d'Anvers ; Henri, à la première attaque du col de Mouzaïa ; et notre camarade était maintenant lieutenant aux chasseurs d'Afrique.

Ce régiment, nouvellement formé, devait fournir une bien glorieuse carrière. Il n'était du reste pas la seule nouveauté introduite par les nécessités de la guerre d'Afrique dans l'armée française, car un corps spécial d'infanterie avait été créé en même temps : le bataillon des zouaves.

Formé en 1830, à l'aide d'indigènes qui avaient fait leur soumission et qui, pour la plupart, provenaient d'une tribu nommée tribu des *Zouaoua* d'où venait son nom, ce bataillon, équipé avec un uniforme genre arabe, peu différent du costume actuel, avait d'abord excité la verve ironique des troupes françaises.

Mais le 4 octobre 1830, au cours d'un combat contre le Bey de Titteri, ce nouveau bataillon avait accompli des prodiges ; aussitôt, l'ironie fit place à l'admiration et ce fut, chez tous les officiers, à qui réussirait à se faire détacher aux zouaves.

Telle est l'origine de ce corps héroïque qui comprend aujourd'hui, vous le savez, quatre superbes régiments et qui, pour n'avoir que cinquante-huit ans d'existence, possède certainement les plus beaux états de service de toutes les troupes du globe.

Quant à la cavalerie nouvelle, elle avait compris un escadron d'indigènes sous la dénomination de *chasseurs algériens*. A leur tête se trouvait un Turc, né de père Français, nommé Yusuf, brillant aventurier et cavalier admirable. Les chasseurs algériens devaient être, peu après, le noyau des *spahis*, évocation des anciens mameluks.

Enfin, les chasseurs de l'armée de débarquement avaient été transformés en un premier régiment de chasseurs d'Afrique, puis un second avait été créé ; car, au fur et à mesure des besoins, le nombre des régiments devait être augmenté.

Il est de six aujourd'hui.

Ce fut aussi vers la même époque que furent créés des régiments de « tirailleurs algériens ou turcos » et la « Légion étrangère ».

Celle-ci était composée, comme son nom l'indique, d'étrangers, déserteurs ou aventuriers de tous les pays, qui, poussés par le goût du pittoresque et de l'imprévu, venaient prendre du service en Algérie et ne restèrent pas en arrière au moment du danger.

Aujourd'hui, cette légion dédoublée comprend deux régiments, et, parmi les étrangers qu'elle reçoit, il en est qui ont droit à toute notre affection : ce sont nos frères d'Alsace-Lorraine qui, ne pouvant se résoudre à revêtir l'uniforme prussien, viennent servir la France qu'ils regardent toujours comme leur seule patrie.

Par ce rapide aperçu, vous connaissez, mes enfants, l'origine des corps de notre admirable armée d'Afrique. Ses uniformes ont relativement peu changé, sinon dans les détails, pour les turcos, les zouaves et les spahis; mais il n'en est pas de même pour les chasseurs d'Afrique.

A leur formation, en 1831, ils portaient la tunique bleu de ciel à longue jupe, avec collet jaune, et le haut képi rigide en drap rouge. Deux escadrons par régiment étaient armés de la lance et coiffés d'un képi à visière, rappelant l'ancien schapska des lanciers; mais les chasseurs lanciers durèrent peu.

Les officiers portèrent, dès la formation, le joli spencer bleu à brandebourgs noirs qui fut ensuite adopté pour les

Un zouave.

Chasseur lancier d'Afrique.

hommes. Pour ceux-ci, le bonnet de police carré était remplacé par la chechia arabe, rouge à gland bleu.

Quant aux généraux qui commandaient ces belles troupes, on les avait choisis pour la plupart parmi ceux qui, autrefois, avaient fait la campagne d'Egypte sous Bonaparte. Du reste, (et vous vous en rendrez compte quand, plus tard, vous lirez les détails de la conquête de l'Algérie, dans l'histoire qu'en a écrite Camille Rousset), l'idée de se modeler sur la campagne de Bonaparte a hanté les divers commandants supérieurs qui se sont succédé en Algérie, ainsi que les ministres de la guerre et le gouvernement tout entier.

Au surplus, pouvait-on choisir meilleur modèle? De fait, c'est également sur les récits de son père, ancien « Egyptien », que se modelait Henri Cardignac.

Son congé terminé, notre ami venait de débarquer à Alger. La ville, sous l'impulsion du gouverneur et grâce au génie militaire, commençait à se transformer, à s'assainir. Henri constatait avec plaisir cet heureux et prompt changement, lorsqu'il se croisa avec Gœlder qui venait au-devant de lui.

— Ma liétenant, dit le maréchal des logis, fus arrifez à bic!

— Comment cela, mon brave!... Le régiment part?

— Non, ma liétenant, bas le réchiment, mais fous, moi et cinq maréchaux tes lochis. L'ortre du Gouferneur il être arrifé ce matin.

— Ah bah! Et nous allons?...

— A Arzew! Aux spahis, afec Yusuf!

La physionomie du lieutenant s'éclaira.

— Bravo! s'écria-t-il; il me va, ce Turc : c'est un vrai chef de cavalerie!

C'était vrai. Malgré ses défauts multiples, malgré son ostentation et sa pose un peu vaniteuse, jamais homme ne fut mieux taillé que Yusuf pour la guerre à cheval en Algérie.

Il possédait, avec le coup d'œil, la connaissance profonde de l'ennemi qu'il avait à combattre; de plus, il joignait à cela une audace parfois téméraire qui, par sa témérité même, réussissait souvent.

Audaces fortuna juvat, dit le proverbe latin, et il s'adaptait bien à ce beau sabreur qu'était Yusuf.

Henri, qui avait, lui aussi, la bravoure plutôt bouillante, fut donc enchanté de ce changement inopiné, d'autant qu'il s'y mêlait une pointe de coquetterie.

Les officiers des spahis portaient en effet l'uniforme arabe, étincelant, majestueux, et cela n'était pas pour lui déplaire.

Le malheur est que cet uniforme coûtait fort cher, parce que les officiers indigènes rivalisaient entre eux de splendeur dans leur tenue, et que les officiers français ne voulaient pas rester en arrière; aussi dut-on, par la suite, afin de leur éviter des dépenses trop lourdes, remplacer ce coûteux uniforme par le spencer rouge et la large culotte bleue à plis.

Henri courut donc chez son colonel, reçut sa commission, et se rendit aussitôt chez un tailleur d'Alger qui lui fournit une superbe tenue arabe.

Le surlendemain, il embarquait pour Arzew, où il fut fort bien accueilli par son nouveau chef.

Il eut même le plaisir de retrouver aux spahis son ami Lakdar qui s'y était fait envoyer comme lieutenant, et à dater de ce jour, ils se quittèrent peu.

Le service était particulièrement rude. En dehors des reconnaissances, des escortes de convois, de la protection du train des équipages qui allait faire des fourrages, il fallait souvent se porter à la rencontre de l'ennemi qui nous enserrait, et qui, suivant l'expression consacrée, nous donnait du fil à retordre.

Ce furent des chevauchées épiques à travers la brousse, dans les plaines d'alfa.

Jamais un moment de répit! Un danger de tous les instants, même la nuit.

Lieutenant de spahis.

Mais cette vie de mouvement, de grand air, accompagnée de coups de sabre, de coups de feu échangés, plaisait à Cardignac.

La chance du reste le favorisait toujours : il revenait sans une égratignure!

On eût dit que son triste début en Algérie l'avait rendu invulnérable, que la mort, qui l'avait frôlé de si près, ne voulait plus de lui.

Henri ne se ménageait pourtant pas dans cette campagne autour d'Oran, tantôt dans les marais de la Macta, tantôt sur les cimes des montagnes; il ne ménageait pas non plus ses cavaliers arabes qui cependant l'adoraient.

Il s'était donné un but bien défini : prendre Abd-el-Kader. Ce n'était pas chose commode, et, à ce jeu-là, il faillit vingt fois y rester, car l'Emir était bien gardé!

Chef reconnu de toute l'Algérie insurgée, Abd-el-Kader était maintenant l'âme de la résistance.

Toujours à cheval sur les confins du Maroc, il se dérobait, lorsqu'on le serrait de trop près, pour revenir ensuite plus hardi, plus entreprenant, au milieu de ses guerriers, dont certains, qu'on nommait « les cavaliers rouges de l'Emir », s'étaient acquis une réputation justifiée de férocité autant que de bravoure.

Aussi la guerre s'éternisait, non seulement dans la province d'Oran, mais autour d'Alger et de Constantine.

Et les gouverneurs se succédaient, lançant vers l'intérieur du pays de nouvelles colonnes, qui glanaient de nouveaux lauriers, sans amener la pacification.

De la gloire, ah! certes, mes enfants, chaque journée de la conquête compte de la gloire, même dans les insuccès ; car, dans l'armée française, on n'a jamais été vaincu sans honneur. Néanmoins, il faut bien reconnaître à chacun ses mérites et dire que nous n'avons pas toujours été victorieux.

Abd-el-Kader fut bien, à la longue, définitivement vaincu. Mais il a, lui aussi, sa part de gloire militaire dans la défense de son pays ; aussi nous nous honorons nous-mêmes, en disant qu'il fut un brave.

C'est ainsi qu'en juin 1835, il surprit, non loin d'Oran, dans les marais de la Macta, une colonne française, commandée par le général Trézel.

Henri qui commandait l'extrême pointe eut à subir les premiers coups de fusil.

C'étaient les fantassins réguliers de l'Emir qui, postés au haut de rochers abrupts, commençaient à tirer sur la colonne.

Leur première salve abattit cinq spahis et leurs chevaux ; les autres chevaux, effrayés, se cabrèrent ; il y eut un instant de confusion.

Énergique sous le feu, Henri rallia son monde, fit enlever en croupe trois des spahis qui n'étaient que blessés, envoya un cavalier prévenir à toute allure la colonne de ce qui se passait, et, posément, battit en retraite sous la fusillade.

Mais à peine avait-il rejoint le gros de la colonne française que le feu redoubla : les hauteurs étaient toutes occupées par l'ennemi.

Soudain, une charge à fond des cavaliers d'Abd-el-Kader arriva comme une trombe.

Il revint pourtant avec un trophée.

Il y eut un moment d'atroce panique.

Dans le tourbillonnement des burnous, au milieu des cris de guerre des assaillants, des coups de fusil à bout portant s'échangeaient; les baïonnettes arrivaient à la parade des coups de yatagan; des chevaux bondissaient à travers l'amoncellement des fantassins, écrasant, broyant, s'effondrant enfin, écharpés eux-mêmes, pris aux naseaux, à la crinière, par des mains crispées...

Les officiers réussirent pourtant à mettre un peu d'ordre dans cette cohue : on forma des carrés qui tinrent tête aux assaillants, pendant que le convoi, enlevant les blessés, s'éloignait péniblement à travers le terrain marécageux.

Puis un bataillon de « zéphyrs » fonça sur les Arabes et les repoussa ; le général, profitant de cette accalmie, commença la retraite.

Mais, hélas! un retour offensif des cavaliers ennemis vint envelopper à nouveau la colonne qui rétrogradait.

Cette fois, ce fut abominable.

Cardignac, avec ses spahis, et le capitaine Riou avec ses chasseurs d'Afrique, couvraient le convoi des blessés. Pour sauver ces malheureux, il fallait des prodiges ; tous deux les accomplirent. Par leur attitude, par leur exemple, ils firent si bien que leurs hommes les imitèrent et soutinrent le choc pendant un bon moment.

Mais, sous l'effort de toute cette cavalerie, déchaînée comme un orage, des trouées se produisirent, et soudain les appels déchirants qui arrivaient du convoi firent comprendre à Henri que l'ennemi massacrait les blessés.

Alors une fureur l'empoigna. Sous ses coups d'éperon, son cheval sembla voler au-dessus du sol ; le sabre rougi que le jeune homme brandissait sembla dans sa main quelque chose d'irréel, tant ses moulinets étaient rapides. Hachant, sabrant, il parvint ainsi jusqu'aux voitures ; Gœlder le suivait de près avec quelques spahis, et les Arabes intimidés rompirent.

Mais, à ce moment, les conducteurs du train, affolés, voulurent s'enfuir !

Leur chef, le maréchal des logis Fournié (son nom appartient à l'histoire), les menaça de les tuer s'ils lâchaient pied. Cardignac, pour l'exemple, fendit le crâne à l'un de ces poltrons. Devant cet acte de sauvage énergie, les autres obéirent.

Le convoi, moins les malheureux blessés achevés par l'ennemi, put enfin se remettre en marche, grâce à l'infanterie que le commandant de Maussion avait réussi, tant bien que mal, à reformer. On marcha alors pendant quatorze heures, sans cesse harcelés par les troupes d'Abd-el-Kader, et on finit par atteindre Arzew.

Hélas! quand on fit l'appel, il y avait deux cent quatre-vingts manquants !... Sur les nombreux blessés, trois cent huit seulement avaient pu être sauvés, grâce à Cardignac.

Ce combat, qu'on nomme le désastre de la Macta, est un des plus graves que nous ayons eu à soutenir pendant la conquête ; s'il ne le fut pas davantage, ce fut grâce à la valeur personnelle des officiers.

Henri, qui comme toujours en était sorti sans blessure, fut porté à l'ordre et proposé pour la croix ; mais il ne devait obtenir cette récompense que plus tard, à la retraite de Constantine.

Vous pensez, mes enfants, si le désastre de la Macta impressionna l'opinion publique en France ! Il eut du moins l'avantage d'attirer l'attention sur l'Afrique, et le fils du roi Louis-Philippe, le duc d'Orléans, obtint de son père l'autorisation de venir servir la France en Algérie.

C'était un gage de sollicitude donné par le roi à l'armée que de lui envoyer son fils : aussi, à dater de ce jour, s'occupa-t-on en haut lieu de mener au mieux les opérations.

Pourtant (pour employer une expression familière) ça n'alla pas tout seul.

On avait résolu d'atermoyer à Oran et de reporter l'effort sur Constantine. Ce fut le maréchal Clauzel qui organisa cette expédition.

Yusuf, rappelé d'Arzew, s'y trouvait déjà avec ses spahis, par conséquent avec Cardignac, qui prit part ainsi au premier siège de Constantine.

Malheureusement, l'effort tenté pour s'emparer de cette place avait été insuffisant.

Le siège dut être levé.

Une nouvelle retraite commença pour nous, retraite qui faillit, elle aussi, se transformer en désastre.

L'arrière-garde était sous les ordres du commandant Changarnier. Elle comprenait un bataillon d'infanterie, des chasseurs d'Afrique et quelques spahis que commandait encore Cardignac.

Soudain, une troupe de cavaliers arabes apparut, forte d'environ six mille hommes. Elle se déploya, prête à charger.

Heureusement Changarnier n'avait pas froid aux yeux.

Calme, souriant, imperturbable, il commanda :

— Formez le carré !

Puis il laissa approcher la trombe jusqu'à cent pas des faces et ordonna :

— Commencez le feu !

Ce fut un écroulement dans les premiers rangs des cavaliers : des cris, des malédictions retentirent; mais, surprise, la masse s'arrêta net. Puis, brusquement, faisant volte-face, elle partit à toute bride.

Déjà, n'écoutant que son emballement, Henri, suivi seulement de quelques hommes, partait à la poursuite des Arabes; mais heureusement pour lui, le gros des ennemis était loin, car il eût été écrasé sous le nombre.

Il revint pourtant avec un trophée : deux drapeaux et un prisonnier; c'était un cheik blessé, qu'il avait pris de sa main.

— Eh bien! mon brave lieutenant, vous n'y allez pas par quatre chemins! lui dit Changarnier en riant. Savez-vous que je devrais vous flanquer aux arrêts pour avoir chargé sans mon ordre?

— C'est ma foi vrai, mon commandant; mais je rapporte de quoi me faire pardonner.

Le fait est que, le lendemain, sur le rapport du commandant, Henri Cardignac recevait, de la main du duc de Nemours, la croix pour laquelle il était proposé depuis déjà un an.

Quelques jours plus tard, le 1er novembre 1836, la colonne expéditionnaire rentrait à Bône, et notre camarade obtenait un congé. Il allait pouvoir embrasser sa mère, son vieux père, son frère, qu'il n'avait pas vus depuis quatre ans! Il allait pouvoir leur montrer avec orgueil sa croix d'honneur, récompense de sa bravoure!

Henri prit donc passage à bord du transport l'*Aréthuse*, et, fin décembre, il débarquait à Paris.

CHAPITRE VII

OFFICIERS D'ORDONNANCE

— Ah! par exemple!... Ça, c'est un peu violent d'arriver ainsi sans crier gare!

Cette exclamation, faite sur un ton demi-plaisant, mais dont une émotion profonde faisait trembler les mots, jaillit des lèvres du colonel Cardignac lorsqu'il vit arriver son Henri qui, d'un élan, se précipita dans ses bras.

Le lieutenant de spahis avait en effet intentionnellement négligé de prévenir sa famille, lui ménageant ainsi la surprise de son arrivée... et de sa croix.

Il pleurait, le vieux soldat de Napoléon, en serrant contre sa rude poitrine ce fils dont il était si fier, dont la croix noblement gagnée l'emplissait d'un juste orgueil.

Ah! que ce sont là de bonnes larmes, de saines émotions! Comme ils se sentaient grandis, ces deux hommes, l'un, parce qu'il apportait aux siens de la joie pour avoir bien accompli son devoir; l'autre, parce qu'il se retrouvait lui-même dans la gloire de son fils, élevé par lui pour l'armée, pour l'honneur!

Et Lise, la douce maman aux cheveux blancs, ah! qu'elle était aussi bien heureuse et bien fière! Heureuse surtout, en constatant que ni la fièvre, ni les balles, ni le yatagan des Arabes n'avaient même effleuré son enfant; qu'il avait passé au milieu des dangers, les affrontant avec témérité pendant des années, sans que la fatalité se fût abattue sur lui.

Comme elle remercia Dieu dans le fond de son cœur! De quels yeux attendris elle considéra son Henri, maintenant homme fait!

Car le lieutenant avait perdu, sous le hâle des vents du Sud et sous la morsure cuisante du soleil d'Afrique, son teint rosé d'autrefois. Ses joues s'étaient amincies, sa longue moustache noire barrait vigoureusement le visage bruni, dans lequel des yeux d'audace — les yeux de son père — mettaient comme deux flammes ardentes.

Il était vraiment beau, d'une beauté mâle, impressionnante; et la mère en était fière, comme d'ailleurs toutes nos mamans le sont de vous, mes enfants.

Après le premier moment d'effusion, Henri dit soudain :

— Et Jean?... où est mon Jean?

— Ah! le gaillard... il est à Versailles, au 2⁰ d'artillerie, et toujours dans ses chiffres. Il n'est pas plutôt rentré de la manœuvre, qu'il se colle le nez dans ses épures... Au surplus, conclut le colonel, allons le chercher... il va être rudement surpris.

Le domestique eut vite fait d'atteler le cabriolet; et, trois quarts d'heure plus tard, le colonel et Henri étaient à Versailles.

Henri, pour se garantir du froid très vif dont il avait, on le conçoit, perdu l'habitude, était enveloppé de son double burnous rouge et blanc, ce qui, lorsqu'ils descendirent de voiture, rue de l'Orangerie, attira les regards admiratifs des passants curieux et charmés de voir le pittoresque costume d'un « Africain ».

Puis, le père et le fils montèrent au premier étage, où Jean occupait un appartement.

Sans frapper, le colonel ouvrit brusquement la porte. Mais Jean n'eut pas l'air d'avoir entendu, ou, pour mieux dire, il n'avait pas entendu du tout. Courbé sur une longue table à dessins, le lieutenant était absorbé dans des calculs. Son crayon marchait, marchait. Il murmurait à mi-voix des formules d'équation :

$$x + ph^3 = \sqrt{b^2 - 3} \times 3 K^2 - 3$$

— Bon! cela me donne comme résultat final?...

— Eh bien, le savant! On n'embrasse pas son frère, le cavalier?

A cet appel lancé par Henri, Jean lâcha ses calculs, se retourna brusquement et devint subitement très pâle.

Une stupeur se lut sur son visage, son regard se porta sur la croix d'honneur de Henri... puis, tout à coup, se redressant, il s'élança vers son frère qu'il étreignit.

— Ah! quel bonheur! murmura-t-il. Quel bonheur, mon Henri!

Mais soudain, coupant cette minute d'émotion, un cri de frayeur retentit, suivi de cette phrase :

— Ah! quel malheur! Nom d'une bombe! Quel malheur!

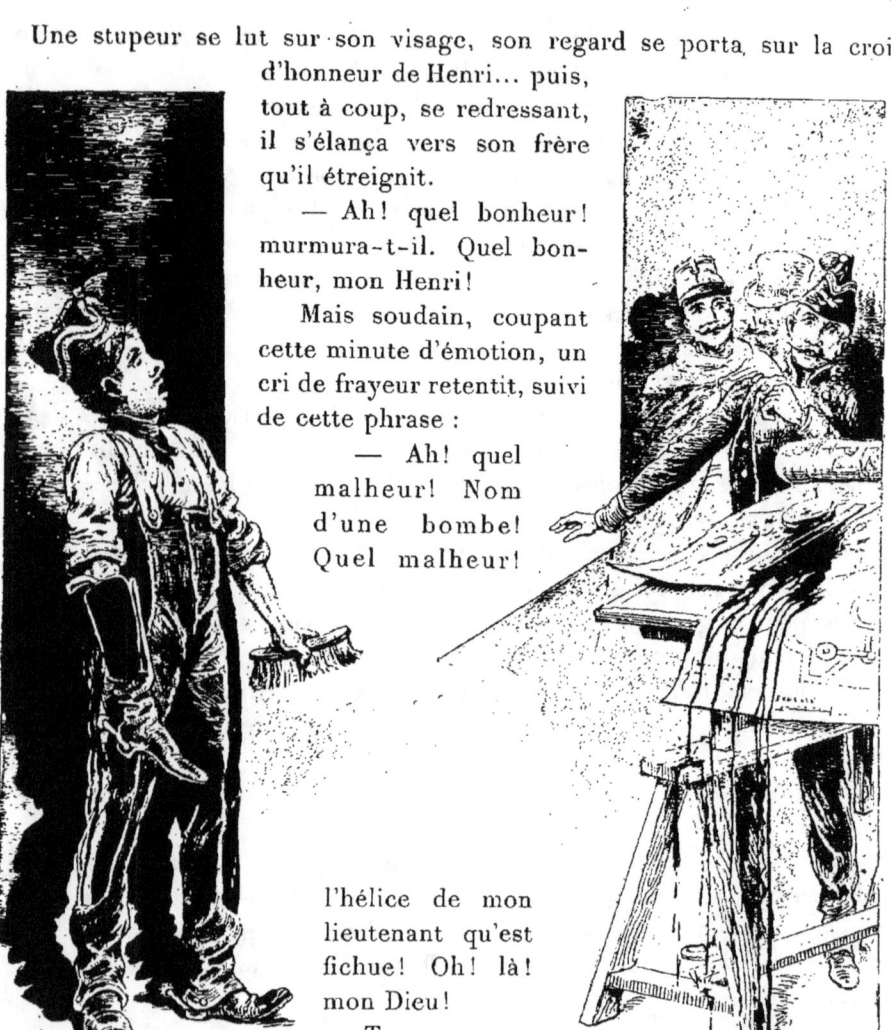

Oh! là! mon Dieu!

Ma pauvre épure!

l'hélice de mon lieutenant qu'est fichue! Oh! là! mon Dieu!

Tous se retournèrent.

Dans l'entre-bâillement de la porte s'encadrait un artilleur, en manches de chemise; son visage rubicond de paysan exprimait une réelle épouvante.

Ses deux bras retombaient le long de son corps, dans une pose d'impuissance ; l'un d'eux, le droit, était enfilé dans une botte, et la main gauche se crispait sur une brosse de crin. Ces deux attributs suffisent à indiquer l'emploi du soldat et la besogne à laquelle il se livrait, lorsque l'exclamation de son lieutenant l'avait arraché à ses occupations journalières de brosseur.

Suivant la direction de son regard, les trois officiers portèrent les yeux sur la table, et Jean poussa, lui aussi, une exclamation effrayée :

— Bon sang ! s'écria-t-il. Mon épure ! ma pauvre épure !

Dans le mouvement violent qu'il avait fait en entendant la voix de son frère, il avait heurté la table, et un godet, rempli d'encre de Chine, s'était répandu sur le dessin en cours d'exécution ; puis, suivant la pente naturelle, l'encre avait coulé en longs filets et s'égouttait lentement sur le plancher.

Du coup, Jean Cardignac fut transfiguré. Oubliant le reste de l'univers, il se précipita :

— Bouloche ! rugit-il. De l'eau ! une éponge ! Allons ! bon sang ! Dépêche-toi !... Mais dépêche-toi donc, espèce de lambin, au lieu de me regarder, les bras ballants !

L'interpellé, secoué dans sa stupeur, lâcha brosse et botte, sortit de la chambre et revint bientôt avec l'éponge réclamée et une cuvette pleine d'eau ; Jean s'en empara et répara tant bien que mal le dommage.

Alors, seulement, il respira.

— Fichtre ! mon savant, dit alors son frère ; c'est donc une merveille d'importance que cette épure-là ?

— D'importance ! Mais, mon cher Henri, le mot est faible ; ceci révolutionnera tout bonnement les méthodes de navigation.

— Ah ! bah ! riposta Henri, incrédule.

— Oui, reprit Jean avec un sourire, je sais bien qu'un bon cheval et un bon sabre, c'est là ce que tu considères comme la finale suprême ! Eh bien, mon Henri, tu ne te doutes pas de ce que sera « demain » avec la science.

— Si ! mais si, mon Jean ! Pourtant, à quoi veux-tu faire servir ta machine... ton hélice ?

— Mais comme propulseur des bateaux !

— Alors, tu passes dans la marine ! fit Henri en riant.

— Éternel moqueur ! Non, je reste artilleur ; mais je suis en rapport avec M. Normand, un ingénieur qui reprend l'idée du capitaine Delisle et de

Sauvage, pour arriver à remplacer les roues à aubes de nos quelques navires à vapeur par un propulseur nouveau : l'hélice.

Henri s'était penché vers le dessin. Le colonel Cardignac souriait silencieusement.

— Alors, s'écria le lieutenant de spahis après examen, tu émets la prétention que cette mécanique, en forme de cuiller, va faire marcher une frégate?... Allons donc!

— J'ai, ou plutôt nous avons cette prétention, M. Normand et moi.

Le cavalier, un peu ahuri par l'assurance de cette réponse, regarda son frère avec l'attitude de condescendance qu'on prend vis-à-vis des rêveurs; puis :

— Après tout... du moment que ça t'amuse!

— Ça ne m'amuse pas, ça me passionne! reprit avec une certaine véhémence Jean Cardignac. Cela m'enthousiasme, comme toutes les vérités scientifiques. Voyons, Henri, n'est-ce pas naturel? n'as-tu pas lu qu'en Écosse, il existe déjà des routes ferrées pour le transport des marchandises, par des chariots mus par la vapeur! n'as-tu pas déjà vu nos navires à aubes? Alors, pourquoi nier le progrès de demain?

— Je ne nie rien, mon Jean! Je ne nie rien! reprit Henri, impressionné par la foi qui vibrait dans les paroles de son frère.

— Non, continua ce dernier presque grave, il ne faut rien nier, rien!... Tiens! s'écria-t-il en saisissant un dossier qu'il étala; tu me reproches de n'être plus artilleur. Eh bien, regarde ça!

— Ce sont des plans de canons, conclut Henri après un instant d'examen.

— Oui!... des canons!

— Pourquoi diable! ces cannelures dans l'âme?... et cette ouverture de la culasse?... tu veux donc nous faire démolir, avec tes inventions?

— Est-ce que tes pistolets à balle forcée éclatent quand tu t'en sers?

— Non! fichtre non!

— Eh bien, pourquoi des canons éclateraient-ils?

— Ah! Et la charge, donc! Ça ne se compare pas?

— Et la résistance des parois d'un canon, est-elle comparable à celle d'un canon de fusil ou d'un pistolet?

— Oui... mais ta fermeture ne sera jamais assez forte.

— C'est à étudier. Je la cherche, dit avec gravité le jeune savant.

— Et tes cannelures ?

— C'est pour...

— Allons! assez discuté science et inventions! s'écria en riant le colonel. Vous causerez de cela un autre jour. La maman nous attend pour dîner... en route! Allons, Bouloche, mon garçon, donne le frac et le sabre de ton lieutenant.

Bouloche qui, pendant ce colloque, avait consciencieusement lessivé le parquet, possédait maintenant des mains d'un si beau noir, qu'il ne savait plus où les mettre? il obéit pourtant — non sans trembler pour les taches qui pourraient survenir de ce contact avec l'uniforme de son officier, — et on repartit pour Saint-Cyr.

Ce fut, sans contredit, un beau congé que celui que Henri Cardignac passa en France. Les félicitations de ses amis le payèrent de ses peines en Afrique; le colonel Nérac, du 5e chasseurs — son régiment d'origine — voulut que le corps honorât la bravoure de Henri, et ses anciens camarades, ses anciens-chefs tinrent à lui offrir un punch d'honneur.

Il fut le héros de la fête, et son bonheur se doubla de la présence à ses côtés de son père et de son frère Jean.

En un mot, Henri fut fêté partout; et s'il n'eût été doué d'une modestie vraiment excessive, il eût pu raconter mille fois ses exploits à ceux qui le questionnaient.

Mais il se bornait à donner des détails clairs et précis sur les choses d'Algérie, vantant ses chefs et ses soldats, ne parlant jamais de lui-même. Cette attitude plaisait, ajoutait au charme qui s'exhalait de sa personne et de sa bravoure bien connue.

Or, un jour qu'il était allé à Paris, en compagnie de son père, ils croisèrent, aux Champs-Élysées, un homme en redingote, âgé déjà, et dont le visage aux lèvres rasées étonnait par son ascétisme, mais dont les yeux volontaires et lumineux brillaient d'un feu étrange sous les sourcils gris.

— Bonjour, colonel! lança-t-il en passant près de nos deux amis.

— Le général Bugeaud! souffla le colonel à son fils. Et tout haut :

— Mon général, j'ai l'honneur de vous saluer et de vous présenter mon fils, Henri Cardignac, lieutenant aux spahis, en congé.

— Mes compliments, lieutenant, dit Bugeaud, et puisque l'occasion s'en présente, causons un peu de là-bas, voulez-vous?

— A vos ordres, mon général.

Ils remontèrent tous trois les Champs-Élysées. Bugeaud (dont le nom allait devenir célèbre et qui s'intéressait passionnément à la conquête entreprise) ne tarit pas de questions.

Il fut enchanté des réponses du lieutenant.

— Allons! ça va bien, dit-il. Nous aurons peut-être l'occasion de nous revoir.

— Je ne puis que le désirer, mon général.

— A propos, parlez-vous l'arabe?

— Oui, mon général; depuis bientôt sept ans que je suis là-bas, je n'ai pas négligé de me munir de ce précieux bagage.

— Et vous avez bien fait.

Puis, lâchant la conversation, Bugeaud saisit le bras du colonel, et, l'attirant à lui :

— Permettez, lieutenant, j'ai deux mots à dire en particulier au colonel.

Henri s'écarta.

Le général Bugeaud.

— Mon cher colonel, dit alors Bugeaud, je vous dis entre nous ceci : avant peu il y aura du nouveau. On agite, le 19 janvier, la question algérienne à la Chambre. J'interviens aux débats et je crois savoir, d'ores et déjà, qu'on va nous désigner, un de mes collègues et moi, pour deux commandements importants en Afrique. Dès que ce sera officiel, venez me voir, et je me charge de votre fils.

— Merci, mon général. Mais je n'ai pas que mon spahi, il a un frère jumeau, lieutenant d'artillerie et qui, malgré ses démarches, n'a pu encore obtenir d'aller faire campagne. Je vous demanderai donc votre protection pour tous les deux.

— Entendu, vous me présenterez votre artilleur.

Ils se quittèrent sur ces mots.

Quelques semaines plus tard, les prévisions de Bugeaud se réalisaient : il était nommé commandant supérieur des troupes de la province d'Oran ; le général de Damrémont recevait celui de Constantine.

— Ça tombe à pic, dit le colonel Cardignac. J'ai personnellement connu Damrémont, je vais donc arranger les affaires pour le mieux.

C'est ainsi qu'au printemps de 1837, Jean et Henri s'embarquaient à Toulon sur deux transports à vapeur : le premier avec Bugeaud, pour Oran, en qualité d'officier d'ordonnance, et Henri pour Alger, avec le général Damrémont, qui l'avait attaché à son état-major.

Les deux frères allaient donc combattre le même ennemi dans deux directions différentes, mais récolter chacun de son côté une part égale de dangers et de gloire.

Ai-je besoin d'ajouter que Jean Cardignac emportait dans son bagage ses épures, ses plans, ses projets, comptant bien que la guerre lui laisserait quand même quelques moments de loisir, et qu'il pourrait sacrifier à son goût favori.

Son fidèle brosseur Bouloche l'accompagnait.

Et pendant que Jean suivait le général Bugeaud dans sa marche contre Abd-el-Kader, Henri partait pour la deuxième fois dans la direction de Constantine, le général Damrémont ayant décidé de frapper là un coup décisif et de venger l'échec du premier siège.

La poudre allait encore parler.

CHAPITRE VIII

SUR LA BRÈCHE

Beaucoup d'hommes de guerre ont coopéré à la conquête de l'Algérie, et non des moindres. Beaucoup y ont acquis un renom justifié, et ont laissé dans notre histoire la trace de leur gloire. Sans les citer tous, les noms de Pélissier, Mac-Mahon, Lamoricière, Randon, Duvivier, Cavaignac, Canrobert — et dans les grades inférieurs, ceux des capitaines Lelièvre et Dutertre et du sergent Blandan — sont devenus populaires; ils évoquent, avec les phases d'une inoubliable épopée guerrière, l'admiration due aux nobles vertus du soldat!

Pourtant, au milieu de cette admirable pléiade, un nom brille d'une façon tout à fait particulière, car, sans éclipser l'éclat des autres, il mérite une attention spéciale, en raison des multiples qualités de celui qui le portait. Ce nom — je vous l'ai cité déjà — est celui de *Bugeaud*.

En effet, le général Bugeaud, dont les éclatants services allaient bientôt être récompensés par le bâton semé d'abeilles de Maréchal de France, le général Bugeaud n'était pas seulement un soldat, un excellent manœuvrier à la fois prudent et hardi; il possédait en outre les qualités maîtresses du conquérant colonial; la science, la pondération unie à l'extrême énergie, la finesse du diplomate et l'esprit colonisateur. C'est que, mes enfants, il ne suffit pas de conquérir par la force des armes une terre neuve; que servirait-il de la posséder si on ne l'utilisait pas?

Il ne suffit pas d'abattre et de repousser des barbares, si l'on doit rester éternellement face à face avec leur barbarie, en se bornant à les réduire à l'impuissance par les moyens coercitifs.

Les ravages inhérents à l'état de guerre épuisent le sol, si fécond soit-il ; les populations désertent ; la terre reste en friche et, n'étant point cultivée, ne rapporte rien. Or, la valeur d'une colonie (en dehors de sa puissance stratégique) dépend de son rendement.

La conquête violente est le premier acte ; mais le second, l'appropriation de cette conquête et sa mise en état de civilisation, est encore plus important. Bugeaud eut ce grand mérite de le comprendre et de l'exécuter, en partie du moins, car les débuts en cette matière sont toujours rudes.

Pour la mise en valeur dont nous parlons, il faut des bras pour cultiver. Or, en période de guerre, alors que la parole est à la poudre, que le fer et le feu seuls peuvent être l'ultime raison, les colons se font rares ; à juste titre, la crainte les retient dans la mère patrie.

Il faut donc utiliser les éléments dont on dispose, c'est-à-dire les soldats et les populations vaincues.

Ce n'est pas toujours commode, car les battus ne sont pas contents : cela se conçoit ; on doit donc, pour les ramener à soi, pour se les assimiler, déployer d'infinies qualités de diplomate, et surtout leur démontrer par l'exemple, la valeur des raisonnements qu'on leur tient, enfin leur faire toucher du doigt les bienfaits palpables, évidents, que la civilisation leur apporte et dont pourtant, de prime abord, ils ne voulaient pas.

C'est ce que fit le général Bugeaud.

Pour faciliter les transactions, il faut pouvoir transporter les marchandises qui en sont l'objet. Donc il faut des routes. C'est le premier point. Or, il n'y avait en Afrique que des sentiers et des pistes à chameaux.

Bugeaud fit faire des routes par ses soldats.

Entre deux colonnes, ses zouaves, ses chasseurs, ses fantassins maniaient la pioche et la pelle, sous la direction du génie militaire, dont la part de gloire est vraiment superbe, quoique peu connue, dans cette conquête.

Le général, à côté de ces routes créées, faisait mettre en culture les terrains, si fertiles pourtant mais abandonnés ; il en tirait un double profit : premièrement, il occupait et nourrissait en partie ses troupes ; en second lieu, il étonnait les indigènes par les résultats obtenus et les incitait à imiter l'exemple de leurs vainqueurs.

A Rouen, i'fait pas si humide!

Si je vous disais que cela fut facile, vous ne me croiriez pas, et vous auriez raison ; car le fanatisme religieux, doublé de la rancœur des défaites, ne s'apaise pas facilement.

Telle tribu qui avait fait sa soumission, se révoltait tout à coup et nous tombait sur les bras.

Abd-el-Kader, à l'aide d'émissaires, fanatisait les indigènes et attisait le feu de la révolte, un instant apaisée.

Il en résulta de nombreuses expéditions, que suivit notre ami Jean, suivi lui-même du fidèle Bouloche.

Ce brave garçon était un type singulier : jamais il n'était satisfait, et pourtant il était toujours content.

Étrange contradiction !

Opérait-on dans la brousse d'alfa, dans les sables, sous l'ardent soleil :

— Mon lieutenant, soupirait Bouloche en s'épongeant le front, c'est pas pour dire, mais j'vas vous dire une bonne chose : c'est un sale pays, i'fait chaud à cuire un bœuf avec sa peau ! Cheux nous, à Rouen, i'fait meilleur que ça... N'empêche ! j'vas vous dire une bonne chose : j'suis content tout de même !

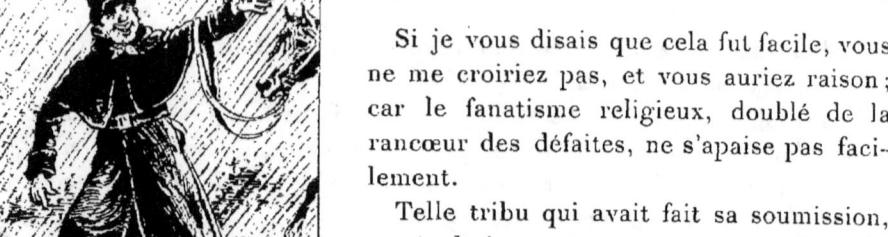

I'fait chaud à cuire un bœuf!

J'suis tout plein content!

— Alors, dans ce cas, tout est pour le mieux!. répondait Jean en riant.

Si l'on faisait colonne dans les marais :

— Eh bien! Bouloche, qu'est-ce que tu dis du pays? demandait Jean.

— Mon lieutenant, j'vas vous dire une bonne chose, mais c'est vraiment un sale pays. C'est pas pour dire, mais j'peux quasiment pas arriver à faire briller vos bottes. Cheux nous, c'est pas pour dire, i'fait pas si humide que ça! N'empêche! j'vas vous dire une bonne chose : j'suis tout plein content!

Dans la montagne, on rencontrait parfois de la neige, et Bouloche, soufflant dans ses doigts, déclarait :

— Mon lieutenant, c'est pas Dieu possible que n'y ait comme ça d'la neige en Afrique! Cheux nous, à Rouen, y en a bien de la neige, mais c'est pas la même! N'empêche! j'vas vous dire une bonne chose : j'suis vraiment content : y a pas d'erreur!

Une chose l'inquiétait pourtant, et il s'en ouvrit à Jean Cardignac :

— Mon lieutenant, questionna-t-il, c'est tout d'même pas naturel ces moricauds d'Arbis, qu'ils ont pris n'eune femme pour les commander?

Du coup l'officier ahuri de la question, regarda son brosseur et se demanda si Bouloche n'avait pas reçu un coup de soleil trop vif sur le crâne, ou bien encore s'il ne se moquait pas de lui.

Mais non, Bouloche était parfaitement sain d'esprit; du reste, en son âme candide et simple, il ne se fût pas permis une plaisanterie déplacée.

— Que veux-tu dire? Je ne saisis pas bien, dit enfin Jean rassuré.

— Mon lieutenant, j'vas vous dire une bonne chose : j'entends toujours parler de la *belle Kadère*.

Jean Cardignac faillit étouffer de rire; mais un de ses collègues, lieutenant comme lui à l'état-major de Bugeaud, venait d'entrer dans le gourbi où se passait la scène. Voulant s'amuser de la naïveté du soldat, il intervint, et avec un imperturbable sérieux :

— Mon garçon, tu t'étonnes de bien peu de chose. La belle Kadère fait partie des tribus du Sud, dans lesquelles il n'y a que des femmes et pas d'hommes. C'est donc très naturel qu'on ait nommé l'une d'elles général en chef, à cause de sa beauté, comme son nom l'indique, puisque, comme tu le dis fort bien, elle se nomme la *belle Kadère*. Du reste, tu la verras sous peu, car le général Bugeaud va sans doute signer avec elle un traité de paix.

— Ah! mon lieutenant! J'serai rudement content! C'est pas tout le monde qu'aura vu chose pareille! N'empêche, j'suis content!

Et il sortit.

On s'amusa ainsi à prolonger l'erreur de Bouloche, et ses camarades, les ordonnances, entretinrent avec un soin jaloux cette mauvaise plaisanterie — bien inoffensive, il est vrai — qui fit pendant plusieurs jours la joie du bivouac.

Or, si ce qu'avait déclaré le lieutenant d'état-major était une amère fantaisie, du moins, la fin de sa phrase contenait une vérité : Bugeaud avait réussi, par son intelligence, à amener Abd-el-Kader à signer avec la France un traité de paix.

On le connaît sous le nom de traité de la Tafna, à cause de l'endroit où eut lieu la signature.

Une entrevue, à égale distance des deux camps, avait été décidée, où Bugeaud et Abd-el-Kader, escortés chacun de leur état-major, devaient se rencontrer.

Bouloche devait suivre avec le peloton d'escorte, pour tenir les chevaux pendant l'entrevue.

Il allait donc enfin pouvoir considérer ces femmes sauvages dont on avait tant parlé!

L'entrevue fut du reste grandiose.

L'Émir avait amené les plus riches de ses cavaliers, qui formaient autour du tapis où il s'était assis un vaste cercle. Il voulait donner aux Roumis une grande idée de sa puissance, et certes le spectacle était impressionnant.

Bugeaud, coiffé de son haut képi, tout simple dans sa tunique noire, s'assit, lui aussi, après les salutations d'usage, et la conversation commença.

Lorsqu'elle fut terminée, le général français se leva le premier; mais Abd-el-Kader ne bougea pas.

Il restait assis, avec l'intention bien évidente de montrer à ses soldats sa supériorité indiscutable.

Cet acte voulait dire :

— Voyez! le chef des Français est venu m'implorer. Il s'est levé, je suis resté assis. Je suis le Maître.

Mais Bugeaud ne l'entendait pas de cette oreille. Il eut un froncement de ses gros sourcils, ses lèvres se pincèrent; puis, s'approchant de l'Émir toujours assis à la turque :

— Quand un général français est debout, tu dois te lever en même temps que lui! dit-il avec fermeté.

Et, saisissant de sa main énergique et robuste le fin poignet de l'Émir, il l'enleva de terre et le mit sur pied.

L'autre ne broncha pas, salua, et les deux hommes se séparèrent.

La pacification momentanée était faite dans la région d'Oran; mais hélas! pour peu de temps, car l'Émir devait bientôt déchirer le pacte consenti et reprendre les armes.

Bouloche avait vu la scène... de loin; il n'en revenait pas.

— Mais, mon vieux, dit-il à un de ses camarades, *elle a de la barbe!*

Il finit par comprendre qu'on avait ri à ses dépens; toutefois il ne s'en fâcha point.

— C'tégal! fit-il en revenant au camp. Mon lieutenant m'a bien monté l'coup? N'empêche! j'suis content d'avoir vu le bel Kadère!

Jamais on ne put obtenir de lui qu'il désignât l'Émir autrement.

Or, pendant que Bugeaud obtenait ainsi une trêve dans la province d'Oran, la guerre battait son plein à Constantine.

Le général Damrémont en avait commencé le deuxième siège.

Je ne vous en raconterai pas, mes enfants, toutes les péripéties, me contentant de vous dire que ce fut une rude épreuve pour nos troupes qui, toutes, se signalèrent par leur bravoure.

Zouaves, légionnaires, infanterie légère, artillerie, génie, tous rivalisèrent d'entrain, de zèle et d'abnégation. Les officiers, comme les soldats, donnaient de leur personne. Un capitaine, nommé Mac-Mahon, y fut blessé.

Il devait plus tard être Maréchal de France et Président de la République.

Je ne veux vous citer que ce simple épisode; il est, du reste, typique et vous donnera une idée bien exacte de l'énergie déployée contre nous par les défenseurs de Constantine.

Une fois les *travaux d'approche* terminés, on avait réussi, après une série d'importants combats tous meurtriers, à établir la batterie de brèche, c'est-à-dire à placer juste au bord du fossé des pièces de gros calibre, qui, tirant presque à bout portant sur le rempart, devaient l'éventrer, puis le jeter à bas, et ouvrir ainsi une brèche par laquelle nos troupes essaieraient d'enlever la ville d'assaut.

Cette batterie fut mise en action, et le mur, battu méthodiquement, fut criblé de boulets placés comme à la main, en des points convenablement choisis. Enfin un dernier coup de canon, pointé par le commandant Maléchard, fit crouler le mur qui s'effondra, aux acclamations des zouaves, postés dans les tranchées voisines.

Alors, le général Damrémont, dont le caractère était rempli d'humanité, prit une décision que lui inspiraient à la fois la pitié de l'homme et l'admiration du soldat, pour l'héroïque résistance des assiégés.

Il fit cesser le feu et envoya un parlementaire aux défenseurs de Constantine. Le général offrait aux assiégés la vie sauve, le respect des personnes et des propriétés, s'ils consentaient à rendre la ville sans combat :

« Vous éviterez ainsi de grands malheurs, disait-il, et toutes les horreurs que comporte fatalement un assaut. »

Le parlementaire rapporta cette fière réponse du caïd El-Dar, chef des troupes musulmanes; elle vaut d'être citée textuellement (1).

« Si les chrétiens manquent de poudre, disait le caïd, nous leur en enverrons; s'ils n'ont plus de biscuit, nous partagerons le nôtre avec eux; mais tant qu'un de nous sera vivant, ils n'entreront pas dans Constantine! »

Et le général Damrémont s'écria :

« Voilà de braves gens!... Eh bien! l'affaire n'en sera que plus glorieuse pour nous! »

Vous voyez, mes enfants, quels beaux sentiments animaient les combattants; quelle lutte grandiose ils tentaient de part et d'autre, et nous devons nous incliner respectueusement devant l'héroïsme de tels hommes.

C'était la guerre chevaleresque alors!... tandis qu'aujourd'hui!... Vous verrez plus tard, mes jeunes amis, ce que les inventions scientifiques et ce que l'on appelle le progrès ont fait de la bataille moderne.

Dès qu'il eut reçu avis du refus de rendre la place, le général Damrémont prit immédiatement ses dispositions pour l'attaque.

Il vint avec son état-major reconnaître l'état de la brèche, et s'avança jusque sous le feu des Turcs.

---

(1) L'Algérie, de 1830 à 1840, par Camille Rousset.

— Mon général, s'écria le général Rullière, l'endroit est dangereux! Je vous en prie!...

Au même instant, un boulet arriva en ronflant, ricocha sur une roche et passa si près de Damrémont que le déplacement d'air fit voltiger sa dragonne et les pans de sa tunique.

— Ce n'est rien, dit-il en souriant.

Henri Cardignac se précipita. En même temps que lui, tous les autres officiers présents — le duc de Nemours en tête — voulurent entraîner Damrémont.

Il les écarta doucement.

— Laissez, messieurs. Soyez sans crainte, dit-il.

Mais, à cette minute même, un second boulet l'atteignit au ventre et le traversa de part en part.

Le général Perregaux le reçut dans ses bras, mais atteint lui-même d'une balle en plein front, il s'écroula comme une masse.

On s'élança. Les deux glorieux morts furent enlevés et emportés derrière le retranchement, au milieu de la consternation générale.

Quelques instants plus tard, on put voir passer dans les tranchées un brancard, porté par les carabiniers du 2ᵉ léger.

Sur ce brancard était placé le corps du général en chef. Henri Cardignac l'avait recouvert d'un manteau, et suivait tête nue, pouvant à peine retenir ses larmes.

Lorsque le triste convoi se mit en marche, le duc de Nemours inclina son épée.

— Saluons, messieurs, dit-il; c'est notre général qui passe.

Le corps de Damrémont fut déposé sous sa tente.

Mais on n'avait pas, à cet instant critique, le temps de pleurer longuement les morts, et le général Valée prenant le commandement, donna les ordres pour l'assaut.

Quand l'ordre fut lu dans les tranchées, il produisit parmi les troupes un enthousiasme indescriptible : chaque soldat tenait à honneur de venger la mort de Damrémont, et le colonel Lamoricière, qui commandait les zouaves, ayant reçu l'ordre de conduire la première colonne d'assaut, déclara au général Valée :

— Mon général, à dix heures nous serons maîtres de la ville... ou morts.

Le drapeau tricolore est planté par Lamoricière sur un amas de débris.

A six heures du matin, le général Valée fit appeler le capitaine de Gardarens.

— Capitaine, lui dit-il, vous allez désigner le plus brave zouave de votre compagnie pour aller reconnaître si la brèche est praticable.

Écoutez sa réponse, mes enfants, et si vous vous trouvez jamais dans le même cas, n'en faites pas d'autre.

— Mon général, répondit de Gardarens, je ne puis admettre qu'il y ait dans ma compagnie un soldat plus brave que son capitaine ; en conséquence, je vous demande la permission de me désigner moi-même.

Ce qui lui fut accordé.

Il partit donc avec le capitaine de Boisse, également des zouaves, et, sous le feu de la place, alla reconnaître la brèche.

Par un hasard miraculeux, ils revinrent sans une égratignure.

La brèche était raide, mais praticable.

Les colonnes d'assaut se formèrent dans les parallèles et les tranchées. Henri avait demandé et obtenu de faire partie de la première.

A sept heures du matin, au signal donné par le duc de Nemours, l'assaut commença.

En un instant, la colonne de tête, composée de trois cents zouaves, de sapeurs du génie et de deux compagnies du 2ᵉ léger, a franchi le fossé.

Son allure a été si rapide qu'elle n'a perdu que deux hommes, et l'escalade de la brèche s'effectue sous un feu terrible.

Emporté par son ardeur, Henri gravit l'escarpement... Son sabre au poing droit, son pistolet dans la main gauche, il devance tout le monde... et voici qu'à travers la fumée, il aperçoit la silhouette des défenseurs turcs... Les balles sifflent ; son képi tombe... Il ne s'en aperçoit même pas !

Soudain, il s'arrête : on l'interpelle.

— Lieutenant ! s'écrie Lamoricière ; en arrière ! Je vous défends de passer devant moi... ou je vous brûle la cervelle !... Je veux être le premier là-haut !...

Derrière eux la houle des assaillants déferle comme une marée d'équinoxe. Les pantalons rouges bondissent au milieu des débris du rempart, escaladent les pans de murailles croulantes et se précipitent sur les traces de leurs chefs.

Lamoricière a passé le premier, Henri le suit, et, au milieu d'une décharge générale, ils atteignent la crête.

Ils sont quatre : Lamoricière, Henri, le commandant Vieux, du génie (un ancien de Waterloo) et le capitaine de Garderens qui tient en main le drapeau des zouaves.

Les défenseurs ont lâché pied; mais, embusqués plus loin, ils tirent, ils tirent toujours.

Le drapeau tricolore est planté par Lamoricière sur un amas de débris, et la colonne, qui arrive à son tour, le salue de vivats frénétiques. Le cri de triomphe s'étend et se répercute au loin : c'est la deuxième colonne qui monte à son tour à l'assaut, sous la conduite du colonel Combes. Encore un héros, celui-là!

— En avant!... En avant!

A ce commandement, lancé par Lamoricière, on s'élance dans la ville qui s'ouvre béante au pied du rempart.

Où va-t-on?... Le sait-on?

Droit devant soi, en proie à une véritable frénésie, au milieu de la fumée, des cris, des vociférations... on se précipite! On se plonge dans la lutte comme on se jetterait dans un volcan en éruption.

En avant!... En avant!...

Vit-on?... Rêve-t-on?... On n'en sait rien. Mais ce qu'on sait bien, par exemple, c'est qu'il faut vaincre! car la retraite serait cette fois le déshonneur.

Au sortir du rempart, le flot des assaillants s'engage dans un dédale de ruelles étroites.

Tout est barricadé! En dehors des petites fenêtres grillagées, semblables à des créneaux, à travers les moucharabiehs, émergent les longs « moukhalas » — les fusils des Arabes — qui lancent leur jet de flammes. Les balles ricochent sur les murailles, le crépi tombe. Des cris, des malédictions dominent le grondement de la bataille.

Enfin, à travers mille obstacles, on vient se heurter contre une haute construction à créneaux : la caserne des janissaires, solidement défendue.

Les zouaves et les sapeurs saisissent des madriers, des blocs de pierre et s'élancent; ils prennent d'assaut le bâtiment, étage par étage, pièce par pièce.

Henri Cardignac, suivi de quelques voltigeurs du 2e léger, a poursuivi l'ennemi à travers un dédale de pièces étroites du rez-de-chaussée. Il faut les enlever une à une. Souvent, des plafonds éventrés partent des coups de feu...

Enfin Henri arrive, sans blessure, dans une sorte de chambre voûtée, fermée au fond par une porte de fer...

— Plus d'ennemis! ils se sont enfuis par là sans doute!

Effectivement, à travers un judas grillagé, le lieutenant voit luire deux yeux... L'ennemi est là!

Un sergent de voltigeurs a vu aussi. Il se rue sur la porte... et tombe foudroyé. Un coup de feu, parti du judas, l'a étendu raide-mort!

— Un madrier, une poutre! crie l'officier. Enfonçons la porte!

Mais à peine a-t-il prononcé cet ordre, qu'une explosion terrible les enveloppe tous d'une vaste lueur flambante; le bâtiment semble osciller, des moellons tombent de la voûte, les murailles se fendent; le sol dallé s'est soulevé comme sous l'influence d'un tremblement de terre, et Cardignac tombe, les oreilles bourdonnantes, au milieu d'un amas chaotique de poutrelles, de débris, de poussière soulevée.

Heureusement il n'a que des contusions et une légère déchirure au front; mais il est bien resté maître de son cerveau : sa volonté reste puissante. D'un violent effort il se redresse, les yeux un peu hagards, et appelle ses voltigeurs.

Personne!

Un seul d'entre eux lui apparaît. Son torse émerge des décombres; mais le malheureux est mort, écrasé par un énorme bloc descellé du mur.

L'officier regarde autour de lui : de la porte d'entrée, de la porte de fer, il n'y a plus trace! Les débris amoncelés les recouvrent, le plafond voûté est strié de larges fissures, et les murailles disloquées semblent prêtes à s'écrouler.

— Je suis muré vivant! songe Henri... Par où sortir?... car il faut que je sorte!

Il essaye de dégager un madrier, mais les matériaux disjoints, maintenus dans un équilibre instable, s'effondrent.

— Tonnerre! murmure Cardignac, est-ce que je vais m'enterrer moi-même?...

Tout à coup il se retourne brusquement : à travers les fissures des murailles, des cris lui parviennent... Ce sont des voix d'enfants mêlées de pleurs, de supplications.

Il bondit dans cette direction, colle son oreille dans la profonde lézarde du mur, et frissonne.

— Grâce! grâce! grâce pour mes enfants!

Cette fois c'est un homme qui parle : sa voix vigoureuse perce, dominant les cris enfantins, en même temps qu'un bruit de lutte et de fuite.

Quels sont ces gens qui supplient? Comment ces petits Français et leur père se trouvent-ils aux mains des Arabes?

Je vous jure, mes enfants, que notre Henri ne perdit pas une demi-seconde à y réfléchir.

Derrière ce mur, des Français, des enfants suppliaient, étaient sans doute en danger de mort... Cette pensée prima tout chez lui.

Il oublia la lutte, l'assaut, l'explosion, l'écroulement, le semi-ensevelissement dans lequel il se débattait. Avant tout, il fallait porter secours à ces infortunés!

Mais comment les rejoindre?

Il fit un pas en arrière, et, le visage contracté par une énergie sauvage, il fixa des yeux la muraille, comme il eût fixé un ennemi vivant; il la toisa, la provoqua du regard, et bondit sur elle.

Il venait de remarquer que l'éclatement du mur zigzaguait, isolant ainsi, dans la masse totale, une forte pierre de taille, et, avec décision, il l'attaqua.

Enfouissant les bras dans la profonde cavité, le jeune officier étreignit la masse inerte; puis, s'arcboutant des genoux à la base du mur, il donna tout l'effort musculaire dont sa volonté put disposer.

On eût dit qu'il luttait à bras-le-corps avec un monstre; par secousses lentes, à l'aide de tractions dans lesquelles toute la puissance de son corps vigoureux se dépensait, il travaillait à desceller la pierre dont les joints se désagrégeaient. Il avait les ongles en sang, son visage ruisselait de sueur.

Soudain, il eut un cri de triomphe :

— Ah!... Enfin!...

L'obstacle cédait en effet.

Avec une méthode, un calme incroyable et bizarre, dans la tension exagérée de ses nerfs, il fit basculer l'énorme poids, et, se rejetant de côté, le laissa tomber à terre.

Alors, dans la poussière soulevée, une coulée obscure apparut, et, à l'extrémité, la clarté du jour.

Sans hésitation, Henri s'y glissa à plat ventre, non sans avoir saisi son pistolet et passé son poing dans la dragonne de son sabre.

Le trou ainsi pratiqué n'avait guère plus d'un mètre. Dix secondes plus tard, la tête de l'officier émergeait de l'autre côté, au moment précis où un nègre, habillé à la turque, au visage d'un noir d'ébène tatoué de bleu, venait d'abattre d'un dernier coup de yatagan un homme d'une quarantaine d'années, et poursuivait, autour d'une large pièce, une fillette de treize à quatorze ans, à la jupe de laquelle un garçonnet de six ans s'accrochait, tout en poussant des cris d'épouvante.

Dans la rage de sa féroce poursuite, le nègre n'avait pas vu la soudaine apparition de Cardignac qui, sortant d'un effort tout le buste hors de son étrange tunnel, visa et fit feu.

Touché dans les reins, le sauvage s'abattit à côté du cadavre de sa victime. Son visage exprima, en même temps que les affres de la douleur, une surprise pleine d'épouvante.

Pourtant, comme il n'était que blessé, il se redressa sur un coude et s'apprêta, yatagan au poing, à se défendre jusqu'à la mort.

Sans hésitation, Henri s'y glissa.

Quant aux deux enfants, le coup de pistolet les avait d'abord atterrés. Ils s'étaient blottis dans un angle de la pièce, et contemplaient cette scène avec terreur.

Henri, l'uniforme déchiré, gris de poussière et de débris de plâtre, venait de se dégager.

— N'ayez pas peur, mes enfants, dit-il. Ne bougez pas... j'arrive à temps !

Il avait repris tout son calme, et s'adressant au nègre, il lui dit en arabe :

— Jette ton arme !

L'autre grinça des dents, mais n'obéit pas.

— Ah ! c'est comme ça, brigand ! reprit Cardignac. Eh bien, nous allons voir !

Avec un merveilleux sang-froid, Henri rechargea son pistolet ; puis, toujours en arabe :

— Je te casse la tête comme à un chien enragé, assassin d'enfants, si tu ne te rends pas !

Le musulman, pour toute réponse, fit un violent effort, réussit à se relever sur les genoux, et lança dans la direction de Henri un furieux coup de pointe.

Un coup de feu fut la riposte, et le nègre s'abattit, pour tout de bon cette fois, avec une balle entre les sourcils.

Henri ne perdit pas de temps à l'examiner, et s'approchant des deux petits :

— Mes pauvres enfants, vous êtes sauvés... il était temps !

La petite fille, traînant toujours à ses jupes son petit frère terrorisé, s'était jetée contre l'officier et lui serrait le bras nerveusement.

— Ah ! mon Dieu ! gémit-elle. Ah ! monsieur ! notre pauvre papa !... notre pauvre papa !

— Hélas ! soupira Henri, en jetant un coup d'œil sur le malheureux assassiné... C'était votre père !

— Oui, monsieur... oui, monsieur !

Et la fillette, tombant à genoux, s'abîma dans un profond désespoir.

Chose étrange, le petit garçon ne pleurait plus. Ses grands yeux bruns ne pouvaient se détacher de leur sauveur. Il semblait rêver tout éveillé ; mais de temps à autre, un profond soupir crispait ses lèvres et soulevait sa poitrine.

Henri s'approcha du nègre, le tira dans un coin, puis arrachant son burnous, en recouvrit le malheureux Français assassiné.

Pendant cette scène silencieuse, on entendait au dehors le bruit persistant et continu de la bataille dans les rues de Constantine. Revenant alors vers la fillette, l'officier la releva :

— Mon enfant, dit-il, je ne vous demande pas, pour le moment du moins, de me raconter votre triste aventure ; il sera temps plus tard. Calmez-vous ; je vais vous faire mettre en sûreté.

Il avisa une forte porte en chêne, fermée à double tour, fouilla le nègre tué par lui, et trouva une clef qui s'adaptait à la serrure. Il ouvrit alors la porte et sortit, en prescrivant aux enfants de ne pas bouger.

Quelques instants plus tard, ayant traversé un vestibule, puis un patio éventré par la mine et les boulets, il se retrouvait dans la rue, en pleine tourmente.

Pour mieux dire, la tourmente était loin, heureusement, car il tombait au milieu des nôtres qui couraient à l'assaut de la grande rue. Il reconnut un jeune caporal qu'il avait remarqué la veille pour sa crânerie et sa bravoure :

— Eh ! Quinel, s'écria-t-il, prenez quatre légionnaires et arrivez par ici !

— Voilà, mon lieutenant ! fit le jeune homme.

— Suivez-moi !

Quelques minutes plus tard, Henri confiait au caporal, la fillette et son frère.

— Vous allez accompagner ces enfants jusqu'au quartier général, dit-il ; vous les conduirez à ma tente ; vous demanderez l'ordonnance du lieutenant Cardignac, et lui confierez ces enfants. Ensuite, vous rejoindrez votre compagnie.

— Bien, mon lieutenant !

La fillette s'était précipitée vers l'officier et lui baisait les mains.

— Merci, monsieur ! Oh ! merci ! murmura-t-elle ; mais, notre papa, va-t-on le laisser ici ?

— Non, mon enfant. Soyez sans inquiétude : je le ferai transporter au camp après l'action.

— Merci, oh ! merci !

Et, à travers ses larmes, les yeux bleus de l'enfant se fixèrent sur ceux du jeune homme avec une telle ferveur de gratitude que le lieutenant en fut tout remué.

— Allez! dit-il enfin. Allez! sauvez-vous vite! A bientôt!

Il regarda le petit groupe disparaître au tournant de la ruelle, encombrée de soldats, revint sur ses pas, ferma à clef la porte de la pièce où s'était déroulé ce drame tragique, et partit dans la direction du combat.

Il arriva juste à temps pour voir une nouvelle et formidable explosion qui engloutit sous une voûte le commandant Vieux, brûlé vif, Lamoricière et une centaine de soldats.

Lamoricière heureusement ne fut pas tué; projeté en l'air, il était retombé sur un monceau de décombres, sans blessures graves; mais, pendant plusieurs semaines, on crut qu'il resterait aveugle, car la poudre enflammée lui avait brûlé les yeux.

Ce n'étaient pas du reste les seules victimes de cette héroïque assaut de Constantine.

Le colonel Combes, qui commandait le 47e de ligne, venait d'être frappé par deux balles, l'une au cou, l'autre en pleine poitrine.

Écoutez, mes enfants, le récit de sa mort.

« Se sentant frappé sans recours, dit l'auteur de *Nos Gloires militaires*, il s'appuya à la muraille, s'assura que le mouvement de sa colonne s'exécutait; puis, la barricade emportée, il se dirigea vers la brèche, déserte à ce moment.

« Le général Valée et le duc de Nemours le virent descendre lentement, froidement, d'un pas raide et mesuré, et l'attendirent, ne comprenant rien à ce mouvement qui n'avait plus rien de vivant.

« Lorsque le colonel Combes fut en face d'eux, ils comprirent.

« Le visage de l'héroïque blessé était couvert d'une pâleur mortelle, et deux sillons de sang ruisselaient de sa poitrine.

« — Monseigneur, dit-il au duc de Nemours d'une voix calme et assurée, je suis blessé mortellement, mais je meurs heureux, car Constantine est à nous et j'ai vu une belle journée pour la France...

« Puis, faisant quelques pas, il s'affaissa sur lui-même. »

Plusieurs centaines d'autres braves tombaient en même temps en différents points de la ville : la fureur des soldats s'exaspéra de ces pertes successives, et une tuerie sauvage répondit à cette résistance acharnée.

Enfin, après deux longues heures d'une lutte sans exemple, la ville se rendit. L'ancienne capitale de Jugurtha, Constantine, le repaire jusque-là inaccessible des Beys, était en notre pouvoir.

Lorsque Henri revint à sa tente, il y retrouva les deux enfants qu'il avait sauvés. La fillette était blonde et fine, avec de grands et beaux yeux bleus très doux; son visage régulier, bruni par le soleil, était aimable et sympathique.

Son frère, tout petit qu'il fût, était solide, bien charpenté. Brun, les cheveux bouclés, l'air intelligent, il avait, lui aussi, le teint chaud et bistré que donne le soleil d'Afrique.

Lorsque Cardignac survint, le petit garçon dormait sur une peau de chèvre jetée à terre.

Le petit garçon dormait sur une peau de chèvre jetée à terre.

Une détente s'était opérée en lui; à son âge, la secousse morale éprouvée avait été trop violente et devait être fatalement suivie d'un abattement profond.

Pourtant on sentait de l'énervement jusque dans son sommeil; il avait parfois des sursauts rapides comme si un cauchemar l'eût hanté.

Sa sœur était assise auprès de lui, sur le pliant de campagne du lieutenant. Le coude au genou, la joue appuyée sur la main, elle pleurait, silencieuse, tout en surveillant le sommeil du bambin.

— Eh bien, mon enfant, êtes-vous un peu remise? demanda Henri d'une voix très douce.

La fillette sursauta, tirée subitement de sa douloureuse rêverie; mais reconnaissant l'officier, elle se leva, courut à lui et lui prenant les mains elle y appuya son front brûlant. Les sanglots la reprirent :

— Monsieur l'officier! balbutiait-elle!... merci! Oh! que vous êtes bon! Comme vous êtes brave et bon!... Merci! merci!...

Puis, tout bas, elle murmura :

— Et notre pauvre papa?

— J'ai fait le nécessaire, ma pauvre petite; tranquillisez-vous.

C'était vrai : avant de rentrer, Henri avait fait ensevelir le malheureux dans un coin du fossé, non loin de la brèche.

Voulant chasser du cœur de l'enfant les tristes pensées qui l'assaillaient, il l'entraîna, la fit se rasseoir, et s'asseyant lui-même sur une caisse à biscuits, face à la petite désespérée :

— Allons, ne pleurez plus, ma pauvre enfant et racontez-moi par suite de quelles circonstances vous étiez ainsi prisonniers à Constantine. Parlez sans crainte! Vous savez bien que je suis votre ami...

— Oh! oui, je le sais.

Et elle dit leur triste odyssée.

Elle avait quatorze ans, son frère six ans et demi; ils se nommaient Lucienne et Pierre Bertigny. Leur père était un propriétaire viticulteur des environs de Dijon; il exploitait son petit domaine avec sa femme, leur mère, morte, hélas! presque en arrivant en Algérie, victime des fièvres.

C'était une famille autrefois fortunée, heureuse et jouissant de l'estime publique : l'enfance de Lucienne avait été choyée; elle avait reçu une bonne éducation, et sans doute ils seraient toute leur vie restés en Bourgogne, si une catastrophe, inopinément survenue, n'avait transformé leur calme existence.

Leur père, adonné à la culture de la vigne, avait placé toute sa petite fortune chez leur oncle qui faisait, lui, le commerce des vins en gros à Dijon.

Tout avait bien prospéré, lorsque, un jour, le malheureux viticulteur avait appris sa ruine totale : son frère était mis en faillite !

L'oncle Bertigny, gagné par la fièvre de la spéculation, avait fait en dehors de son commerce des opérations de Bourse. Il avait gagné d'abord, puis perdu, et s'enfonçant chaque jour davantage, il avait risqué dans cette misérable aventure non seulement son avoir mais celui de son frère. La gêne était arrivée, l'oncle Bertigny n'avait pu faire face à ses paiements. C'était le désastre !

Sa mise en faillite lui avait porté un coup mortel. Sa raison s'était égarée. Il était devenu fou ! On avait dû l'interner.

Mais son frère, en perdant tout son avoir, avait voulu quand même sauver son nom du déshonneur. Il paya, et pour cela dut vendre ses vignes.

C'était donc, par la faute du malheureux imprudent, la ruine pour toute la famille.

Avec les quelques petits capitaux qui lui restèrent, toutes dettes payées, Bertigny prenant une résolution énergique, quitta le pays.

C'était alors le début de la conquête algérienne.

— Allons là-bas ! avait-il dit ; nous rebâtirons notre aisance avec du travail.

Débarqué à Bougie, il avait obtenu une concession qui, grâce à son intelligence, commençait à prospérer.

Malheureusement la guerre ne cessait pas ; et, une nuit, les Arabes avaient, au cours d'une razzia, envahi le petit domaine, brûlé les bâtiments et enlevé le père et les deux enfants.

Cette fois, le désastre était sans remède.

On les avait conduits à Constantine et emprisonnés.

Le caïd, se basant sur la qualité de propriétaire du colon, avait cru sans doute qu'il était plus riche qu'il ne l'était en réalité et avait exigé rançon.

Bertigny avait écrit au gouverneur général. Mais sa lettre était-elle seulement arrivée à destination ?

Toujours est-il qu'ils étaient tous trois prisonniers, depuis cinq mois, dans la caserne des janissaires, lorsque l'assaut avait eu lieu.

On sait le reste...

En écoutant ce récit douloureux, le lieutenant se sentait bouleversé.

Une émotion profonde l'envahissait.

Ce doux et triste visage de fillette, cette voix jeune, pleine de sanglots, et par dessus tout, la pensée que ces deux pauvres enfants connaissaient les pires douleurs et l'isolement à un âge où tant d'autres vivent insouciants et gais, au sein d'une famille pleine de tendresse, tout cela lui mettait au cœur une pitié débordante, doublée d'une soudaine affection.

Orphelins, ces deux pauvres petits !...

Et Henri éprouvait une amertume poignante en face des injustices du destin. Sans qu'il s'en rendît compte tout d'abord, son esprit se reportait vers son père, dont il connaissait, dans les moindres détails, la vie accidentée.

Il le revoyait tout petit, jeté sur le pavé, sans appui, sans parents, errant à l'aventure dans le grand Paris de la Révolution.

Il songeait à cette belle et noble figure du colonel Bernadieu qui avait recueilli le petit orphelin, et dont l'intervention providentielle, non seulement avait sauvé l'enfant abandonné, mais encore, en cultivant son âme, avait fait de lui un homme digne de tous les respects.

Il songeait aussi, le lieutenant de spahis, à sa grand'mère Catherine, si bonne, si accueillante au petit tambour qu'avait été son père... Puis la douce image de sa mère amena sur la paupière de l'officier une larme qu'il ne songea point à retenir, et qui roula, lourde comme une perle, sur la poussière de sa manche galonnée.

— Vous pleurez, monsieur le lieutenant ?... Oh ! vous ai-je fait de la peine ?

Il reprit vivement, en s'essuyant la joue d'un revers rapide de la main :

— Mais non ! mais non ! mon enfant, du tout !... au contraire ! Votre douloureuse histoire remue en moi un monde de souvenirs et j'en éprouve une émotion profonde et douce,... une émotion bénie, croyez-le.

Il se leva brusquement, et s'approchant de la fillette :

— Ma petite Lucienne, dit-il en lui prenant la main, vous ne serez plus seule au monde... Je suis là... Désormais, comptez sur moi... A tout à l'heure !

Et, sans attendre de réponse, Henri sortit précipitamment et se dirigea vers la ville, où son service l'appelait auprès du général en chef.

Tout en cheminant, lentement toujours, sous l'influence de ces mêmes pensées, il y abandonna son âme avec un bonheur infini, revoyant maintenant sa propre enfance, se remémorant tous les soins dont ils avaient été entourés, lui et son frère Jean.

— Oui, pensait-il, sans la bienveillance d'un officier, sans le dévouement de maman Catherine, sans la rude bonté de grandpapa Belle-Rose, sans la reconnaissance de Maître Sansonneau, serions-nous, Jean et moi, ce que nous sommes devenus tous deux ? Notre bonheur d'aujourd'hui n'est-il pas la résultante de la charité, de la pitié qui a sauvé notre père, et n'avons-nous pas contracté, vis-à-vis de la Providence, qui a mis ces beaux sentiments au cœur de ces humbles de la Grande Armée, l'engagement de faire du bien à notre tour, si nous en trouvions l'occasion ? Eh bien ! l'occasion la voilà, et mon devoir est tout tracé !...

Alors, tu es mon petit garçon ?

— Bonjour, capitaine Cardignac!... Mes compliments, sais-tu?

Cette apostrophe, lancée par un des amis de Henri, le docteur Alfred Cousturier, aide-major à la légion étrangère, arracha brusquement l'officier à son rêve.

— Tiens! c'est toi, Alfred, dit-il; où vas-tu comme ça?

Henri, absorbé dans ses pensées, n'avait pas même remarqué l'appellation de *capitaine*, accolée à son nom par son ami.

— Je vais déjeuner, répondit le docteur, et je viens de la grande ambulance. Et toi? tu vas à l'état-major?

— Oui.

— Recevoir ton nouveau galon?

— Comment ça? fit Henri stupéfait.

— Vraiment, tu ne le savais pas? s'exclama le docteur en constatant l'étonnement de Henri. Mais, mon bon, j'en arrive, moi, du quartier général. Les vides sont comblés, les promotions nouvelles signées; tu es capitaine, et cela sur la proposition de Lamoricière lui-même, qui, bien qu'il soit en piteux état, t'a signalé au général Valée. Heureux gaillard!

— Non, tu veux rire! Ce n'est pas possible!...

— Mais, espèce d'entêté, puisque je te le dis!

— Alors, tu dois savoir pourquoi Lamoricière m'a proposé. Moi, je ne vois pas bien ce que j'ai fait de plus que les autres.

— Tu es trop modeste, mon cher ami; tu es monté le premier à l'assaut de la brèche, et si tu n'es pas arrivé en haut le premier, c'est parce que Lamoricière t'en a empêché; tout se sait, mon cher! Et voilllà!!! File, dépêche-toi, on t'attend!

Le docteur Cousturier fit volter Zepherlick, son petit cheval gris, l'enleva et partit au galop, non sans lancer à son ami un retentissant:

— Heureux veinard!

Henri, vous le pensez bien, mes enfants, ne fut pas long à gagner le quartier général, et je vous laisse à penser sa joie.

Le général Valée, l'embrassant, lui confirma sa nomination, et en même temps lui annonça qu'il le gardait à l'État-Major. Séance tenante, il le chargea de veiller aux préparatifs nécessaires pour rendre les derniers devoirs au malheureux général Damrémont, ainsi qu'aux officiers et soldats tués devant Constantine.

Cette cérémonie, qui eut lieu le lendemain, fut empreinte du caractère le plus grandiose, le plus imposant qu'on pût rêver.

Les cercueils des braves tombés à l'ennemi, furent placés côte à côte, sous un catafalque improvisé par le génie, et composé de gabions, de sacs à terre.

Les régiments décimés s'alignèrent devant eux; les tambours, recouverts de crêpe, roulèrent lugubrement, les drapeaux s'inclinèrent devant ces morts glorieux, puis on les inhuma dans le fossé, près de la fameuse brèche, à côté de l'endroit où reposait déjà le père des malheureux enfants sauvés par Cardignac.

Après quoi, l'armée victorieuse défila devant les fosses profondes, au bruit des salves d'honneur, dernier adieu jeté par elle à ceux qui meurent pour la patrie.

Seul, le cercueil du général Damrémont resta sous le catalfaque, gardé par des soldats appartenant à tous les corps de la garnison : car l'ordre venait d'arriver de le ramener en France.

Ce fut notre ami Henri que le général Valée chargea de cette mission.

Un bataillon du 11ᵉ de ligne, un bataillon de zouaves, un escadron de chasseurs d'Afrique et un peloton de spahis, devaient l'escorter jusqu'à l'embarquement.

Henri, qu'obsédait la pensée de sauver à tout prix ses petits protégés, et qui se sentait maintenant attaché à ces enfants par une affection quasi paternelle, entra rayonnant, la veille du départ, dans la tente qu'il avait fait dresser près de la sienne pour la sœur et le frère.

— Vous avez l'air bien heureux, monsieur le capitaine, dit Lucienne en l'apercevant.

— Oui, certes, mon enfant; j'ai obtenu un résultat inespéré. Le général en chef m'autorise à vous emmener en France avec moi.

— Oh! s'écria-t-elle, ne sachant pas au juste si elle rêvait; oh! est-ce vrai, est-ce possible?

— Tout ce qu'il y a de plus exact. Es-tu content, petit Pierre?

Le gamin ne répondit pas; il était peu loquace, ce petit Pierre; mais, s'approchant, il tendit simplement son front aux boucles brunes et Cardignac l'embrassa.

— Et vous aussi, Lucienne, je veux vous embrasser; vous êtes maintenant ma grande fille, et vous allez voir si je vous mène auprès d'un bon grand-père et d'une bonne grand'maman.

Le lendemain, assis tous deux sur des peaux de mouton, installés dans une prolonge que traînaient des mulets du train, Lucienne et Pierre Bertigny voyaient le convoi d'escorte se dérouler dans un nuage de poussière : Constantine, avec la vision d'horreur qu'ils en emportaient, se noyait bientôt dans la brume bleue de l'horizon.

Ils étaient en route pour la France.

Et ce fut au cours du trajet de Constantine à Bougie un enchantement pour le petit Pierre.

En effet, son tempérament de petit diable élevé au grand air, l'inaction forcée, l'ennui d'être assis dans un fourgon lui pesaient; mais son sauveur, son grand ami, le capitaine de spahis s'en était rendu compte, et ce fut assis devant l'officier, sur le paquetage de son grand cheval noir, que Pierrot fit la plus grande partie des étapes.

Vous pensez s'il était fier et content!...

Qui fut stupéfait, mes enfants? Ce fut, je vous l'assure, le colonel Cardignac, lorsqu'il vit arriver son fils, capitaine, en compagnie de deux enfants.

— Me voilà, père! s'était écrié Henri. Ne crois pas que je sois marié; mais je suis tout de même père de famille.

Et après avoir entendu raconter l'histoire dans tous ses détails, la bonne maman Lise dit simplement :

— C'est bien, mon Henri; tu es un brave cœur; viens que je t'embrasse comme je t'aime.

Alors, dans un noble mouvement de fierté maternelle, elle étreignit longuement contre son cœur, ce grand officier, son fils!

— Oui, poursuivit-elle en souriant, c'est dans la logique même des choses : à une famille comme la nôtre — famille de soldats — il devait arriver des petits enfants apportés par la guerre... Viens, ma petite Lucienne, reprit-elle après un silence; viens : tu es ma petite fille!

Quant au colonel, il considérait le petit Pierre qui semblait tout interloqué; puis, se penchant, il l'attira à lui, entre ses genoux.

— Alors, tu t'appelles Pierre?

— Oui, monsieur.

— Dis : « Oui, mon colonel. »

— Oui, mon colonel.

— C'est très bien !... Alors, maintenant, tu es mon petit garçon ?

L'enfant hésita ; il considérait avec attention la mâle figure à moustaches blanches qui lui souriait.

— Tu ne réponds pas !... Tu ne veux donc pas être mon petit garçon ?

— Si, dit enfin le bambin ; seulement si monsieur le capitaine Cardignac reste avec nous.

— Ah ! fichtre, tu l'aimes donc bien ?

— Oh !... oui.

— Mais ce que tu demandes n'est guère possible : il faut qu'il retourne à son régiment.

— Ah !... murmura l'enfant en tournant vers son sauveur un regard désolé.

— Oui, petit Pierre, c'est mon devoir, dit Henri ; mais, continua-t-il, je reviendrai souvent pour t'embrasser... Et puis écoute : mon papa à moi n'a plus de petit garçon puisque je suis obligé de retourner là-bas, aussi je veux que tu me remplaces auprès de lui. Tu ne peux pas me refuser cela, dis, Pierrot ?

— Si c'est comme cela, je veux bien, soupira le petit garçon. Mais vous me promettez de venir nous voir.

— Certes, il viendra, reprit le colonel, et, en l'attendant, je t'apprendrai à devenir un vrai soldat... comme lui.

— Ah ! oui ! oui !... Je veux bien !

Pierre prononça ces mots si sincèrement que le colonel sourit, l'enleva, le mit sur ses genoux et l'embrassa sur les deux joues.

La glace était rompue : les deux enfants avaient une famille.

Henri, sa mission remplie et son congé terminé, dut repartir. Il rejoignit non plus Constantine, mais Alger.

Le jeune capitaine était en effet chargé, par le ministre de la guerre, d'importantes dépêches pour le nouveau Gouverneur général, lequel n'était autre que le général Valée lui-même, qui, en récompense de la prise de Constantine, venait d'être élevé au maréchalat.

Notre ami se trouvait maintenu à l'état-major du Maréchal, pendant que son frère Jean restait, comme lieutenant, auprès de Bugeaud.

La situation militaire de Henri pouvait donc sembler enviable à tous ses camarades, car elle réalisait, pour un jeune officier, tous les avantages de la profession. Mais, avec le tempérament ardent de notre ami, cette vie manquait d'imprévu.
Certes il fai-

Henri retourna aux spahis.

sait bien campagne lorsque le gouverneur prenait part à une expédition; mais il n'avait que rarement la chance de pouvoir aborder l'ennemi sabre au poing. De plus Henri brûlait d'exercer effectivement un commandement dans son nouveau grade de capitaine; il désirait ardemment être à la tête d'un escadron. Les combats continuels auxquels assistaient ses camarades l'enfiévraient : il en eût voulu sa part. Aussi s'en ouvrit-il au Maréchal qui l'aimait beaucoup, et qui, approuvant sa détermination, le replaça aux spahis, sous les ordres de son ancien chef, Yusuf.

Ce fut pour Henri une grande joie de reprendre ses ardentes chevauchées d'autrefois. Il prit part à la délivrance de Mazagran, au combat de Teni-Salmet, à l'attaque de Mouazïa, toujours heureux, jamais blessé!

Il avait, dans son escadron, un tout jeune engagé volontaire, fils d'officier supérieur. Ce jeune spahi qui commençait lui aussi, à vingt ans, une carrière de bravoure et de gloire, devait devenir un jour général de division et ministre de la guerre. Il avait nom du Barail.

Il vit toujours mes enfants, et il faut souhaiter qu'il vive longtemps encore pour donner aux jeunes comme vous, par le récit des hauts faits de sa génération, le feu sacré qui a fait grande notre France et la maintiendra telle, en dépit des envieux ou des sceptiques.

On atteignit ainsi le mois d'octobre 1839.

Le régiment, retour d'expédition, était rentré dans son casernement de Blidah, pour se refaire au milieu des bois d'oliviers et d'orangers.

Jean Cardignac, qui venait, lui aussi, de passer capitaine, profitant d'une mission à Alger, avait poussé jusqu'à Blidah pour faire voir à Henri sa double épaulette d'or. Les deux frères se trouvaient donc momentanément réunis, lorsque Henri reçut du colonel, leur père, une longue lettre, qu'ils ne purent lire sans une profonde émotion.

Après les détails longuement donnés sur la famille et les petits Bertigny, le colonel terminait ainsi : « Maintenant que vous savez, mes enfants, que nous sommes tous d'aplomb, je vais vous annoncer une grande nouvelle : Je pars pour Sainte-Hélène. Je vais une dernière fois, avant de mourir, saluer l'Empereur.

« Je sens bien quel va être votre étonnement, mes enfants, et je vais de suite vous expliquer la cause de ce voyage, que j'entreprends aujourd'hui, après l'avoir depuis bien longtemps, et bien souvent, projeté. Vous ignorez peut-être que des négociations ont été entreprises avec l'Angleterre, pour que le corps du Grand Homme nous soit rendu. Elles étaient en bonne voie, et déjà je revoyais en imagination Celui qui fut tout pour moi, reposant aux bords de la Seine, suivant son dernier vœu.

« Il n'en est rien : on me dit que le léopard britannique hésite et veut garder sa proie; la déception est trop forte pour moi, et ce que je n'ai pu faire à Paris, je vais le faire à Sainte-Hélène.

« J'irai prier sur sa tombe!

« J'avais rêvé de suivre un convoi triomphal, dans mon ancien uniforme de la Garde impériale; je songeais déjà à vous appeler auprès de moi, tous deux, pour ce grand jour. Ce bonheur m'est refusé, ou du moins il va tant tarder que je serai mort avant de l'avoir connu.

« Puisque l'Empereur ne peut venir à moi, je vais à Lui!

« Votre père qui vous aime,

« Jean Cardignac,

« Colonel au 1er grenadiers de la Garde impériale. »

Ce soir-là, au mess des officiers de Blidah, Henri parla à ses camarades du retour possible des cendres de l'Empereur, des hésitations britanniques, et du pénible voyage qu'entreprenait son père.

Un long frémissement passa sur toutes ces âmes de soldats.

Vingt ans s'étaient écoulés depuis que le Grand Homme était mort là-bas dans « l'exil étouffant », et son nom était écrit dans le cœur de tous ces braves gens qui, sur un autre continent, s'efforçaient de rendre à nos jeunes drapeaux un peu de cette gloire dont la vieille armée avait été si prodigue.

Allait-il enfin soulever la lourde pierre scellée sur son génie par la haine de l'Angleterre, et dormir dans sa patrie de son dernier sommeil? Que de vœux furent formés, ce soir-là, pour le retour de sa dépouille auguste!

Émus et rêveurs, les officiers de Blidah regagnèrent le bordj (1). A travers les jardins et dans la splendeur de la nuit bleue qui baignait le front des palmiers, sous la tiède caresse du vent de l'Atlas, Henri évoqua tout un vol de Victoires qui, les ailes éployées, portaient vers la France un colossal tombeau de granit!

(1) Redoute.

CHAPITRE IX

LE RETOUR DES CENDRES

Donc un beau matin, à Saint-Cyr, le colonel Cardignac avait bouclé sa malle avec une hâte fébrile et retenu sa place à Paris, dans la diligence de Calais.

Toute en pleurs, Mme Cardignac avait essayé de le dissuader une dernière fois : il avait beaucoup vieilli depuis quelque temps; son affaiblissement était visible et, bien qu'il fît tous ses efforts pour maintenir son allure fière et sa taille droite, il se courbait à vue d'œil. — Il risquait donc de ne pas revenir de ce long et douloureux voyage : elle aussi, d'ailleurs, se sentait bien débile; s'il avait soixante ans sonnés, elle en avait cinquante-huit et les campagnes de la Révolution et de l'Empire comptant double, c'était la vieillesse pour eux.

— Et puis enfin, répétait-elle lamentablement, Sainte-Hélène, c'est si loin !

— J'irais au bout du monde et même au delà, s'il le fallait, avait répondu le colonel. Une force plus puissante que ma volonté m'entraîne... c'est *lui* sans doute qui m'appelle, il me ramènera.

Après avoir tendrement embrassé sa femme, il appela auprès de lui la gentille Lucienne et le petit Pierre.

Tous deux étaient maintenant de la famille. Lucienne, avec ses dix-sept ans, était devenue une vraie jeune fille, au teint très pâle, depuis qu'il n'était plus exposé au soleil d'Afrique, aux longues nattes blondes, au caractère plein de douceur. Il lui était resté, des souvenirs de Constantine, un grand fond de mélancolie et elle parlait rarement... Elle s'occupait du ménage, rendait sans bruit mille petits services dans la maison, et cherchait toutes les occasions de prouver à sa mère adoptive sa reconnaissante affection.

Elle avait d'abord exprimé le désir d'entrer au couvent, car rien ne lui paraissait plus beau que l'Ordre de Saint Vincent de Paul et le titre de Sœur de charité. Mais elle avait bien vite compris qu'il existait pour elle un devoir plus immédiat à remplir auprès de ses bienfaiteurs âgés, privés de leurs enfants : elle sentait surtout qu'elle seule pouvait et devait servir de mère à Pierre. — Le dévouement dont elle se sentait un instinctif et touchant besoin, elle trouvait sans peine à le répandre et à l'exercer autour d'elle aussi bien, faut-il vous avouer, mes enfants, qu'elle avait fort à faire avec le gamin beaucoup plus jeune qu'elle, qu'on ne connaissait plus à la maison que sous le nom de Pierrot.

Le petit Pierre Bertigny n'était pas en effet ce qu'on appelle communément un bon petit garçon, c'est-à-dire une nature douce et un caractère soumis; c'était plutôt tout le contraire. Une seule chose était certaine et rassurait un peu sa mère adoptive : il avait bon cœur.

A six ans, c'était un *taciturne*; mais il ne s'était guère révélé que depuis deux ans : en grandissant il était devenu un enfant terrible, colère, tapant du pied et le plus souvent n'obéissant qu'à demi. Maintenant qu'il en avait neuf, il s'annonçait comme un caractère réellement difficile, servi par une volonté tenace et dominé par l'instinct de rébellion : toute autorité lui pesait; ce qu'il adorait, c'était faire des niches aux enfants du voisinage et même aux grandes personnes; il en avait imaginé quelques-unes qui lui avaient valu de sérieuses corrections, celle, entre autres, où, ayant décidé trois gamins comme lui à aller glisser sur un étang gelé des environs, il avait fait, à l'avance et heureusement près du bord, un trou soigneusement dissimulé pour leur faire prendre un bain froid. Ceci même n'était pas une niche, c'était une très mauvaise action.

Il ne rêvait que chevaux de bois, grimpait aux arbres pour dénicher les nids et s'échappait souvent de la maison pour aller voir sur le plateau de Satory manœuvrer les soldats et surtout les cavaliers. Il déclarait déjà qu'il fallait trop travailler pour devenir officier, et qu'il voulait être cuirassier : trompette de cuirassiers. Les trompettes de cette subdivision d'arme lui avaient paru, en effet, les plus beaux soldats de l'armée française, parce qu'en plus de leurs cuirasses brillantes, ils avaient une belle crinière rouge à leur casque.

Ce qui inquiétait le plus le colonel, c'est que, très logique avec lui-même,

Il adorait faire des niches aux enfants du voisinage.

Pierrot ne faisait rien. Sa grande sœur avait eu toutes les peines du monde à lui apprendre à lire : quant à écrire, il s'y refusait, sachant à peine signer son nom, et préférant dessiner des bonshommes qu'il déclarait ressembler au chef de gare ou au garde champêtre. Il ne montrait même de sérieuses dispositions que pour le dessin et surtout pour la caricature, et Lise disait en levant les bras au ciel : « Que ferons-nous de cet enfant-là? »

Un seul nom produisait sur lui un effet immanquable : celui de Henri Cardignac, le capitaine de spahis. — Celui-là, c'était le sauveur, celui qui lui était apparu en un jour terrible, le revolver au poing, tuant l'assassin de son père; et corps et âme, de près ou de loin, il lui était attaché. Souvent Lise, employant les grands moyens, lui disait : « Je vais écrire au capitaine Henri que tu es un méchant petit garçon », et pendant deux jours l'enfant se tenait tranquille.

Mais Henri était loin et nul en dehors de lui, pas même le colonel, n'avait prise sur cette farouche et rebelle nature.

— Pierrot, dit le colonel, je pars pour un long voyage; il faut que tu me promettes d'être sage et de ne pas chagriner ta maman Lise.

— Je promets! fit Pierrot d'un air dégagé.

— Ce n'est pas comme cela qu'il faut promettre : tu penses à peine à ce que tu réponds et tu as la tête ailleurs, probablement à quelque méchante farce?

Et comme l'enfant ne répondait pas :

— Écoute-moi, petit, reprit le colonel d'un air sévère : tu vas avoir dix ans bientôt; le jour où ils sonneront, tu entreras à la Flèche, tu m'entends.

— Oh! fit Lise, pauvre petit!

— Laisse-moi faire, reprit le colonel; j'ai obtenu, non sans peine, qu'il y entrerait sans examen. Il le fallait bien ainsi, car il eût été incapable de le passer. C'est Lamoricière avec Cavaignac qui m'ont obtenu cette faveur.

— Qu'est-ce que c'est que cela la Flèche? interrompit Pierrot.

— C'est une École Militaire où l'on n'admet que les enfants de soldats! Comme ton père est mort en colonisant en Algérie et qu'un colon, au début d'une conquête comme celle-là, c'est presque un soldat, on a fait une exception pour toi. — Je rentrerai de mon voyage à peu près à temps pour t'y conduire moi-même.

— Et il faut travailler là-dedans?

— Certainement.

— Avec des cahiers... et des livres... et des plumes?

— Avec tout cela et aussi avec tes bras et tes jambes, car on fait de la gymnastique, de l'escrime, de la boxe, du bâton et du maniement d'armes; tu te battras toute la journée avec tes camarades si ça te fait plaisir.

— Bien sûr que je me battrai, déclara Pierrot.

— Tu feras bien : tu recevras de bonnes piles et ça te formera le caractère, mon garçon.

Et sur cette assurance, le colonel avait une dernière fois embrassé sa femme et Lucienne.

— Est-ce que vous allez voir le capitaine Henri? demanda encore Pierrot.

— Peut être : as-tu peur que je lui dise que tu ne veux rien faire de bon à la Flèche?

— Non, mais vous lui demanderez s'il veut que j'entre dans cette école-là. S'il dit oui et s'il me promet de m'emmener après avec lui, j'entrerai.

— C'est encore bien heureux.

— Et puis, je veux vous embrasser bien fort pour lui : voulez-vous?

— Certainement, mauvais diable : allons, tu es meilleur que tu n'en as l'air.

Avant de partir, le colonel avait écrit à ses deux fils la lettre que vous connaissez.

C'était un voyage de six à huit mois qu'il entreprenait là, car le globe n'était pas, comme aujourd'hui, sillonné dans tous les sens par des paquebots à grande vitesse, et le vieux soldat n'avait même que des notions très imparfaites sur l'itinéraire à suivre. Il savait seulement que des départs à peu près réguliers avaient lieu de Portsmouth pour la colonie anglaise du Cap et que les bâtiments qui effectuaient ce long voyage relâchaient à Sainte-Hélène.

Si vous prenez une carte du monde, vous verrez en effet, mes enfants, que cette île, aujourd'hui célèbre à l'égal des pays les plus fameux, est perdue au milieu de l'Océan Atlantique, à deux mille kilomètres de la côte d'Afrique la plus rapprochée et à trois mille lieues de France.

Le 16 mars 1840, le colonel Cardignac débarquait à Portsmouth. Il y revoyait, avec une indicible émotion, la ligne des pontons qui avaient servi de prison, pendant de longues années, à des milliers de Français, et au milieu d'eux le *Protée*, d'où il s'était évadé avec son ami Haradec en 1802. Mais il s'était condamné au mutisme absolu, de peur de se laisser aller, dans ce pays qu'il exécrait, à quelque violence susceptible d'entraver son projet, et le 24 mars, il prenait passage à bord du *Dolphin*, brick anglais chargé de machines agricoles à destination du Cap.

Je ne vous parlerai pas, mes enfants, de cette longue traversée et des idées lugubres qui hantèrent, pendant ces jours monotones, le cœur du vieil officier : le 2 avril, le *Dolphin* relâchait à Madère et y séjournait trois jours; le 11, il franchissait les tropiques, et le 7 mai, il passait l'Équateur.

Vous avez certainement entendu parler des plaisanteries qui accompagnent ce que l'on appelle le *passage de la ligne* : les marins et les passagers qui franchissent pour la première fois cette circonférence virtuelle, qui limite le grand cercle perpendiculaire à la ligne des pôles, sont, qu'ils le veuillent ou non, plongés dans un bain froid ou inondés d'eau par les pompes d'arrosage.

Mais déjà le colonel Cardignac était connu à bord : son regard impérieux, sa rosette rouge, son silence plein de dignité ôtèrent aux marins anglais toute idée de plaisanter à son sujet, et, comme Napoléon lui-même l'avait fait vingt-cinq ans auparavant, il se délivra de ce baptême obligatoire par le don de quelques louis à l'ordinaire de l'équipage.

Dans l'état actuel de l'art nautique, il fallait, après avoir longé la côte d'Afrique, se laisser porter par les *vents alizés* jusque dans le voisinage des côtes américaines, puis, des rivages du Brésil, remonter sur Sainte-Hélène, avec le vent d'Ouest.

Mais les semaines de navigation succédèrent aux semaines; une tempête obligea le *Dolphin* à relâcher à Rio-de-Janeiro; de là, il dut longer les côtes de l'Amérique du Sud, et décrivant finalement un vaste cercle autour de Sainte-Hélène, il arriva au Cap le 16 juillet, ayant manqué l'île à l'aller.

Le colonel séjourna près de deux mois dans cette colonie anglaise, rongeant son frein, sombre et taciturne; enfin il reprit passage sur le même bâtiment, le 12 septembre, et, après quatre autres semaines d'une navigation souvent contrariée par des calmes plats, il aperçut enfin un soir, au coucher du soleil, une tache sombre et vaporeuse émergeant des flots.

Au même moment, le matelot de vigie cria : *Terre*, et le colonel Cardignac sentit son cœur battre à coups précipités.

La masse noirâtre entrevue se précisa : c'était le pic de Diane qui domine l'île de Sainte-Hélène.

Cette nuit-là, Jean Cardignac la passa accoudé sur le bastingage.

Le lendemain matin, 11 octobre, le *Dolphin* entrait en rade de James-Town.

Une surprise indicible y attendait le colonel : deux vaisseaux, battant pavillon français, étaient à l'ancre dans le port; ils étaient arrivés trois jours auparavant. L'un était la *Belle Poule*, superbe frégate de soixante canons, commandée par le prince de Joinville, fils du roi Louis-Philippe; l'autre était la *Favorite*, corvette de vingt-quatre canons, commandée par le commandant Guyet.

Quelques heures après, le colonel apprenait que le prince venait officiellement, au nom du gouvernement français, chercher le corps de Napoléon.

L'Angleterre, en effet, s'était ravisée. Par une note de Lord Palmerston, elle avait consenti à restituer à la France les restes mortels de son Empereur « en priant la nation française de considérer cette concession — tel était le « texte de la note — comme un témoignage du désir de S. M. Britannique « d'éteindre *à jamais* les animosités nationales qui avaient maintenu les « deux pays en armes pendant de longues années ».

Comme il serait à souhaiter, mes enfants, qu'à l'heure où j'écris ces lignes, S. M. Britannique soit encore animée « du désir d'éteindre les animosités nationales » ou plutôt d'éviter les provocations susceptibles de les faire renaître!

Elle nous éviterait des humiliations comme celle de Fachoda, dont le souvenir tout récent étreint tous les cœurs français, et que je vous raconterai plus tard, quand nous en serons à cette date de notre histoire contemporaine.

Elle se dirait qu'on ne blesse pas impunément un grand peuple, qui puise dans son passé le droit de porter haut la tête, et qui a plus souvent versé son sang pour une question de gloire que pour une affaire d'intérêt.

Mais le progrès, tel que l'entendent certains hommes d'aujourd'hui, veut, paraît-il, que la politique, ce vilain mot que je vous souhaite de connaître le plus tard possible, ne s'inspire plus que de *l'intérêt* seul; et il n'y a plus guère en Europe que notre cher pays de France pour connaître encore les enthousiasmes généreux et désintéressés.

Ne le regrettons pas, mes enfants! Vous qui êtes la France de demain, conservez les nobles traditions du pays de Jeanne d'Arc, de Bayard et de Napoléon. Estimez-vous heureux d'appartenir à une nation qui, restée rebelle au culte exclusif de l'argent, se passionne encore pour ce grand mot : l'honneur, et pour cette chose sacrée : le drapeau !

En foulant cette terre qu'il était venu chercher de si loin, le colonel Cardignac frémit de la tête aux pieds. Pendant quelques minutes, l'émotion lui coupa les jambes, et il resta sur le quai, incapable de faire un pas.

La traversée d'ailleurs l'avait encore affaibli, en l'empêchant de prendre l'exercice qui était indispensable à sa santé ; mais avec son énergie ordinaire, il ne voulut pas remettre au lendemain son pieux pèlerinage. Appuyé sur sa canne, il franchit le pont-levis, la porte de la ville, demanda son chemin à un milicien du corps de garde, et, en sortant de James-Town, s'engagea dans une petite vallée assez riante, ancien lit par où s'écoulaient les laves du cratère de Diane, à l'époque des éruptions.

C'était au sommet de cette vallée, il le savait par les récits du grand Maréchal Bertrand, que se trouvait, à huit kilomètres environ, le Tombeau de l'Empereur.

Mais, après vingt minutes de marche, il fut obligé de s'arrêter, ses jambes lui refusant tout service.

Il avisa un petit pavillon caché dans la verdure, entra, et son émotion redoubla lorsqu'il apprit du vieillard qui l'habitait, sir Balcombe, que c'était là le cottage de *Briars*, où Napoléon avait vécu pendant deux mois, à son arrivée dans l'île, en attendant l'aménagement de la ferme de *Longwood*.

— Vous êtes Français, Monsieur, ancien officier, sans doute ?

Jean Cardignac déclina son nom et ses titres, et le vieillard s'inclina avec une parfaite correction.

— Le motif qui vous amène est le plus respectable qui soit, dit-il, soyez le bienvenu dans cette maison. Voici la pièce, l'unique pièce où l'Empereur dormait, mangeait et travaillait. Je ne m'en cache nullement ; j'ai toujours rougi pour mon pays que *Plantation-House*, la demeure luxueuse et confortable du gouverneur, n'eût pas été mise à la disposition de l'illustre captif ; il n'y eût pas contracté les germes de la maladie qui l'a emporté, et Hudson Lowe, que j'ai connu, ne serait peut-être pas un objet de mépris pour l'univers civilisé et pour ses concitoyens eux-mêmes.

Puis il appela :

— Mary !

Une femme d'une quarantaine d'années, à la physionomie très jeune, à la taille élégante, aux cheveux d'un blond cendré, accourut, venant du jardin.

— Ma fille, dit le vieillard, je vous présente un ancien colonel de la Garde de l'Empereur Napoléon; il vient de faire un voyage de plusieurs mois pour prier sur sa tombe, il est notre hôte. Veuillez lui servir de guide jusqu'à la vallée du Tombeau.

— J'allais y monter pour y porter ces fleurs, père, répondit-elle; j'accompagnerai le colonel.

Elle alla chercher une gerbe de fleurs blanches, provenant d'un acacia odorant qui poussait dans les parties basses de l'île, et tous deux prirent ensemble le chemin qui conduisait au pied du pic de Diane.

Tout en marchant, Jean Cardignac apprit de sa compagne que, pendant les deux mois passés à *Briars*, Napoléon s'était montré le plus doux et le meilleur des hommes.

— Il avait une patience étonnante, dit-elle; ma jeune sœur, qui est morte depuis, et moi, nous l'importunions de nos questions, souvent bien insignifiantes; il y répondait toujours avec une extrême bonté. Il aimait aussi à nous interroger sur nos travaux, et je me souviens qu'un jour, nous voyant étudier la géographie, il nous demanda successivement les noms des principales capitales de l'Europe : Vienne, Berlin, Constantinople, Madrid, etc.; quand il arriva à la Russie, je ne pus m'empêcher de rougir en répondant : Saint-Pétersbourg. Il s'en aperçut et me pressa de lui en donner la raison.

— C'est que, lui dis-je en hésitant, l'ancienne capitale n'était pas celle-là.

— Certainement, fit-il, c'était Moscou; mais pourquoi n'est-ce plus Moscou?

Mon embarras augmentait; je dus toutefois me décider à répondre.

— Parce que votre Majesté l'a brûlée!

Il eut un mouvement brusque aussitôt réprimé.

— C'est dans votre histoire anglaise, que vous avez appris cela? dit-il; veuillez la montrer à M. de Las Cases.

Ce compagnon de captivité de Napoléon connaissait l'anglais; il traduisit à l'Empereur le passage de la campagne de 1812, où il était dit que Napoléon, plus barbare que Tamerlan, avait mis la Russie à feu et à sang, brûlé sa capitale, et achevé les blessés à la Moskowa.

— Voilà, dit l'Empereur avec amertume en me rendant le livre quand il eut fini, voilà comment les Anglais écrivent l'histoire de France et essayent de salir ma gloire; mais on ne force pas impunément la vérité.

« Et tranquillement, il m'expliqua que c'étaient les Russes eux-mêmes qui avaient mis le feu à leur ville pour l'obliger à la retraite. C'est bien vrai, n'est-ce pas, monsieur le colonel ?...

— Si c'est vrai ! s'écria Jean Cardignac ; mais j'y étais, à Moscou, et j'ai failli y rôtir avec mon ordonnance et mes chevaux. Ce furent des forçats russes qui, mis en liberté par le gouverneur, incendièrent méthodiquement chacun des quartiers de la ville.

Tout en causant, ils étaient arrivés sur un plateau dénudé où végétaient quelques arbres à gomme, entourant une espèce de ferme aux toitures à demi effondrées.

— *Longwood!* dit miss Mary.

Longwood, cet amas de masures ! Longwood, la demeure de l'Empereur pendant plus de cinq ans !

Le cœur de Jean Cardignac se contracta lugubrement.

Remettant à l'après-midi sa visite au tombeau, il pria miss Balcombe de l'accompagner d'abord à Longwood, ce à quoi elle acquiesça tout de suite.

La première pièce dans laquelle ils entrèrent était dénudée, couverte de noms et d'inscriptions; tout y portait l'empreinte de l'abandon et du délaissement le plus complet.

— C'est dans la pièce voisine qu'*il* est mort, dit miss Mary à voix basse. C'est l'ancien salon.

Tête nue, le colonel Cardignac y entra, le cœur rempli d'une religieuse émotion.

O honte ! cette pièce, à laquelle le souvenir d'une telle mort eût dû imprimer à jamais un caractère sacré, était dans un état de malpropreté repoussante : le centre en était occupé par un sale moulin à blé, le plafond avait été détruit pour lui faire place ; le plancher était à moitié pourri ; les fenêtres avaient disparu, la porte ne tenait plus que par un de ses gonds (1).

La compagne du colonel, gênée par tout ce qu'elle devinait d'indigna-

---

(1) Tous ces détails et ceux qui suivent au sujet de l'exhumation de l'Empereur, sont rigoureusement authentiques, car ils proviennent du journal tenu à bord de la *Belle Poule* par le comte de Las Cases.

Longuement, le colonel Cardignac contempla ces lieux...

tion dans le cœur de l'ancien soldat de l'Empereur, gardait le silence; soudain, des pas se firent entendre; un jeune homme à la mine fière, aux yeux bleus, au regard assuré, entra dans la pièce : il était tête nue et portait l'uniforme de capitaine de vaisseau. Plusieurs officiers entrèrent derrière lui.

Son visage refléta aussitôt l'impression qui venait de se peindre sur celui du colonel; il y eut un silence, silence gênant, surtout pour les officiers anglais qui suivaient.

Jean Cardignac avait deviné plutôt que reconnu le Prince de Joinville.

Il s'inclina respectueusement.

— Vous habitez à l'étranger, monsieur? demanda le commandant de la *Belle Poule*.

A cette question, qui prouvait combien le Prince était loin de deviner les motifs qui avaient provoqué ce long voyage, le colonel Cardignac répondit par un bref exposé des faits que nous connaissons.

Le Prince de Joinville tendit alors la main au vieil officier, et se tournant vers sa suite :

— Heureux et grand, l'homme qui est l'objet d'un pareil culte! dit-il.

Mais en levant les yeux, le colonel venait de reconnaître, parmi les Français qui accompagnaient le fils du Roi, le lieutenant-général Bertrand.

Le Grand Maréchal du Palais avait, de son côté, reconnu le vaillant à qui il avait raconté, quinze ans auparavant, les derniers moments de l'Empereur, et s'était précipité vers lui.

Les deux fidèles de la religion impériale s'étreignirent silencieusement, puis le Grand Maréchal dit à voix basse :

— Viendrez-vous à l'exhumation?

— Certes, si vous voulez bien en demander pour moi l'autorisation au Prince.

— Elle est accordée d'avance! C'est pour demain soir. Nous commençons de nuit parce que le travail sera long, et nous mettons à la voile le jour suivant.

— Oh! fit à voix basse le colonel Cardignac, si je pouvais retourner en France avec vous!

— Je ne puis vous le promettre, mais je le demanderai.

— Merci!

Cependant le Prince de Joinville parcourait lentement l'étroite pièce.

— C'est là qu'*il* était couché, dit le Grand Maréchal, répondant à ses intimes pensées... la tête tournée de ce côté... Il reposait sur un lit de camp en fer. Vis-à-vis, à cette place, était un buste, et là, un portrait du roi de Rome!...

Dans la pièce suivante, ce fut bien pis encore; on trouva des bestiaux, et la gêne des officiers anglais devint telle qu'ils s'éclipsèrent.

Le baron de Las Cases traduisit alors l'impression de tous :

— Si on voulait anéantir ces témoins muets et pourtant éloquents d'actes barbares, dit-il, il fallait jeter bas ces murs et non pas les salir !

— Je vous présente mon fils, dit le Grand Maréchal au colonel Cardignac lorsqu'ils furent sortis de Longwood.

C'était un jeune homme de vingt-deux ans, aux traits fins, à la figure douce et au regard profond.

— Il est né à Sainte-Hélène, ajouta le Grand Maréchal, et l'Empereur a été son parrain.

— Vous êtes le filleul de Napoléon? interrogea Cardignac.

— Oui, mon colonel.

— Alors, c'est comme si vous étiez le frère de mes enfants, car tous deux sont aussi les filleuls du grand homme. Laissez-moi vous embrasser, mon enfant.

— Oh! de tout cœur, mon colonel.

Et, sur la joue du vieux soldat, une grosse larme roula.

Le colonel Cardignac prit congé du cortège officiel. Il voulait être seul pour arriver au tombeau de l'Empereur.

Deux milles anglais séparaient Longwood du vallon retiré où Napoléon dormait depuis vingt ans son dernier sommeil; le colonel dut s'appuyer sur le bras de son guide pour arriver jusqu'au bord.

Enfin, au pied de la montagne, de maigres arbres, des pins, quelques saules apparurent.

— C'est là, dit miss Mary.

Le regard fixe, le colonel fit le salut militaire, se découvrit et mit un genou en terre. Dix fois, il crut qu'il allait défaillir, et dix fois sa volonté le soutint.

Longuement il contempla ces lieux où son imagination l'avait transporté si souvent.

Le tombeau de Napoléon était d'une extrême simplicité: il se composait de trois dalles déjà noircies par les vents humides de ces régions et ne dépassant guère le niveau du sol.

Une grille de fer sans porte les entourait: des deux saules pleureurs qui autrefois ombrageaient la tombe, un seul vivait encore.

Des pensées et des fleurs, jadis plantées par la comtesse Bertrand, rien ne subsistait; mais la femme du gouverneur anglais, qui avait succédé à Hudson Lowe, avait planté une trentaine de cyprès.

Une enceinte irrégulière les entourait, constituée par un grillage en bois percé d'une porte. Près de cette porte, une guérite était occupée par un vétéran anglais, gardien du tombeau.

Vous dire, mes enfants, quelles pensées agitèrent le cœur du vieux soldat de l'Empire pendant la longue méditation qu'il fit ce jour-là, sur ce coin de terre, but de son long voyage, vous énumérer les évocations du passé qui surgirent dans son âme remplie d'une mystérieuse émotion, serait vous raconter de nouveau les péripéties d'une existence que vous connaissez déjà.

Il contemplait les dalles noires! Rien n'y était écrit et pourtant il ne pouvait en détacher ses regards...

Rien n'y était écrit, car, lorsque les compagnons de captivité de l'Empereur avaient voulu graver sur la pierre cette simple inscription :

NAPOLÉON

Hudson Lowe s'y était opposé, alléguant qu'il ne connaissait pas sous ce nom l'homme qui venait de mourir, que son seul titre était celui de *général* et son seul nom celui de *Bonaparte*.

Le misérable bourreau n'ignorait pas pourtant que ce nom avait été acclamé par une nation de trente millions d'hommes, reconnu par tous les souverains de l'Europe, consacré par une fortune sans exemple et immortalisé par le génie. L'histoire le donnait déjà à l'Empereur vivant : Hudson Lowe, lui, le refusa à l'Empereur mort.

Mais comme la bassesse de caractère a toujours engendré le mépris des hommes, il se trouva que le geôlier du héros, à son retour en Angleterre, se heurta à la réprobation de ses compatriotes eux-mêmes.

De plus, ayant reçu, en 1822, du comte de Las Cases, un coup de cravache en pleine figure, c'est-à-dire l'insulte la plus sanglante qui fût, et n'en ayant demandé réparation qu'à la justice anglaise, il s'était vu expulser honteusement du Club militaire, de la Garde royale où il servait et de son régiment, par le corps d'officiers.

La nuit descendait sur l'île quand le colonel Cardignac se décida à obéir aux prières de miss Mary Balcombe et à redescendre à Briars. Il ne put aller plus loin et regagner James-Town.

Son hôte, effrayé de la décomposition de ses traits et de son état de fatigue, lui offrit l'hospitalité pour la nuit, et le colonel tomba plutôt qu'il ne s'étendit sur le lit qui lui fut dressé.

Pendant toute la nuit et la journée qui suivit, une fièvre assez forte, mêlée de cauchemars et d'hallucinations, s'empara de lui. Mais quand le soir arriva, et comme si sa volonté puissante eût accompli un nouveau prodige, il se leva, prit congé de ses hôtes malgré leurs prières, et, d'un pas ferme, se dirigea vers la vallée du Tombeau. Il n'avait pas oublié la recommandation du Grand Maréchal : le travail devait commencer de bonne heure.

Il arriva le premier; seul un détachement de soldats du génie anglais, sous les ordres du capitaine Alexander, commissaire officiel britannique, attendait. Une pluie fine tombait sans discontinuer et la lune était voilée. Le colonel Cardignac s'assit sur une pierre, devant la grille, la tête dans ses mains.

A 11 heures du soir, M. de Chabot, commissaire du Roi, arriva avec les anciens serviteurs de l'Empereur, les officiers de la *Belle Poule*, le baron Gourgaud et l'abbé Coquereau, aumônier de la frégate.

Le travail commença aussitôt à la lueur des torches : il fut long et pénible; car, les dalles enlevées ainsi que les cinq pieds de terre qu'elles recouvraient, les ouvriers rencontrèrent une maçonnerie très dure qu'il fallut enlever à la pioche et au ciseau : à cinq heures du matin seulement elle céda, et la dalle qui se trouvait au-dessous ayant été enlevée à son tour, le cercueil en acajou apparut.

A sa vue, d'un mouvement spontané et unanime, tous les assistants se découvrirent.

Le colonel Cardignac haletant se pencha sur la fosse.

Il ne vit pas les honneurs funèbres rendus par l'équipage

Cependant la pluie était devenue très forte : les commissaires anglais et français allèrent revêtir leurs uniformes ; un cordon de soldats fut disposé de façon à éloigner les curieux qui ne devaient pas assister à l'exhumation.

A 9 heures, le cercueil de Napoléon était rendu à la lumière et transporté par douze soldats anglais dans une tente voisine.

L'acajou était à peine humide : les vis qui fermaient le couvercle étaient encore argentées. On scia ce couvercle, et le cercueil de plomb qu'il contenait apparut intact.

Il renfermait lui-même un troisième cercueil en acajou, en parfait état de conservation. On l'ouvrit et on en vit un quatrième en fer blanc : c'était le dernier.

Ce fut au milieu d'un religieux silence que les ouvriers soulevèrent la feuille supérieure de cette dernière enveloppe.

L'Empereur apparut.

Il était admirablement conservé et parfaitement reconnaissable, avec sa tête très grosse, son front large et élevé, ses lèvres petites, son menton vigoureusement dessiné. Les yeux étaient fermés et une partie des cils y adhéraient encore. La barbe un peu repoussée donnait au bas du visage une teinte bleuâtre prononcée.

— Oh, c'est lui, c'est bien lui ! murmura le colonel Cardignac, les tempes battantes et la gorge serrée.

Napoléon était revêtu de l'uniforme de colonel des chasseurs de la Garde ; son chapeau, placé obliquement sur ses jambes, s'était affaissé, mais était intact. La plaque de la Légion d'Honneur et celle de la Couronne de Fer qu'il portait sur sa poitrine étaient noircies ; mais les épaulettes en or n'étaient que légèrement brunies. Le grand cordon de la Légion d'Honneur, sortant de dessous l'habit vert, était aussi rouge que le premier jour. A ses pieds, un coffret d'argent contenait son cœur, un autre son estomac.

C'était bien Napoléon ; Napoléon privé de vie, mais non détruit ; et à la vue du Maître qu'ils avaient suivi partout aveuglément et qu'ils adoraient comme un Dieu, tous les Français présents éclatèrent en sanglots.

— Maintenant que je l'ai revu, je puis mourir, dit le colonel Cardignac à l'oreille du Maréchal Bertrand.

Une heure après, les restes de Napoléon étaient enfermés, avec les plus minutieuses précautions, dans un cercueil en plomb venu de France : sur la plaque qui le fermait se lisait en lettres d'or cette inscription :

NAPOLÉON

Empereur et Roi

Mort à Sainte-Hélène

le 5 Mai

MDCCCXXI

Le cercueil en plomb fut lui-même enfermé dans un sarcophage en ébène apporté de Paris, et le tout ayant été hissé sur un char funèbre, le cortège se dirigea vers le port, encadré de troupes et précédé de la musique des miliciens volontaires de l'île.

M. de Rohan Chabot, commissaire du Roi, conduisait le deuil.

Au débarcadère, le prince de Joinville attendait, sous le pavillon national, la dépouille mortelle de celui qui avait été l'Empereur des Français, et le reçut au nom de la France.

A ce moment, de la *Belle Poule* et de la *Favorite*, partirent, sans discontinuer, des salves d'artillerie, pendant que les forts anglais tiraient vingt et un coups de canon.

Le colonel Cardignac, réunissant tout ce qui lui restait de forces, avait pu parcourir ce long trajet, appuyé sur le bras du jeune Arthur Bertrand.

Mais quand le cercueil eut été descendu dans la chaloupe du prince de Joinville, et que le drapeau de soie aux trois couleurs, figurant le pavillon impérial, eut été hissé, le vieillard atteignit l'extrême limite de ses forces; tout tourna autour de lui, et, avant que le fils du Grand Maréchal eût pu le retenir, il s'abattit sur le quai comme une masse inerte.

Le Grand Maréchal avait vu l'événement; il parla à voix basse au commandant Guyet, de la corvette la *Favorite*, et ce dernier, faisant aussitôt signe à deux marins, le colonel Cardignac fut transporté dans l'un des canots de la corvette. Une demi-heure après, il était à bord de ce bâtiment, en proie à une fièvre ardente.

Il n'entendit pas les tambours et les clairons sonner aux champs, lorsque le cercueil fut hissé sur le pont de la *Belle Poule;* il ne vit pas les honneurs funèbres rendus par l'équipage; il ne put, comme les officiers présents, monter la garde à son tour dans la chapelle ardente, au milieu des faisceaux de drapeaux, pendant la longue traversée.

Mais aussi il n'eut pas à partager les angoisses de ces vaillants qui, à peine en mer, apprirent qu'à la suite des événements d'Orient, la guerre était imminente entre la France et l'Angleterre, et qui durent, par suite, se tenir sur un perpétuel branle-bas de combat, pour s'apprêter à défendre le précieux dépôt dont ils avaient la garde, et, s'il le fallait, s'ensevelir avec lui sous les flots.

C'était le 15 octobre 1815 que Napoléon, prisonnier, était arrivé à Sainte-Hélène; ce fut le 15 octobre 1840 qu'il quitta la rade de Sainte-Hélène pour rentrer triomphalement dans sa patrie.

Le 30 novembre, après une heureuse navigation de quarante-cinq jours, la *Belle Poule* entrait en rade de Cherbourg, et le cercueil de l'Empereur était transbordé sur un bâtiment de faible tirant d'eau, qui, par la Seine, allait le ramener à Paris.

Si vous allez un jour visiter aux Invalides le Musée de l'Armée, mes enfants, vous y verrez le socle qui reçut, sur la *Belle Poule*, le cercueil de Napoléon.

Le colonel Cardignac, dont la fièvre était tombée, mais dont la faiblesse était extrême, fut hissé plutôt qu'il ne monta dans le coche de Paris. Il voulait y devancer son maître, revêtir son uniforme, et le recevoir, comme jadis, le sabre au côté, lorsque, de garde aux Tuileries, il commandait le piquet d'honneur.

Ce trajet en diligence de Cherbourg à Paris, il l'avait fait en 1802, au sortir des pontons anglais : il était jeune alors, plein de feu, voyant l'avenir en rose!

Quand il arriva à Paris, sa robuste nature était terrassée : ce dur trajet, sur des routes souvent pavées, dans ces coffres grinçants et trépidants qu'étaient les diligences d'alors, l'avait achevé, et, en le revoyant, livide, les traits émaciés, le dos voûté, les mains tremblantes, la bonne et tendre Lise poussa un cri de détresse et l'entoura de ses bras.

Mais l'œil du vieux soldat brillait encore d'une flamme intense, car ses enthousiasmes d'autrefois venaient d'emprunter aux émotions de Sainte-Hélène un renouveau de chaleur et de vie.

Il embrassa tendrement sa compagne bien-aimée; puis, du ton autoritaire et affectueux à la fois dont il lui annonçait jadis son départ pour l'Autriche ou pour la Pologne :

— *IL* arrive, dit-il, prépare mon grand uniforme; je veux être des premiers derrière *lui* : c'est la place de la Garde.

— Mais dans l'état où tu es, mon pauvre Jean, tu n'auras jamais la force de suivre, dit-elle les mains jointes et les yeux suppliants.

Il se redressa et eut une flambée de volonté suprême.

— J'aurais fait huit mille lieues pour *Le* retrouver, et je ne pourrais parcourir les quelques kilomètres qui *Le* séparent de son dernier tombeau !... Allons donc!

Puis, l'œil interrogateur :

— Où va-t-on *Le* mettre? dit-il. J'espère qu'on ne va pas l'exiler à Saint-Denis? ce n'est pas sa place, à *Lui !*

— Non, dit-elle; et allant chercher le *Moniteur* qui relatait la séance du 12 mai à la Chambre des Députés :

— Tiens, lis.

Et le colonel Cardignac lut à haute voix et lentement l'éloquente péroraison du discours prononcé ce jour-là par M. de Rémusat, ministre de l'Intérieur.

« Les restes mortels de Napoléon seront déposés aux Invalides ; une
« cérémonie solennelle, une grande pompe religieuse et militaire, inaugu-
« reront le tombeau qui doit le garder à jamais.

« Il importe, en effet, à la majesté d'un tel souvenir, que cette sépulture
« auguste soit placée dans un lieu silencieux et sacré, où puissent la visiter,
« avec recueillement, tous ceux qui respectent la gloire et le génie, la
« grandeur et l'infortune.

« Il fut Empereur et Roi, il fut le souverain légitime de notre pays, il fut le
« premier Soldat de France. A ce titre, il faut qu'il règne et commande
« encore dans l'enceinte grandiose où vont se reposer les soldats mutilés de
« la Patrie, et où iront toujours s'inspirer ceux qui sont appelés à la défendre.

« Son épée sera déposée sur sa tombe.

« L'art élèvera sous le dôme, au milieu du temple consacré par la religion
« au Dieu des Armées, un tombeau digne, s'il se peut, du nom qui doit y
« être gravé. Ce monument devra avoir une beauté simple, des formes
« grandes, et cet aspect de solidité inébranlable qui semble braver l'action

On se montrait ce père, appuyé sur ses deux fils.

« du temps. Il faudrait à Napoléon un monument durable comme sa
« mémoire. »

— C'est bien, dit le colonel en reposant le journal, ces paroles sont
celles qu'il fallait dire. Je vais prendre des forces, et quand le jour sera venu,
je serai prêt.

Mais une grande joie lui était réservée. Trois jours après, Jean et Henri
firent irruption dans la maison, arrivant d'Afrique.

Ils connaissaient le vœu de leur père, avaient appris l'arrivée des Cendres
de leur illustre parrain, et pris à temps un bateau pour Port-Vendres.

Mais l'explosion de leur joie s'éteignit et leur sourire se glaça en revoyant
le vieillard qu'ils avaient laissé encore vert et ingambe, tout brisé et comme
penché vers la tombe; en vain voulurent-ils lui cacher leur lugubre impression : il la lut dans leur changement d'attitude et dans leurs réflexions à voix
basse; mais il n'était pas homme à se faire illusion et il avait vu trop souvent
la mort en face pour la craindre.

Répondant à leurs secrètes anxiétés :

— Parlez haut, mes enfants, leur dit-il, et soyez tranquilles : je serai sur
pied ce jour-là. Appuyé sur vous deux, je pourrai encore aller loin. Après!...
à la grâce de Dieu!...

Enfin le grand jour arriva et Paris tout entier, ému, recueilli, se leva pour
saluer une dernière fois Napoléon.

Je ne vous peindrai pas, mes enfants, l'affluence énorme des curieux, la
magnificence des ornements du cercueil, les vingt chevaux caparaçonnés
d'argent qui le traînaient, la splendeur du manteau impérial flottant au vent,
la pompe extraordinaire du cortège, en un mot l'inoubliable manifestation
de Paris et de la France.

Ce sont des spectacles qui ne se présentent qu'une fois dans le cours de
dix siècles, parce qu'il ne surgit pas tous les mille ans un homme assez grand
pendant sa vie, assez auguste après la mort pour les provoquer.

Et ils honorent autant le peuple qui les conçoit que la mémoire qu'ils
contribuent à immortaliser.

Mais si, du haut de sa demeure dernière, le Grand Homme suivit le déroulement du cortège que formait tout un peuple ému, recueilli, vibrant, si son
âme put encore être remuée par ces manifestations d'un amour que la mort

n'avait fait qu'épurer, certes, il dut remarquer, au milieu de la foule de ses fidèles, de ses anciens compagnons d'armes, de ces débris de la vieille armée, le colonel du 1er régiment de la Garde.

Il était là, tout blanc, courbé, mais superbe sous son haut bonnet à poil : il portait l'uniforme qu'il avait à Waterloo ! Sur sa poitrine brillait, à l'effigie impériale, la croix payée de son sang dans vingt batailles ; il tenait fébrilement d'une main son sabre, trop lourd désormais, et de l'autre bras s'appuyait sur son Henri dont la brillante tenue de capitaine des spahis et le burnous rouge attiraient tous les regards.

Jean, placé du côté opposé, le soutenait quand il le voyait faiblir. Il portait lui-même, avec une grande distinction, l'uniforme sévère de capitaine d'artillerie.

Et je vous assure qu'il était touchant, et digne du pinceau d'un David ou d'un Delacroix, ce tableau d'un soldat, couronnant par cet effort suprême une vie d'honneur et de fatigues, prêt à partir pour rejoindre son Empereur, mais renaissant dans ces deux beaux jeunes gens qui soutenaient ses derniers pas.

Au milieu de ces uniformes variés, appartenant à toutes les armes et qui semblaient détachés du socle de la Colonne d'airain, fondue avec les canons ennemis, on se montrait ce père appuyé sur ses deux fils, et ceux qui les reconnaissaient disaient aux autres :

— C'est le colonel du 1er régiment de grenadiers de la Garde, et ses deux fils sont les filleuls de Napoléon.

Marchant immédiatement derrière le char funèbre, le colonel Cardignac atteignit enfin les Invalides, et précédant, avec tous les vétérans de l'Empire, le cercueil porté à bras, il franchit la grille de la cour d'honneur.

Les soldats invalides formaient la haie ; tous ou presque tous étaient des mutilés des grandes guerres de l'Épopée, et leurs yeux flamboyèrent lorsque, sous le manteau bleu parsemé d'abeilles d'or, ils virent s'approcher la dépouille de leur Empereur. C'était à eux qu'on en confiait la garde, elle serait bien gardée.

Dans le cerveau de Jean Cardignac, parmi les idées qui tourbillonnaient, un souvenir se précisa. C'était là qu'il était venu, il y avait de cela près de quarante ans, pour faire la surprise à son vieil ami La Ramée de sa première épaulette.

Et ses enfants, à leur tour, se souvinrent. C'était dans ce jardin, près des grandes couleuvrines de l'entrée, qu'ils avaient si souvent joué au soldat avec leur aïeul, le tambour-maître Belle-Rose, tué à la barrière de Clichy, en 1814, avec La Ramée.

Le colonel Cardignac ne marchait plus qu'avec une extrême difficulté. Il dut s'arrêter au pied du grand escalier et laissa passer le cortège ; il était d'une pâleur de cire et de grosses gouttes de sueur perlaient sous son lourd bonnet à poil.

— Montons, dit-il enfin.

Toujours soutenu, presque porté, il pénétra sous le dôme où avait été creusée la crypte circulaire qui allait recevoir la dépouille du César moderne, et, d'un dernier effort, il atteignit la rampe de marbre qui la bordait.

Les hauts dignitaires de l'État, députés, généraux, magistrats, entouraient en foule pressée, chamarrée, brillante, le réduit sacré ; mais un passage s'ouvrit parmi eux, comme par enchantement, pour le groupe touchant qui symbolisait si bien l'union de l'ancienne et de la nouvelle armée.

Les yeux troubles, le colonel Cardignac se pencha, et Henri lui lut l'inscription qui dominait les deux génies de bronze veillant à l'entrée du tombeau :

Je désire que mon corps repose sur les bords de la Seine, au milieu de ce peuple français que j'ai tant aimé !

Puis, Jean lui montra la couronne de lauriers qui entourait le catafalque et lui lut les noms de batailles qui l'entouraient :

Arcole, Rivoli, les Pyramides, Austerlitz, Iéna, Wagram, La Moskowa !...

Après son fils, le vieux soldat répéta les noms immortels, et après chacun d'eux, comme s'il eût fouillé dans un passé qui s'obscurcissait de plus en plus :

— J'y étais ! dit-il, j'y étais !

Enfin il releva la tête et reconnut, suspendus aux voûtes, ceux qui restaient des drapeaux jadis conquis par la Grande Armée sur toutes les armées de l'Europe.

Ce fut son dernier effort, son regard chavira et s'éteignit ; il serait tombé tout d'une pièce si ses fils, qui à chaque minute s'attendaient à ce dénouement, ne l'eussent pris dans leurs bras.

Pieusement, à travers la foule qui s'ouvrit de nouveau, ils l'emportèrent au dehors.

Les chants funèbres emplissaient la vaste coupole, mêlés aux harmonies des orgues et aux sonorités des cuivres; l'encens fumait sur les hauts trépieds de bronze, des milliers de lumières faisaient scintiller les dorures et jetaient sur les parois de marbre des lueurs d'incendie. Tout près de là, dans le jardin, les vieux canons de bronze qui avaient si souvent annoncé aux Parisiens les victoires du héros, tonnaient une dernière fois en l'honneur de son puissant génie; une foule immense emplissait les avenues et les places, couvrait de grappes humaines les maisons et les monuments.

L'Archevêque de Paris bénissait le corps de Celui qui avait été sacré par le chef de la chrétienté, et le cercueil de Napoléon, descendu dans la crypte, trouvait enfin au cœur de Paris le repos suprême.

Et pendant que s'achevait l'inoubliable cérémonie du Retour des cendres, le colonel Cardignac, transporté en toute hâte dans sa petite maison de Saint-Cyr, se mourait, entouré de tous les siens.

Vers le soir, il reprit connaissance, fit d'une voix tranquille à sa femme ses dernières recommandations et reçut la visite de l'abbé Coquereau, aumônier de la *Belle Poule,* qui était venu le voir maintes fois sur la *Favorite,* pendant le voyage de retour de Sainte-Hélène.

— Je vais aller *Le* rejoindre, dit-il au vieux prêtre; Dieu ne peut pas me refuser cela!

Il demanda alors sa croix dont il baisa l'effigie et le ruban rouge, puis, posant sa main tremblante sur la tête de ses deux fils, agenouillés au pied du lit, il leur donna sa bénédiction, en leur répétant la phrase qu'il avait reçue lui-même des lèvres du colonel Bernadieu mourant :

— Vivez dans l'honneur!

Honneur! ce fut le dernier mot que prononça celui qui avait été *Jean Tapin.*

Le culte de l'honneur, l'amour de la patrie, la fidélité à Napoléon avaient rempli toute sa vie; il pouvait la léguer en exemple à ses enfants.

Il expira un peu avant minuit, comme si la destinée eût voulu que ce grand jour, consacré par la France à la glorification de l'Empereur, fût en même temps le dernier jour du plus fidèle des soldats de l'Empire.

CHAPITRE X

PIERROT A LA FLÈCHE

Un malheur n'arrive jamais seul, dit le proverbe.

Hélas! le proverbe a parfois raison, et la disparition du colonel Cardignac devait frapper à mort la digne compagne de sa vie.

L'affection de Lise et de Jean, née pour ainsi dire dans la fumée d'une bataille, s'était, au cours des grandes guerres de l'Empire, renforcée encore par la communauté des émotions partagées.

Ces deux cœurs s'étaient alors si intimement soudés l'un à l'autre, qu'en touchant l'un, la mort devait fatalement frapper les deux, et c'est bien, hélas! ce qui arriva.

Le désespoir de Lise fut irrémédiable.

Ni l'affection de ses enfants, ni les soins de Lucienne, ne purent avoir raison de la morne tristesse qui envahit la pauvre femme.

Elle s'étiola, vieillit et s'affaiblit avec une désolante rapidité. Finalement, dans les premiers jours d'avril 1841, elle partit, la bonne Lise, pour rejoindre là-haut son Jean.

Elle s'éteignit doucement, sans souffrance, entre les bras de ses deux fils; car Jean et Henri avaient tous deux quitté l'armée d'Afrique, après la mort du colonel, pour se rapprocher de leur mère.

Ce n'avait pas été du reste sans regret, surtout pour Henri qui laissait derrière lui dix belles années de guerre et aussi ce beau régiment des spahis qu'il avait vu naître.

Quant à Jean, de tempérament moins ardent, s'il regretta l'imprévu des campagnes d'Afrique, il éprouva, en revenant en France, une joie véritable à se rapprocher de ses études scientifiques, que la guerre avait forcément, sinon interrompues, du moins retardées.

Néanmoins ce retour constituait, pour les deux frères, un pieux devoir envers leur mère, et ils l'avaient rempli sans hésitation en entendant sa douloureuse prière :

— Ne me laissez plus seule, mes chers enfants, avait-elle dit ; car je veux vous avoir auprès de moi lorsque Dieu m'appellera pour me conduire près de votre père.

Et doucement elle avait ajouté :

— Vous n'attendrez pas longtemps !...

La pauvre femme ne s'était pas trompée !...

Jean, décoré par Bugeaud à son départ d'Algérie, avait été, sur sa demande, attaché comme capitaine au Bureau des Inventions, au Ministère de la Guerre ; et il allait en voir passer des inventions, à cette heure où surgissaient les premières applications sérieuses de ces deux forces qui ont bouleversé les anciennes civilisations : la vapeur et l'électricité.

Quant au capitaine Henri Cardignac, il troquait le spencer rouge contre la cuirasse d'acier poli, le képi contre le casque d'argent à crinière flottante. Notre ami passait, en effet, comme capitaine instructeur, au 9ᵉ cuirassiers, en garnison à Tours.

Ai-je besoin de vous dire, mes enfants, que Jean Cardignac, tout en entourant sa bonne mère des soins les plus tendres, s'était replongé avec ardeur dans ses recherches scientifiques, ses logarithmes et ses épures ?

Il avait repris ses anciennes relations avec l'ingénieur Normand, qui habitait Paris.

M. Normand avait recueilli chez lui une de ses nièces, la fille de son frère, orpheline et sans fortune.

Cette jeune fille, nommée Valentine, avait à cette époque vingt-huit ans. Ses cheveux, blond cendré, encadraient de leurs bandeaux ondulés son visage régulier, doux et grave, qu'éclairaient deux yeux bleus très profonds, très rêveurs.

Elle parlait peu, semblait, sinon triste, du moins très sérieuse ; et nul ne s'en étonnait, car elle avait perdu ses parents très jeune, et quelle gaieté

Je voudrais que tu fusses marié, dit Lise.

peut se refléter dans le regard d'un enfant qui n'a pas connu les caresses du foyer paternel? Quel sourire peut germer sur les lèvres d'une jeune fille privée des tendresses d'une mère, à l'heure où la mère devient en même temps une amie?

Au demeurant, Mlle Normand était une jeune fille accomplie, admirablement élevée, bonne musicienne, et presque savante, en ce sens que son esprit réfléchi l'avait amenée, sans effort, à s'intéresser aux travaux scientifiques de son oncle.

Du coup, l'ingénieur s'était mis à aimer sa nièce doublement : d'abord comme un père très tendre, et aussi comme un savant aime un élève préféré.

Bien mieux, il avait développé chez Valentine le goût des sciences, avait perfectionné chez elle les éléments de mathématiques que l'instruction élémentaire d'une jeune fille comporte; souvent même, il se faisait aider par sa nièce dans des calculs de détail, et comme Valentine dessinait avec goût, il lui confiait des lavis de dessin, ce qui était une joie pour elle.

On conçoit qu'un tel caractère, uni à de telles aptitudes, fût de nature à plaire à Jean Cardignac. Le capitaine était donc devenu très vite l'ami de Valentine qui, de son côté, se prit à vouer à l'officier une sincère affection.

Mme Cardignac, elle aussi, au cours des visites que l'ingénieur lui avait rendues, accompagné de sa nièce, s'était prise d'intérêt pour l'orpheline. Or, un soir de février, alors que déjà bien cassée, bien affaiblie, elle causait avec Jean, devant un grand feu pétillant :

— Mon enfant, lui dit-elle soudain, sais-tu à quoi je songe?

— Non, mère.

— Je voudrais, avant de m'en aller, que tu fusses marié.

— Comment cela, petite mère? fit Jean un peu surpris, mais souriant.

— Je sais bien, mon Jean, ce que tu vas me dire : que rien ne presse; que tu veux te consacrer à moi toute seule... Mais, mon enfant, l'un n'empêche pas l'autre, et, bien au contraire, je n'en serais que plus heureuse; car, si je viens à manquer, il ne faut pas oublier que nous avons charge d'âmes avec Lucienne et Pierrot.

— C'est vrai, petite mère.

— Eh bien, marie-toi! Tu me rendras bien heureuse.

Puis, après un silence :

— Je crois que Mlle Valentine Normand serait une jeune femme accomplie pour mon fils; n'est-ce pas ton avis, mon Jean?

Jean hésita; ses joues s'empourprèrent, et il murmura :

— J'y avais déjà pensé, ma bonne chère maman.

— Et je crois savoir, ajouta tout bas l'excellente femme, que mon Jean ne déplaît pas à Valentine.

C'est ainsi que les fiançailles des deux jeunes gens furent décidées.

Mais Lise n'eut pas, hélas! le temps de voir son désir réalisé : elle ne put qu'emporter dans la tombe l'assurance qu'il le serait après elle.

En effet, trois mois plus tard, en juillet 1841, le mariage avait lieu, dans la plus stricte intimité.

Ainsi l'arbre représentatif de la *Famille de Soldats* dont je vous raconte l'histoire, avait perdu ses rameaux les plus anciens avec Belle-Rose (1), Catherine, Jacques Bailly, Jean Tapin et Lison!... Mais du tronc toujours vigoureux jaillissaient deux rameaux pleins de vigueur, Henri et Jean Cardignac; et à son ombre, nourrie de ses racines, une jeune pousse sortait du sol, en la personne de Pierre Bertigny, dit Pierrot.

Après son mariage, Jean Cardignac quitta définitivement la petite maison de Saint-Cyr et vint habiter à Paris, rue Bellechasse. Ses travaux et son service l'exigeaient; ce fut dans sa demeure que Lucienne Bertigny retrouva l'intérieur que la mort de Lise lui enlevait.

Elle ne devait pas d'ailleurs y rester longtemps. Elle avait maintenant vingt ans et sa vocation religieuse s'était réveillée à la mort de sa mère adoptive : elle ne pouvait apercevoir la cornette d'une sœur de Saint-Vincent-de-Paul sans être reprise du désir d'entrer dans cet ordre admirable, sur le fronton duquel le mot *Sacrifice* a été gravé par la *Charité*.

Maintenant qu'elle n'avait plus personne à soigner, qu'elle pouvait se laisser vivre dans le bien-être et l'inaction, que son frère allait la quitter, à qui pouvait-elle se dévouer, sinon aux malades et aux déshérités de la vie; et que d'intimes satisfactions, inconnues du vulgaire, elle devinait dans ces cœurs de femme, qu'on s'imagine à tort glacés par la pratique de règles austères.

Mais Valentine Cardignac qui éprouvait pour cette orpheline, si simple et si digne dans son éternelle robe noire, une secrète et profonde sympathie, s'était efforcée de la détourner de son projet : « Soyez ma sœur, ma sœur à moi toute seule, lui avait-elle demandé. »

---

(1) Voir *Jean Tapin*.

Lucienne n'avait répondu que par un triste sourire, et chaque matin, avant que personne fût levé dans la maison, elle allait porter des secours et du réconfort aux malheureux du voisinage. Elle excellait à découvrir, avec une exquise ingéniosité, les infortunes qui se cachent, c'est-à-dire les pires souffrances de cet enfer qu'est Paris pour les pauvres honteux. Elle apparaissait dans les taudis noirs, comme une idéale consolatrice, et son bonheur était d'amener le sourire sur les lèvres d'enfants en larmes, ou de réveiller le courage dans le cœur des désespérés. En quelques mois, et malgré le mystère dont elle entourait ses visites, elle fut connue comme le bon ange du quartier.

Elle ne sortait de sa gravité que lorsque Henri Cardignac venait chez son frère, et, ce jour-là, les malades et les orphelins pâtissaient un peu du bonheur qu'elle éprouvait à le revoir. L'influence que le brillant officier de cavalerie exerçait sur le petit Pierre, elle la subissait, elle aussi, et elle n'avait pas été sans remarquer la fréquence de ses visites et les longs regards dont il l'enveloppait.

Mais elle se souvenait de l'avoir entendu répéter souvent :

— Moi, je ne me marierai jamais : un officier qui veut rester vraiment officier, doit toujours être prêt à marcher, c'est-à-dire à disparaître ; il ne doit donc pas laisser derrière lui une femme en larmes, dont le souvenir peut amollir son courage aux heures difficiles, et surtout risquer de faire des orphelins.

— Pourtant, lui avait objecté Jean, rappelle-toi notre père...

— D'abord, notre père a eu une chance exceptionnelle : il est revenu de loin plus d'une fois ; mais te souviens-tu des angoisses de notre mère pendant sa captivité en Allemagne, et ses longs voiles de veuve lorsqu'elle le croyait mort. Quelles heures elle a dû passer, pendant qu'insouciants, nous écoutions le récit de la bataille de Valmy, que le grand-papa Belle-Rose nous a bien refait deux cents fois !... Non, non, je ne me marierai jamais !

Et pourtant, à la vue de Lucienne, Henri Cardignac avait oublié tous ces beaux raisonnements ; son profil de camée, ses traits purs, son regard angélique lui apparaissaient partout, dans les manœuvres, au milieu des fêtes, et dans l'isolement de sa petite chambre de garçon ; si bien qu'un jour, n'y tenant plus, il pria sa belle-sœur, Valentine, de sonder la jeune fille pour connaître ses sentiments; elle lui imposait par sa gravité sereine, et il n'eût osé aborder lui-même ce sujet avec sa petite protégée de Constantine.

La réponse fut :

« J'aime Monsieur Henri d'une profonde affection de sœur; je lui ai voué « un véritable culte; mais, comme lui, je ne me marierai jamais. »

Et comme Valentine, très désireuse, elle aussi, de voir se réaliser cette union, avait insisté :

— Je ne me marierai jamais, avait répété Lucienne d'une voix ferme, car, au fond de mon âme, j'ai déjà prononcé des vœux irrévocables; mais si, en un jour de danger, *il* avait besoin de moi, dites-lui qu'*il* me trouverait à ses côtés.

Elle devait tenir parole.

Quant à son jeune frère, son entrée au Prytanée militaire de la Flèche avait été décidée, il doit vous en souvenir, par le colonel Cardignac. Frappé à mort en revenant de Sainte-Hélène, le vieux soldat n'avait pu l'y conduire lui-même comme il l'avait promis; mais son vœu devait être promptement réalisé, et, à la rentrée d'octobre, le petit diable endossa la tunique du « Brution ».

C'est en effet de cette appellation (qui semble tout d'abord un peu bizarre), que les Fléchois se qualifient entre eux.

D'où vient-elle? me direz-vous. En voici l'explication :

Le Prytanée, réorganisé en 1808 par Napoléon Ier, recevait — pour les préparer à Saint-Cyr — des fils d'officiers sans fortune. Or, sous la Restauration, Saint-Cyr était composé en grande partie de jeunes gens de familles nobles qui affectaient de considérer les Fléchois, entrant à l'École militaire, comme étant d'une éducation inférieure.

— Ce sont des sauvages du *Brutium*, disaient-ils, non sans dédain, évoquant ainsi le souvenir classique des habitants d'une ancienne province romaine (aujourd'hui la Calabre), habitants que leurs contemporains regardaient comme des êtres rebelles à la civilisation et aux belles manières.

De *Brutium* on tira *Brution*.

Loin de s'en effaroucher, les Fléchois s'en enorgueillirent, se solidarisèrent davantage et se soutinrent *unguibus et rostro* contre toute tentative de vexations.

Il en résulta, et il en résulte encore aujourd'hui, une fraternité d'origine, une solidarité pleine et entière, qui subsiste sans défaillance, à tous les degrés de l'échelle sociale, et qui durera tant qu'il y aura un Prytanée — par suite des « Brutions ».

Je n'en puis parler par moi-même, ne connaissant la Flèche que par des amis qui me l'ont dépeinte; mais tous s'accordent à affirmer que — toute rude que soit la discipline au Prytanée — ils gardent de cette école le meilleur des souvenirs. Peut-être même est-ce cette rudesse, tempérée par la paternelle intelligence des officiers, qui donne à la vie prytanéenne ce je ne sais quoi que ne possèdent pas les lycées et les collèges où le régime militaire est inconnu.

Tous, fils de soldats, vêtus, équipés uniformément, à la fois écoliers et militaires, ne sortant qu'aux vacances, vivent à l'ombre des grandioses bâtiments du collège fondé par Henri IV et d'où sont sortis Descartes et La Tour d'Auvergne; ils y vivent comme les enfants d'une grande famille où tout est réglé sans passe-droit, ayant tous au cœur une idée et un but communs : entrer à Saint-Cyr, ou, en tout cas, au Régiment, s'ils échouent aux examens.

Les exercices violents, gymnastique, escrime, marches militaires, alternent avec les études scientifiques; les élèves ne sortent de l'étude ou de la classe que pour redevenir, sous la surveillance des officiers ou des adjudants, de véritables soldats, qui manœuvrent, je vous l'assure, comme des vétérans.

Somme toute, le vieux colonel Cardignac avait vu juste en songeant au Prytanée pour Pierre Bertigny.

Il fallait en effet cette discipline de fer pour mater ce tempérament de fer.

Pierrot était donc venu en vacances à Tours, chez son protecteur Henri Cardignac; et ce fut le capitaine de cuirassiers qui conduisit lui-même son pupille à La Flèche.

Mais, au moment de franchir la grande porte surchargée de sculptures, Pierrot s'arrêta.

Une révolte venait soudain de surgir dans son cœur; et il contemplait la façade avec des yeux qui en disaient long.

— Eh bien? Qu'est-ce qui te prend? demanda Henri. Tu avais l'air si enchanté, ces jours derniers, d'enfiler une culotte rouge?

— Oui, mon capitaine, seulement...

— Seulement quoi?

— Je vais être enfermé, et puis... vous... vous allez vous en aller.

Ce fut sans un sourire qu'il se laissa coiffer du haut képi rigide, en drap rouge.

— Voyons, mon petit Pierre, il faut avoir de la raison. Tu penses bien qu'à mon âge, je ne vais pas recommencer mes classes pour le plaisir de m'asseoir à côté de toi : j'ai autre chose à faire. Tu veux entrer dans l'armée : ce n'est pourtant pas pour y rester trompette de cuirassiers, comme tu le disais étant tout petit : il faut arriver officier, et pour cela faire ses études... Songe d'ailleurs que c'est par faveur qu'on t'a admis ici... Donc, sois brave! Tours n'est pas loin... Si tu es sage, comme tu me l'as promis, je viendrai te voir. Allons!...

L'officier prit l'enfant par la main. Triste, Pierrot franchit le seuil de l'école comme un prisonnier passe la porte de la geôle... et, cette fois, des larmes jaillirent de ses yeux.

Attendri au fond, Henri Cardignac ne voulait rien en laisser paraître. Mais l'âme de l'enfant était profondément bouleversée, et on ne put tirer de lui que des monosyllabes pendant la présentation au Général commandant.

Pierre avait pourtant renfoncé ses larmes parce que Henri lui avait déclaré « qu'un soldat ne doit pas pleurer »; mais la joie qu'il avait manifestée à la pensée d'endosser un uniforme tomba devant l'imminence de la séparation. Ce fut sans un sourire qu'il se coiffa du haut képi rigide, en drap rouge.

Pourtant il s'étonna de ne pas avoir d'épaulettes.

— Ah! mais c'est aller vite en besogne! lui dit le capitaine-major; on n'a pas comme ça de belles épaulettes rouges sans les gagner. Si, à la fin du mois, tu as de bonnes notes, tu les auras tes épaulettes, et tu prendras le nom d' « élite », quitte à reperdre nom et épaulettes si tu te fais mettre aux arrêts ou si tu ne sais pas tes leçons.

« Maintenant, si tu travailles bien, tu peux, outre les épaulettes, gagner les galons de caporal, voire de sergent ou même le double galon de major; mais, pour cela, il faut être le mieux noté de sa classe... Allons! fais tes adieux au capitaine Cardignac, mon enfant! Le sergent de service va te mener au 3ᵉ bataillon. »

Par un effort de volonté, Pierrot embrassa sans pleurer son protecteur et disparut derrière la porte à petit grillage, sous la voûte d'entrée.

Il faut vous dire, mes enfants, qu'à cette époque, existait à Saint-Cyr et à La Flèche une bien vilaine coutume, heureusement disparue aujourd'hui, et qui se nommait « la brimade ». Cela consistait à imposer aux nouveaux, qu'on baptisait du vocable peu élégant de « melons », toutes sortes de vexations.

Par exemple, dans la cour de récréation, le « melon » devait circuler suivant un pourtour bien réglé, bien défini, sans jamais avoir le droit de rebrousser chemin ou de traverser la cour en biais.

Or, Pierrot venait de pénétrer dans la cour des petits, et, tout en considérant, un peu interloqué, ses nouveaux camarades, il s'avança jusqu'au milieu du préau.

Immédiatement, un « grand » — ou soi-disant tel; en tout cas un « ancien » d'une douzaine d'années — vint à lui.

— Comment t'appelles-tu ? lui demanda-t-il en le toisant dédaigneusement.

— Pierre Bertigny.

— Quel est ton numéro matricule ?

— 1239.

— Eh bien, 1239, fais-moi le plaisir de faire demi-tour et de prendre la file... Les melons n'ont pas le droit de traverser.

— Pourquoi ça ?

— Comment !... pourquoi ça ?... Parce que tu es melon... et que c'est comme ça !

Pierre, déjà fort mal disposé, fronça les sourcils. Il regarda son nouveau camarade bien en face.

— Je traverserai si ça me plaît ! articula-t-il.

La physionomie de l'autre gamin exprima une stupéfaction profonde.

Entrer à La Flèche et ne pas reconnaître les droits établis d'un « ancien », cela lui sembla tout bonnement monstrueux. Il n'en revenait pas !... et, comme un groupe s'était formé, il voulut en avoir le dernier mot.

— Tu refuses ? dit-il.

— Oui !

— Tu refuses ?

— Oui !

Un murmure s'éleva.

— On va bien t'y forcer, reprit le premier interlocuteur de Pierre, en le saisissant par le bras.

Mais notre petit camarade était devenu très rouge.

— Lâche-moi ! dit-il rageur.

— Oh ! par exemple ! c'est trop fort ! Tu ne veux pas obéir ?

— Non !

Et en même temps, Pierre impatienté donnait une bourrade à son camarade. Celui-ci riposta. Un pugilat s'ensuivit, et, au milieu du cercle qui s'était formé, les deux adversaires roulèrent par terre, se bourrant de taloches et de coups de poings.

Mais ce fut court! L'adjudant, qui avait aperçu la scène, accourut et sépara les combattants.

L'ancien avait un œil poché et saignait du nez. Pierrot était sain et sauf.

— Delnoue, dit le sous-officier, vous avez voulu « brimer » un nouveau : vous aurez deux jours d'arrêts. Allez trouver le sergent de semaine pour qu'il vous conduise chez « Jacques » (1).

Il prit ensuite Pierrot par la main et le mit en rapport avec d'autres Brutions auxquels il le confia.

La connaissance fut rapide. Mis au courant des coutumes, Pierrot consentit à s'y conformer; néanmoins, il avait tout de même, dès son entrée, récolté un ennemi dans la personne de l'ancien, Delnoue.

Il est juste de dire que la rancune des autres ne dura pas, et que les anciens estimèrent que, le 1239 s'étant bien battu et n'étant pas encore fait aux usages, on devait lui tenir compte de son ignorance et lui pardonner.

Tout aurait donc été pour le mieux en ce qui concernait les rapports de Pierrot avec ses camarades, à part quelques disputes et pugilats de temps à autre, si la vie de La Flèche ne se fût composée que de récréations; mais il y avait aussi les études et les classes. Elles remplissaient même la plus grande partie de la journée, et les relations de Pierrot avec ses professeurs se ressentirent vite de sa paresse naturelle; aussi ce fut une déception pour Henri Cardignac lorsque, à la fin du premier trimestre, il reçut du Général commandant le Prytanée, les notes de son petit protégé.

Je les copie pour vous, mes enfants, et vous jugerez si le capitaine dut être satisfait :

Conduite.	*Très médiocre.*
Application en classe	*Nulle.*
Langue française.	*Médiocre.*
Langue latine	*Nulle.*
Arithmétique	*Très médiocre.*

(1) On nommait ainsi les arrêts, du nom du garçon de salle qui était chargé de leur entretien.

Instruction religieuse.	*Assez bien.*
Instruction militaire	*Très bien.*
Gymnastique.	*Plus que parfait.*

Observations :

L'élève Bertigny semble dédaigner complètement ses études classiques; de plus, il fait preuve d'un caractère emporté, est enclin à la désobéissance, et va même parfois jusqu'à répondre aux observations de ses professeurs. D'un tempérament violent, il s'est plusieurs fois battu avec certains de ses camarades et a été puni pour ce motif.

Par contre, se plaît aux exercices militaires, a pour la gymnastique des dispositions remarquables et montre de grandes dispositions pour le dessin d'imitation.

Santé : Excellente.

Privé de congé du jour de l'an.

Du coup, Henri Cardignac sauta en diligence et arriva furieux au Prytanée.

Mandé dans le bureau du Général, Pierrot, apercevant le capitaine, eut un sourire de bonheur et courut à lui.

Mais sec, cassant :

— Restez là, monsieur! lui dit l'officier; et prenez une attitude militaire.

Figé par cette entrée en matière, Pierre essuya une verte semonce qui se termina par l'ultimatum suivant :

« Si un mieux ne se manifeste pas dans ton travail, je te traite en mauvais sujet et je t'embarque comme mousse. Te voilà prévenu! »

Pierre avait bon cœur : il sentit qu'il avait manqué à son devoir en mécontentant celui qui l'avait sauvé et avait assumé la lourde charge de son éducation.

— Mon capitaine, dit-il avec des larmes, j'étudierai bien, je vous le jure. Mais... embrassez-moi.

— Soit! mais tu sais... n'y reviens pas!

Rendons à Pierrot cette justice qu'il fit sur lui-même un effort, et réussit à ne plus être dans les cinq derniers en composition.

Je ne prétends pas qu'il fut dans les dix premiers. Non! C'eût été pour lui un travail d'Hercule, incompatible avec sa paresse native. Mais enfin, il oscilla du n° 15 au n° 25 sur les trente élèves de sa classe.

Il devait, malheureusement, continuer ainsi pendant tout le cours de ses études.

A l'approche des vacances, il prenait son courage à deux mains et finissait par gagner son épaulette d'élite. De la sorte il pouvait aller en congé à Tours et à Paris pour embrasser ses amis et sa sœur Lucienne. Mais, dès la rentrée, il se reprenait à rêvasser pendant les études et les classes, se battait de temps en temps pour n'en pas perdre l'habitude, et, par suite, encaissait des jours d'arrêts. Ces jours-là surtout lui paraissaient interminables, car c'était pour lui l'inaction, c'est-à-dire la privation de gymnastique et d'escrime, où il excellait.

Par exemple, il était étonnamment doué pour le dessin. A quatorze ans, il avait dans cette branche un très réel talent, non point acquis par l'étude, mais tout instinctif ; et son « Potasse » était célèbre parmi ses camarades.

Vous ne savez pas, mes enfants, ce que c'est qu'un « Potasse de Brution » ? On me l'a expliqué et je vais vous le dire :

C'est un cahier où chaque élève note, au jour le jour, ses pensées, un fait intéressant, une chose drôle, une pièce de vers qui l'a impressionné ; le tout orné de dessins et de caricatures, plus ou moins remarquables, selon le talent du propriétaire. Le Brution nomme ce mémento un « Potasse », parce que la couverture porte uniformément cette rubrique :

« S + KO. »

C'est la devise du Brution, empruntée à la chimie, ainsi que vos professeurs vous l'apprendront, et qui signifie : « Soufre et Potasse. »

« Souffrir et travailler », la devise n'est pas laide et assez bien trouvée dans l'à-peu-près de ses deux mots, potasser signifiant, dans le langage écolier : travailler.

Le « Potasse » de Pierrot était donc remarquable : il y avait, comme page de début, une caricature du Général commandant tout à fait réussie, et qui avait fait bien rire le brave et digne officier lui-même.

Car Pierrot ne se contentait pas de dessiner sur son « Potasse ». Les tableaux noirs des salles d'école formaient pour lui un salon d'exposition toujours ouvert ; et c'est ainsi qu'un jour, le Général s'était trouvé nez à nez avec son propre portrait, dessiné à la craie. Derrière le Général, le lieutenant-colonel, commandant en second, avait pincé les lèvres à la vue du

FILLEULS DE NAPOLÉON

« chef-d'œuvre »; et derrière le lieutenant-colonel, le lieutenant de semaine avait fait la grimace.

Mais, bon homme, le Général s'était retourné en riant :

— A-t-il un coup de crayon tout de même, ce petit coquin-là! avait-il déclaré. C'est que c'est moi! C'est bien moi tout craché!

Un autre jour, c'avait été le tour du lieutenant-

Le Général s'était trouvé nez à nez avec son portrait.

colonel, puis des autres officiers, des adjudants, et jusqu'au caporal-tambour; et tout le monde en riait. On avait baptisé Pierrot « le Rapin ».

S'il s'était contenté de ces inoffensives facéties, personne ne se fût plaint de lui; mais Pierrot éprouvait le besoin constant de se livrer à des farces du plus mauvais goût. Alors l'autorité était obligée de sévir, et en avant les arrêts et même la prison.

Au cours des huit années qu'il passa au Prytanée, il fut un diable à quatre, indomptable, qu'on aimait cependant parce qu'il avait bon cœur, mais qu'on était forcé de punir quand même.

Ce fut surtout lors de son passage au 1ᵉʳ bataillon (alors qu'il entrait dans la classe du baccalauréat) que ses mauvaises farces devinrent légendaires.

Et il faut bien que je vous raconte l'une d'elles, pour que vous connaissiez à fond le mauvais galopin qui, bien malgré moi, commence à prendre beaucoup de place dans l'histoire de cette famille où il n'était entré qu'à titre adoptif.

J'espère d'ailleurs que vous ne vous inspirerez pas de ce récit, raconté à un ami commun par Pierrot lui-même, pour rééditer à quelqu'un de vos maîtres une aussi déplorable plaisanterie.

Pierrot avait, pour professeur de mathématiques, un excellent homme, qui se nommait M. Laluot.

Or, Pierrot avait pris en aversion M. Laluot, d'abord parce que le maître voulait forcer l'élève au travail, ensuite parce que les mathématiques inspiraient au gamin une répulsion particulière.

Or il faut vous dire, mes enfants, que le superbe parc où ont lieu les récréations, est longé par une petite rivière qu'on a baptisée « la Douve » et qui se trouve enserrée dans des murailles d'environ trois mètres.

Sur la Douve, naviguaient en liberté de superbes canards, appartenant au Général.

Ces braves palmipèdes vivaient heureux et tranquilles; les canes pondaient dans les roseaux du rivage, et se promenaient ensuite avec majesté, suivies d'une escadre de petits canetons au duvet tout vert.

C'était l'âge d'or pour ces heureux volatiles.

Ils avaient compté sans Pierrot!

Pour le malin plaisir d'être désagréable à son professeur de mathématiques, notre mauvais plaisant n'hésita pas à porter le trouble chez ces honnêtes oiseaux.

Il avait jeté son dévolu sur une mère cane, qui avait fait son nid au pied de la muraille et y avait déposé, la veille même, six œuf superbes. Avec une

FILLEULS DE NAPOLÉON

patience de Peau-Rouge, aidé par un de ses camarades qui surveillait l'adjudant, il guetta le moment où ce dernier avait le dos tourné, et dégringolant du mur avec prestesse, (vous savez, du reste, qu'il était un gymnaste expérimenté) il s'empara de la cane et des œufs; puis, serrant le bec de la malheureuse bête pour étouffer ses cris, il se sauva le long du bord, se cacha sous le petit pont, attendit le moment propice, et réussit à emporter l'animal.

Il enferma la pauvre mère cane dans l'armoire-bibliothèque de sa classe, mais en ayant soin de lui rendre deux

Pierre s'empara
de la cane.

œufs pour qu'elle se tînt provisoirement tranquille; quant aux autres, il les cacha dans son pupitre.

Puis, satisfait, il rejoignit le préau où il s'enfila sans être remarqué. Il raconta alors la chose en confidence à quelques bons drilles, mauvais sujets comme lui, qui se promirent de l'agrément pour tout à l'heure.

Cinq minutes plus tard, le tambour annonçait la fin de la récréation et l'entrée en classe. Là, tous les camarades de Pierrot, prévenus maintenant, attendaient les événements, non sans se mordre vigoureusement les lèvres pour ne pas rire.

M. Laluot avait, comme d'habitude, déposé son chapeau haut de forme sur une chaise, contre le pupitre de Pierre Bertigny, dont la place se trouvait juste à côté de la chaire; puis le professeur, se dirigeant vers le tableau noir :

— Messieurs! annonça-t-il, nous allons voir si ma dernière leçon sur les triangles semblables a été bien comprise. M. Cousturier, venez au tableau.

L'élève désigné obéit; et pendant que l'attention du professeur se portait sur lui, la classe vit avec stupeur Pierre Bertigny soulever sans bruit son pupitre, en tirer un œuf, le casser délicatement avec son pouce, et en vider le contenu dans le chapeau placé à ses côtés.

Devant cet acte extraordinaire, le rire secoua la classe, rire qui, du reste, cessa immédiatement quand on vit M. Laluot se retourner brusquement et froncer les sourcils.

— Qu'est-ce à dire, Messieurs? — articula-t-il, non sans une certaine emphase. — Vous croyez-vous au théâtre? J'ignorais, vraiment, que la géométrie plane eût le don de soulever l'hilarité, et je n'entends pas...

— Coin! coin!... coin!! coin!!...

C'était la cane, la cane prisonnière, qui protestait contre le manque de lumière.

Un silence suivit, lourd d'orages.

— Messieurs! reprit avec calme M. Laluot, que celui qui se permet de pousser ici des cris d'animaux aussi déplacés se déclare immédiatement, ou je vais prendre au hasard quatre responsables.

Personne ne souffla. Tous les nez étaient penchés sur les cahiers. La classe entière avait l'air d'étudier avec une ardeur étonnante... Et soudain, dans le grand silence, la cane protesta de nouveau.

— Coin !... Coin ! Coin ! Coin !

Cette fois le regard du professeur, passant par dessus le verre de ses lunettes, se porta, plein d'un juste courroux, vers la bibliothèque ; puis, méthodique comme il l'était toujours, M. Laluot se dirigea vers l'armoire et l'ouvrit... Mais en même temps il fit un saut de côté, les yeux écarquillés, perdant ses lunettes, car la cane, en revoyant la lumière, s'était élancée battant des ailes et des pattes, avait passé entre les jambes du professeur, et voletait affolée à travers la salle, en poussant des cris d'épouvante.

Maintenant, la classe entière était debout, et chacun faisait semblant de vouloir saisir l'animal qu'on laissait au contraire — ai-je besoin de le dire ? — soigneusement échapper, et qu'on affolait davantage.

Une confusion, un brouhaha indescriptibles s'ensuivirent.

M. Laluot ne savait plus où donner de la tête.

Il prit le parti de courir lui-même chercher l'officier de service et sortit nu-tête, pendant que ce scélérat de Pierrot, utilisant rapidement les trois œufs qui lui restaient, en cassait un second dans le chapeau de M. Laluot et en lançait un au plafond où il s'écrabouilla. Quant au dernier, il voulut l'envoyer sur le tableau noir, mais rata son coup. Ce fut Cousturier qui le reçut en plein dans le dos, où il s'étoila, formant un soleil d'or sur le bleu de roi de la veste.

Les coquins de Brutions se tordaient de rire.

La cane, trouvant la porte ouverte, s'était élancée dans la cour où l'adjudant de service, aidé de garçons de salle, se livrait à son égard à une chasse en règle.

Déjà quelques élèves s'échappaient pour les aider dans cette besogne et toute la classe allait suivre, quand, soudain, le lieutenant Corlieu, suivi de M. Laluot, apparut... Droits comme des I, le petit doigt sur la couture du pantalon, les futurs bacheliers s'immobilisèrent.

— C'est bien ! dit simplement l'officier. Asseyez-vous ! Repos !

Puis, à M. Laluot :

— Monsieur le Professeur, dit-il, vous pouvez vous retirer : la classe ne peut avoir lieu dans ces conditions. Je reste ici en attendant M. le Général et M. l'Inspecteur des études que j'ai fait prévenir. Veuillez vous rendre à mon cabinet pour rédiger un rapport.

M. Laluot, très grave, prit son chapeau et s'en coiffa... Ah ! le pauvre

La classe entière était debout et chacun cherchait à saisir l'animal.

cher homme!... Jamais, non jamais dans toute son existence, il n'avait éprouvé pareille émotion !

Quelle sensation impressionnante en effet dut-il ressentir au contact d'une masse froide et visqueuse, qui s'aplatissait sur son crâne où, justement, les cheveux brillaient par leur absence !

Combien dut-il être horrifié, en sentant couler dans son cou, sur ses tempes, le gélatineux blanc d'œuf !

Le pauvre professeur poussa un cri comme si un serpent l'avait mordu... Précipitamment il rejeta son chapeau... et, sur le sommet de sa tête, une omelette en préparation apparut.

Des sourires, aussitôt figés, passèrent sur les lèvres des méchants galopins ; je crois même que le lieutenant Corlieu en esquissa un malgré lui ; mais, sentant qu'il allait perdre toute autorité si l'esquisse se transformait en dessin, il sortit et entraîna M. Laluot dans la cour.

Peu après, le Général arrivait.

Ah ! dame il n'était pas content, et il avait joliment raison !

— Messieurs, dit-il, si le ou les auteurs de tous ces désordres ne se déclarent pas à l'instant, la classe en entier sera punie de prison et privée intégralement *des grandes vacances.*

C'est pour le coup que les figures s'allongèrent ! Et vous m'avouerez que la punition n'était pas volée.

Néanmoins, une solidarité étroite et ferme existait entre tous ces enfants à un tel degré, que pas un n'eût récriminé, et que tous, en bloc, eussent accepté la punition promise.

Mais notre Pierrot avait le cœur assez bien placé pour ne pas laisser endosser aux autres la responsabilité d'une faute commise — à vrai dire, d'accord avec tous — mais dont l'exécution, et surtout la conception, étaient son œuvre à lui seul.

Il sortit de sa place et dit simplement :

— C'est moi, mon Général.

— Ça ne m'étonne pas !

La conclusion s'impose d'elle-même, n'est-il pas vrai ?

Quinze jours de prison payèrent l'incartade, vraiment déplacée, du mauvais sujet. Encore dut-il s'estimer bien heureux d'en être quitte à si bon compte, car le Général voulait demander au Ministre son renvoi de l'École.

Jean Cardignac d'une part et Henri de l'autre durent intercéder pour lui et obtinrent son maintien au Prytanée ; mais avec privation totale des vacances annuelles.

Cette punition lui fut particulièrement sensible et pour cause.

En effet, son protecteur venait de quitter les cuirassiers pour être nommé écuyer à l'École de cavalerie de Saumur. C'est donc là que Pierre devait passer ses deux mois de congé.

Or, vous le savez déjà, Pierrot n'avait qu'un rêve, qu'un désir : entrer dans la cavalerie. Il avait pour le cheval une vraie passion ; passion qu'il n'avait pas été encore à même de satisfaire, et il avait compté qu'au cours de ces vacances-là, le capitaine lui donnerait ses premières leçons sérieuses d'équitation.

Il en aurait ainsi reçu les premiers principes de main de maître : car vous savez tous, mes enfants, que notre célèbre École de cavalerie de Saumur est non seulement sans rivale, mais sans égale au monde.

Tous ceux qui y ont été instructeurs s'en font gloire, et ils ont raison ; car ils peuvent se dire non seulement des cavaliers parfaits, ce qui est déjà fort beau, mais encore des dresseurs — ce qui est mieux. S'il est, en effet, fort joli de savoir bien manier un cheval tout dressé, combien est plus difficile et plus délicat le dressage même du jeune cheval et sa transformation en animal de service !

Cette courte explication vous fera comprendre que notre ami Henri était un cavalier hors de pair, puisqu'il avait été désigné comme écuyer à Saumur.

Il avait ainsi endossé son troisième uniforme ; il portait maintenant la tenue riche et sévère, noir et or, à aiguillettes, avec le petit chapeau dit : chapeau en bataille.

Pierrot, navré, dut donc rester à la Flèche et faire pénitence du mauvais tour joué, non seulement à son professeur, mais à la cane du Général.

Eh bien, vous n'allez peut-être pas me croire, mes enfants, mais c'est pourtant la vérité : Pierre n'en fut point corrigé !

Au reste, pour tout dire, le travail lui pesait, et une idée tenace prenait corps dans son esprit : il voulait à tout prix quitter l'École, ne plus se sentir enserré pendant des mois dans le même endroit, ne plus tourner constamment dans le même cercle.

Bien qu'ayant fortement négligé ses études, il n'était pas absolument nul, grâce à son intelligence très vive.

— Ma foi! se dit-il, tant pis! Si je rate mes examens, je m'engagerai... J'arriverai aussi bien à l'épaulette, et je ne serai pas le premier qui sortira du rang.

Je ne saurais trop réprouver ce raisonnement, mes enfants, et pour deux causes : premièrement, prévoir un échec, c'est courir au devant. On n'arrive à rien sans travail, ni sans ténacité dans le travail, et, en s'en remettant à la destinée du soin de le faire entrer à Saint-Cyr, Pierrot se donnait tout simplement à lui-même la faculté de ne rien faire.

En second lieu, il reconnaissait ainsi bien mal les soins dont ses bienfaiteurs l'avaient entouré. Combien d'enfants, arrivés à l'âge d'homme, se disent au contraire :

« Oh! si j'avais pu suivre des cours supérieurs, si j'avais eu le bonheur d'avoir une bourse dans un lycée, comme j'aurais bien travaillé pour me créer une situation! »

Pierre au contraire n'utilisait pas les facilités qu'on lui donnait.

Il est vrai qu'on arrive aussi à l'épaulette en sortant du rang, et les officiers qui ont cette origine peuvent parvenir aux plus hauts grades. (On en connaît, en effet, de beaux et nombreux exemples.) Mais cette filière est naturellement longue, si les chances de guerre ne l'abrègent pas; en outre, on est obligé, quand même, d'acquérir par la suite — et avec plus de peine — les connaissances qu'on aurait eues en passant par Saint-Cyr. C'est donc un retard sans profit. Quoi qu'il en soit, Pierre était buté à cette idée fausse.

Sa seule excuse est qu'au cours des dernières années écoulées, les récits des militaires étaient remplis par les succès de la campagne d'Algérie.

Les prouesses des chasseurs d'Afrique, pendant cette période de définitive conquête, étaient chantées par tous.

Tout ce qui était soldat rêvait de Mazagran, de la Mouzaia, de charges épiques, de colonnes terribles dans le Sud.

La prise de la Smala d'Abd-el-Kader surtout (1843), grande ville ambulante qu'on pouvait considérer comme la capitale de l'empire arabe, avait excité en France un ardent enthousiasme et révélé au monde le nom du duc d'Aumale, qui vient de mourir, il y a peu de temps, laissant la mémoire la plus pure et la plus respectée. Puis ce fut la bataille de l'Isly, gagnée par Bugeaud en 1844 sur quarante mille Marocains; enfin la prise d'Abd-el-Kader lui-même par le général Lamoricière, en 1847, et chaque succès remporté en Afrique, et lu à l'ordre à la Flèche, faisait tressaillir le cœur du petit Africain qu'était Pierre Bertigny.

Ce fut avec ces rêves de gloire qu'il vécut cette année 1849, au lieu de s'occuper de préparer son baccalauréat d'abord, et son examen de Saint-Cyr ensuite.

Il se présenta pourtant au « bachot » en mai; échoua et, dépité, écrivit à Henri Cardignac une lettre de supplications :

« Je vous en prie, mon capitaine, laissez-moi m'engager! Vous verrez comme on sera content de moi au régiment. Au moins, je pourrai me donner du mouvement, monter à cheval, vivre dans l'action, et je vous jure que j'arriverai quand même.

« Si je pouvais aller de suite aux spahis ou aux chasseurs d'Afrique et faire campagne, vous verriez!... Oui, vous verriez! »

Mais le capitaine n'y consentit pas tout d'abord.

Ce ne fut qu'au cours des vacances de 1849 qu'il se décida à accéder au désir de Pierrot.

Quant à la cavalerie d'Afrique, il n'y fallait pas songer. D'abord on n'y recevait alors que des soldats ayant au moins un an de service. De plus, Cardignac ne voulait pas lâcher dans la vie ce tempérament de poulain échappé, sans l'avoir maté lui-même.

Justement il venait de recevoir, après son stage de capitaine écuyer, son quatrième galon; il repassait, en qualité de chef d'escadrons, à son régiment de cuirassiers, à Tours.

Pierrot avait dix-huit ans, la taille réglementaire, car il s'était développé physiquement d'une façon extraordinaire; et ce fut à son régiment même et dans l'un de ses escadrons, que le commandant Henri voulut conserver son protégé.

— Seulement, ne compte pas trop sur moi, mon garçon! lui dit-il. Je vais te coller au peloton des élèves-brigadiers et je t'aurai à l'œil. Inutile de spéculer sur mon indulgence, car, bien au contraire, j'exigerai de toi deux fois plus que je n'exigerais d'un autre. Tu es averti : si tu persistes à t'engager, je te prends avec moi pour pouvoir te serrer la vis s'il en est besoin. Réfléchis et vois ce que tu veux faire.

— C'est tout réfléchi, mon commandant. Je vais avec vous, dit nettement Bertigny.

— Entendu! Tu vas aller passer quelques jours à Paris. A ton retour, tu contracteras un engagement volontaire pour sept ans... et attention à toi!

On pouvait le voir étriller sa jument, Flatteuse.

Henri aurait donné à Pierrot une fortune que celui-ci n'eût pas été plus heureux.

Le lendemain il bouclait sa valise et partait pour Paris, annoncer à tous la bonne nouvelle. — Il fut, vous le pensez, bien accueilli. Car, si on lui savait mauvais gré de ses défauts, on aimait son cœur qui était bon, et sa nature, droite comme une lame de sabre.

Pourtant Jean lui fit des reproches. Lui surtout, le savant, le mathématicien, l'homme des sciences exactes et du raisonnement, avait peine à comprendre le tempérament de cet enfant.

Quant à sa sœur qui eût peut-être pu avoir à la longue sur lui une influence bienfaisante par son angélique douceur, elle n'était plus là. Deux ans auparavant, elle avait réalisé son rêve, en entrant comme novice dans la congrégation des Sœurs de Charité. Elle était à la maison mère de la rue du Bac, et Pierre, très ému, pendant la courte visite qu'il fut autorisé à lui faire, la reconnut à peine sous la cornette blanche aux larges ailes.

Elle lui parla de ses devoirs envers ses bienfaiteurs et des obligations de la vie nouvelle qu'il avait choisie; elle le pria, le sermonna.

Il promit tout ce qu'elle voulut.

Mais il promettait plus qu'il ne pouvait tenir : il y avait, chez cette nature, une ardeur bouillonnante, un besoin d'expansion violente, un désir perpétuel d'action et surtout de mouvement.

Peut-être eût-il mieux valu pour lui qu'il partît de suite pour l'Algérie faire campagne : après l'éruption ardente, le volcan se calme; et quelques bons coups de sabre, donnés ou reçus, eussent probablement réglé, plus vite que toute autre méthode, les élans de cet impétueux... Mais la destinée est la destinée; *ce qui est écrit est écrit!* disent les Arabes. Pierre, après un mois passé auprès de Valentine et de Jean, laissant le capitaine d'artillerie à des études très captivantes sur les canons rayés, repartait pour Tours.

Et deux jours après son arrivée, on pouvait le voir, en veste et en calot d'écurie, étriller sa jument, Flatteuse; sous l'œil vigilant du commandant Cardignac.

Mais ce que vous verrez aussi dans quelque temps, mes enfants, c'est que les écarts de caractère et l'esprit d'indiscipline, s'ils n'entraînent, dans le jeune âge et sur les bancs de l'école, que des corrections passagères, deviennent, dans l'armée, la source de durs mécomptes et provoquent tôt ou tard de terribles châtiments.

CHAPITRE XI

OÙ APPARAÎT LE PETIT GEORGES CARDIGNAC

1848, mes enfants, est une date célèbre au même titre que sa devancière 1830, car c'est au mois de février 1848 que la deuxième révolution du dix-neuvième siècle éclata, renversant le trône de Louis-Philippe.

Mais la République, proclamée en France pour la deuxième fois, ne devait que peu durer, remplacée qu'elle fut par le second Empire : le neveu de Napoléon Ier, Louis Bonaparte, qui avait été d'abord nommé Président de la République, devint, trois ans plus tard, Empereur des Français sous le nom de Napoléon III.

Le pauvre petit Roi de Rome, que la tristesse de l'exil, plus encore que la maladie, avait tué là-bas, à Schœnbrünn, en Autriche, porte en effet dans l'histoire, bien qu'il n'ait pas régné, le nom de Napoléon II.

Ce retour au pouvoir de la dynastie impériale fut salué avec joie par tous ceux (et ils étaient légion), qui gardaient au cœur le pieux souvenir des gloires napoléonniennes. Est-il utile de vous dire, mes enfants, que Jean et Henri Cardignac, filleuls du grand Homme, fils de Jean Tapin, furent de ceux-là?

Oui, certes! lorsqu'ils revirent, dominant la hampe des drapeaux, l'aigle impériale, cette aigle qui, suivant le vers de Victor Hugo :

Avait plané jadis aux cimes éternelles!

ils eurent tous deux au cœur un frisson d'orgueil et aussi une espérance, que l'avenir devait en partie réaliser; car l'aigle, avant de tomber à nouveau, allait fournir une nouvelle envolée de gloire.

Or, pendant que Henri Cardignac tentait, non sans de sérieuses difficultés, de plier le cuirassier Pierrot à l'observance de la discipline, Jean poursuivait ses travaux de savant.

L'idée scientifique qui domine la première moitié de notre dix-neuvième siècle est, sans contredit, l'application de la vapeur à la locomotion et aux besoins industriels. Mais, en toute chose, et en science surtout, une découverte incite à de nouvelles recherches.

La vapeur a fait la locomotive; la locomotive a provoqué les freins d'arrêt, d'abord actionnés à la main, puis à l'air comprimé; et ainsi de suite dans toutes les branches. L'industrie générale de la métallurgie a dû en même temps chercher, avec de persistants efforts, à seconder la vapeur dans sa marche envahissante.

C'est une véritable course au clocher, qui fait que ce siècle, né dans la gloire et couronné aujourd'hui par les merveilleuses applications de l'électricité, restera surtout dans l'Histoire « le siècle des ingénieurs ».

Jean était donc bien de son siècle, car il était à la fois, en même temps qu'ingénieur passionné, soldat ardent et convaincu.

Tout ce que ses confrères les savants avaient découvert, il l'avait étudié à fond. Vous savez déjà que, pour sa part, il avait contribué puissamment à la découverte pratique de l'hélice.

Deux ans après la mort de son père, en 1843, il avait eu la joie de voir les efforts tentés en commun par M. Normand et lui-même, couronnés d'un plein succès.

Aidés d'un chercheur dont le nom se rattache à la découverte de l'hélice, le capitaine Delisle, du Génie, ils avaient construit, cette année-là, au Havre, le premier bateau français à hélice, mettant ainsi en pratique l'idée que l'ouvrier Dallery n'avait pu mettre à exécution, faute d'argent, quarante années plus tôt, en 1803 (1).

Vous voyez, mes enfants, que les plus belles découvertes restent parfois bien longtemps dans la période de préparation! Aujourd'hui, si parfois on rencontre un bateau à roues, il semble qu'on se trouve en face d'une chose

(1) Dallery appelait son hélice un *escargot*, car elle avait plusieurs révolutions. Ce fut Sauvage qui, en 1846, la réduisit à une seule.

Le capitaine de Nessy, grâce à sa science de marin, leur donnait quelques conseils pratiques.

très vieille, très démodée; et pourtant, il y a cinquante-trois ans, alors que Normand, Delisle et Jean Cardignac firent leur premier essai, personne n'osait croire à la réussite pratique de leur tentative. Seul, de Nessy, qui par l'intermédiaire de Henri s'était lié avec Jean, avait partagé leur foi, et était devenu, pour les inventeurs, un soutien moral et aussi un excellent conseil.

Sa science de marin lui avait permis de donner à nos ingénieurs des conseils pratiques pour la navigabilité de leur bateau. Ce fut aussi l'officier de marine qui, grâce à ses relations au ministère, attira sur cette découverte l'attention qu'elle méritait; et, depuis cette époque, l'hélice fut chaque jour considérée avec plus de faveur dans la marine française.

Ce succès obtenu, le soldat, chez Jean, avait reparu dans l'ingénieur, et le capitaine s'était remis avec ardeur aux études qu'il avait commencées, depuis longtemps déjà, sur les canons rayés. Laissez-moi vous donner, à leur sujet, mes enfants, une courte et nécessaire explication.

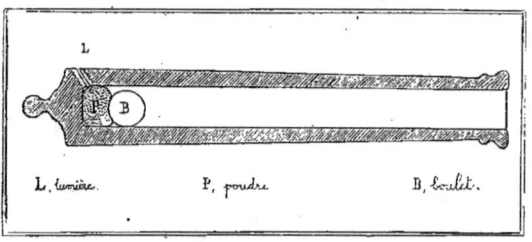

Le canon rayé.

Vous savez que les premiers canons qu'on fabriqua n'étaient autre chose qu'un long tube formé de madriers, que des *frettes*, c'est-à-dire de forts anneaux de métal, maintenaient ensemble, afin de leur permettre de résister à la déflagration de la poudre.

Ensuite on fondit les canons avec du bronze, d'où cette définition d'un mauvais plaisant que, pour avoir un canon, il suffit de prendre un trou et de couler du bronze autour.

Il y a vingt-cinq ans, le bronze était encore presque universellement employé à la fabrication des pièces, sauf dans la marine qui possédait des canons de gros calibre en fonte.

Pour charger les canons d'alors, on devait introduire la charge et le projectile par l'orifice appelé « bouche »; il fallait donc que le boulet fût de diamètre un peu moindre que « l'âme ». (On nomme ainsi le tube intérieur du canon.)

De cette différence de diamètre naissait un double inconvénient.

Premièrement, les gaz produits par la poudre se perdaient en partie par l'évidement existant entre la paroi de l'âme et le boulet.

Secondement, le boulet, chassé en avant, ballottait dans l'âme et sortait de la pièce avec une déviation, qui devenait considérable aux grandes distances et ôtait toute précision au tir.

C'est à ce double inconvénient que voulait remédier Jean Cardignac avec le capitaine Tamisier, qui munit le projectile d'ailettes en cuivre, et avec le commandant Treuille de Beaulieu, à qui on doit la fusée métallique qui en arme la pointe ; il fut un des premiers qui songèrent à employer la « rayure intérieure et le chargement par la culasse ».

Vous voyez qu'ils étaient dans le vrai, puisque maintenant tous les canons sont conçus et construits d'après ces principes ; mais il a fallu, comme pour toutes les découvertes, une longue période de tâtonnement. Encore est-il que, si nous avions été les premiers à posséder le canon rayé, une autre puissance, la Prusse, nous devança dans l'emploi du canon se chargeant par la culasse, puisque notre artillerie ne se décida à l'adopter qu'après la désastreuse guerre de 1870.

Il faut rendre à l'Empereur Napoléon III cette justice, qu'au début de son règne, s'inspirant de l'exemple de son oncle, il donna tous ses soins, toute sa sollicitude à l'armée.

Lui-même, pendant que sa famille était exilée de France, avait servi comme lieutenant d'artillerie dans l'armée suisse, et s'était préoccupé de la question du canon rayé. C'est vous dire, qu'une fois empereur et disposant de puissants moyens, il s'y intéressa tout particulièrement et fut ainsi amené à se faire présenter le capitaine Cardignac.

Le jour où notre ami Jean reçut le pli qui lui enjoignait de se présenter, le surlendemain, au service de la maison militaire de l'Empereur, il fut à la fois étonné, car il ne croyait pas ses travaux aussi connus, et fort ému, car il allait voir de près le neveu du Grand Homme, dont le nom avait bercé son enfance.

Il se mit donc en grande tenue et se rendit aux Tuileries.

Immédiatement, l'officier de service l'introduisit dans le cabinet de l'Empereur.

Napoléon III était un homme d'une grande affabilité, d'une simplicité pleine de distinction. Il avait le regard profond et doux, le masque régulier, le front haut et découvert, l'allure très militaire, et Cardignac fut charmé de l'accueil bienveillant qu'il en reçut.

— Capitaine, dit l'Empereur, je vous ai *prié* de venir aux Tuileries pour plusieurs raisons : d'abord j'étais content de connaître un filleul de mon oncle l'Empereur Napoléon 1ᵉʳ, car je sais que vous l'êtes, ainsi que votre frère le commandant Cardignac, des cuirassiers; je sais aussi que vous êtes les fils d'un brave officier qui fut officier d'ordonnance du Grand Empereur, le colonel Cardignac, dit Jean Tapin.

Jean s'inclina.

— Vous voyez, capitaine, poursuivit le souverain, que je suis au courant de

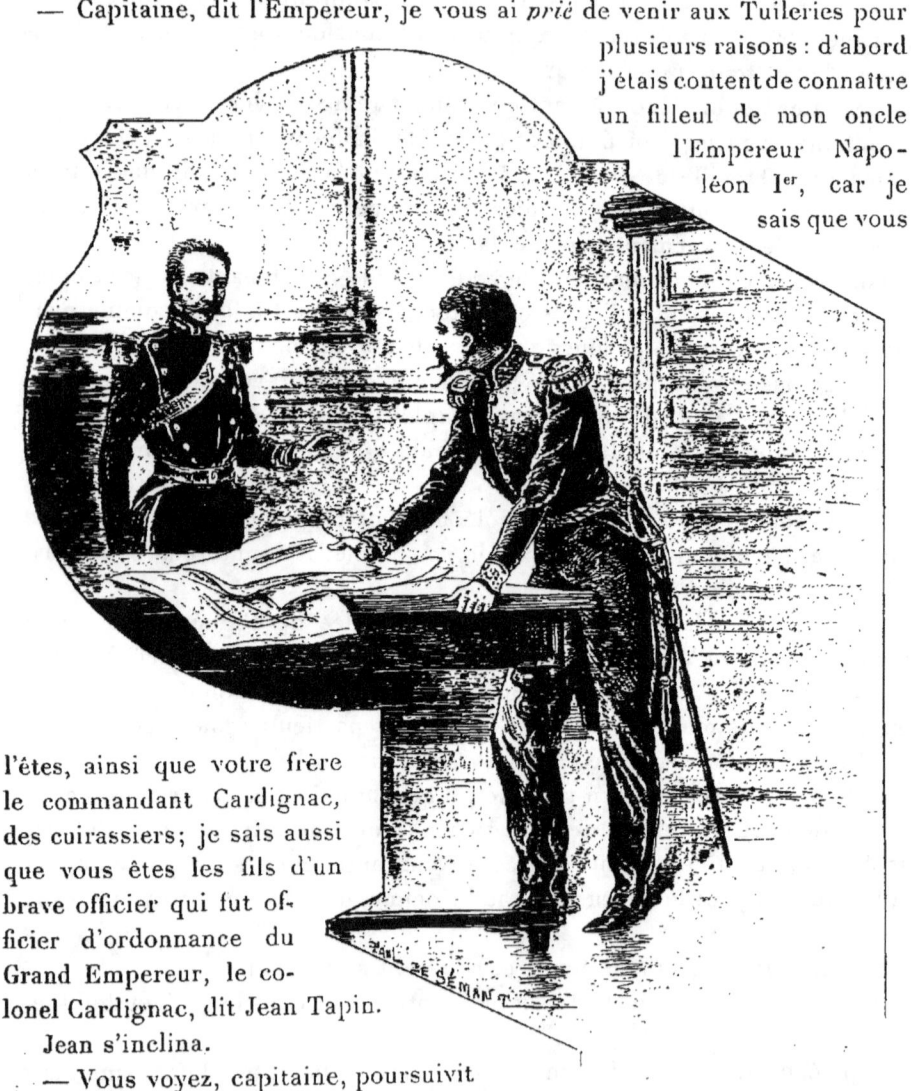

L'Empereur lui montra des épures et des tracés.

l'histoire de votre famille; mais je sais aussi que vous êtes un savant... Ne protestez pas! Je sais la part qui vous revient dans les travaux de M. l'ingénieur Normand, et de plus on m'a renseigné sur les travaux personnels auxquels vous vous livrez au ministère avec le commandant Treuille de Beaulieu : or ces travaux m'intéressent doublement, et comme chef de l'armée, et comme artilleur. Avez-vous trouvé un système de fermeture pratique?

— Sire, répondit Jean tout en rougissant, je cherche...

« Théoriquement, je crois avoir trouvé quelque chose, mais je ne voudrais rien affirmer à Votre Majesté, car, de la théorie à la pratique, il y a loin... J'ai commandé mon système de vis de culasse évidemment chez un mécanicien habile; mais il faudrait que des essais fussent faits au polygone, avec de fortes charges, sur des canons munis de cette fermeture... et je ne sais si la Direction consentira...

— J'en fais mon affaire, capitaine. Envoyez-moi vos plans... Et les rayures? Où en êtes-vous?

Notre ami s'expliqua en détail.

Napoléon III, souriant silencieusement, le laissait parler. Puis, quand il eut terminé :

— Capitaine, il y a dans ce que vous venez de me dire d'excellentes choses; mais j'ai encore mieux que cela. Venez! je vais vous montrer mes plans.

L'Empereur, passa devant Cardignac, gagna un petit bureau contigu à son cabinet; et, du tiroir d'un de ces meubles spéciaux à la conservation des dessins, il tira un dossier qu'il étala sur une table. C'étaient des épures et des tracés, exécutés par l'Empereur lui-même, et concernant la rayure à adopter pour les canons de campagne.

Alors le souverain disparut pour faire place au mathématicien, et il n'y eut plus, dans la pièce, qu'un ingénieur expliquant à un autre ingénieur — cela avec une remarquable facilité d'élocution — la théorie des rayures, de leur pas, de leur nombre et de leur profondeur.

— Voilà ce que je veux faire mettre en expériences immédiatement, conclut-il : car la puissance qui prendra l'avance sur les autres dans cette question, aura décuplé ses forces militaires, et cette puissance, je veux que ce soit la France. Vous voyez, capitaine, que nos deux systèmes sont presque identiques. Il existe dans le vôtre des qualités que je prends pour les adapter au mien. Mais — ajouta-t-il en souriant — comme je ne veux point passer à vos yeux pour un plagiaire, je vous attache à ma personne en qualité d'officier d'ordonnance, et je vous charge spécialement d'étudier et d'approfondir avec moi cette question.

Vous pensez, mes enfants, si Jean trouva que Napoléon Ier avait un neveu vraiment charmant, et s'il fut enthousiasmé de cette première entrevue!

Du reste, il n'y eut pas que lui de content : tous, sa charmante femme Valentine, ainsi que le commandant Henri, auquel il l'annonça par dépêche, le furent autant que lui, et ce dernier, en recevant la nouvelle, leva deux jours de salle de police qu'il venait d'infliger à Pierrot.

La situation brillante que Jean venait ainsi d'acquérir par son seul travail, était bien faite pour le rendre fier — et il eût été parfaitement heureux si le ciel lui eût donné un bébé. Mais, hélas! son désir ne s'était pas jusqu'alors réalisé.

Or, comme, de son côté, le commandant Henri restait célibataire, il était à craindre que la famille de soldats, issue du tambour-maître Belle-Rose, dit Marcellus, et de Jean Tapin, ne s'éteignît avec les deux filleuls de l'Empereur.

Quoi qu'il en soit, le capitaine Jean n'avait pas à se plaindre de son sort : en peu de temps, il sut se faire apprécier de son puissant protecteur et eut bientôt ses grandes et petites entrées aux Tuileries, car Napoléon III l'avait chargé, outre ses études particulières, de centraliser tout ce qui pouvait se produire d'intéressant dans les progrès scientifiques de l'époque.

Cette situation privilégiée devait mettre, et mit en effet le capitaine Cardignac en relations directes avec tout ce que, non seulement la France, mais l'Europe et même l'Amérique pouvaient contenir de savants et d'inventeurs.

Bouloche, son fidèle ordonnance, qui, on se le rappelle, était toujours content, l'était encore bien plus, maintenant!

Lorsqu'il avait été libéré du service, le capitaine Jean Cardignac l'avait fait admettre comme garçon de bureau au ministère de la Guerre, et Bouloche avait continué à exercer ces délicates fonctions auprès de son officier.

Puis, quand Jean devint officier d'ordonnance de l'Empereur, et dut transporter son bureau d'études dans un vaste atelier de peintre situé au-dessus des salles du Musée du Louvre, Bouloche fut nommé gardien préposé à ce local.

Le brave garçon était donc parfaitement heureux, et fier aussi de ses belles relations.

Bouloche était en effet l'intermédiaire obligé de tous les visiteurs qui venaient pour voir son chef. C'est lui qui était chargé d'ouvrir ou parfois de défendre la porte du capitaine.

Tout en remplissant au mieux ce service délicat, Bouloche avait fini par se prendre pour un vrai personnage; et, en son âme et conscience, il s'identifiait un peu avec son officier.

Il lui arrivait de dire avec un sérieux imperturbable :

— Ce matin *nous* avons reçu la visite de M. Arago.

Ou bien :

— M. Bixio est venu pour *nous* voir, mais ne *nous* ayant pas rencontrés, il *nous* a déposé sa carte.

Ou encore :

— *Nous* avons reçu de M. Morse, un mémoire sur les appareils télégraphiques.

Car Bouloche, à force de se frotter ainsi à des savants, avait fini par abandonner le jargon de bas-normand qui le distinguait autrefois ; au contact de gens comme il faut, il avait acquis de la tenue et *représentait très bien*, en habit et cravate.

Il était du reste imbu du sentiment de l'importance de sa personnalité, déclarant à qui voulait l'entendre :

— Je suis au service particulier de l'Empereur.

Mais l'exagération de cette tendance vaniteuse rendait Bouloche injuste, et si les noms connus trouvaient en lui un introducteur bienveillant, les noms inconnus ou les paletots élimés se heurtaient, dans son antichambre, à un Cerbère rogue et méfiant.

Car, hélas! mes enfants, il s'en faut que les inventeurs et les savants soient tous riches! C'est un métier des plus âpres et qui ne nourrit pas toujours son homme.

Combien d'inventeurs, morts dans la misère, n'ont été appréciés qu'après leur mort!

Jean Cardignac, qui savait tout cela, était, au contraire, rempli pour tous d'aménité, de condescendance; il avait même souvent molesté Bouloche pour son manque de mansuétude. Il estimait que, même chez les fous (et il y en avait de nombreux parmi ces pauvres gens), on trouve quelquefois une vérité, et qu'en matière de science, on ne doit jamais rien négliger.

C'est ainsi qu'un matin, un homme déjà vieux, au visage émacié, aux yeux ardents et fiévreux, se présenta. Il remit sa carte à Bouloche, qui lut :

Dietz

Ingénieur.

Mon capitaine est absent!

Mais ayant toisé le visiteur, examiné son air râpé, sa tenue misérable, Bouloche déclara :

— Mon capitaine est absent !

— Bien ! répondit l'autre avec résignation, je reviendrai.

Et sur sa carte, il ajouta cette mention :

« Voudrait entretenir M. le capitaine Cardignac d'une voiture à vapeur « de son invention. »

Ce Dietz est le père de l'*automobilisme* en France : c'est à lui qu'on doit la première voiture sans chevaux.

Il sortit triste et voûté.

Et quand Bouloche remit à Jean la carte annotée :

— Mais sapristi ! tu aurais dû le faire entrer, s'écria l'officier... Une voiture à vapeur... allant sur route, n'exigeant pas l'emploi du rail... Mais tu ne sais donc pas que cette invention-là ferait faire un pas énorme aux transports militaires ; qu'on pourrait, grâce à elle, traîner des canons de gros calibre et les amener sur les champs de bataille... ce qu'on n'a jamais pu faire !

— Je comprends bien, fit Bouloche, sentant qu'il avait fait une bêtise... mais il n'avait pas l'air très... très comme il faut, ce monsieur...

Mais Jean s'échauffait de plus en plus.

— Comme il faut !... c'est cela qui m'est égal !... Une voiture à vapeur, poursuivit-il, ce serait une vraie révolution dans la question des convois, ces convois interminables qui encombrent les routes derrière les armées en marche : remorqués par la vapeur, ils auraient une longueur moitié moindre et marcheraient deux fois plus vite... Et tu as éconduit l'homme qui peut-être avait résolu ce problème !...

— Mon capitaine, il a dit qu'il reviendrait ; soyez sans crainte, vous le reverrez un de ces jours.

— Tu n'es qu'un imbécile !

— Oh ! mon capitaine, fit Bouloche qui cette fois n'était plus content.

Et jamais Dietz ne revint.

Qu'est-il devenu ? Personne ne le sait, et l'histoire des inventeurs est muette à ce sujet.

Pourtant son premier essai avait une réelle valeur et lui donnait bien le droit d'être au moins écouté.

En 1834, il avait créé un service entre Paris et Versailles à l'aide d'une diligence à vapeur. Cette voiture partait de l'hôtel de Nantes, qui était situé (cela va bien vous étonner, mes enfants) au beau milieu de la place du Carrousel, face aux Tuileries.

Vous voyez combien tout change d'aspect, à soixante ans de date ; car si la place du Carrousel existe encore, il n'y a plus ni hôtel de Nantes ni Tuileries!

Toujours est-il que, si cette première diligence à vapeur n'était pas la perfection même, c'était du moins le premier pas dans cette voie. Et, à vrai dire, elle voyagea entre Paris et Versailles sans trop de difficultés, sauf aux côtes, où ça n'allait pas tout seul et où les voyageurs étaient obligés de descendre pour pousser aux roues : mais est-ce que, même aujourd'hui, on ne voit pas des automobiles en panne et des chauffeurs obligés de jouer, en certains passages, le rôle de cheval-vapeur?

En tout cas, le pauvre Dietz méritait d'être encouragé; et s'il l'eût été, qui sait si la traction automatique n'eût pas fait de suite des progrès sensibles, tandis qu'il a fallu une première période de vingt ans pour obtenir un perfectionnement avec la voiture routière de M. Lotz, qui fit, en 1864, le voyage de Nantes à Paris.

En 1866, un autre inventeur, M. Albaret de Liancourt, construisit une voiture d'un autre modèle; puis un nouvel arrêt se produisit jusqu'en 1875.

Depuis on a rattrapé le temps perdu, car vous voyez des automobiles sur toutes les routes et vous les verrez bientôt utilisées par l'armée; mais cet aperçu vous démontre, une fois encore, les difficultés d'un progrès quelconque dans la vie.

Ah! certes, ce ne fut pas de la faute de votre ami Jean si tout effort intelligent ne fut pas encouragé! Il fut un protecteur éclairé pour ceux qui s'adressèrent à lui, et obtint souvent pour eux, du souverain, l'aide pécuniaire sans laquelle rien n'est possible.

En tout cas, dans son trop court passage au service particulier de Napoléon, Jean Cardignac ne recueillit que des amitiés et de la reconnaissance. C'est là qu'il se lia avec l'ingénieur Marc Séguin, celui qui créa la première ligne de chemin de fer français de Lyon à Saint-Étienne, et qui, plus heureux que beaucoup de ses devanciers, a pu jouir de son œuvre, car il est mort en 1875, et eut, de son vivant, la satisfaction de constater que son premier essai avait, comme on dit, fait tache d'huile.

C'était d'ailleurs le moment où, de toutes parts, surgissaient les nouveautés qui allaient faire, de cette seconde moitié du siècle, la plus féconde des époques humaines en matière de découvertes.

Les chemins de fer sortaient des limbes du début : les bateaux à vapeur commençaient à sillonner les mers ; les navires de guerre se cuirassaient d'acier pour résister à l'artillerie ; et les pièces de canon, pour arriver à perforer les cuirasses des vaisseaux, lançaient des projectiles d'un poids inconnu jusqu'alors.

L'année 1843 voyait le premier établissement, en Amérique, du télégraphe Morse, ainsi appelé du nom de ce savant ingénieur américain, et, huit ans après, le 1er mars 1851, les premiers bureaux télégraphiques de ce modèle fonctionnaient en France. — En même temps, les premiers câbles sous-marins étaient immergés, et le 1er novembre 1852, la première dépêche électrique, expédiée de Douvres à Calais, était remise entre les mains de Louis-Napoléon, Président de la République française.

Remarquez à ce propos, mes enfants, qu'à l'heure même où j'écris ces lignes, la première dépêche du *télégraphe sans fil,* devenu possible grâce à la découverte d'un Français, M. Branly (1), vient d'être transmise avec succès d'une rive de la Manche à l'autre.

Joignez à cela que la *galvanoplastie*, c'est-à-dire l'art de recouvrir de métal à l'aide du courant électrique un objet quelconque, venait de faire son apparition, et qu'à cette même époque aussi, ce qu'on appelait l'*héliographie,* et aujourd'hui la *photographie*, commençait à émerveiller la foule.

Ce fut l'excellent Bouloche qui attira l'attention du capitaine Jean Cardignac sur les progrès récents de cette radieuse découverte.

Un jour sa figure, plus épanouie que de coutume, apparut dans l'entrebâillement de la porte de l'officier d'artillerie.

Il tenait à la main une plaque de carton qu'il tendait triomphalement au capitaine.

— Qu'est-ce que c'est que ça ? demanda Jean Cardignac, en jetant un coup d'œil distrait sur la tête représentée sur le carton.

---

(1) M. Marconi, Italien, à qui la réclame inconsidérée de la presse européenne attribue cette découverte géniale de la télégraphie sans fil, n'a fait qu'utiliser, d'ingénieuse façon, le *tube à limailles* de M. Branly, tube sans lequel *le dit télégraphe n'existe pas*. Combien d'inventeurs français ont vu ainsi leurs découvertes méconnues dans leur pays et exploitées par l'étranger !

— Mon capitaine ne reconnaît pas ?

— Non, je vois seulement que ce bonhomme-là fait une affreuse grimace.

— Mais c'est moi, mon capitaine, ce bonhomme-là !...

— Je te crois sur parole, Bouloche... Eh! mais c'est un travail dans le genre de ceux de Daguerre, dit l'officier en examinant de plus près la surface polie du carton, et c'est la première fois que je vois un portrait de ce genre ailleurs que sur du verre ou du cuivre. Qui a fait cela?

— C'est M. Blanquart-Evrard, un monsieur venu de Lille, et il m'a dit de vous le montrer.

— Il a su te prendre doublement, celui-là, Bouloche : comme il t'a fait ton portrait, tu ne l'as pas mis à la porte !...

— Mon capitaine peut croire que je n'y mets plus personne depuis que j'ai été arrangé par mon capitaine...

— Bon ! laisse-moi ce portrait et introduis ce monsieur quand il viendra : dans tous les cas, tu n'es pas beau, je te préviens.

— Ça ne fait rien, je suis rudement content!

Ce n'était pas de la faute de Bouloche s'il n'était pas beau et vous trouverez sa grimace bien naturelle, mes enfants, en songeant qu'il fallait alors poser devant l'objectif pendant plusieurs minutes.

Songez aux progrès réalisés, puisque, aujourd'hui, non seulement le photographe vous prend sans que vous ayez le temps de bouger, mais puisqu'on arrive à obtenir plusieurs centaines de clichés de la même scène en une minute: *plus de neuf cents*.

C'est en faisant ensuite dérouler sous vos yeux ces clichés, vivement éclairés et à raison de trente par seconde, temps nécessaire pour que la rétine éprouve une impression continue, que le *cinématographe* reproduit fidèlement les tableaux les plus variés.

Il y avait longtemps que Niepce et Daguerre, deux Français, avaient trouvé, le premier le moyen de fixer les images de la chambre noire sur du bitume de Judée, le second, la propriété de l'iodure d'argent de s'impressionner à la lumière et de se révéler par les vapeurs du mercure.

Mais il fallait des poses d'un quart d'heure au moins, en pleine lumière, et nul n'eût pu y résister.

Ce fut un autre Français, Claudet, qui découvrit les substances accélératrices et réduisit le temps de pose à une minute ou deux.

Mais ce qui donna l'essor à la photographie fut précisément la découverte dont Bouloche venait de bénéficier un des premiers, c'est-à-dire le tirage des épreuves sur papier, à l'aide de clichés négatifs, obtenus préalablement sur verre; car ce procédé supprimait le miroitement désagréable qu'il était impossible de bannir des épreuves sur métal, et permettait de multiplier à l'infini les reproductions d'un même cliché.

Et si je vous parle un peu longuement de cette question, mes enfants, c'est pour en arriver à vous raconter l'histoire peu connue qui donna naissance à la photographie sur papier.

C'est l'histoire d'une pêche, et il vous sera possible à tous de reproduire, au grand étonnement de vos petits amis, le phénomène qui inspira à M. Bayard, modeste employé au ministère des Finances, en 1845, l'idée de tirer d'un cliché unique un nombre indéterminé d'épreuves, en interposant ce cliché entre le soleil et une surface sensible à l'action des rayons solaires.

Le père de M. Bayard, honnête juge de paix dans une petite ville de province, avait un petit verger où des pêches admirables mûrissaient au soleil d'automne. Il en était très fier et, chaque année, il se plaisait à envoyer à ses amis quelques corbeilles de ces beaux fruits.

Mais, dans son naïf orgueil de propriétaire, il tenait, en les envoyant, à indiquer par un signe irrécusable, que ces pêches sortaient de son verger. Et voici le procédé singulier qu'il avait imaginé :

Lorsque les pêches étaient encore blanches et commençaient à grossir, il les enveloppait dans un sac de papier noir : lorsque, ainsi abritées des rayons solaires, elles avaient acquis les dimensions voulues sans perdre leur couleur blanche, le brave magistrat les débarrassait de leur sac et collait sur chacune d'elles les initiales de son nom artistement découpées en caractères de papier.

Puis il les laissait librement exposées pendant quelques jours à l'influence du soleil.

Quand on enlevait alors le papier protecteur, les deux initiales se détachaient en blanc sur le fond rouge de la pêche qu'elles marquaient ainsi d'une estampille irrécusable. Le soleil en avait fait tous les frais et vous voyez, mes enfants, que pour ceux d'entre vous qui ont la chance de voir mûrir des fruits dans le jardin paternel, l'expérience est facile à reproduire.

Mais au milieu de ce déluge d'inventions, et après avoir donné aux nouvelles applications photographiques l'attention qu'elles méritaient, le capitaine Cardignac n'avait garde de négliger ses canons.

Du reste, l'Empereur qui voyait poindre à l'horizon politique la question

Un soldat de plus!

d'Orient et qui tenait à son idée, le ramenait sans cesse vers son sujet.

Les études préalables faites, il avait décidé qu'on expérimenterait d'abord la rayure, sur des pièces se chargeant par la bouche, quitte à s'occuper ultérieurement de la fermeture de la culasse.

Ces études avaient valu à Jean une distinction des plus rares chez un capitaine : l'Empereur l'avait nommé officier de la Légion d'honneur.

On était à la fin de l'automne 1853; et Jean dut quitter momentanément Paris pour s'en aller à Bourges, afin d'y surveiller la fabrication et les essais des premiers types de canons rayés. Ce fut là qu'il reçut son quatrième galon — le galon de commandant. Sa commission le maintenait hors cadre au service particulier de l'Empereur. Ce fut aussi pendant cette période d'études pratiques qu'un autre bonheur vint le surprendre, car, en février 1854, Dieu exauçait enfin son désir, un fils lui naissait!

Un fils! quelle joie!

Et comme le grand-père, le colonel Cardignac en eût été fier, de ce petit enfant rose et blond, si impatiemment attendu!

On l'appela Georges.

— Un cavalier de plus! avait dit son oncle Henri.

— Non : un artilleur! avait répondu son père.

En quoi tous deux se trompaient, car le petit Georges ne devait être ni fantassin de l'armée de terre comme son grand-père le colonel Cardignac, ni artilleur comme son père, ni cavalier comme son oncle.

A la suite de l'héroïque défense de Bazeilles par l'Infanterie de marine, la *division bleue* comme l'appelèrent les Allemands, et de l'inoubliable impression qu'en avait rapportée son âme d'enfant — il assista à ce drame à l'âge de seize ans — il devait être *marsouin*.

Et vous pouvez remarquer qu'il fut bien inspiré en s'orientant vers l'infanterie de marine, car la longue période de paix qui suivit la guerre de 1870, fut jalonnée de nombreuses expéditions coloniales au Tonkin, au Soudan, au Dahomey, à Madagascar, et les marsouins allaient y accaparer la seule gloire possible, pendant que l'armée de terre continuerait à monter, devant la trouée des Vosges, sa garde fiévreuse et trop prolongée.

Quoi qu'il en soit, jamais bébé ne fit son entrée dans la vie au milieu de plus de souhaits de bonheur. Seul, Pierre Bertigny n'avait pu joindre les siens à ceux de ses parents adoptifs et vous connaîtrez au chapitre suivant les pénibles raisons qui l'en avaient empêché.

Aussi ce fut bien tristement qu'on parla de son absence : sa sœur non plus ne vint pas, car elle avait définitivement pris le voile et ne pouvait que rarement donner de ses nouvelles; mais elle envoya au nouveau-né une belle médaille d'or portant son nom avec cette inscription : « Je prierai pour lui. »

Quant à la maman de Georges, en entendant proclamer déjà soldat ce pauvre petit être vagissant qu'elle avait tant désiré, elle avait souri tristement, comme toutes les mamans qui pensent à la guerre possible!

Et cette tristesse l'envahissait devant les vœux de ces soldats qui, héritiers de traditions héroïques et de souvenirs guerriers, ne pouvaient entrevoir, pour le continuateur de leur nom, de plus belle carrière que celle des armes!

N'avaient-ils donc point assez donné de leur sang et de leur cœur à leur pays depuis soixante ans!

Et, puisque le génie humain semblait prendre un essor inattendu, que la science marchait à pas de géants, que l'avenir semblait appartenir aux inventeurs et aux savants, pourquoi ne ferait-on pas de son Georges un ingénieur?

Elle n'avait pas, la pauvre et douce Valentine, vécu son enfance au milieu des récits de combat et des bruits de guerre, et elle souhaitait une paix éternelle qui lui garderait toujours et son fils et son mari.

Mais ce vœu-là, jamais la Providence ne l'exaucera.

Retenez-bien ceci, mes enfants, pour ne pas tomber plus tard dans les divagations de certains rêveurs : la paix, la paix éternelle n'est qu'un mythe, une utopie, et quel que soit le degré de civilisation auquel parvienne l'humanité, on n'arrivera jamais à supprimer la guerre.

Car il y aura toujours des races différentes par les mœurs, le langage et les traditions; les unes jalouses de leur prédominance comme l'Allemagne, les autres rapaces comme l'Angleterre, celles-ci sentimentales comme la France, celles-là ambitieuses comme la Russie. Il y aura toujours des nations en décadence comme la Turquie, en décomposition comme la Chine, c'est-à-dire des proies toutes marquées pour tomber entre les mains des peuples ou plus jeunes ou plus forts.

Il y aura donc toujours des motifs de querelle et de guerre à la surface de notre globe.

Et ne le regrettons pas, mes enfants, car s'il n'y avait pas tout cela, si la paix régnait pour toujours, vous verriez s'installer auprès d'elle le pouvoir exclusif de l'argent et l'unique souci du bien-être.

L'humanité y gagnerait-elle? non, croyez-m'en, et quoique ces considérations soient choses bien sérieuses pour vos jeunes intelligences, laissez-moi vous dire et vous redire que la guerre est, à certaines heures, nécessaire aux peuples, car elle les rappelle à la pratique des grandes vertus, sans lesquelles les nations ne peuvent vivre, et dont cette *Histoire d'une Famille de Soldats* essaye de vous peindre les beautés.

Vous le voyez dans votre histoire par l'exemple de Carthage, peuple de marchands qui ne connaissaient plus ni le courage, ni l'esprit de sacrifice, et qui, confondant l'amour des richesses avec l'amour de la patrie, virent leur ville détruite et leur liberté ravie par les Romains, peuple de soldats.

Que vos chères mamans, mes enfants, me pardonnent les idées que j'essaye de déposer dans vos jeunes âmes sur ces graves matières : elles sont profondément gravées dans la mienne et tout ce que je vois à l'heure où j'écris ne fait que les affermir.

Je ne vais pas jusqu'à dire avec le vieux Maréchal de Moltke, notre vainqueur de 70, « que la guerre est sainte et d'origine divine », mais je dis que la guerre, étant aussi vieille que le monde, durera aussi longtemps que lui, et qu'il faut toujours être prêt à la faire, avec une armée toujours prête.

Je dis que les peuples guerriers ont été dans l'histoire ceux qui, dans toutes les branches de la civilisation, ont jeté le plus vif éclat. Je dis que la France est une nation guerrière et que nous devons lui conserver ce renom qui lui donne une place privilégiée dans le monde, en dépit de ses malheurs et de ses fautes.

Je dis enfin qu'une trop longue paix amollit les caractères, détend les courages et prédispose à la décadence.

Et c'est pourquoi, arrivé à cette année 1854 de notre histoire, et n'ayant eu depuis Waterloo, c'est-à-dire depuis quarante ans, que les luttes africaines à vous raconter, je trouve avec joie sur ma route, à quelques années de distance, ces deux grandes guerres, la guerre de Crimée et la guerre d'Italie. — Elles furent impolitiques l'une et l'autre : l'avenir l'a prouvé; mais, en vous retraçant la part qu'y prirent les Filleuls de Napoléon, je ne me souviendrai avec vous que d'une chose, c'est qu'elles furent glorieuses, fécondes en héroïsmes, et mirent au cœur de tous les Français, sans distinction de parti, les chauds enthousiasmes d'autrefois.

CHAPITRE XII

DEVANT LE CONSEIL DE GUERRE

L'entrée de Lucienne en religion avait rempli d'une mélancolique amertume le cœur de Henri Cardignac. Il essaya de lutter contre l'obsédante vision, mais le calme de la vie de garnison et le terre à terre du service journalier en France ne pouvaient apporter à cette âme ardente la diversion nécessaire. Il eût fallu, pour qu'il oubliât le rêve entrevu, les chevauchées et les rudes émotions des premières années de la conquête algérienne; et soudain, la nostalgie le reprit de ce merveilleux pays d'Afrique où l'air est toujours pur, le ciel toujours bleu et où les horizons, démesurément reculés, emportent l'âme dans des rêveries pleines de douceur.

« Pierre qui roule n'amasse pas mousse », dit le proverbe : or, il semble bien que, dans la vie militaire, le proverbe mente, car ce sont les officiers qui roulent le plus, du Soudan au Tonkin et du Dahomey à Madagascar, qui amassent le plus d'avancement, de campagnes et d'expérience. Henri, plus fait pour la vie nomade que pour la vie de famille, résolut donc de retourner en Algérie.

Son protégé, Pierre Bertigny, malgré quelques escapades au 9ᵉ cuirassiers, avait été nommé brigadier deux ans après son engagement. On n'arrivait pas alors à ce grade aussi vite qu'aujourd'hui, où huit à dix mois suffisent le plus souvent à qui veut travailler et se bien conduire.

Il était maintenant dans sa quatrième année de service et proposé pour maréchal des logis; c'était un garçon superbe, à la figure résolue, aux traits énergiques, cavalier consommé et d'une force peu commune à tous les exercices du corps.

Il tenait de ce côté tout ce qu'il promettait à La Flèche; mais il n'avait pu se débarrasser de son défaut principal, qui était de répondre toujours, et quand même, aux observations qui lui étaient faites. Son caractère, jadis indomptable, s'était plié aux exigences de la discipline militaire; toutefois s'il acceptait sans sourciller les ordres ou les reproches de ses officiers, il arrivait difficilement à se contenir lorsqu'il avait affaire à un sous-officier dont il jugeait l'éducation inférieure à la sienne, et qui ne mettait pas dans la forme de ses apostrophes toute la correction voulue.

De plus, le hasard d'une permutation avait voulu qu'il retrouvât, au 9e cuirassiers, son *ancien* Delnoue, celui qu'il avait si magistralement bourré de coups de poing, le premier jour de son entrée à La Flèche.

Delnoue, qui n'avait pas non plus réussi à Saint-Cyr, était maréchal des logis-chef; par conséquent le supérieur de Pierre, et, pour comble de malechance, dans le même escadron que lui. Or, il faut bien avouer qu'il n'avait pas oublié, bien que l'histoire fût déjà lointaine, la blessure d'amour-propre qu'il avait subie tout enfant, en se voyant « roulé », lui *ancien*, devant tous ses camarades, par un melon, un *melon saumâtre*, comme on disait au Prytanée.

Il avait d'abord fait bonne figure à Pierre; mais en plusieurs occasions, ce dernier avait peu à peu senti percer, dans la sécheresse des ordres donnés ou la fréquence des observations faites, l'animosité d'autrefois et il s'en était ouvert à son protecteur en lui demandant à changer d'escadron.

« Non, avait répondu nettement le commandant Cardignac : un soldat ne permute pas parce que tel ou tel de ses supérieurs lui déplaît; où en serions-nous si de pareilles pratiques étaient admises dans l'armée? Pourquoi pas tout de suite le suffrage universel pour les soldats, avec le droit de choisir leurs officiers? — Tu es assez vieux maintenant pour résister à un accès de mauvaise humeur; oblige-toi au calme : c'est la plus belle qualité du soldat de carrière; et obéis à ce Delnoue avec plus de correction encore qu'à tes autres gradés. »

Pierre se l'était tenu pour dit et avait refoulé ses sentiments d'antipathie; lorsqu'il avait affaire dans le service à son ancien camarade dont, je me hâte de le reconnaître ici, le caractère n'était ni loyal ni généreux, il prenait l'attitude militaire, les mains dans le rang, les talons joints, écoutait sans broncher les choses plus ou moins désagréables qui lui étaient servies, faisait demi-tour par principes et s'en allait.

Ce fut alors que Pierre regretta de n'avoir pas travaillé à La Flèche; que de fois, à la suite d'un de ces efforts douloureux faits pour se dominer, il se répéta :

Pierre prenait l'attitude militaire et écoutait.

« Si j'avais réussi à Saint-Cyr je serais aujourd'hui sous-lieutenant « et c'est moi qui serais le supérieur de Delnoue ».

Cette manière d'être avait pour résultat d'exaspérer le maréchal des logis-chef qui, dans le regard droit et brillant de Pierre Bertigny, lisait sans effort toutes les réflexions dédaigneuses de son subalterne et n'en devenait que plus acerbe et plus agressif.

Je me hâte d'ajouter, mes enfants, que je n'approuve pas cette réflexion-là : que Pierre regrettât le temps perdu et le retard qui en était la conséquence dans son avancement, rien de plus légitime; mais ce regret ne devait pas être provoqué par le désir de dominer à son tour le supérieur dont il subissait péniblement l'autorité. — L'ambition, je parle de celle qui est noble et légitime, doit reposer sur des mobiles moins misérables que celui-là.

Pourtant, notre brigadier avait victorieusement résisté à toutes les impulsions de son ardente nature tant qu'il avait senti, dans son voisinage immédiat, l'appui et la surveillance du commandant Cardignac. L'affection qu'il éprouvait pour son sauveur et son éducateur était telle, qu'il se sentait capable de tous les héroïsmes pour obtenir de lui un sourire approbateur, et il voyait approcher le jour où il allait être nommé maréchal des logis, c'est-à-dire sortir de l'ornière, vivre dans un milieu plus relevé et se rapprocher comme grade de son ennemi intime, lorsqu'un matin le commandant Cardignac, dont il redoutait d'ailleurs les projets de départ, vint les lui confirmer. C'était dans les premiers jours du mois d'octobre 1853.

— Je retourne aux chasseurs d'Afrique, Pierre, annonça-t-il. Qu'en dis-tu ?

— Oh! mon commandant, mon commandant!

— Sois tranquille, j'ai pensé à toi et tu ne tarderas pas à m'y rejoindre.

— Quel bonheur!...

— Oui, aussitôt que tu auras le galon d'argent, je te trouve un permutant à mon nouveau régiment, le 3ᵉ, et tu me rejoindras à Constantine.

La physionomie franche et riante de Pierre exprima aussitôt un si douloureux désappointement que son père d'adoption en fut touché, et lui mettant les deux mains sur les épaules :

— Allons, Pierrot, reprit le commandant qui ne lui donnait ce surnom de son enfance que quand il voulait lui marquer de l'affection, allons, mon ami, c'est le moment de prendre ton courage à deux mains et de faire preuve de caractère. — Je te le répète : le colonel te nommera en décembre, au plus tard en février 1854, si ta conduite se maintient ce qu'elle est : c'est promis... Donc, dans le courant de janvier, de mars au plus tard, tu t'embarqueras pour l'Afrique : c'est dit.

Mais le jeune brigadier hocha la tête.

— Quand vous ne serez plus là, dit-il à voix presque basse, *il me cherchera* et il n'aura pas de peine à trouver des motifs de punition, surtout maintenant qu'il est adjudant... Donc je ne serai jamais nommé... alors je ne vous verrai plus... et...

Il n'acheva pas : une grosse larme venait de perler dans ses yeux, et Henri Cardignac, remué par cet attachement si profond, lui prit les deux mains.

— Grand enfant, va! sois tranquille : *il ne te cherchera pas*, répéta-t-il, en employant à dessein cette expression familière au soldat, qui s'imagine qu'un supérieur *cherche* les occasions de le prendre en faute. Je lui parlerai, à ce terrible adjudant; de plus, ton capitaine, M. Richard, prévenu de nouveau par moi, aura l'œil sur vous deux et empêchera les abus d'autorité. Et comme Pierre ne lui paraissait pas encore convaincu :

— Ce n'est pas tout, reprit le commandant Cardignac; puisque tu lis les gazettes de temps en temps, tu as dû voir que les choses allaient fort mal entre nous et la Russie... A mon avis, la guerre est fatale d'ici à quelques mois : s'il y a un corps expéditionnaire envoyé pour soutenir la Turquie, comme tout le fait prévoir, je me débrouillerai pour en faire partie, dussé-je aller trouver moi-même le Maréchal de Saint-Arnaud : et, si j'y vais, je t'emmène : j'espère que cette promesse-là te fera patienter mieux que tout le reste.

— Oh! oui, mon commandant : une guerre en Europe... Il y a si longtemps!...

— Oui, et puisque nous en parlons, je dois te dire que c'est une guerre que je n'approuve pas, car la Russie a déjà porté malheur à notre grand Napoléon, qui a reconnu à Sainte-Hélène son erreur de 1812. La Russie est notre alliée naturelle; or, la fatalité veut que nous combattions contre elle avec l'Angleterre qui, elle, est notre ennemie bien plus naturelle encore, sauf quand elle a intérêt à nous faire tirer les marrons du feu.

— Pourtant, mon commandant, on dit que les Russes veulent prendre Constantinople...

— Et puis, après? Qu'ils prennent donc Constantinople, et entendons-nous avec eux pour avoir aussitôt une compensation dans l'Empire turc démembré, la Tunisie d'abord, qui est le prolongement de l'Algérie, puis l'Égypte qui est française depuis la conquête de 1798.

Que l'ambition des Russes gêne la Grande-Bretagne qui craint toujours de se voir supplantée dans la Méditerranée et qui veut maintenir libre la route de l'Inde, je le comprends; mais pourquoi aller faire le jeu de ces égoïstes d'Anglais contre ces braves Russes, qui ont joliment raison de poursuivre l'exécution du testament de Pierre le Grand?

— Le testament de Pierre le Grand? répéta Bertigny, interrogateur.

— Paresseux que tu es, fit le commandant en riant; si tu avais « pompé » jadis ton histoire, tu saurais que ce Tsar russe, le plus grand de la dynastie des Romanoff, a donné comme objectif essentiel à ses descendants la prise de Constantinople... Et sois tranquille, un jour ou l'autre, avec nous ou contre nous, les volontés du grand testateur seront exécutées!... Mais tu me fais bavarder au moment où je suis dans le coup de feu de mes visites d'adieu... à bientôt donc, mon Pierrot, et courage!...

Henri Cardignac ne s'était pas trompé. La guerre menaçante entre le Tsar Nicolas et la Turquie allait amener la France et l'Angleterre à intervenir.

Déjà d'ailleurs Russie et Turquie étaient aux prises : l'armée russe du prince Gortchakof avait envahi ce qu'on appelait alors les *Principautés*, c'est-à-dire la Moldavie et la Valachie, réunies aujourd'hui sous le nom de royaume de Roumanie, avec Bucharest comme capitale.

Les flottes françaises et anglaises avaient répondu à cette agression en allant occuper le mouillage de Beïkos, au débouché du Bosphore dans la mer Noire.

Puis, le 30 novembre 1853, la flotte russe détruisait la flotte turque à Sinope; le 4 février de l'année suivante, la guerre était déclarée à la Russie par la France et l'Angleterre, et le Maréchal de Saint-Arnaud, cédant le portefeuille de la guerre au Maréchal Vaillant, allait prendre le commandement des premières troupes, jetées à la hâte sur le territoire turc, pour arrêter la marche de Gortchakof.

En toute hâte, deux divisions étaient constituées sous les ordres du général Canrobert et du général Bosquet : deux autres allaient suivre. Le général Morris commandait la division de cavalerie qui devait comprendre des dragons, des cuirassiers et des chasseurs d'Afrique : ces derniers étaient sous les ordres du général d'Allonville qui désignait trois escadrons pour être embarqués de suite, et, parmi eux, l'un des deux escadrons de Henri Cardignac :

car vous n'ignorez pas, mes enfants, qu'un chef d'escadrons de cavalerie commande à deux escadrons, c'est-à-dire à un demi-régiment, chaque escadron étant sous les ordres directs d'un capitaine commandant.

En apprenant cette désignation qu'il n'avait même pas eu la peine de solliciter, notre ami, malgré ce qu'il pensait de l'inopportunité de cette guerre, fut au comble de la joie : on n'empêchera jamais un militaire d'aimer la guerre pour elle-même : c'est dans le sang, surtout dans le sang d'un peuple qui, comme le nôtre, est né, a grandi et ne peut se maintenir que par la guerre. Aussi, tout en conservant une grande sympathie pour les Russes — sympathie que vous verrez d'ailleurs réciproque, même au plus fort du siège de Sébastopol — et tout en se rappelant qu'un russe, Moïloff, le moujik, avait jadis sauvé son père, après le passage de la Bérésina (1), Henri Cardignac ne s'en préparait pas moins à leur porter de bons coups de sabre, comme il sied à un cavalier français.

Il allait donc s'embarquer à Bône dans les derniers jours de mars, un peu inquiet seulement de n'avoir pas, depuis quelque temps, la moindre nouvelle de Pierre Bertigny et de ses galons, lorsqu'il reçut du capitaine Richard, du 9e cuirassiers, la terrifiante lettre que voici :

« Mon commandant,

« J'ai la douleur de vous apprendre que votre protégé Bertigny (n° m^{le} 4254) est en prévention de conseil de guerre pour un motif accablant : *Voies de fait envers un supérieur dans le service.*

« *C'est la mort! Article 223 du Code de justice militaire.*

« Vous seul pouvez le sauver en prenant sa défense : c'est l'avis de tous ici.

« Le général de division n'a pas encore donné l'ordre d'informer, mais cet ordre ne saurait faire aucun doute.

« Je suis, comme officier de police judiciaire, chargé de la première instruction et je vais essayer de gagner trois ou quatre jours ; puis le dossier sera transmis au général de division pour *l'ordre d'informer;* mais avant que le rapporteur ait procédé aux interrogatoires, et que le général ait donné *l'ordre de mise en jugement,* vous aurez le temps d'arriver !

« Dieu veuille que vous le puissiez !

(1) Voir *Jean Tapin.*

« Bertigny est en cellule : on lui a dit qu'il avait le droit de choisir un défenseur et il ne veut entendre parler que de vous; si vous ne pouvez l'assister, il faudra lui en désigner un d'office.

« Je lui ai dit que je vous écrivais et j'ai deviné l'interrogation muette de son regard : « Viendra-t-il? » car vous êtes pour lui un père et une Providence tout à la fois!...

« Venez vite, mon commandant!

« Votre respectueux subordonné,

« Capitaine Richard. »

En recevant cette lettre, Henri Cardignac fut atterré, et la joie de faire partie du corps expéditionnaire fit place chez lui à l'angoisse la plus poignante.

Que faire? Renoncer à s'embarquer avec son escadron, céder sa place à un autre et courir à Tours, pour remplir ce qu'il considérait comme un devoir.

Oui, il ne pouvait hésiter : ce malheureux qu'attendait le poteau d'exécution était son enfant adoptif, son œuvre à lui : il ne pouvait l'abandonner à une heure aussi terrible.

Il alla trouver le général d'Allonville, commandant la brigade, lui montra la lettre du capitaine Richard et lui exposa ses intentions.

— Je regrette vivement pour vous ce contre-temps au moment d'un départ en campagne, lui répondit le général; mais je suis obligé de vous remplacer.

— L'escadron pourrait partir avec son capitaine commandant, hasarda Henri qui connaissait le caractère entier de son chef; je ferai tout pour le rejoindre en Turquie, après la séance du conseil de guerre.

— L'ordre est que le chef d'escadrons parte en même temps pour se trouver là-bas quand arrivera le deuxième échelon : pouvez-vous me répondre d'y arriver quelques jours après?

— Non, évidemment, mon général; mais...

— Alors, il est inutile d'insister, je vous remplace... les candidats ne manquent pas.

La mort dans l'âme, Henri se retira, et le soir même s'embarquait pour la France.

Jamais devoir ne lui avait paru aussi amer. Que de soucis et de sacrifices lui avait déjà coûtés ce malheureux enfant! Mais l'image de Lucienne s'interposa et il ne songea plus dès lors qu'aux moyens d'arriver à temps.

Pour comble de malheur, la traversée fut horrible et dura six jours; en débarquant, le commandant Cardignac

On ne voyait fonctionner que des petites lignes.

ne put même envoyer à Tours un télégramme annonçant son arrivée, car le télégraphe était accaparé par le gouvernement pour la correspondance officielle relative à la guerre. C'était d'ailleurs toujours le télégraphe aérien de Chappe, celui qui avait annoncé à la Convention, comme première dépêche, la prise de Condé sur les Autrichiens. C'était encore le télégraphe aérien d'ailleurs qui, avant de disparaître pour toujours devant le télégraphe électrique naissant, allait jeter son dernier éclat en servant à la transmission des dépêches pendant la guerre de Crimée.

A Port-Vendres où le voilier qui portait Henri Cardignac dut relâcher, il n'y avait pas encore de chemins de fer. Ce nouveau mode de locomotion qui, en Angleterre, se développait sans arrêt depuis 1830, avait beaucoup de mal à pénétrer en France.

M. Thiers lui-même, alors ministre des Travaux publics, avait déclaré, avec beaucoup d'assurance, que les chemins de fer ne pourraient jamais relier entre elles des villes séparées par de grandes distances : tout au plus pouvaient-ils, d'après lui, servir au transport des voyageurs dans la banlieue de Paris.

Aussi n'avait-on vu fonctionner, jusqu'en 1842, que les petites lignes de Saint-Etienne à Lyon, la première construite en 1826, par Marc Séguin; puis celle d'Alais à Beaucaire en 1833; celle de Paris à Saint-Germain en 1837, et les deux lignes de Paris à Versailles, rive droite et rive gauche en 1838.

Ce fut en 1842 seulement que commença la construction des grands réseaux du Nord, du Midi, de l'Est, de l'Ouest, d'Orléans et de Paris-Lyon-Méditerranée.

Sur la dernière ligne, de Marseille à Paris, les trains marchaient déjà à la vitesse de quarante kilomètres à l'heure lorsque Henri Cardignac la rejoignit à Avignon. Arrivé à Paris en trente heures, alors que le même trajet s'exécute aujourd'hui en dix heures, il sauta dans le train d'Orléans et arriva à Tours neuf jours après avoir quitté l'Afrique.

C'était le soir : il était harassé, couvert de poussière, mais il ne sentait pas la fatigue. Arrivait-il encore à temps?

Grâce au chemin de fer, il pouvait l'espérer.

Le cœur battant à coups précipités, il se hâta vers le quartier de cavalerie, se fit reconnaître du maréchal des logis qui commandait le poste de police et le pria d'envoyer chercher l'adjudant de semaine.

Celui-ci se présenta aussitôt.

— Le brigadier Bertigny, demanda le commandant..... est-il toujours en cellule?

Sa voix tremblait en faisant cette question.

Son angoisse redoubla en ne recevant pas de réponse immédiate.

Le jugement était-il déjà rendu? c'était chose possible; car, au moment d'une déclaration de guerre, les tribunaux militaires fonctionnent avec une rapidité plus grande qu'en temps normal.

Delnoue!... c'est vous ?

Il réitéra sa question, et, saisissant le falot que portait le brigadier de garde, il le dirigea sur l'adjudant qui, les talons sur la même ligne, immobile comme une statue, semblait aussi ému que le commandant lui-même.

Et soudain, Henri le reconnut :

— Delnoue! s'écria-t-il... c'est vous?

Henri ne connaissait aucun détail du crime militaire imputé à Pierre, sinon que le brigadier avait frappé un supérieur dans le service; mais, dès la première minute, il n'avait pas eu le moindre doute sur l'identité du supérieur en question : ce ne pouvait être que le sous-officier haineux, à qui il avait maintes fois reproché ses mesquines et basses rancunes.

L'attitude de Delnoue confirmait ses prévisions. Le sous-officier semblait pétrifié.

— Où est Bertigny? répéta l'officier d'une voix brève.

— En cellule, mon commandant.

— Et le Conseil de guerre?

— C'est pour demain!

— Demain?

Henri respira : au moins il arrivait à temps.

— Vous pouvez être fier de votre œuvre, Delnoue, fit-il après un instant de silence.

Et comme le sous-officier, les yeux à terre, voulait répondre...

— Écoutez-moi, adjudant, reprit Henri d'une voix cinglante : Vous avez commis une infamie; oui, une infamie, en poussant au crime ce garçon dont vous connaissez l'irritabilité et le caractère difficile. Vous avez déshonoré les galons que vous portez, en abusant de l'autorité qu'ils vous donnaient pour exaspérer un inférieur; et comme sans doute cette basse vengeance était préméditée, savez-vous quelle épithète je vous inflige? La plus terrible que je connaisse dans l'armée : celle de *lâche!*

— Oh! mon commandant, mon commandant! bégaya Delnoue.

— Oui, reprit l'officier, le gradé qui martyrise le soldat, de même que l'ancien qui martyrise la recrue et qui arrive ainsi à lui rendre le service militaire odieux, ce gradé-là est un lâche d'abord, car il ne risque rien, et c'est un mauvais Français ensuite, quand il arrive au sinistre résultat que vous avez atteint, car il enlève à son pays, pour le jeter à la honte, un soldat qui ne demandait qu'à bien servir!... Heureusement, les misérables tels que vous sont rares... mais, soyez tranquille, Delnoue, le mal que vous avez fait retombera un jour sur votre tête!...

« Et maintenant, conduisez-moi à la prison. »

Dès les premiers mots de cette virulente apostrophe, le briga-

Il tomba à genoux.

dier, remettant les clefs des cellules à l'adjudant, s'était retiré discrètement.

Delnoue suivit l'officier, effondré, titubant comme un homme ivre.

Quand ils furent dans la cour étroite des locaux disciplinaires :

— Mon commandant, fit Delnoue d'une voix étranglée... je vous en conjure, écoutez-moi... je ne veux pas excuser ce que j'ai fait... je n'en dors plus... Mais si vous saviez combien je le regrette!

— Il est bien temps!

— Et combien je voudrais le réparer?

Henri regarda l'adjudant; sa figure convulsée attestait sa sincérité.

— Vous voudriez racheter votre faute, interrogea-t-il?

— Oui, mon commandant.

— Même au prix de vos galons.

— A quelque prix que ce soit!

— Je vous crois, dit l'officier après un moment de silence... Il est peut-être encore temps : venez au réveil me trouver au bureau du 2ᵉ escadron. Je vous en indiquerai le moyen... Maintenant, donnez-moi la clef : je veux être seul avec ce malheureux.

Quand l'adjudant se fut éloigné, le commandant Cardignac tira le lourd verrou de la cellule du nº matricule 4254, et dirigea le falot à l'intérieur, restant ainsi lui-même plongé dans l'ombre. Pierre ne dormait pas; assis sur le rebord du lit de camp qui lui servait de couchette, vêtu d'une tenue de corvée, il tenait sa tête dans ses mains et ne bougea pas quand la porte s'ouvrit.

Très ému, Henri le regarda un instant, puis d'une voix très douce :

— Pierrot, fit-il, c'est moi!

Au son de cette voix, lui rappelant son nom d'enfant, le nom des jours heureux d'autrefois, l'infortuné se redressa comme s'il eût été frappé par une décharge électrique.

Il voulut crier, mais un sanglot lui contracta la gorge, et, les bras étendus, il tomba à deux genoux aux pieds de l'officier.

— Relève-toi, mon enfant, dit Henri Cardignac. Je ne suis pas venu d'aussi loin pour te faire des reproches, mais pour te sauver, si c'est encore possible.

— Oh! mon commandant, mon commandant, c'est vous!... fit enfin le jeune brigadier... Je n'espérais plus... quel bonheur!

Et je vous assure, mes enfants, que devant l'explosion de cette affection si vraie, en entendant ce mot *bonheur* dans la bouche de ce malheureux, tombé pourtant au dernier degré de l'infortune, Henri Cardignac éprouva une des plus grandes émotions de sa vie, tant il est exact que rien ne vaut, pour un cœur généreux, la douceur de se sentir aimé, jointe à la satisfaction de consoler une âme meurtrie.

— Lucienne est-elle au courant? demanda Henri, car c'était la pensée qui lui était venue tout d'abord.

— Non, mon commandant; car elle aurait cherché à me voir, certainement.

— Est-elle toujours rue du Bac?

— Je ne le crois pas : la dernière fois que je l'ai vue, en décembre, elle parlait de son prochain départ au loin.

— Hors de France?

— Je le crois; mais la supérieure ne devait lui apprendre qu'au dernier moment le nom du pays où elle serait envoyée et je n'ai reçu aucune lettre d'elle.

— Il vaut mieux qu'elle ignore à jamais ce qui t'arrive, dit l'officier : et maintenant raconte-moi tout; ne me cache rien afin que je puisse te défendre demain en connaissance de cause.

Et, s'asseyant dans l'étroite cellule auprès du malheureux enfant que le souvenir de Lucienne lui rendait encore plus cher, il reçut sa confession.

Le lendemain, grand fut l'étonnement de tous ceux qui étaient venus assister à la séance du Conseil de guerre en voyant le commandant Cardignac s'asseoir au banc de la défense.

Et tous ses camarades du 9e, son colonel en tête, vinrent lui serrer silencieusement la main.

La sympathie de l'auditoire s'accrut encore lorsqu'on apprit qu'il avait renoncé à son tour d'embarquement et à ses chances d'avancement, pendant la campagne qui allait s'ouvrir, pour défendre l'enfant sauvé jadis par lui au siège de Constantine.

Les commandements de « Portez arme! Présentez arme! » retentirent : la garde assemblée se figea dans l'immobilité des grands jours : un silence solennel succéda aux conversations, et les membres du Conseil de guerre firent leur entrée en grande tenue.

Ils étaient sept : le colonel Michel, président; un chef d'escadrons, deux capitaines, un lieutenant, un sous-lieutenant et un sous-officier.

Debout, sous l'effigie du Christ, dont l'injuste condamnation rappelle, à travers les siècles, aux tribunaux terrestres, l'immanente justice, les membres du Conseil attendirent, couverts et immobiles; puis le Président se découvrit : tous en firent autant, s'assirent et le colonel, après avoir déclaré la séance ouverte, ordonna :

— Introduisez l'accusé !

Je ne sais rien, mes enfants, qui soit aussi émouvant dans sa simplicité qu'une séance de Conseil de guerre.

Sous-lieutenant, j'y étais jadis attiré par l'instinctif besoin de défendre des accusés, soldats de mon régiment : et j'ai assisté à maintes séances comme défenseur, cherchant plus souvent dans mon cœur que dans le Code les arguments capables d'atténuer la faute et de fléchir les juges.

Plus tard, capitaine et commandant, j'ai siégé comme juge, et, face à face avec ma conscience, j'ai essayé de concilier l'indulgente pitié que ressent tout officier pour le soldat coupable, avec le sentiment du devoir qui exige la répression dans l'intérêt de la discipline; mais toujours j'ai été profondément remué par le spectacle plein de grandeur de cette justice, à la fois la plus terrible et la plus paternelle qui soit.

Terrible, car le Code militaire est impitoyable; paternelle, car ceux qui l'appliquent aiment les malheureux qu'ils ont le devoir de châtier.

Vous entendrez dire, mes enfants :

— Est-ce que des officiers ont des notions de droit suffisantes pour s'instituer juges? est-ce que leurs études et leurs connaissances les ont préparés à ce rôle redoutable? Pourquoi ne pas confier la connaissance des délits et des crimes militaires aux tribunaux civils?

Écoutez ce que répond à cette objection un Maréchal de France :

« La justice militaire est le complément obligé des moyens de discipline :
« aux mains de qui son exécution doit-elle être confiée? Aux mains de ceux
« qui sont chargés du maintien de cette discipline, qui, chaque jour, en
« sentent le besoin et en remplissent les devoirs : aux officiers de l'armée
« active. »

D'ailleurs, sachez que ceux des officiers qui remplissent, dans ces Conseils, les fonctions de rapporteur, c'est-à-dire de juge d'instruction et de commissaire du Gouvernement, c'est-à-dire de Ministère public requérant l'appli-

Pierre entra, encadré de deux cuirassiers, sabre au clair.

cation des lois, ceux-là n'ont pas un rôle transitoire comme celui des juges eux-mêmes, nommés pour six mois seulement. Les rapporteurs sont nommés pour plusieurs années, et les commissaires du gouvernement sont, généralement, des officiers en retraite, qui prolongent leur carrière dans cet emploi : les uns et les autres ont de l'expérience en matière judiciaire et connaissent la loi.

Quant aux officiers du Conseil lui-même, c'est-à-dire à ceux qui absolvent ou condamnent, il leur suffit, pour bien juger, étant donnés tous les éclaircissements qui sont mis sous leurs yeux, d'avoir le sentiment de l'Honneur et celui de leur responsabilité envers la Patrie.

Or, ces deux mots : *Honneur*, *Patrie*, sont sur nos drapeaux : ils règlent notre vie et nul n'a le droit de soupçonner notre conscience !

Pierre Bertigny entra, encadré de deux cuirassiers, sabre au clair. Il jeta sur Henri Cardignac un long regard reconnaissant, et, calme désormais en sentant son protecteur à ses côtés, il s'avança vers la barre.

Il entendit la lecture, par le greffier, de l'ordre de mise en jugement, répondit simplement aux questions qui lui furent posées par le Président sur ses nom, prénoms, âge, grade et lieu de naissance; puis le Président ordonna :

— Lisez le rapport.

Ce rapport, ou acte d'accusation, était d'une brièveté remarquable et en même temps d'une concision terrible.

Il y était dit que l'adjudant de semaine Delnoue avait donné au brigadier Bertigny un ordre relatif au service et visant une corvée prévue par le règlement, que ce dernier avait d'abord fait un geste de mauvaise humeur tout en se mettant en devoir d'exécuter l'ordre reçu : puis, qu'à l'annonce d'une punition, méritée par son attitude indisciplinée, il s'était campé menaçant devant son supérieur, et qu'enfin, entendant celui-ci lui déclarer qu'il n'arriverait jamais sous-officier et s'attirerait au contraire une plainte en cassation, Bertigny s'était jeté sur lui comme une bête fauve et l'avait frappé à la figure.

Il avait fallu le concours de plusieurs hommes de garde, disait le rapport, pour arracher l'adjudant des mains de Bertigny, transformé en fou furieux.

« Attendu, concluait enfin le rapporteur, que, s'il n'y a pas préméditation
« dans les voies de fait, elles ont eu lieu néanmoins à l'occasion du service :
« que dans ces conditions elles revêtent une gravité exceptionnelle qui a le

« caractère du mépris pour l'autorité et du refus violent d'obéissance; que
« ce crime a été frappé de peines redoutables dans tous les temps, déclarons
« qu'il tombe nettement sous le coup de l'article 223 ainsi conçu :

« *Les voies de fait, exercées pendant le service ou à l'occasion du service, par un militaire envers son supérieur, sont punies de mort.* »

Quand cette lecture fut terminée, un grand frisson passa dans la salle; on eût entendu voler une mouche, et devant les yeux des nombreux soldats présents, à qui est faite fréquemment la lecture du Code militaire, passa la vision du poteau d'exécution.

Rien ne semblait devoir sauver Pierre Bertigny, car le fait brutal était là, patent, irréfragable; les témoins allaient le certifier, l'accusé ne songeait pas à le nier : la loi ne permettait pas de l'absoudre.

— Vous avez entendu l'acte d'accusation? demanda le Président d'une voix grave; la loi vous donne le droit de dire tout ce qui est utile à votre défense. — Que répondez-vous?

Pierre hocha la tête douloureusement et se tourna vers le commandant Cardignac. Que pouvait-il répondre? Il regrettait, oh! oui, il regrettait amèrement! Il avait vu rouge, parce que la perte de ses galons c'était ce qu'il redoutait le plus au monde; alors, oui, il était devenu fou de rage et il avait frappé.

— C'est tout ce que vous avez à dire? demanda encore le Président.

— Oui, mon colonel, répondit Pierre.

Et le silence se fit plus pesant encore, car le cas se présentait sans atténuation possible: la propension à la colère n'ayant jamais été prise en considération pour diminuer la gravité d'un pareil crime.

C'était maintenant le tour des témoins; le premier appelé fut Delnoue.

Lui aussi jeta sur le commandant Cardignac un long regard; puis il commença sa déposition, et bientôt une émotion indicible s'empara de l'auditoire.

Car, avant d'arriver au point principal de sa déposition, il raconta tout ce qui avait amené et provoqué les voies de fait dont il avait été la victime par sa propre faute. Il raconta ses rancunes de La Flèche, et comment, en retrouvant Pierre sous ses ordres, il avait cédé lâchement au désir de les satisfaire.

Pierre Bertigny s'était rué sur l'adjudant.

— J'ai juré de dire la vérité, poursuivit-il en levant de nouveau la main vers le crucifix; eh bien! si cruelle qu'elle soit pour moi-même, la voici : puissé-je ainsi éviter à un innocent un châtiment immérité!

« Quand j'ai su que Bertigny n'avait plus que son galon de sous-officier à gagner pour faire partie de l'armée d'Orient, j'ai été jaloux; j'avais moi-même essayé de partir, et, sans appui, j'avais échoué; l'envie m'a pris et je me suis promis que, ce galon, il ne le gagnerait pas. Je connaissais son caractère difficile; cent fois je l'excitai pour lui faire commettre un acte d'indiscipline, et cent fois je le vis avec dépit se dominer pour éviter la punition qui eût brisé ses rêves d'avenir. Alors, sous le coup d'une colère que son calme exaspérait, je m'acharnai contre lui, et ce jour-là, le 12 mars, je falsifiai le registre de service pour lui imposer une corvée qui ne lui revenait pas. — Aussitôt qu'il voulut m'expliquer que ce n'était pas son tour de marcher, je lui clouai la bouche avec une punition pour avoir osé répliquer; voyant qu'il n'allait pas plus loin et se dominait encore, j'ajoutai en ricanant que, cette punition-là, avec le libellé que j'allais lui accoler, l'empêcherait de passer sous-officier, c'est-à-dire de partir aux chasseurs d'Afrique.

— Alors, me dit-il, c'est donc là ce que vous cherchez depuis si longtemps?

Je lui répondis par un nouveau ricanement, et d'un bond il fut sur moi...

En ce point de sa déposition, Delnoue s'arrêta; il était haletant et de grosses gouttes de sueur perlaient sur ses tempes; mais il avait juré d'aller jusqu'au bout :

— Je dis donc, mon colonel, que le coupable ici c'est moi, poursuivit-il, en regardant de nouveau le commandant Cardignac; depuis hier, je me fais horreur, car un de mes chefs m'a ouvert les yeux sur la bassesse de ma conduite. Faites de moi ce que vous voudrez, mais pardonnez à Bertigny; il n'est pas coupable!

A peine avait-il achevé sa déposition si inattendue, et dont les dernières phrases avaient été prononcées d'une voix entrecoupée, que le commandant Cardignac, quittant son banc, s'avançait vers lui et lui serrait la main; puis se tournant vers le Conseil :

— Monsieur le Président, dit-il, pardonnez-moi ce geste si en dehors des règles et des usages; mais cet homme vient de réparer noblement sa faute :

il m'a tenu parole en s'accusant lui-même, et, ma plaidoirie, c'est lui qui vient de la prononcer; ce qu'il vous a dit est la vérité, toute la vérité.

— Vous êtes tout pardonné, commandant, dit le colonel Michel qui, malgré sa rudesse apparente, avait peine à retenir son émotion, et je vous adresse les plus chaleureuses félicitations du Conseil pour avoir su, par votre seule influence, obtenir un pareil aveu.

Ce fut pour la forme que les témoins suivants furent interrogés; — la salle entière, remuée par cet incident, était haletante; mais ce fut bien pis encore lorsque, les dépositions terminées, on vit l'accusé lui-même, Pierre Bertigny, se jeter dans les bras de son ennemi de la veille.

— Pardon, Pierre! pardon! fit Delnoue.

— Si je te pardonne, s'écria le frère de Lucienne, ah! de tout mon cœur, car ce que tu viens de faire là, vois-tu, c'est beau!

Maintenant, dans la salle, beaucoup de soldats tiraient leurs mouchoirs à carreaux pour s'essuyer les yeux, et quelques femmes, venues par curiosité, pleuraient à chaudes larmes.

Le réquisitoire du Commissaire du gouvernement fut court.

« Monsieur le Président, Messieurs les Juges, dit-il, après le spectacle touchant et imprévu auquel vous venez d'assister, si je ne tenais compte que de la lettre du Code, et si je persistais à être devant vous l'inflexible représentant de la loi, je choquerais le sentiment d'humanité qui nous remplit tous à cette heure et je cesserais de servir la justice en n'en comprenant pas l'esprit.

« Je le déclare donc :

« Oui, il y a eu voie de fait, et voies de fait envers un supérieur; oui, à défaut du premier paragraphe de l'article 223 qui ne peut plus être invoqué, car la question de service est écartée, il y a le second paragraphe du même article, qui, en dehors du service, a prévu, pour le même crime, la peine de cinq à dix ans de travaux publics. Et cependant, je ne requerrai pas plus cette deuxième peine que la peine capitale.

« Messieurs les Juges, j'abandonne l'accusation. »

Alors, la salle entière fut sur le point d'éclater en frénétiques applaudissements; chacun se sentait comme soulagé; mais le silence se rétablit comme par enchantement lorsqu'on vit le commandant Cardignac se lever de nouveau. Comme il l'avait annoncé, sa plaidoirie n'avait plus d'objet, du

Henri vint serrer la main de l'adjudant.

moins pour Pierre Bertigny ;
mais on vit alors cette situation,
curieuse dans les annales judiciaires, d'un
avocat plaidant, non pour son client, mais
pour le principal des témoins à charge.

Après avoir demandé pour Delnoue l'indulgence de son colonel, car sa faute ne relevait pas du Conseil de guerre, il conclut par les paroles suivantes qui furent religieusement écoutées :

« Messieurs du Conseil, dit-il, permettez-moi de vous adresser une dernière prière. Elle correspond, je le sens, aux sentiments qui font battre, à cette heure, tous nos cœurs à l'unisson. Ces deux hommes ont failli gravement : tous deux ont besoin de se réhabiliter.

« Or, un soldat ne se réhabilite vraiment que devant l'ennemi.

« Une guerre s'ouvre, Messieurs, qui s'annonce comme pénible et glorieuse tout à la fois ; faites que ces deux soldats, désormais unis par une amitié éclose dans ce sanctuaire de la justice, soient désignés pour faire partie de l'armée d'Orient. Il vous suffit pour cela de les signaler au bienveillant intérêt du général de division.

« Je suis sûr, en vous le demandant, d'être leur interprète à tous deux.

« Les galons qu'ils vont perdre, ils les regagneront vite par leur courage ; et, de cette inoubliable journée qui devait marquer pour l'un une condamnation infamante et être pour l'autre l'origine d'un remords éternel, il ne restera que le souvenir apaisant de votre clémence et de leur retour au devoir. »

Les larmes de bonheur qui coulaient sur les joues de Pierre Bertigny prouvèrent au commandant Cardignac qu'il venait, en parlant ainsi, d'achever son œuvre de salut.

C'est ainsi, mes enfants, que six semaines après, le 14 mai, Delnoue, remis brigadier, et Pierre Bertigny, cassé de son grade et devenu cavalier de 2ᵉ classe aux chasseurs d'Afrique, s'embarquaient sur la frégate à vapeur le *Christophe-Colomb*, à destination de Gallipoli.

Et leur bonheur était grand à tous deux, car ils allaient se refaire une vie nouvelle et cimenter, sur les champs de bataille, une amitié née des plus rudes épreuves ; de plus, ils avaient la joie de retrouver auprès d'eux et d'accompagner le commandant Cardignac, qui, à la suite d'une démarche personnelle auprès du Maréchal Vaillant, avait enfin obtenu l'autorisation de rejoindre son escadron.

En attendant, Henri avait été attaché, pendant le voyage, à la personne du colonel Trochu, qui, nommé premier aide de camp du Maréchal commandant l'Armée d'Orient, rejoignait son chef. — C'est ce même colonel Trochu, devenu général, mes enfants, qui assuma la charge du gouvernement de Paris pendant le siège de 1870-71 par les Allemands; rôle ingrat et lourde responsabilité qu'il dut accepter par patriotisme, et qui valurent à sa mémoire les reproches et les injures dont sont prodigues, vis-à-vis de leurs généraux, les peuples vaincus.

Le *Christophe-Colomb* arriva à Gallipoli, ville du détroit des Dardanelles, le 26 mai. Pendant toute cette traversée, Pierre, pris soudain d'un grand désir de savoir, lui qui avait été si paresseux jusque-là, avait été vivement intéressé par la vue de la machine à vapeur qui permettait au bâtiment de suivre, contre le vent, la ligne droite, inconnue des navires à voiles, et de quadrupler, par suite, la vitesse de marche.

Pourtant l'appareil de propulsion n'était pas encore l'hélice à laquelle vous avez vu travailler Jean Cardignac et qu'on ne trouvait encore que sur très peu de vaisseaux.

Le *Christophe-Colomb* était encore un bateau à aubes, c'est-à-dire muni de roues à palettes; et il était semblable, à quelques perfectionnements près, au bateau le *Clermont*, construit par Fulton au début du siècle, bateau que Napoléon Ier, cette fois mal inspiré, n'avait pas voulu regarder comme un engin sérieux.

A Gallipoli, l'entrain des troupes françaises débarquées allait recevoir une dure atteinte; elles restèrent d'abord en ce point inactives pendant plusieurs semaines, passèrent devant Constantinople dont elles admirèrent le merveilleux panorama, et furent dirigées sur Varna : mais en y arrivant, elles rencontrèrent un fléau dont le nom seul terrifie la vieille Europe, où il a fait jadis plus d'une sinistre apparition.

Vous devinez, mes enfants, que c'est du *choléra* que je veux parler.

En quelques semaines, le choléra accomplit des ravages effrayants dans le corps expéditionnaire.

En vain le Maréchal de Saint-Arnaud, pour faire changer d'air les troupes accumulées à Varna, ordonna l'expédition de la Dobroudscha; ce fut une idée lamentable : et le nom de cette province, située au sud des Bouches du Danube, est resté funèbre dans notre histoire : le mal devint foudroyant et il fallut tout le moral des officiers et l'admirable dévouement des médecins militaires pour que la crainte du fléau ne dégénérât pas en panique.

Sachez d'ailleurs, mes jeunes amis, qu'il faut à un chef militaire plus de caractère pour soutenir le courage de ses hommes en temps d'épidémie, que pour les conduire à l'assaut.

Les zouaves surtout, à qui on avait demandé des marches excessives, furent cruellement touchés; mais c'était une troupe d'élite par excellence : ils allaient acquérir, dans cette nouvelle campagne, leurs plus beaux lauriers et ils la commencèrent en tenant vaillamment tête à la mauvaise fortune.

Écoutez ce que raconte d'eux un de nos plus éminents historiens :

« A Mangalia, le 6 août, pendant qu'on transportait les plus malades d'entre eux à bord de la *Calypso*, un orage se déchaîna soudain : plus de soixante de ces malheureux expirèrent sur la plage même. Pendant la marche en retraite, on voyait les soldats valides porter ceux qui ne pouvaient plus marcher sur des fusils placés en croix ou sur des sacs de campement transformés en civière. Souvent, l'un des porteurs venait à défaillir, touché à son tour par le fléau; un camarade le remplaçait aussitôt : trop souvent aussi un agonisant, les traits crispés, la face bleuie, les membres contractés, s'agitait dans une dernière convulsion; on s'arrêtait : il était mort. Alors, de la pointe de leurs baïonnettes, les zouaves creusaient, sur le bord du chemin, une fosse bien peu profonde, et quand, sur le pauvre corps, ils avaient ramené un peu de terre avec des herbes sèches, ils ôtaient leur chechia : l'un d'eux murmurait une courte prière, et puis ils reprenaient silencieusement leur chemin, rapportant avec soin le sac de leur camarade, ses armes et ses cartouches; car il ne fallait pas que l'ennemi, s'il revenait par là, se fît un trophée de ses dépouilles et triomphât de cette mort que le choléra seul avait faite (1). »

Leur chef, le colonel Bourbaki, disait laconiquement en parlant de ces vaillants : « Moral toujours bon; du chagrin, mais pas de désespoir. »

Par bonheur, Delnoue et Bertigny, arrivant de France et non anémiés encore par un long séjour au bivouac, résistèrent au fléau. Le commandant Cardignac en fut également indemne : mais il arriva juste à temps pour voir mourir l'officier supérieur qui l'avait remplacé, et ce fut à cette triste disparition qu'il dut de reprendre le commandement de son escadron. Avant de l'espérer, il avait retrouvé à Varna son ancien colonel, devenu général, le

---

(1) Camille Rousset

célèbre Yusuf, et toujours à l'affût des occasions de marcher à l'avant-garde, il avait sollicité, sans l'obtenir d'ailleurs, l'honneur de servir de nouveau sous ses ordres. Il n'eut pas à regretter son échec, car le corps d'irréguliers auquel commandait Yusuf et qui portait le nom de *spahis d'Orient*, se signala par des atrocités indignes d'une armée civilisée, coupant les têtes des cosaques et massacrant les blessés russes.

En revanche, quand commença la retraite des divisions françaises décimées par le choléra, ces mêmes spahis disparurent comme une volée d'oiseaux de proie, abandonnant l'armée.

C'étaient les fameux *baschi-bouzouks*, tourbe de brigands, de voleurs et de pillards, qui, obligés par le Sultan à servir à leurs frais, suivaient les armées régulières au même titre que les corbeaux.

Le corps des spahis d'Orient fut dissous six semaines après sa formation.

En un mois, le choléra avait tué deux mille cinq cents Français et en avait touché gravement trois mille quatre cents.

C'était l'équivalent d'une bataille perdue : il fallait, sans retard, détourner de ce triste souvenir l'activité des armées alliées, et le 30 août, l'expédition de Crimée fut décidée.

C'est dans cette presqu'île, autour de l'importante place de guerre de Sébastopol, qu'allait se décider la question d'Orient.

Ce fut un beau spectacle, je vous assure, que celui de cette flotte de plus de trois cent cinquante vaisseaux à vapeur et à voile, voguant vers la Chersonèse taurique des anciens, la Tauride de Catherine II.

Elle emportait trente mille Français, six mille Turcs et vingt et un mille Anglais, et les débarquait, le 14 septembre 1854, sur la plage d'Old-Fort, située à soixante kilomètres au nord du port de Sébastopol.

Savez-vous, mes enfants, combien le corps expéditionnaire de Français comptait de cavalerie le jour de son débarquement? cent quarante chasseurs d'Afrique seulement et un peloton de spahis algériens : faute de moyens de transport, on n'avait pu en embarquer davantage.

Aussi, Henri Cardignac qui avait incorporé dans son escadron le brigadier Delnoue et le chasseur Pierre Bertigny, Henri, dis-je, avait tout fait pour que cet escadron fût choisi de préférence aux autres, et désigné

DE NAPOLÉON

pour embarquer. Et ce qu'il avait fait dans ce but, tout autre chef d'unité eût pu le faire, car l'intrigue n'y était pour rien.

Il s'était borné à le remettre des dures fatigues de l'expédition de la Dobroudscha par des soins assidus aux hommes et aux chevaux.

Pour les premiers, il avait trouvé moyen de toucher du vin, du café, du sucre et du tabac : douceurs dont ils étaient privés depuis longtemps. Sachez d'ailleurs, mes jeunes amis, qu'en campagne, il ne suffit pas d'avoir droit à telles ou telles rations : il faut encore se préoccuper de les faire toucher,

L'aspect de l'escadron frappa le Maréchal.

sans quoi l'administration n'a pas les moyens de les envoyer aux corps de troupe, et ce sont les soldats qui pâtissent de la négligence des chefs. Or, Henri savait, par la pratique de la guerre d'Afrique, que, pour avoir des hommes prêts à marcher, il faut assurer leur bien-être et que les débrouillards seuls y parviennent.

Quant aux animaux, il leur avait trouvé, près de la mer, un pâturage où ils s'étaient refaits en peu de temps.

Continuellement sur pied, soucieux des droits de chacun, mais très exigeant dans le service, il passait à l'improviste des revues d'armes et de harnachement. Il voyait en détail, par lui-même, toutes les parties de la selle, de la bride et du paquetage de campagne, car il savait qu'un pli à la couverture, une courroie mal ajustée, une sangle mal placée, déterminent une plaie, et qu'une plaie, s'envenimant rapidement au bivouac, rend le cheval indisponible pour quinze jours. — Or, indisponible le cheval, inutile le cavalier, et c'est ainsi que, dans la cavalerie, les effectifs fondent avec une extrême rapidité, lorsque les officiers ne daignent pas entrer dans le détail incessant de cette indispensable surveillance.

Ces officiers, dont le concours dévoué est si utile, ce sont les lieutenants et sous-lieutenants, c'est-à-dire les officiers de peloton.

Chacun d'eux ayant vingt-cinq hommes et vingt-cinq chevaux à conduire, peut et doit les maintenir dans le meilleur état possible.

Or, sur les quatre officiers de cet escadron, Cardignac en avait un, M. de Sauterote, qui professait dans cette matière des opinions toutes spéciales.

— Moi, avait-il coutume de dire, je suis un homme de cheval et je ne m'occupe que du cheval.

Et de fait il connaissait le cheval comme pas un, montait comme un centaure et eût fait, les yeux fermés, à un inspecteur général, la description détaillée de tous les animaux de son peloton, avec robes, taches, balzanes et signes particuliers.

Mais des cavaliers eux-mêmes, il ne se souciait pas du tout.

— Les hommes, disait-il dédaigneusement, ce sont des brutes!

Et quand Cardignac lui demandait le nom de l'un d'eux, il répondait invariablement :

— Connais pas, mon commandant.

— Mais vous devriez le connaître, mon cher camarade, répliquait Henri, et j'y tiens. Passe encore de faire fi du moral du soldat en temps de paix ; à la rigueur, les punitions, la crainte de la salle de police ou le désir d'aller en permission, les obligent à faire leur service convenablement ; mais ici, en campagne, le moral tient une place énorme et la salle de police n'effraie plus personne. Vous ne tenez donc vos hommes en main que par l'influence morale exercée sur eux : or, s'ils voient que vous ne les connaissez pas, que leur sort vous est indifférent, que vous n'avez jamais pour eux un mot d'affection, réservant tout votre intérêt pour leurs montures, ces hommes qui ne sont pas des machines, quoique vous en pensiez, vous échapperont un jour et vous n'aurez plus personne derrière vous.

— Oh! mon commandant, je voudrais bien voir cela; je leur serrerais la vis!...

— Quelle vis? ce sont des mots : vous ne serrerez rien du tout; je vous répète que, dans cette vie de campagne, la communauté de dangers crée, entre l'officier et ses hommes, des rapports que vous semblez ignorer, rapports de camaraderie, de confiance et de véritable affection.

— Oh! d'affection? mon commandant.

— Mais oui, d'affection : et on voit bien que vous n'aviez jamais mis le pied en Afrique avant d'être nommé au régiment, car vous sauriez que rien n'est réconfortant, à certaines heures, comme les témoignages que ces natures un peu frustes savent donner à leur chef, en échange d'une bonne parole ou d'une simple attention. Je vous souhaite de n'avoir pas l'occasion de constater le contraire : dans tous les cas, je suis en droit d'exiger que vous connaissiez vos hommes par leurs noms et que vous usiez vis-à-vis d'eux d'autres procédés; car, dans un moment difficile, je ne répondrais pas de votre peloton autant que de celui de votre camarade Vautrain, par exemple ; en voilà un qui est adoré de ses chasseurs!

— Peuh! fit le lieutenant, adoré... c'est beaucoup dire. Je ne demande à mes hommes que d'avoir les meilleurs chevaux de l'escadron et de suivre le mien. Il les mènera loin!

— Nous verrons cela : en attendant, tenez compte de mes observations : vous vous en trouverez bien. Je vous les fais aujourd'hui en camarade : il m'en coûterait de vous les réitérer dans un autre langage.

Par bonheur pour eux, Delnoue et Bertigny n'étaient pas dans le peloton du lieutenant de Sauterote, mais dans celui du lieutenant Vautrain, si apprécié du commandant Cardignac.

Et apprécié avec juste raison, car ce petit officier, très mince, très jeune, aux yeux doux et intelligents, montant très vigoureusement à cheval et sans cesse en éveil, était le type du commandant de peloton de cavalerie.

Non qu'il fût familier avec ses hommes; mais il n'avait pas avec eux ces grands airs que quelques hobereaux confondent avec des signes de race. Il connaissait leurs noms, leur pays, les professions qu'ils exerçaient avant d'entrer au service, et même un peu leurs affaires de famille, deuils de parents ou espoirs de fiançailles, le congé terminé.

Il savait quels étaient ceux

L'air triomphant, il partit au galop.

d'entre eux qui savaient lire et écrire, ceux qui savaient nager; ceux sur lesquels il pouvait compter comme ouvriers en bois ou en fer : il était donc à même d'utiliser chacun d'eux suivant ses aptitudes, employant celui-ci à un service de patrouilleur et celui-là à la confection du rata. A un autre, il avait confié une petite trousse de pansement, apportée de France, et, grâce à lui, n'avait pas besoin du médecin ou du vétérinaire pour les blessures légères qu'il jugulait avant qu'elles devinssent sérieuses. Dans son peloton, chacun avait sa spécialité, et, dans les moments de fatigue, il avait une bonne parole, un encouragement pour tous, leur parlant de la France, du pays et de leurs parents; en un mot adoré de ses cavaliers, comme l'avait dit Cardignac.

Lorsque le Maréchal de Saint-Arnaud avait passé en revue les troupes campées à Varna, pour désigner celles qui devaient être embarquées de suite, l'aspect de l'escadron de Henri l'avait frappé : il avait fait à son commandant, (l'escadron n'avait plus de capitaine), les plus chaleureux compliments pour la tenue des hommes et le bon état des chevaux; puis il avait décidé qu'il serait embarqué le premier et lui servirait d'escorte, tout en participant au service d'exploration en avant de l'armée.

Le 19 septembre, l'armée française, forte de quatre divisions, levait le bivouac d'Old-Fort et se mettait en marche sur Sébastopol, en côtoyant la mer. L'armée anglaise marchait à sa gauche, et les navires de la flotte, longeant le rivage d'assez près, flanquaient sa droite : les chasseurs d'Afrique précédaient la division du général Bosquet, et trois de leurs pelotons, espacés sur un front de quatre kilomètres, exploraient le terrain.

A midi, l'armée avait parcouru seize kilomètres : soudain le lieutenant de Sauterote, qui était au centre de la ligne des patrouilleurs, accourut, bride abattue, vers le commandant Cardignac qui était resté en réserve en arrière, avec le quatrième peloton.

— Mon commandant, lui dit-il, l'armée russe tout entière est devant nous sur cette ligne de hauteurs, à huit kilomètres d'ici. Je me suis avancé, sans être vu tout d'abord, jusqu'à quinze cents mètres de leurs bivouacs ; je les ai reconnus, et, grâce à la vigueur de mes chevaux, j'ai pu, ma reconnaissance terminée, échapper à deux sotnias de cosaques qui ont poursuivi mon peloton. Voilà le croquis du village, situé en face de nous, au pied des pentes :

un Tatar m'en a dit le nom : Almatamak ; la rivière qui coule au bas de ces hauteurs s'appelle l'Alma : le même paysan la dit guéable en plusieurs points. — Du côté de la mer, les hauteurs deviennent escarpées et inaccessibles. Elles ne semblent abordables qu'entre Almatamak et un autre village, qui paraît à deux kilomètres sur la gauche et qui s'appelle Bourliouk.

— Merci, lieutenant, dit le commandant Cardignac, voilà une reconnaissance heureuse et qui vous fait honneur : allez vous-même, car je veux vous en laisser tout le profit, porter ces renseignements au Maréchal : ils sont d'autant plus précieux que nul d'entre nous ne possède de carte du pays.

— Et vous savez, mon commandant, ajouta le lieutenant, faisant allusion à la conversation que nous connaissons, mes hommes ne m'ont pas lâché d'un cran : pas un indisponible ! mais aussi quels chevaux !

— Parfait, parfait ! mon cher camarade, fit Henri en riant.

— Quand les chevaux vont bien, voyez-vous, mon commandant, tout va bien, dit encore l'officier.

Et debout sur sa selle, l'air triomphant, il partit au galop dans la direction du gros de l'armée.

Le soir vint : les armées alliées avaient suspendu leur marche; remettant au lendemain l'attaque de la forte position des Russes ; l'armée du prince Menchikof était là en effet tout entière, bordant le plateau, et ses feux étincelaient, étagés depuis la rivière jusqu'aux sommets de la grande montagne qui formait sa droite.

La nuit froide et sombre se passa sans incident. A l'aube, la diane, de son rythme alerte, sonna le réveil dans tous les régiments bivouaqués dans la plaine, pendant que le vent apportait des hauteurs les accents religieux et guerriers de l'hymne russe, « et que les popes, la croix en tête, passaient à « travers les rangs des soldats du Tsar, en jetant l'eau bénite sur les hommes « agenouillés ».

La bataille de l'Alma allait commencer !

CHAPITRE XIII

OU IL EST DÉMONTRÉ QU'UN DRAPEAU N'EST PAS FACILE A PRENDRE

— Qui vive ?

C'était Pierre Bertigny qui, en sentinelle à cent mètres environ en avant du bivouac de son escadron, venait de lancer cet appel à pleins poumons à travers la nuit brumeuse.

Point de réponse !...

— Qui vive ? répéta Pierre, et il arma sa carabine.

Cette fois deux cris gutturaux lui répondirent.

— Scott !... Scott !... English !...

Et deux soldats émergèrent de l'ombre.

A l'appel de Pierre, le commandant Cardignac qui faisait une ronde était accouru. Pendant toute la nuit il n'avait dormi que d'un œil, craignant une surprise des Russes, car ceux-ci, comme ils le prouvèrent à Inkermann, exécutaient de préférence leurs attaques au petit jour.

Peu familiarisé encore avec les uniformes anglais, Pierre s'était mis en défense.

— N'approche pas, eh ! l'English... donne le mot...

Interloqués, les deux Anglais s'étaient arrêtés : l'un d'eux, un gaillard de six pieds, portait l'uniforme des lanciers rouges de Cardigan ; l'autre était un fantassin de ce fameux corps de Highlanders, aux jambes nues, qui devait faire rire les zouaves de si bon cœur pendant la campagne de Crimée.

A l'aide d'une mimique des plus expressives, entremêlée des appellations

« Francis bono » qu'ils avaient entendues dans la bouche des turcos, les deux sujets de la reine Victoria finirent par se faire comprendre.

Ils avaient faim !

Et quand un Anglais a faim, rien ne va plus !

— Conduis-les à ton peloton, Pierre, dit le commandant Cardignac qui savait un peu d'anglais : voilà justement qu'on vient te relever ; dis au brigadier d'ordinaire de leur faire une part de vos vivres : à la prochaine distribution, je lui revaudrai cela. Quant à moi, je vais au campement des Anglais, à deux pas d'ici, et je reviens de suite.

Quelques instants après, nos deux insulaires étaient assis autour d'un bon feu de bivouac et assistaient, avec un intérêt très marqué, à l'ébullition de la soupe et à la préparation du café.

Levés depuis minuit, les cuisiniers du peloton, après avoir construit leurs fourneaux avec quelques pierres et avoir rôdé aux environs pour trouver du bois, avaient pressé la confection de la soupe : car, prévoyant une journée longue et pénible, le commandant Cardignac avait prescrit de préparer un repas chaud, et fait toucher une double ration de viande dont la moitié serait emportée froide dans les sacoches.

Brocard, le cuisinier, armé d'un bâton, remuait bouillon et légumes dans les marmites de fer-blanc, pendant que son aide, à défaut de filtre, passait consciencieusement le café dans un couvre-nuque.

Les chevaux étaient restés sellés toute la nuit, car l'escadron était en poste avancé, et les hommes, gamelle en mains, attendaient la distribution.

Ils regardèrent curieusement les nouveaux venus :

— Ils n'ont donc jamais vu faire une soupe ou un rata? remarqua Brocard.

— On le dirait bien ! quels yeux ils font !

— Et quelles dents surtout : regardez-moi le plus grand : un vrai clavier de piano !... dit un des loustics de l'escadron.

— Tu peux leur tailler une bonne portion, tu sais, Brocard !

— Pourtant, dit Pierre, je leur ai vu distribuer l'autre jour des quartiers de viande énormes : leurs rations sont au moins trois fois plus fortes que les nôtres; je parie qu'ils en ont un kilo par tête.

— Tu as raison, dit Delnoue, mais ils ne mettent pas leurs vivres en commun comme nous et ne savent pas ce que c'est qu'un *ordinaire*; chez eux, chaque homme essaye de faire cuire son morceau de viande lui-même : il n'y réussit pas et est obligé de se contenter de biscuit.

Les Anglais dévoraient à belles dents.

— Pourquoi qu'ils ne se mettent pas en popote comme nous autres ? demanda un chasseur.

— Sans doute que ça ne leur va pas ; il paraît que, l'autre jour, le Maréchal avait offert à leur général, Lord Raglan, une combinaison qui aurait arrangé tout le monde : ils auraient fourni la viande et nous les cuisiniers ;

ils n'ont pas voulu et ils « claquent du bec » avec des troupeaux sur pied et des provisions de toutes sortes.

Étrangers à la conversation, les Anglais dévoraient maintenant à belles dents — belles n'est pas pris ici dans son sens propre — la portion de mouton que le cuisinier avait généreusement prélevée sur l'ordinaire du peloton : puis ils firent disparaître prestement le riz et les haricots secs qui en formaient la garniture, dégustèrent, les yeux fermés, le moka odorant qu'on leur servit dans un quart de fer-blanc, puis, voyant qu'on ne leur offrait plus rien, ils se levèrent :

— Moâ, dit le lancier s'avançant vers le brigadier Delnoue, moâ, Edward Brown,... Lord Cardigan-Brigade.

— Moâ, fit le highlander, John Hicks,... Campbell-Brigade.

C'était la présentation de rigueur et tout en se disant que, puisqu'elle était obligatoire, ils auraient bien pu commencer par là, Delnoue y répondit sérieusement en présentant Pierre et le cuisinier Brocard.

Après quoi, les deux insulaires tournèrent sur les talons et partirent d'un pas automatique dans la direction de leur campement.

Le commandement de : « A cheval » jeté par le lieutenant Vautrain, coupa court aux réflexions plaisantes qui accompagnaient leur départ.

Il était cinq heures.

Dans un conseil de guerre tenu la veille, les généraux en chef des armées alliées avaient décidé que les colonnes d'attaque se mettraient en marche à sept heures et demie. précédées par la division Bosquet, laquelle prendrait deux heures d'avance.

Or, l'escadron du commandant Cardignac devait lui-même éclairer la marche de cette division : il devait donc la précéder d'une demi-heure au moins.

Il n'attendait plus pour partir que l'ordre de son commandant, lorsque ce dernier arriva de fort mauvaise humeur.

— Les bivouacs anglais ne sont pas encore levés, dit-il : la moitié de leurs soldats dort encore, ils ne seront jamais prêts.

Et de fait, à sept heures, un officier d'État-Major arriva près du général Bosquet, et, de la part du Maréchal Saint-Arnaud, lui donna l'ordre de suspendre sa marche pour attendre les Anglais.

Déjà le fait s'était produit l'avant-veille : sous prétexte que leur matériel n'était pas complètement débarqué, nos alliés avaient fait perdre un jour, sur la plage d'Old-Fort, et les Russes avaient profité de ces vingt-quatre heures pour fortifier leurs positions.

A neuf heures, l'ordre n'étant pas venu de reprendre la marche, le général Bosquet fit faire le café à sa division.

Ce retard était regrettable, car le brouillard qui eût permis de s'approcher de la position ennemie sans rien lui révéler des dispositions prises pour l'attaque, allait se lever.

A dix heures, pour tromper l'attente de plus en plus fiévreuse des soldats, le général Bosquet fit faire un deuxième café.

A onze heures, l'impatience devint générale, et, dans tous les régiments, ce fut un tolle contre ces alliés, grands mangeurs, grands buveurs et surtout grands dormeurs, qui allaient, par leur lenteur, compromettre le succès de la bataille.

Maintenant en effet on voyait distinctement, à quatre kilomètres, les lignes sombres des Russes bordant les crêtes, et eux, de leur côté, pouvaient discerner la disposition en losange, prise par l'armée française pour les aborder.

Quelques officiers faisaient en outre observer qu'on ne commence pas une bataille à midi quand on veut obtenir un succès décisif, parce que la nuit peut arriver avant que le résultat soit atteint.

Et pourtant on ne pouvait pas livrer la bataille sans les Anglais qui formaient la gauche de la ligne.

A onze heures et demie, le Maréchal Saint-Arnaud, impatienté, énervé et déjà atteint de la grave maladie qui allait l'emporter quelques jours après, se dirigea vers les zouaves du colonel Cler qui marchaient en tête de la colonne Bosquet.

— Vous trouvez le temps long, n'est-ce pas, mes enfants ? leur dit-il.

— Pour sûr, mon général.

— Eh bien, prenez un café en attendant.

— Nous sortons d'en prendre pour la deuxième fois, répondirent-ils.

— Pour la deuxième fois ?

— Oui, mon général, ça fait même la troisième avec celui de ce matin.

— Bon, alors je vous paierai la goutte quand nous serons là-haut.

C'est de cette phrase, prononcée le 29 septembre 1854, que vient le célèbre refrain :

> Il y a la goutte à boire là-haut !
> Il y a la goutte à boire !...

Car les zouaves, en se lançant à l'assaut, adaptèrent, à l'air entraînant de la charge, les paroles du Maréchal, et je ne suis pas fâché, mes enfants, de vous faire connaître l'origine de ce refrain, parce qu'elle est fort peu connue. Ce ne sont pas les soldats, vous le voyez, qui ont inventé ces paroles, manifestant le désir d'avoir « la goutte » après l'assaut ; c'est un Maréchal de France qui, dans une boutade humoristique, la leur avait promise.

Enfin à midi, les Anglais ayant abattu leurs tentes, mangé, et attelé leurs canons, se mirent en mouvement avec une sage lenteur. Les zouaves rompirent les faisceaux, et les chasseurs d'Afrique, qui marchaient en tête de la brigade d'Autemarre, sautèrent en selle.

Les quatre divisions françaises s'ébranlèrent à la fois.

Mais Henri Cardignac venait d'éprouver un gros crève-cœur : au moment de partir, le Maréchal lui avait fait demander la moitié de son escadron pour lui servir d'escorte.

Bien heureux encore de ne pas avoir été désigné nominativement pour commander cette escorte, notre ami garda avec lui les pelotons des lieutenants de Sauterotte et Vautrain, et envoya les deux autres à l'état-major du général en chef.

Avec un escadron entier dans la main, il avait espéré pouvoir jouer un rôle intéressant en un point quelconque du champ de bataille, et cela d'autant mieux qu'il représentait à lui seul la cavalerie de l'armée française ; car, il vous en souvient, mes enfants, le manque de moyens de transport avait empêché d'embarquer d'autres escadrons.

Réduit maintenant à soixante hommes, que pouvait espérer faire Henri Cardignac ?

Il disposa l'un de ses pelotons en éclaireurs, garda l'autre dans la main et arriva ainsi à quelque distance de l'Alma.

A son grand étonnement, il n'avait pas rencontré un seul ennemi.

Comment les Russes avaient-ils pu laisser ainsi dégarnir la gauche de leur ligne de bataille?

Deux raisons majeures répondaient à cette question :

D'abord, de nombreux vaisseaux de guerre, armés de canons puissants, flanquaient la droite de l'armée française et auraient rendu les alentours du rivage intenables pour les Russes. Ensuite, les escarpements de l'autre côté de la rivière étaient infranchissables.

Du moins, ils paraissaient tels.

Une véritable muraille semblait se dresser sur la rive gauche de l'Alma, et la bordait jusqu'à son embouchure pour se prolonger au nord, le long du rivage, par une falaise à pic. Elle était crevassée de quelques ravins et piquée de maigres arbrisseaux.

Pierre et Delnoue, éclaireurs de droite, étaient arrivés au bord de la rivière, et le premier, éperonnant son cheval, le lança résolument dans l'Alma.

Mais il avait mal choisi son endroit, car à peine eut-il fait quelques mètres que l'eau, devenant profonde, le cheval perdit pied, et il se serait infailliblement noyé sous le poids du lourd harnachement qui l'empêchait de nager, si son cavalier n'avait sauté à l'eau. Déjà Delnoue en avait fait autant, et, tendant la main à son ami, l'aidait à regagner le bord avec sa monture.

— Vous êtes des imprudents, les enfants, leur cria le lieutenant Vautrain qui arrivait : il faut toujours sonder une rivière avant d'essayer de passer... voyez plutôt.

Et il leur montra les éclaireurs du 2e zouaves qui, un peu plus haut, s'aidaient de branches de saule pour connaître la profondeur de l'eau. Quelques-uns laissaient leurs sacs et leurs cartouches sur le bord et, soutenant leurs fusils d'une main au-dessus de leurs têtes, se mettaient à la nage, prenaient pied au milieu du courant et indiquaient à leurs camarades la direction à suivre.

Quelques instants après, les premiers de ces hardis éclaireurs abordaient sur l'autre rive; puis, un gué ayant été trouvé à une centaine de mètres en amont, des sections, des compagnies, des bataillons entiers se mirent à passer.

Déjà le peloton du lieutenant Vautrain était arrivé au pied de la pente...

Elle n'avait plus son aspect de muraille, mais sa raideur ne la rendait pas moins infranchissable sur le point où les cavaliers venaient d'aborder.

— Allons, mes amis, dit le jeune officier, ne laissons pas aux fantassins l'honneur d'arriver là-haut avant nous : là où une chèvre passe, un chasseur d'Afrique doit passer.

Le peloton s'essaima, à la recherche d'une anfractuosité praticable.

Mais déjà, furetant et bondissant à travers les roseaux et les buissons, les zouaves l'avaient trouvée.

C'était une espèce de grimpette en lacets, qu'avaient dû suivre, car on voyait la trace des roues, les arabas (1) tatars. En un clin d'œil, elle fut envahie par les pantalons rouges, et des cris s'élevèrent :

— L'artillerie peut passer !... par ici !... c'est assez large... nous la porterons !...

L'artillerie de la division Bosquet était en effet parvenue sur l'autre bord ; mais, ne sachant si elle trouverait un passage pour escalader le plateau, son chef hésitait à lui faire franchir le gué.

Cependant toute une bande de tirailleurs du 2e zouaves apparaissait en haut de l'escarpement : la plupart, dédaigneux du sentier tracé, s'étaient aidés des saillies du roc et des racines de bouleau ; puis, sans autres ordres, et avec cet amour instinctif du combat individuel qui distingue le soldat français de celui des autres nations, ils s'étaient jetés en avant, en enfants perdus, pour gagner du terrain et donner du champ aux camarades qui allaient suivre.

Comme le prince Mentchikoff avait jugé cette escalade impossible, il n'avait mis de ce côté — et, encore fort en arrière des pentes — qu'un seul bataillon, et grande fut la surprise de ce bataillon, lorsque les zouaves du colonel Bourbaki ouvrirent sur lui un feu des mieux ajustés.

A son tour, le général Bosquet était arrivé au bord de l'Alma.

Le commandant Cardignac apparut sur la rive opposée, lança son cheval dans la rivière, arriva près du général.

— Est-il vrai qu'il y ait un passage praticable pour l'artillerie, commandant ?

— Oui, mon général ; en s'attelant aux pièces, je crois l'escalade possible.

---

(1) Voiture à deux roues très primitive.

Les zouaves s'attelèrent à la pièce, poussant aux roues.

— Où sont vos chasseurs ?

— En haut, mon général.

— Alors je vais faire passer l'artillerie : si elle peut vous rejoindre, vous lui servirez de soutien.

— Commandant Barral, poursuivit-il, en s'adressant au chef d'escadron qui commandait l'artillerie, faites d'abord passer une pièce : si elle arrive, les autres suivront.

Et ce fut un spectacle extraordinaire que celui dont furent témoins les acteurs de la lutte sur ce point du champ de bataille.

Les artilleurs descendirent des coffres de l'avant-train : la pièce passa le gué, puis à travers la broussaille et les pierres, guidés par le commandant Cardignac qui leur montrait l'origine du sentier, les conducteurs lancèrent leurs chevaux à plein collier, sur cette pente abrupte.

Mais lorsqu'ils eurent franchi les cent premiers mètres de la rude montée, les attelages durent s'arrêter, ramenés en arrière par le poids du canon.

Ce fut alors que les zouaves s'attelèrent à la pièce ; poussant aux roues, s'arc-boutant de l'épaule au coffre de l'avant-train et aux flasques de l'affût, ils la soulevèrent, la hissèrent, et la firent parvenir d'une poussée irrésistible jusqu'au sommet du plateau.

Aussitôt l'avant-train fut séparé de la pièce et cette dernière, mise en batterie, fut pointée sur les Russes, qui n'en purent croire leurs oreilles en entendant, de ce côté, la détonation du canon.

Pendant ce temps, les tirailleurs du 2ᵉ zouaves, gagnant encore du terrain, engageaient, avec leurs carabines rayées, un feu dont la portée déconcertait l'ennemi.

Car, si les canons n'étaient pas encore rayés en 1854, les armes portatives l'étaient déjà, et les zouaves, ainsi que les chasseurs à pied, en étaient munis.

Parmi les Anglais, les corps pourvus de cette arme perfectionnée, qui eut une grande part dans le gain de la bataille, s'appelaient des régiments de *Riflemen*.

Un hurrah de triomphe accueillit de l'autre bord l'apparition du premier canon sur le plateau, et aussitôt le reste des batteries se hâta vers le même chemin. En arrivant au pied des pentes, elles furent entourées d'une grappe humaine, et, le prodige se renouvelant pour chacune d'elles, douze pièces tonnèrent bientôt sur le plateau.

Quand on vint prévenir le général Kiriakoff qui commandait la gauche de l'armée russe, que les Français allaient le déborder de ce côté, il ne voulut pas croire l'aide de camp qui lui en apportait la nouvelle.

— Impossible! dit-il, on ne peut grimper par là!

Il fallut bien qu'il se rendît à l'évidence en voyant revenir, décimé, l'unique bataillon posté à son extrême gauche.

Et comme il lui était impossible de dégarnir le bord de la terrasse, menacé directement par les divisions déployées dans la plaine, il demanda au prince Mentchikoff les secours de la réserve.

Bientôt des masses épaisses de Russes s'avancèrent contre la division Bosquet.

Or, vous le comprenez, mes enfants, cette division n'avait *plus le droit de reculer*, car il n'y avait plus pour elle de retraite possible : précipitée de la falaise dans la mer, culbutée de pointe en pointe sur les escarpements qu'elle venait de franchir, elle eût été brisée, anéantie, et sa perte eût influé certainement sur l'issue de la bataille.

— N'oubliez pas, monsieur le Maréchal, avait dit le général Bosquet avant de monter lui-même sur le plateau, que je ne puis me faire écraser plus de deux heures!

Cependant quarante-huit bouches à feu russes tonnaient contre les douze pièces de l'héroïque division.

Soudain, sur le flanc de l'artillerie ennemie, une troupe de cavalerie apparut, et on vit distinctement se former en bataille, pour charger, quatre escadrons de hussards et deux *sotnias* de cosaques.

Le commandant Cardignac les aperçut le premier et fronça le sourcil : il n'avait que soixante sabres à opposer à ces huit cents lances!

Et derrière lui c'était le vide, la falaise tombant à pic; car, pour remplir son rôle de soutien d'artillerie, il avait dû appuyer à droite et tournait le dos à la mer.

Au loin dans la plaine, les bataillons des divisions Canrobert, Forey et prince Napoléon apparaissaient comme de petits carrés rouges et noirs; mais, malgré la rapidité réelle de leur marche, ils semblaient progresser bien lentement.

Jamais ils n'arriveraient à temps!

Le général Bosquet parcourut au galop le front des troupes.

— Du courage, mes enfants, cria-t-il ; il faut vaincre ou périr ici !
— On en aura, mon général ! répondirent les zouaves.

Soudain, il poussa son cheval vers les turcos.

Pour ces fils du désert, une canonnade aussi épouvantable était une épreuve toute nouvelle.

Familiarisés avec les balles, ils ne l'étaient pas avec les lourdes sphères de fonte qui passaient en ronflant, et, pliant les épaules, ils *saluaient*, suivant le terme expressif du soldat.

— Eh quoi, leur cria le général, en les interpellant dans leur langue : la balle frappe-t-elle moins que le boulet ?

— *Bessah !* (c'est vrai) répondirent-ils en se redressant ; et désormais les têtes ne s'inclinèrent plus.

Maintenant les escadrons russes, heureusement très lents à manœuvrer, avaient fini leur déploiement.

Hussards et cosaques n'étaient plus qu'à huit cents mètres. Les sabres étincelaient au soleil ; mais ce qui impressionnait le plus les chasseurs d'Afrique, c'était l'aspect des deux *sotnias* de cosaques qui venaient de se ranger en bataille, à gauche de la ligne.

Les cosaques... La lugubre campagne de Russie et surtout les deux invasions de 1814 et 1815, les avaient fait connaître en France, et ils avaient laissé la réputation de demi-sauvages, couverts de peaux de bêtes, coiffés de hauts bonnets de fourrure et galopant, infatigables, au milieu des ruines et des incendies.

Mais ce qui troublait surtout nos cavaliers, c'était la vue de leurs longues lances qui allaient s'abaisser lorsque leurs chevaux prendraient le galop de charge.

Que faire avec un sabre de quatre-vingts centimètres, contre une arme de trois mètres de long ? Les chevaux allaient être abattus et les cavaliers traversés par le terrible fer, avant d'avoir pu porter un seul coup. C'est d'ailleurs l'invincible puissance de cette constatation qui a fait rétablir la lance dans nos régiments de dragons, il y a quelques années, mes enfants, et cela malgré les difficultés reconnues que présente le maniement de cette arme.

A cette heure tragique, le commandant Cardignac appela à lui tout son sang-froid.

Il tira son sabre, et s'obligeant à montrer à ses hommes un visage calme, il se tourna vers ses chasseurs.

— Mes enfants, leur dit-il, une cavalerie qui en attend une autre de pied ferme est une cavalerie perdue. Nous allons donc charger, nous aussi; mais nous obliquerons de suite à droite, d'abord pour éviter le choc, ensuite pour nous rabattre sur le flanc des cosaques... Est-ce compris? Donc,

La charge russe était partie.

direction sur moi: si je tombe, c'est à vous, de Sauterotte, qu'appartient le commandement... Nous sommes la seule cavalerie de l'armée et... l'armée nous regarde!

Nul ne répondit: tous avaient les yeux fixés sur la ligne russe qui s'ébranlait.

Mais plus d'un se signa, sentant venu son dernier jour.

Pierre et Delnoue étaient botte à botte. Quand le commandant eut fini de parler, ils se regardèrent et se comprirent.

Ils avaient quatre-vingt-dix-neuf chances sur cent de ne se revoir ni l'un ni l'autre.

— Pierre, dit le brigadier à voix basse... dis-moi encore une fois que tu me pardonnes !

— De tout mon cœur, va... n'y pense plus !

— Merci !

Ils échangèrent un serrement de mains et ajustèrent autour de leurs poignets la dragonne de cuir, qui permet au cavalier de ne pas perdre son sabre, s'il est contraint de le lâcher à la suite d'un choc violent.

Sachez d'ailleurs, mes enfants, que la *dragonne* est, dans l'armée, l'insigne des combattants : les non-combattants ne la portent pas, ou du moins n'y ont pas droit.

La charge russe était partie : successivement les lignes de lances s'abaissèrent et les cavaliers slaves se penchèrent sur l'encolure de leurs chevaux.

A gauche, l'artillerie française commença le tir à mitraille, et un bataillon de la brigade de Lourmel, qui venait de prendre pied sur le plateau, se mit à tirer.

Le commandant Cardignac chaussa ses étriers, leva son sabre : et d'une voix forte :

— Pour charger !... En avant ! commanda-t-il.

Et, de la pointe de son arme, montrant la direction, il se lança obliquement sur l'aile gauche de la ligne ennemie.

Le parti qu'il avait choisi était le seul possible ; mais la disproportion des forces était trop considérable, et si la charge ennemie n'était pas brisée avant la rencontre, c'était à la mort que couraient les chasseurs d'Afrique.

Or, brisée, la charge russe allait l'être, et par une intervention à laquelle nul ne songeait plus.

Les escadrons ennemis n'étaient plus qu'à quatre cents mètres, lorsqu'une véritable trombe de fer, des bombes de vingt-deux centimètres, des obus de douze, éclatèrent au milieu des rangs, broyant montures et cavaliers ; des chevaux se cabrèrent et firent demi-tour, des vides se creusèrent, la muraille vivante se rompit en dix endroits, et une deuxième avalanche de projectiles, arrivant au milieu des cosaques, en jeta la moitié par terre.

Tels étaient l'imprévu et la justesse de cette canonnade, que la ligne entière se disloqua ; les cavaliers débandés s'enfuirent dans toutes les directions ; quelques-uns affolés, poursuivant la charge quand même, arrivèrent sur la falaise, et firent dans le vide un saut prodigieux.

D'où était venu le salut ?

Vous l'avez déjà deviné, mes enfants : il venait des vaisseaux : nos marins apportaient à leurs frères de l'armée de terre, en une circonstance critique entre toutes, leur appui aussi efficace que décisif.

Les flottes alliées avaient marché en effet à hauteur de l'armée, et maintenant la débordaient. La profondeur de la mer, sur cette partie du rivage de la Crimée, leur avait permis de se rapprocher à huit cents mètres de terre. Sur l'ordre de l'amiral Hamelin, la *Ville de Paris,* le *Primauguet,* le *Caradoc* et l'*Agamemnon* avaient ouvert un feu d'une précision terrible, pendant que des bâtiments légers à vapeur, tels que le *Roland,* le *Cacique,* le *Lavoisier* et le *Canada,* descendus plus au sud, prenaient maintenant les troupes russes d'enfilade.

Cependant les chasseurs d'Afrique galopaient toujours, les deux pelotons bien unis, les deux lieutenants en tête, le commandant Cardignac en avant d'eux ; car, malgré leur petit nombre, ils avaient maintenant une mission tout indiquée, celle de tomber sur les escadrons décimés, qui allaient devenir pour eux une véritable proie.

Il arrive souvent qu'à la guerre, et en particulier dans les luttes de cavalerie contre cavalerie, le choc d'une faible unité, d'un simple escadron contre toute une brigade, d'un peloton contre tout un régiment, parvient à désunir une charge, si ce choc se produit opportunément sur le flanc ou sur les derrières de la troupe assaillante.

Aussi l'apparition des deux pelotons de Henri Cardignac sur le flanc des cosaques en désordre, acheva-t-elle l'œuvre des canons, et, comme un vol d'oiseaux effarouchés, les sauvages cavaliers tournèrent bride.

Le commandant se dressa sur ses étriers, brandit son sabre et éperonna son cheval.

— Par ici, les enfants !

Et la petite troupe, bondissant sur ses traces, pénétra comme un coin dans la troupe des fuyards et se mit à sabrer.

Bientôt dans cette poursuite ardente, les rangs des chasseurs d'Afrique se désunirent à leur tour : chaque cavalier, se choisissant un adversaire,

Son sabre disparut dans la poitrine du porte-étendard.

fonça sur lui, et le choc en muraille fut remplacé par une série de combats individuels.

Cependant Pierre, dont la préoccupation avait été jusqu'à présent de ne pas perdre de vue le commandant Cardignac, pour le secourir en cas de danger, venait d'aviser un officier de hussards russe, portant en travers de sa selle une espèce de large écharpe de soie jaune, qu'il semblait chercher à dissimuler.

— Delnoue ! s'écria-t-il, en le lui montrant du sabre, leur étendard !... voilà leur étendard !... A nous deux !

Et éperonnant leurs chevaux, ils bondirent sur le porteur de l'emblème sacré.

L'officier ennemi, se sentant pressé, obliqua vers la gauche, et, pendant quelques minutes, la poursuite continua, ardente, sans que, poursuivants et poursuivis, s'aperçussent qu'ils s'éloignaient du champ de bataille.

Tout à coup le cheval de l'officier russe butta dans le tronc d'un sapin, qu'un boulet perdu avait jeté bas, et s'abattit avec son cavalier. Déjà, Delnoue était sur lui :

— Rends-toi, lui cria-t-il en essayant de lui arracher l'étendard, sur le fond jaune duquel on distinguait un aigle noir à deux têtes.

Mais le Russe, un vieil officier à la moustache grise et hérissée, au regard noir, à la poitrine constellée de médailles, avait déjà vidé les étriers et se retrouvait debout.

Prompt comme l'éclair, il saisit un pistolet dans l'une des fontes de sa selle.

— Rends-toi, cria à son tour Pierre Bertigny ; car l'un et l'autre, Pierre surtout, qui arrivait par derrière, hésitaient à frapper ce vétéran à la mine hautaine, désarçonné et presque à leur merci.

Et puis quelle gloire, si, en rapportant l'étendard, ils ramenaient prisonnier l'officier d'élite qui le portait !

A cette deuxième sommation, le Russe se retourna ; il vit Pierre, le sabre haut, et l'ajusta ; mais d'un revers de main, Delnoue détourna son bras.

Une détonation retentit et ce fut lui qui reçut le coup destiné à son ami. Frappé en pleine poitrine, il oscilla sur sa selle, étendit les bras et roula sur le sol.

Pierre poussa un cri de douleur et de rage :

— Tiens! dit-il au Russe.

Et son sabre disparut jusqu'à la garde dans la poitrine du porte-étendard, qui s'abattit lourdement sans lâcher son précieux trophée.

Pierre sauta à bas de son cheval et courut vers son ami.

— Tu es blessé? demanda-t-il.

— Oui... oui... la balle est entrée là... fit Delnoue avec effort en montrant son poumon gauche... j'étouffe... j'étouffe... ne t'occupe plus de moi... Le drapeau... va le prendre!...

Pierre était bouleversé!

— Delnoue, mon pauvre Delnoue, ce n'est pas grave, j'espère bien!... Où trouver un chirurgien? mon Dieu!

— Le drapeau!... va au drapeau, répéta convulsivement le blessé... montre-le-moi!

Tenant son cheval par la bride, Pierre revint vers l'officier russe qui ne remuait plus, dégagea non sans peine la hampe de l'étendard de ses doigts crispés et, quand il le tint déployé, éprouva une grande émotion.

— Un drapeau!... il avait pris un drapeau ennemi!

Ce fait d'armes si rare, entrevu par le soldat de carrière dans les rêves de gloire les plus ambitieux, il venait de le réaliser.

Autour d'eux le combat avait cessé; mais, sur leur gauche, le canon tonnait avec une intensité croissante : il était trois heures : la bataille battait son plein; le plateau était couvert d'une fumée basse et épaisse que traversaient de temps en temps des silhouettes à cheval ou les lignes sombres de l'infanterie. De minute en minute, passait au-dessus de leur tête, le hululement d'un obus de marine. Les vaisseaux maintenant allongeaient leur tir.

— Tiens, c'est toi qui l'a pris, c'est à toi qu'il appartient, dit Pierre en mettant la soie entre les mains du mourant : du coup on va te renommer adjudant!...

Un pâle sourire passa sur les lèvres de l'ancien Fléchois.

— Non, fit-il, cette fois presque à voix basse; il est à toi... bien à toi... Et le galon que je t'ai fait perdre... tu sais... Bertigny... on va te le rendre... Oh! j'étouffe, je...

— Delnoue, mon ami, mon frère, qu'as-tu? fit Pierre angoissé.

Un dernier mot sortit des lèvres du blessé :

Pierre ouvrit les yeux et vit, penché sur lui, une tête sauvage.

— Adieu !... Pierre !... pardon !

Une écume sanglante lui monta aux lèvres et sa tête se renversa.

Delnoue était mort.

Pierre poussa un cri déchirant.

C'était le premier mort qu'il voyait sur un champ de bataille, et ce mort était son ami, celui auquel l'attachait une affection quasi fraternelle, depuis les terribles souvenirs du Conseil de guerre.

Soudain il pensa à son trophée. — Si un retour offensif des Russes allait le lui reprendre ! — il était impossible de rester là plus longtemps... La bataille finie, il reviendrait...

Il se pencha et embrassa pieusement son ami sur le front : puis il remit son sabre au fourreau, sauta en selle avec son précieux fardeau et se trouva alors très embarrassé sur la direction à suivre pour rejoindre les lignes françaises sans tomber au milieu des Russes.

Il n'hésita d'ailleurs pas longtemps, il se dirigea vers la mer et prit le trot.

Soudain, des sabots de chevaux lancés au galop martelèrent le sol derrière lui, et des cavaliers, surgissant d'un pli de terrain qu'il n'avait pas remarqué, passèrent à toute vitesse. Il reconnut des chasseurs d'Afrique, et aiguillonna instinctivement son cheval fatigué, pour prendre la même allure qu'eux ; mais au même moment la terre trembla, des cris sauvages retentirent, et plusieurs centaines de cosaques, lancés en fourrageurs, apparurent au milieu de la poussière, la lance en arrêt.

Il était trop tard : Pierre était gagné de vitesse ; un choc, puis un bond désordonné que fit son cheval lui apprirent que sa monture venait d'être frappée d'un coup de lance. Le pauvre animal fit encore une centaine de mètres, puis s'abattit ; et au même moment, notre ami, roulant à terre, reçut un violent coup de sabre sur la tête.

Étourdi, aveuglé par le sang, Pierre sentit qu'on lui arrachait l'étendard sur lequel il était tombé : mais il se cramponna à son trophée, saisit l'étoffe avec ses dents, noua désespérément ses doigts autour de la hampe.

Il ferait comme le vieil officier russe : ce drapeau dont la conquête lui avait coûté si cher, on ne le lui reprendrait qu'avec la vie !

Il ouvrit les yeux et vit, penchée sur lui, une tête sauvage, encadrée de cheveux roux et hirsutes, et éclairée de deux grands yeux, luisants comme ceux des loups : au même moment, un coup violent l'atteignit, cette fois, en pleine poitrine et il sentit que le cosaque lui arrachait l'étendard dont un lambeau lui resta entre les dents.

Sa tête tourna, mais il fit un violent effort pour ne pas défaillir et se redressa sur les deux genoux.

Le cosaque s'enfuyait à toute vitesse, emportant le drapeau.

— Il me l'a pris !... il me l'a pris ! murmura-t-il haletant, à demi suffoqué du coup qui lui avait fait lâcher prise.

Et des larmes de rage lui montèrent aux yeux.

Puis il se tâta : le taconnet (1) avait, par bonheur, amorti le coup de sabre qui devait lui fendre la tête : mais par sa forme même, il avait dirigé ce coup sur une oreille, dont la partie supérieure était coupée net ; de cette blessure, relativement légère, avait jailli le sang dont Pierre avait été aveuglé. Quant au coup reçu en pleine poitrine, il avait été appliqué fort heureusement avec le bois et non avec le fer de la lance ; le cosaque, pressé de faire lâcher prise à notre ami, n'ayant pas pris le temps de retourner son arme de bout en bout.

Pierre était donc sain et sauf, mais profondément mortifié et furieux contre lui-même, car jamais il ne retrouverait semblable occasion. De son trophée, qui eût été le seul de la bataille de l'Alma, car les Russes ne laissèrent entre les mains des alliés que quelques canons démontés, il ne lui restait que le lambeau de soie arraché avec ses dents et qu'il cacha soigneusement dans la poche intérieure de sa veste.

Il essaya de remettre son cheval sur pied ; mais le pauvre animal, grièvement blessé, retomba en le regardant d'un air morne, et, pour lui éviter de trop longues souffrances, Pierre lui tira un coup de pistolet à bout portant.

Les escadrons russes avaient disparu dans la direction du sud : la bataille semblait diminuer d'intensité au centre : par contre elle battait son plein vers la droite, où les Russes du régiment de Wladimir venaient de se jeter à corps perdu sur les Anglais, et de les expulser de la redoute de « la Grande Montagne ».

Pierre essaya de marcher : il était courbaturé comme s'il eût reçu cinquante coups de bâton ; il dut s'arrêter au bout de quelques centaines de

---

(1) Nom donné à la coiffure, en forme de shako, des chasseurs d'Afrique.

mètres : un canon culbuté, des caissons éventrés, des chevaux morts s'offrirent à sa vue ; une lutte acharnée d'artillerie avait eu lieu à cet endroit.

Il s'assit sur un affût, découragé, se demandant comment il rallierait son escadron, lorsque, à quelque distance, il aperçut un cheval sans maître.

En s'approchant, il reconnut que, si le cheval était sans cavalier, c'est que ce dernier, étendu à terre avec une jambe brisée, n'avait pu se remettre en selle. C'était un sous-officier d'artillerie russe, d'un grade correspondant à celui d'adjudant. Il était vieux et grisonnant, comme d'ailleurs beaucoup de sous-officiers de l'armée russe, qui obtiennent l'autorisation de servir jusqu'à cinquante ans et qui peuvent, même après cet âge, reprendre du service en cas de guerre.

Le blessé avait passé les rênes autour de son bras pour maintenir son cheval à ses côtés et attendait du secours.

Pierre était bien incapable de lui en apporter, et d'ailleurs, la bataille n'étant pas finie, il ne vit dans cette rencontre que le moyen de se procurer une monture et de rejoindre son escadron.

L'animal, un grand cheval de Volhynie, était de belle race et le tenta de suite.

— A la guerre comme à la guerre, se dit-il ; et la réflexion était bien de circonstance.

Il s'avança donc pour prendre le cheval et fut très étonné lorsque le Russe, prévenant son désir, lui tendit les rênes.

Son étonnement redoubla lorsqu'il fut en selle, car le Russe lui fit de la main un signe d'adieu.

— Si tous nos ennemis étaient de ce calibre-là, se dit-il, en mettant au galop sa nouvelle monture, la paix serait bientôt faite.

Il eut un instant l'idée de revenir vers le blessé et de pénétrer le mystère de cette sympathie inattendue ; mais sa position était périlleuse, car il était toujours sur les derrières de l'armée russe ; la bataille n'était pas terminée, au contraire, la fusillade semblait reprendre au centre, où les divisions Canrobert et Forey entraient en ligne, et Pierre poursuivit sa course.

En débouchant du pli de terrain où s'était passée cette scène, il revit la mer ; il n'y avait plus trace de cavalerie ennemie entre le rivage et lui ; un peu plus loin, il reconnut au grand nombre de cadavres qui jonchaient le sol, le point où la charge russe avait été brisée par les projectiles de la flotte ; puis, au revers d'une crête, il aperçut trois carrés rouges en mouvement.

Du rouge, c'étaient les nôtres !

Sur leur droite, il distingua un groupe de cavaliers bleus ; du bleu, c'étaient les chasseurs d'Afrique !

Lorsqu'il fut tout près, un cri de joie lui échappa :

Le Russe lui tendit les rênes.

— Mon commandant !

Le commandant Cardignac était là en effet, les sourcils froncés, la jumelle à la main, et près de lui, le lieutenant de Sauterotte, la main sur la visière, interrogeait l'horizon.

Derrière eux se tenaient huit chasseurs et un trompette à cheval, et, sur le côté, deux hommes à pied, revenus démontés de la terrible charge.

Était-ce là tout ce qui restait du brave détachement qui était parti de ce point, une heure auparavant ?

Car Pierre reconnaissait maintenant les lieux : pour faciliter le ralliement, Henri Cardignac était revenu occuper le poste qui lui avait été assigné au début de la bataille.

La physionomie du commandant s'éclaira en reconnaissant son protégé.

— C'est toi, Pierre !... Tu es blessé, mon enfant ?

— Pas sérieusement, mon commandant... mais si vous saviez...

Et, en quelques mots, il lui raconta la mort de Delnoue... la prise, puis... la perte de l'étendard russe.

Mais la préoccupation de Henri Cardignac était ailleurs.

— Et les autres ?... demanda-t-il, les autres ? as-tu revu des camarades ?... ils auraient déjà dû rallier.

Sur un signe négatif de Bertigny, le commandant Cardignac se tourna vers le lieutenant de Sauterotte :

— Voyons, fit-il, il n'est pas possible que l'escadron ait été décimé de la sorte ; j'ai traversé cette charge sans trop de difficultés, et, quand elle a repris l'offensive, elle est tombée sous les feux des zouaves de là-bas ; ils n'ont donc pu nous tuer autant de monde. Au retour, j'ai été entouré et j'ai failli être pris... j'ai réussi à me dégager, mais alors je n'ai plus vu personne... Ce plateau, qui a l'air uni comme la main, a des replis où on dissimulerait des brigades entières... Voyons, Sauterotte, où avez-vous perdu de vue Vautrain ?

— Tout au commencement, mon commandant ; quand nous sommes entrés dans cette épaisse fumée, il a dû obliquer à droite ; j'ai bien peur qu'il ne soit resté sur le terrain avec la plupart de nos hommes ; car moi-même, si je n'avais pas été aussi bien monté, je ne serais pas ici... La poursuite a été rude... quand ils sont revenus sur nous... D'ailleurs, voyez les cavaliers que j'ai ramenés avec moi... ce sont les mieux montés... Voilà Fleur-des-Champs, Trotte-Sec qui a un coup de lance au garrot, Fine-Champagne...

Henri Cardignac l'interrompit.

— Les hommes savaient pourtant bien que le ralliement était ici en cas de dispersion imprévue.

— Oui, mon commandant, nous le leur avions répété plusieurs fois : ralliement aux officiers de peloton d'abord, et pour les égarés, ralliement à la droite des batteries...

Henri Cardignac se tut ; son cœur saignait à la pensée du désastre qui s'abattait sur son escadron ; mais le merveilleux tableau qu'offrait cette fin de bataille détourna un instant son attention.

Un tourbillon de chevaux et de voitures venait d'arriver près d'eux ;

l'artillerie à cheval, conduite par le général Thiry lui-même, se mit en batterie et donna de ses vingt-quatre pièces ; le vent monta, venant de la mer, ramassa les lourds nuages de fumée, les roula comme une sorte de toile de théâtre et le décor de l'assaut final apparut tout entier.

Ah ! le beau, le réconfortant spectacle !

La division Bosquet, suivie des turcos et des trois autres divisions françaises, de front, s'avançait maintenant d'une poussée irrésistible vers la Tour du Télégraphe. Les musiques jouaient, les tambours battaient, et les baïonnettes étincelaient au soleil.

Les régiments de Moscou et de Minsk faisaient une résistance désespérée ; mitraillés de toutes parts, ils refusaient de céder le terrain ; tous leurs officiers, sauf quelques-uns, étaient hors de combat et c'est dans cette dernière phase de la bataille que se place l'anecdote racontée par le général Bosquet lui-même :

« Je vis, dit-il, un grand officier russe qui, avec une énergie surprenante,
« ramenait ses hommes au combat ; dix fois, il les entraîna derrière lui, leur
« parlant, les objurgant, offrant sa poitrine aux balles... Il fut touché,
« tomba sur les genoux et continua de commander... Ah ! le brave officier !
« *le brave homme !... j'aurais voulu l'embrasser !* »

Le courage des Russes est légendaire, mais dans cette journée, il avait été au-dessus de tout éloge ! à notre gauche, ils avaient bousculé une deuxième fois les Anglais, et nos alliés avaient dû dégringoler en toute hâte, sous leurs farouches hurrahs, les pentes qui descendaient à l'Alma. Sans la réserve d'artillerie française qui vint prendre les Russes d'enfilade, il n'est pas certain qu'ils eussent pu les remonter.

Mais la tactique des Russes était surannée : elle n'était pas à la hauteur des progrès de l'armement qui déjà exigeait le combat en ordre dispersé.

C'était celle que Souvarof, l'adversaire de Lecourbe, avait léguée à Kutusof, qui fut — avec le froid — le vainqueur de Napoléon.

Ils ne connaissaient que le combat par masse, et les formations invariables où chaque soldat tient sa place, encastré dans le rang ; leurs mouvements étaient lourds, et, ce jour-là surtout, ils avaient voulu appliquer de nouvelles prescriptions de manœuvres, ordonnées par l'empereur Nicolas.

Or, ce n'est pas sur les champs de bataille qu'on fait ces expériences-là et il n'en était résulté que confusion dans leurs lignes.

La victoire eût été bien plus complète encore si les Anglais eussent été prêts à l'heure fixée; mais, comme l'écrivit le Maréchal de Saint-Arnaud à l'Empereur, *les Anglais avaient marché pendant que les Français couraient.*

Après un dernier engagement autour de la Tour du Télégraphe, l'armée russe se mit en retraite dans la direction de Sébastopol.

Il était quatre heures.

— Ah! si j'avais ma cavalerie! s'écria le Maréchal, en les voyant disparaître.

Et jamais exclamation ne fut plus justifiée.

Car la cavalerie, qui a éclairé l'armée avant la bataille, est par excellence l'arme qui termine cette bataille, en exécutant la poursuite.

On a vu dans des retraites, celle des Prussiens après Iéna par exemple, des bataillons entiers découragés, fatigués, mettre bas les armes devant quelques cavaliers.

Cette réflexion du Maréchal, le commandant Cardignac la faisait de son côté, et il allait quitter son emplacement pour rejoindre, avec les débris de sa petite troupe, les deux pelotons intacts qu'il avait laissés à l'escorte du général en chef, lorsqu'un groupe de cavaliers déboucha au trot derrière les bataillons de la division turque.

— Les voilà!... les voilà! crièrent les hommes.

C'étaient en effet des chasseurs d'Afrique, et Henri Cardignac s'imagina tout d'abord que le Maréchal lui envoyait le restant de son escadron pour tenter un commencement de poursuite.

Mais quand la petite troupe fut proche, il reconnut à sa tête le petit lieutenant Vautrain.

Derrière lui trottaient trente à trente-cinq cavaliers, alignés comme à la manœuvre.

La joie de Henri Cardignac fut telle, que s'il ne se fût pas retenu, il eût embrassé le lieutenant; mais il convenait d'attendre d'abord ses explications.

— Je n'ai pu rallier plus tôt, mon commandant, dit le jeune officier, en saluant le sabre haut. Nous étions au diable... Mon brigadier prétendait que vous étiez tombé au début de la charge et nous vous avions complètement perdu de vue. J'ai été pourchassé par des cosaques pendant plusieurs kilomètres, et, après avoir rallié mes hommes une deuxième fois, j'ai dû faire un long détour pour revenir.

— Compris, mon cher Vautrain ; j'étais, et nous étions tous, je vous l'avoue, rudement inquiets. Vous voilà, tout est oublié... Mais, dites-moi, on dirait que votre peloton a augmenté en route?

— Oui, je crois que quelques hommes de Sauterotte n'ont pu le retrouver et se sont ralliés à moi.

Un sourire erra sur les lèvres du commandant Cardignac.

— Faites l'appel, ordonna-t-il.

Et l'on vit *plus de la moitié* des chasseurs que ramenait le lieutenant Vautrain quitter le rang pour aller se placer derrière le lieutenant de Sauterotte, leur officier de peloton.

Je vous laisse à penser, mes enfants, quelle figure déconfite faisait ce dernier.

Il n'était pas content. Mais il ne pouvait s'en prendre qu'à lui de la mortifiante aventure qui lui arrivait et de la leçon sans réplique que lui infligeaient les événements.

Le soldat français aime qui l'aime, et, dans le danger, il suit aveuglément le chef auquel il s'attache.

Comme le lieutenant Vautrain était adoré, non seulement dans son peloton, mais encore dans tout l'escadron, c'est vers lui que tous les cavaliers avaient couru d'instinct pour se rallier, lorsque, après avoir traversé la charge russe, ils avaient senti qu'ils étaient dans une situation périlleuse.

Et ils avaient laissé en plan l'*homme de cheval*, celui qui déclarait tranquillement que *le cavalier n'est qu'une brute.*

Je dois ajouter, pour être juste, mes enfants, que ce type de chef a presque disparu aujourd'hui, car tous les Français passent par l'armée, et n'y font plus que *trois* ans au lieu de *sept;* les officiers ont donc compris que certains procédés, peut-être admissibles jadis avec des soldats de carrière, ne sont plus de mise actuellement avec la nation tout entière.

Le dépit était tellement visible sur la figure du lieutenant de Sauterotte, que le commandant Cardignac n'eut pas la cruauté d'insister; il se borna à adresser au lieutenant Vautrain ses plus chaleureuses félicitations.

Il convient de reconnaître d'ailleurs que l' « homme de cheval » profita de cette leçon : pendant quelques jours, il eut bien quelques accès de mauvaise humeur à l'adresse des hommes qui l'avaient si délibérément « lâché », mais, comme il avait une nature droite et que le « snobisme » (1) particulier à certains officiers ne l'avait point gâté au point de lui ôter le jugement et de lui donner mauvais cœur, il modifia sa manière d'être et finit par reconnaître que, si le cheval tient une place considérable dans la cavalerie, c'est pourtant l'homme qui le dirige et qui se bat.

La petite troupe reformée, il se trouva que onze hommes seulement manquaient à l'appel, et parmi eux, le brigadier Delnoue. Pierre raconta sa mort et l'histoire du drapeau pris et repris : il avait, par bonheur, conservé le lambeau arraché avec ses dents, et tous voulurent voir ce qui restait du trophée : une espèce de virgule y apparaissait brodée de noir sur la soie jaune, et Henri Cardignac déclara que c'était l'une des serres de l'aigle impériale russe.

— On le fera encadrer, et il occupera la place d'honneur dans la salle des rapports de Batna, ajouta-t-il. Voilà ton nom qui va passer à la postérité, Pierrot...

Pierre rougit de plaisir.

— Et comme j'ai le droit de faire des nominations, ajouta le commandant, je te nomme brigadier à la place de ce pauvre Delnoue... Maintenant, va te reposer, car tu es très pâle ; je te charge de préparer le bivouac pour notre retour.

Et se tournant vers les chasseurs :

— Mes amis, dit-il, les chevaux sont un peu reposés ; il nous reste à faire un pas de conduite aux Russes ; que les moins fatigués viennent avec moi : il me faut vingt-cinq hommes...

Tous voulaient marcher, et Pierre en particulier supplia le commandant de l'emmener.

Henri Cardignac sourit, le désigna avec les plus solides et gagna avec eux la route de Sébastopol.

En y arrivant, il rencontra deux pelotons de canonniers à cheval que le colonel Forgeot, de l'artillerie, avait envoyés en reconnaissance pour remplacer la cavalerie absente.

(1) Ce mot, qui échappe à ma plume et qui est de mode aujourd'hui, vient de l'anglais, comme tant d'autres mots dus aux anglomanes que raillait Béranger ; il exprime l'état d'esprit de ceux qui, sans réflexion ni jugement, et uniquement parce que « cela est bien porté », adoptent des goûts, des mots ou des usages ignorés du grand nombre, et le plus souvent exotiques.

La nuit tombait ; deux kilomètres furent rapidement franchis ; les Russes marchaient vite et n'avaient laissé derrière eux ni un homme valide ni un attelage.

Il était environ sept heures et Henri Cardignac allait donner le signal du retour, lorsque les éclaireurs signalèrent trois voitures qui, avec quelques cavaliers d'escorte, essayaient, par un chemin de traverse, de rejoindre l'avant-garde russe ; chasseurs et canonniers coururent aussitôt sur elles ; quelques coups de pistolet furent échangés avec l'escorte qui, aussitôt entourée, se rendit, à l'exception d'un vieux garde qui occupait le siège d'une des voitures et qu'il fallut tuer sur place.

En faisant l'inventaire de la prise, on eut l'explication de l'acharnement qu'avait mis le malheureux vétéran à défendre les fourgons dont il avait la conduite.

Ces fourgons, en effet, étaient ceux du général en chef, le prince Mentchikoff. Ils étaient remplis de papiers et de provisions de bouche ; dans l'un d'eux, on trouva, ahuris, consternés, les deux cuisiniers du prince, en livrée vert et or. Déjà quelques canonniers s'emparaient des bouteilles cachetées, trouvées dans un vaste panier. Il ne faut pas oublier d'ailleurs que, depuis le matin, les hommes avaient le ventre vide. Mais le commandant Cardignac intervint.

— Une minute, dit-il. Pas de pillage et partage de frères ; d'abord, tous les papiers vont de droit à l'état-major ; je les ferai porter au Maréchal ce soir ; quant aux provisions, elles appartiennent aux capteurs : deux voitures aux canonniers, une aux chasseurs d'Afrique.

Et, triomphalement, la petite troupe rentra au camp avec son fourgon, au moment même où Vautrain, qui avait fait dresser les tentes et préparé le bivouac, venait, tout navré, rendre compte au commandant qu'il n'y avait pas de distribution ce soir-là, et que les hommes devraient se contenter des vivres de réserve.

Dans ces conditions, on devine avec quelle joie furent accueillies les excellentes choses que contenait la voiture ; il y avait là de quoi héberger tout un état-major pendant huit jours.

— Il se met bien, le prince Machinskoff, dirent les chasseurs, en s'asseyant en cercle autour d'un immense feu de bivouac, pendant que le cuisinier Brocard, très affairé, s'escrimait pour transformer, en portions raisonnables, des victuailles dont il reniflait, avec une sorte de respect, l'odorant parfum.

La vaisselle plate en argent fut envoyée avec les papiers au Maréchal de Saint-Arnaud. Un certain nombre de bouteilles de champagne — car les Russes adorent le champagne — furent mises de côté pour le général Bosquet, et les chasseurs d'Afrique, oubliant les fatigues de la journée, se mirent à chanter autour de ce festin, aussi plantureux qu'inattendu.

La joie d'ailleurs, une joie sans mélange, régnait dans le camp étincelant de lumières : tous les buissons des environs avaient été arrachés et de grands feux, roulant vers le ciel des volutes de flamme et de fumée résineuse, éclairaient comme en plein jour les armées victorieuses.

Ah! les beaux soirs, mes enfants, que les soirs de victoire! et quand les connaîtrons-nous de nouveau ?

Les chasseurs en étaient au dessert, composé de gâteaux au miel et de friandises inconnues de la plupart d'entre eux, lorsque deux silhouettes surgirent dans la lumière crue du feu de bivouac.

C'étaient les deux Anglais du matin.

Un rire homérique les accueillit. C'étaient nos deux Anglais du matin.
— Edward Brown !
— John Hicks !
firent-ils en même temps en saluant, la main renversée.

Leurs yeux brillèrent et leurs dents se découvrirent en apercevant les pâtés éventrés, les jambons à demi dévorés et les bouteilles poudreuses.

On leur fit place au milieu d'un brouhaha d'interpellations plaisantes :
— Tiens, Jaunisse, s'écria Brocard en tendant au Highlander un poulet froid tout entier.

Le nom en resta à John Hicks qui, plus d'une fois pendant le siège de Sébastopol, fit plusieurs kilomètres pour venir voir à leur camp ses amis de l'Alma.

La soirée s'écoula gaie et bruyante : on donna un souvenir aux disparus : on raconta leurs prouesses, et ceux qui les avaient vus tomber leur attribuèrent, le vin aidant, des exploits de toutes sortes ; il fallut que le lambeau d'étendard rapporté par Pierre Bertigny circulât de nouveau de main en main, et on but aux galons du nouveau brigadier, en attendant le galon d'or qui, dit le maréchal des logis Taillefer, ne pouvait pas tarder.

A dix heures du soir, les récits et couplets se succédant à tour de rôle jaillissaient encore en fusées joyeuses pendant que, tristes, sombres, irrités mais non découragés, les Russes vaincus installaient, sans feux ni lumières, leur bivouac à la Katcha.

Il fallut que le commandant Cardignac, songeant aux funèbres corvées du lendemain, obligeât ses hommes à prendre du repos. La journée suivante allait être employée en effet à rendre aux morts, amis et ennemis, les pieux devoirs qui leur étaient dus.

Cinq mille tués et blessés chez les Russes, deux mille chez les Anglais, mille trois cents chez les Français, gisaient sur le plateau de l'Alma, et c'est une besogne lugubre et pénible que celle qui attend les vainqueurs le lendemain d'une bataille.

Vers une heure du matin, Pierre Bertigny, ne pouvant trouver le sommeil, sortit de sa tente : la lune brillait de tout son éclat au haut du ciel, et éclairait au loin et la terre et la mer. Les flots étaient calmes, et les navires, ancrés près du rivage, étincelaient encore des feux multicolores, allumés sur tous leurs mâts.

Vers Sébastopol, le plateau s'étendait à l'infini, parsemé de monticules noirâtres, amoncellements d'hommes, de chevaux et de caissons, sinistres sous la pâle clarté lunaire ; des lanternes allaient et venaient dans tous les

Pierre sentit son cœur se gonfler de sanglots.

sens ; les infirmiers n'avaient pas le droit de dormir cette nuit-là : ils cherchaient les blessés, les plaçaient sur des brancards et portaient indistinctement aux ambulances, Français, Anglais et Russes.

Pierre s'orienta et sortit du camp.

Il voulait revoir Delnoue.

Le lendemain peut-être son ami serait déjà ramassé, déposé dans la fosse commune, et Pierre en aurait un mortel chagrin; car, le coup qui l'avait frappé, c'était à lui, Pierre, qu'il était destiné, et c'est en lui sauvant la vie que le pauvre Delnoue était tombé.

Il chercha longtemps : un infirmier qu'il rencontra et à qui il fit part de son désir s'offrit à le guider en lui donnant de l'espoir. Peut-être le brigadier n'avait-il eu qu'un évanouissement et allait-on le retrouver vivant? Les syncopes produites par un coup de feu tiré à bout portant, ressemblaient étonnamment à la mort, et combien de blessés on avait vu revenir à la vie avec un poumon traversé par une balle!

Ils eussent cherché longtemps tous deux, si Pierre ne se fût rappelé qu'un sapin, coupé par un boulet, devait marquer l'endroit du combat. Car c'était là que le porte-étendard des hussards russes avait trébuché et s'était abattu, et ce détail permit en effet à Pierre de retrouver son ami, au milieu du champ de carnage.

Delnoue était étendu auprès du vieil officier russe : son visage était calme, mais son corps était raide et froid, et les deux ennemis dormaient côte à côte leur dernier sommeil.

L'infirmier hocha la tête et s'éloigna à la recherche d'un blessé.

Resté seul, Pierre sentit son cœur se gonfler de sanglots : il se rappela la lugubre scène du Conseil de guerre, s'agenouilla et se mit à prier.

CHAPITRE XIV

DEVANT SÉBASTOPOL

Deux jours après la bataille de l'Alma, de sourdes explosions, venant du sud, apprenaient aux vainqueurs que les Russes de Mentchikoff, dignes successeurs de ceux de Rostopchine, coulaient leurs vaisseaux à coups de canon à l'entrée du port de Sébastopol, pour le rendre inaccessible aux flottes alliées.

Le Maréchal de Saint-Arnaud n'avait pas survécu à son triomphe : abattu par le choléra, il avait dû s'embarquer pour la France, escorté par l'escadron de Henri Cardignac, à qui il adressa, avant de quitter la terre de Crimée, des paroles pleines de cœur et d'affection. Quelques jours après, il mourait en mer, sans avoir revu sa patrie.

Le général Canrobert prit le commandement des forces françaises.

Quand les armées alliées arrivèrent devant Sébastopol, elles trouvèrent la place en état de défense : un ingénieur d'élite, le plus grand de ce siècle, Todleben, s'y était enfermé et avait pris la direction des travaux de fortification. Sous son ardente impulsion, des milliers de bras fouillèrent le sol avec un acharnement farouche; d'heure en heure, le relief des fortifications s'accrut, les fossés s'approfondirent, de nouveaux bastions sortirent de terre. Pendant que les femmes priaient devant les images, tous les hommes valides et les enfants eux-mêmes maniaient la pioche et le fusil. Une lutte unique dans l'histoire des sièges allait commencer.

On avait espéré emporter la ville par un coup de force, il fallut vite renoncer à cette chimère; une armée formidable, au moral rudement trempé, allait la défendre avec acharnement. Force fut donc aux alliés d'entreprendre un siège régulier, de faire venir de la métropole des pièces de gros calibre et un matériel immense. Mais nul, en ce mois d'octobre 1854, qui marqua le commencement des travaux d'approche, n'eût pu supposer que la prise de cette ville, où allaient venir s'entasser toutes les forces militaires de la Russie, coûterait quatre-vingt-quinze mille morts à la France seule, et exigerait des souffrances inouïes, jointes aux efforts les plus héroïques.

L'armée française fut divisée en deux parties: le *corps de siège* proprement dit, et le *corps d'observation*, chargé de protéger les travaux et les attaques contre l'armée russe qui continuait à tenir la campagne.

Henri Cardignac, maintenu pendant le premier mois à l'escorte du général en chef, en attendant l'arrivée des autres escadrons, assista au spectacle curieux et impressionnant de l'ouverture de la *première parallèle*.

Ce travail, origine de tous ceux qui devaient suivre, s'exécuta pendant une nuit noire et par un vent violent, afin que les Russes ne pussent rien entendre. Henri Cardignac, adjoint ce soir-là au *Major de tranchée,* vit arriver, silencieux comme des ombres, douze cents hommes marchant en file indienne : chacun d'eux, le fusil en bandoulière et un outil de terrassier à la main, portait en outre un gabion, sorte de grand panier sans fond, d'un mètre de hauteur.

Il s'arrêtèrent sur une ligne reconnue d'avance, déposèrent leurs gabions devant eux et se couchèrent derrière, pendant que des sous-officiers du génie rectifiaient le tracé. Des bataillons, placés en arrière des travailleurs, se tinrent prêts à les soutenir, en cas de sortie de la garnison.

Henri Cardignac leur transmit la consigne :

Défense formelle de tirer un coup de fusil; la baïonnette seule était autorisée.

Notez en passant, mes enfants, qu'on ne pourrait plus maintenant se livrer à ces travaux d'approche à mille ou douze cents mètres des fortifications ennemies, non seulement parce que la puissance de l'artillerie actuelle ne le permettrait plus, mais surtout parce que l'assiégé éclairerait tout le terrain des attaques par les jets de ses projections électriques, et mettrait les travailleurs en pleine lumière sous le feu des canons. On ne reverra donc plus de sièges comme celui que je vais vous raconter.

Chacun d'eux portait en outre un gabion.

Au commandement de *haut les bras*, transmis à voix basse tout le long de la ligne, les pioches commencèrent à fouiller le sol, chaque homme se hâtant de remplir son gabion. Le zèle des travailleurs n'avait pas besoin d'être excité. Chacun, sentant qu'à toute minute pouvait venir une volée de mitraille, s'approfondissait le plus vite possible. A minuit, une autre équipe de même force vint relever la première, et, à six heures du matin, la tranchée était assez profonde pour qu'un homme pût s'y tenir debout à couvert.

C'est de cette *parallèle* qu'allaient partir, en plusieurs points convergeant vers les principaux forts russes, et tracées en zigzag pour n'être pas enfilées par les projectiles ennemis, les innombrables *tranchées* qui rapprocheraient les assaillants de la place.

C'est de ce jour également qu'allaient commencer les nombreuses sorties des Russes, sorties destinées à détruire les travaux exécutés, à enclouer les pièces et à retarder ainsi le *cheminement* de l'assaillant.

A l'inverse de ce qui se passait dans toutes les campagnes dont je vous ai déjà fait le récit, mes enfants, campagnes dans lesquelles le génie et l'artillerie avaient joué un rôle secondaire, c'est au contraire à ces deux armes qu'allait incomber la tâche principale.

L'infanterie fournissait les travailleurs et repoussait les sorties. Quant à la cavalerie, sa place était au corps d'observation, et, vers la fin d'octobre, Henri Cardignac alla rejoindre les escadrons du général Morris, dans la vallée de la Tchernaïa.

Il allait assister là à la deuxième bataille de la guerre de Crimée.

Le 25 octobre en effet, les Russes attaquaient à l'improviste les redoutes qui couvraient Balaclava et en chassaient les Turcs. Or, Balaclava était le port d'attache de la flotte anglaise et l'entrepôt de tout son matériel.

Aussitôt, l'armée française d'observation fut sur pied, et le général Canrobert, étant accouru au « télégraphe », tint prêts à marcher, pour soutenir les Anglais, la brigade Espinasse, les chasseurs d'Afrique et l'artillerie à cheval.

Le combat semblait terminé.

— Ça n'est pas encore aujourd'hui notre tour, dit tristement Pierre : car il ne cessait de penser à ses galons d'or, qu'une heureuse occasion seule pouvait lui faire gagner.

Soudain, le commandant Cardignac poussa une exclamation :

— Mais, fit-il, ils sont fous... archi-fous!...

Et il montra dans la plaine la cavalerie anglaise qui s'apprêtait à charger l'armée russe tout entière, formée en bataille.

C'était Lord Raglan qui, trompé par un mouvement de l'ennemi, et croyant qu'il voulait enlever les canons des redoutes de Balaclava, avait envoyé à la brigade légère de Lord Cardigan l'ordre de s'y opposer. Ce fut, suivant le cri de Canrobert lui-même, une héroïque folie, et les annales de la guerre parleront longtemps de la charge de Balaclava.

On vit les escadrons anglais s'engouffrer dans une véritable fournaise. Parmi les milliers de spectateurs qui se pressaient sur les crêtes, il y eut un cri d'angoisse :

« Arrêtez-vous! » leur criait-on, comme s'ils avaient pu entendre.

S'enfonçant dans les feux croisés comme dans un gouffre, sabrant une batterie de cosaques, culbutant la cavalerie russe, galopant droit devant lui, le général anglais vint se briser contre l'infanterie ennemie. Les escadrons cosaques reformés, tombèrent sur son flanc, et une batterie, établie sur les monts Fédioukine, se mit à l'accabler de mitraille.

Alors, le général Morris se tourna vers le général d'Allonville, qui commandait les chasseurs d'Afrique.

— Voilà une batterie qu'il faut sabrer, général, lui dit-il, car si elle continue à tirer, pas un Anglais ne reviendra.

— Elle va l'être, répondit simplement le général d'Allonville.

Il fit un signe, tira son sabre, et deux escadrons s'élancèrent à sa suite. A la tête du second galopait Henri Cardignac.

— Allons, c'est tout de même pour aujourd'hui, fit joyeusement Pierre Bertigny en enfonçant ses éperons dans le ventre de son cheval.

Gravissant les pentes à toute allure, les chasseurs d'Afrique percèrent la ligne des tirailleurs, passèrent derrière la batterie, et, se rabattant brusquement sur elle, sabrèrent les servants sur leurs pièces. Ils ne se replièrent qu'après avoir détourné des Anglais, sur eux-mêmes, les feux de deux bataillons de Wladimir, formés en carrés.

Cette intervention sauva les débris de la brigade anglaise : mais sur sept cents chevaux, elle en avait perdu cinq cents.

Par miracle, Lord Cardigan revint sain et sauf de cette terrible chevauchée.

De ce jour date, pour le 4ᵉ chasseurs d'Afrique, le droit d'inscrire le nom de Balaclava sur son étendard.

Le soir même de cette journée, Pierre, légèrement blessé d'une balle

Ils sabrèrent les servants sur leurs pièces.

morte à la jambe, était nommé maréchal des logis, et le commandant Cardignac l'invitait à dîner sous sa tente pour arroser ses galons.

— Allons, petit, lui dit-il, te voilà bien parti cette fois. J'espère que tu sais maintenant ce que c'est que la discipline et que tu n'as plus envie de dérailler...

— Pour ça, non, mon commandant. Oh! si on pouvait être en campagne tout le temps!

Henri Cardignac se mit à rire.

— Oui, je connais ça : il y a une catégorie de soldats, celle des fortes têtes, qui ne peut digérer la vie de garnison, qui s'y fait punir constamment, et qui, en campagne au contraire, devient aussi débrouillarde qu'héroïque. C'est un peu l'histoire de la Légion étrangère. Le malheur est que la vie de garnison est l'habitude et que la vie de campagne est l'exception... Et ton grand cheval russe, en es-tu toujours content?

— Azow! je crois bien, mon commandant, que j'en suis content. Il a chargé ses anciens maîtres comme s'il n'avait jamais fait que cela; et à ce propos, il faut que je vous dise que j'ai revu mon sous-officier russe de l'autre jour en arrivant dans la batterie.

— Tu es sûr de l'avoir reconnu?

— Oh! absolument! d'abord il est tout gris; et puis le même détail que l'autre jour m'a frappé : quand je suis arrivé près du caisson où il se trouvait, il criait des ordres comme un enragé en montrant les Anglais à ses hommes; puis quand, en se retournant, il nous a vus, nous autres, il s'est mis à l'abri derrière une voiture et n'a plus fait un mouvement ni tiré un coup de pistolet.

— Alors, d'après ce que tu m'as raconté déjà, il a l'air « d'en pincer » pour les Français?

— Dame, ça crève les yeux : et toujours ce bon regard qu'il avait à l'Alma en me tendant les rênes de son cheval. Aussi, de mon côté, j'aurais pu lui allonger un coup de pointe : je ne l'ai pas fait... On dirait qu'il m'a reconnu.

— Il a dû reconnaître son cheval.

— C'est bien possible, et si nous avions eu seulement une minute pour causer, je lui aurais rendu ses sacoches avec son portefeuille.

— Quel portefeuille?

— C'est vrai, mon commandant, je ne vous en ai pas parlé : j'aurais dû le faire... Ça doit être des choses de religion, ce que j'ai vu là-dedans : je vais aller vous le chercher. Il s'y trouve un papier qui peut vous paraître intéressant, bien qu'il soit écrit en russe : le reste se compose d'images de saints.

Pierre courut jusqu'à sa tente et en rapporta un petit portefeuille en cuir grossier, fermant à l'aide d'une lanière.

Il contenait en effet des images de saint Nicolas, saint Georges et saint Wladimir, les plus vénérés des saints de l'église orthodoxe.

Soudain, le regard du commandant se fixa sur une autre image, et, ayant essayé de déchiffrer l'inscription en caractères grecs qu'elle portait, il eut un geste de surprise :

— Ah ! par exemple, fit-il, on me l'avait affirmé, mais je ne le croyais pas.

— Quoi donc, mon commandant?

— Sais-tu qui représente ce portrait que tu as pris pour celui d'un saint?

— C'est vrai qu'il a une drôle de coiffure : on dirait un chapeau de général.

— Rien d'étonnant à cela : ce chapeau est le légendaire petit chapeau, et cette figure grossièrement dessinée est celle de Napoléon.

— Napoléon ! votre parrain?

— Lui-même.

— Ça ! c'est renversant !

— Moins que tu ne le crois. Je savais déjà que le grand Empereur avait laissé en Russie des traces profondes dans l'esprit du peuple : il s'est créé une vraie légende autour de son nom et, dans beaucoup d'isbas, son portrait figure à côté de celui du Tsar (1).

— Alors, mon commandant, ce papier écrit en russe parle peut-être de lui et peut contenir des détails curieux.

— C'est fort possible : je prierai l'interprète du quartier général de me le traduire.

Pierre ne songeait plus à cette conversation, lorsque le commandant Cardignac, quelques jours après, au retour d'une corvée de fourrage, l'appella du plus loin qu'il l'aperçut : il tenait à la main le papier parcheminé et jauni dont l'interprète venait de lui donner la traduction.

— Tu ne peux te douter, Pierrot, de l'intérêt extraordinaire qu'a pour moi ce papier que tu as failli garder pour toi sans m'en parler.

— Vraiment ! mon commandant.

— Figure-toi qu'il y est question de mon père.

— Le colonel !... est-ce possible?

— Il n'y a aucun doute : il y est nommé en toutes lettres : écoute cette traduction.

---

(1) C'est encore vrai aujourd'hui.

Et le commandant lut :

« Moi, Fédor Mohilof, fils de Basilitchef Mohilof, avant de paraître devant le tribunal du Saint des Saints, je lègue à mon petit-fils Yvan Mohilof, ma volonté dernière.

« Pendant la guerre sainte qui m'a ravi mon fils bien-aimé, j'ai été sauvé de la mort par un officier du grand Empereur des Français : il s'appelait Jean Cardignac. Son nom est béni dans ma famille et je veux qu'il soit béni de génération en génération par tous les miens.

« J'ai été assez favorisé du Ciel pour lui sauver la vie à mon tour, pendant l'hiver terrible de cette guerre, où tant de Français restèrent sous la neige; mais ma reconnaissance pour lui et pour le grand Napoléon qui a vengé la mort de mon fils Nicolas, ne s'éteindra jamais, et je veux qu'elle se perpétue parmi les miens à l'égard des descendants du noble officier franc.

« Je lègue donc cette reconnaissance, comme un pieux héritage, à mon petit-fils Yvan et à ceux qui naîtront de lui. Je leur recommande, en souvenir de moi, d'être l'ami des Français, et, s'ils retrouvent les fils du colonel Cardignac, de les vénérer comme j'ai vénéré leur père.

« Fait à Vilna, le 6 mars, anniversaire de l'Annonciation de Théotokos, l'an 1831. »

Pierre avait écouté la lecture du précieux document avec un indicible étonnement.

Car ce nom de Mohilof ne lui était pas inconnu.

Il avait entendu maintes fois, dans la famille des filleuls de Napoléon, ce trait de la vie du colonel Cardignac : ce dernier l'avait même relaté dans des mémoires très succincts qu'il avait écrits dans ses dernières années, et que ses enfants gardaient religieusement. Le colonel, alors attaché à l'état-major de l'Empereur, avait un jour trouvé, dans la cour d'une isba, le vieux Mohilof attaché à un arbre, sur le point d'être fusillé par des pillards de la division italienne. Il avait tué l'un d'eux et avait amené les autres à l'Empereur qui les avait fait fusiller et avait indemnisé le Russe sur sa cassette. Oui, Pierre se souvenait maintenant de tous ces détails.

— Mais alors, s'écria-t-il, le propriétaire de mon cheval Azow serait Yvan, le petit-fils du moujik ?

— D'après l'âge que tu lui attribues, ce doit être lui : il avait six ou sept ans en 1812, il aurait aujourd'hui de quarante-huit à cinquante ans.

— Il faut avouer, déclara Pierre, qu'il y a de ces hasards qu'on peut appeler providentiels... Ce brave Yvan ne s'est guère douté que, parmi les cavaliers qui sabrèrent ses canonniers l'autre jour, il y avait l'un des fils du colonel Cardignac : mais nous n'allons pas en rester là, mon commandant; j'espère bien que vous allez essayer de renouer connaissance avec lui.

— Certes, dit le commandant, et je profiterai pour cela de la première suspension d'armes.

L'occasion ne devait pas s'offrir avant Inkermann.

Inkermann, mes enfants, c'est une vraie bataille, et une bataille qui faillit mal tourner pour les Anglais, malgré leur bravoure, bravoure que je n'ai jamais mise en doute. Ils n'étaient, ce jour-là, que douze mille contre trente-six mille.

Les Russes les avaient attaqués au petit jour, profitant du brouillard, et leurs boulets tombaient dans le camp anglais, que nombre de soldats y dormaient encore à poings fermés.

Car, vous le savez déjà, les Anglais ont le sommeil dur.

Au début de l'action, le général Bosquet avait offert au général anglais, G. Cathcart, l'aide de sa division.

— Merci, avait répondu ce dernier, nos réserves sont suffisantes, veuillez seulement couvrir notre droite.

Mais vers neuf heures du matin, Cathcart était tué. Débordés par les Russes, écrasés par des forces supérieures, les Anglais étaient obligés de reculer, et Lord Raglan faisait demander de l'aide au général Bosquet.

— Je le savais bien ! s'écria ce dernier.

Et il lança en avant le 6ᵉ de ligne, le 7ᵉ léger, puis, successivement, le 3ᵉ bataillon de chasseurs, le 3ᵉ zouaves et un bataillon de turcos.

Quand les Anglais décimés entendirent les clairons de l'infanterie française, ils y répondirent par des acclamations, et quand « les pantalons rouges » passèrent près d'eux en courant, ils saluèrent et applaudirent.

« Hurrah for French! »

Comme il est salutaire et consolant, mes enfants, de se reporter à ces souvenirs de confraternité d'armes, lorsqu'on voit le triste revirement d'aujourd'hui et qu'on entend dans la bouche des fils de nos alliés d'alors, le cri haineux de « sus à la France! »

En moins d'une heure, le retour offensif de la division Bosquet avait réparé le désastre qui allait anéantir une partie de l'armée anglaise. Le général Bosquet, en conduisant lui-même ses bataillons, faillit être pris : car au moment où, à travers le brouillard, il faisait placer une batterie, les Russes, en masses profondes, apparurent à quinze mètres. On n'eut que le temps d'enlever les pièces, sauf une, dont le conducteur fut emporté par un boulet.

En se jetant sur ce canon pour l'enclouer, les Russes ne prirent pas garde au général qui était à cinquante mètres, avec deux ou trois officiers, un porte-fanion et une petite escorte. Quelques-uns cependant l'aperçurent; mais comme il se retirait sans hâte, au pas de son cheval, ils furent indécis, troublés et ne tirèrent point.

« Voyez donc, dit le général Bosquet à ses officiers, ne dirait-on pas qu'ils nous présentent les armes ? »

Un pareil sang-froid, mes enfants, est aussi beau que la plus merveilleuse bravoure.

La journée avait été dure; l'armée russe avait laissé douze mille hommes sur le terrain, les alliés trois mille six cents.

Mais, au grand étonnement des Français, les Russes ne demandèrent pas d'armistice pour enlever leurs nombreux blessés.

Le général Canrobert s'en étonna et résolut d'envoyer par un parlementaire, au prince Mentchikof, une note qui renfermait l'expression de cet étonnement.

C'était une occasion pour Henri Cardignac d'entrer en relations avec les Russes; il s'offrit pour porter cette note et fut agréé.

— Tu viendras avec moi, Pierre, dit-il au jeune maréchal des logis. Procure-toi un fanion blanc et va chercher un trompette à l'escadron.

Une heure après, le trompette sonnait trois appels : le fanion blanc était hissé sur la tranchée et le feu des batteries cessait des deux côtés.

Aussitôt, et par un effet de curiosité bien naturel chez des adversaires habitués à s'observer toute la journée, le doigt sur la détente, les parapets se garnirent de têtes, les tirailleurs sortirent de leurs abris, les artilleurs grimpèrent sur les flasques des affûts, et dans les tranchées françaises, les plaisanteries commencèrent à circuler.

Un officier russe se montra debout sur la plongée de Malakoff et près

FILLEULS DE NAPOLÉON

de lui un soldat tenait un drapeau blanc : Henri Cardignac sortant de la tranchée se dirigea vers lui.

Au bord du fossé, il trouva un capitaine d'infanterie qui le salua très correctement sans dire mot, lui fit contourner la gorge de l'ouvrage et l'introduisit dans le terre-plein.

Notre ami s'était attendu à subir le cérémonial habituel : dans la plupart des cas, et surtout lorsqu'un parlementaire doit pénétrer dans un ouvrage fortifié, on lui bande les yeux

Un officier russe se montra debout sur la plongée de Malakoff.

afin qu'il ne puisse reconnaître aucun détail : on laisse au dehors les gens de sa suite, on l'introduit dans une chambre close où on lui ôte son bandeau, et défense est faite à qui que ce soit de lui adresser la parole.

On a vu en effet des parlementaires, à l'aide de conversations adroites, tirer des hommes chargés de leur surveillance des renseignements précieux : on a même vu, en particulier chez les Allemands, des officiers se déguiser en trompettes ou en porte-fanions pour moins exciter la méfiance, et mieux surprendre les confidences involontaires des soldats.

On ne banda pas les yeux à Henri Cardignac et, au contraire, en mettant le pied dans le terre-plein du bastion, il y trouva un groupe d'officiers russes qui semblaient l'attendre.

L'un d'eux, qui en était manifestement le chef, se détacha, le salua d'un vigoureux :

— Bonjour, commandant!

Et dans le plus pur français :

— Colonel de Korf, dit-il en se présentant lui-même; puis, montrant les officiers rangés derrière lui :

— Messieurs les officiers du régiment d'Iakoutsk, deuxième bataillon.

— Commandant Cardignac, des chasseurs d'Afrique, 3ᵉ régiment, dit à son tour notre ami, en s'inclinant.

Il tendit un pli qu'un officier prit aussitôt pour le porter au prince Mentchikof, au Palais du Gouvernement.

— Vous avez au moins une heure à attendre la réponse, commandant, reprit le colonel de Korf; voulez-vous nous faire l'honneur de prendre un verre de champagne avec nous?

Le champagne, vous le savez peut-être, mes enfants, est la boisson préférée des Russes. Henri Cardignac sourit et accepta : la glace était rompue, et, pendant que Pierre était emmené de son côté par les sous-officiers d'un poste voisin, tous entrèrent dans une vaste salle casematée qui, avec les nombreuses traverses voisines, servait de refuge à la garnison pendant les bombardements.

— Voilà où vous nous obligez à faire d'innombrables parties de cartes et à faire bouillir le samovar en permanence, dit le colonel de Korf en riant, mais ce n'est pas le moment d'y penser. Parlons de Paris et du boulevard, voulez-vous, commandant?

Et la conversation s'engagea chaude, amicale, pleine de saillies, pendant que le champagne, mais un champagne sec, auquel Henri n'était pas habitué, circulait sans arrêt. Quand on voulut remplir son verre pour la troisième fois, il pria qu'on n'en fît rien, alléguant en riant qu'il ne pourrait retrouver le chemin des tranchées françaises.

— Je n'insiste pas, commandant, dit le colonel : je sais que les Français ne peuvent nous tenir tête à table ; mais sur un champ de bataille, ce sont de rudes adversaires !

Il aurait pu ajouter que les appréciations diffèrent aussi d'une façon absolue entre les deux nations, au sujet de l'intempérance dont les Russes ne se font pas un crime entre eux : il n'est pas rare en effet de voir, à la fin d'un dîner, des officiers russes, et non des moindres, rouler sous la table : des ordonnances bien stylés arrivent, les emportent respectueusement dans leur lit, et nul ne songe à s'en étonner. Il faut ajouter qu'ils ne conservent pas longtemps ce qu'on appelle chez nous le « mal aux cheveux » et qu'à la manœuvre du lendemain, ils ont recouvré tous leurs moyens.

Le général D..., une des sommités de l'armée russe, lorsqu'il a absorbé quelques bouteilles d'extra-dry, se fait hisser à cheval, donne le signal de l'alerte de nuit aux troupes de son commandement et surveille lui-même la manœuvre : un sous-officier dressé à cet effet se tient respectueusement à sa droite, marche à son allure, sérieux comme un pope, les yeux fixés à quinze pas devant lui, et, d'un bras vigoureux, maintient le grand chef en selle lorsque son équilibre semble devoir être rompu dans un sens ou dans l'autre. Au bout d'une heure de ce petit manège, les fumées grisantes se sont dissipées, le général prend le galop, commande, critique, emballe tout son monde, et on le cite comme l'entraîneur d'hommes par excellence.

Songez, mes enfants, aux hurlements de l'opinion chez nous, si de pareils spectacles lui étaient donnés.

Et j'ajoute que l'opinion aurait raison de hurler.

Cependant Henri Cardignac songeait au moyen de retrouver Yvan Mohilof, et, sentant l'heure s'écouler, il demanda aux officiers qui l'entouraient s'ils ne connaissaient pas un adjudant, sous-officier, de ce nom.

Tous répondirent négativement.

Alors notre ami raconta en détails l'histoire que nous connaissons et montra le testament du vieux Mohilof.

On l'écouta avec un religieux respect ; tous ces hommes étaient redevenus graves ; l'évocation de Napoléon Ier alluma une flamme dans tous les regards, et quand le récit fut terminé, le colonel de Korf serra la main de Henri.

— Vous êtes le fils d'un brave, dit-il ; nous retrouverons Yvan Mohiloff je vous le promets ; nous ne pouvons le connaître ; car, d'après ce que vous venez de raconter, il appartient à l'artillerie de campagne ; s'il est vivant, je saurai dès demain où il est.

— Alors, je vous demande de vouloir bien lui restituer ce portefeuille et de lui dire que je serais bien heureux de voir le petit-fils de l'homme qui a sauvé mon père à Vilna.

— Nous pourrons le faire venir ici à la prochaine suspension d'armes, si vous le désirez.

Henri Cardignac acquiesça ; rendez-vous fut pris au bastion Malakoff pour le jour que les hasards de la guerre fixeraient eux-mêmes, et comme la réponse du prince Mentchikoff venait d'arriver, notre ami prit congé des Russes qui, l'un après l'autre, lui serrèrent la main avec effusion et l'accompagnèrent jusqu'au glacis.

La réponse du prince expliquait pourquoi il n'avait pas demandé de suspension d'armes : un sanctuaire vénéré des Russes, la chapelle de saint Wladimir, bâtie sur les ruines de l'ancienne Kherson, avait été pillé, saccagé par des soldats de la légion étrangère. — « Il ne pouvait plus, disait la note de Mentchikoff, y avoir de rapports de courtoisie entre les deux adversaires après une aussi indigne profanation. »

Le général Canrobert reconnut le bien-fondé de cette récrimination, fit rechercher les coupables et flétrit leur action dans un ordre à l'armée qu'il communiqua au généralissime russe.

A partir de cette date, les suspensions d'armes eurent lieu, comme il est d'usage après chaque action meurtrière.

Cependant l'hiver avait fait son apparition, un hiver terrible, et dont nos régions tempérées ne peuvent donner aucune idée, puisque la moyenne du thermomètre y était de 24 à 27° centigrades.

La cavalerie fut particulièrement éprouvée : les chevaux, insuffisamment abrités, firent bientôt pitié à voir et succombèrent en grand nombre : les chevaux arabes seuls tinrent bons : quant à Azow, le cheval russe de Pierre, familiarisé avec les rigueurs du climat, il resta le plus vigoureux de l'escadron.

L'ordre était donné de les promener au réveil pour les dégourdir ; mais il était impossible de déboucler les entraves, tant les cuirs étaient durcis par le froid. Le vin gelait dans les bidons, la viande dans les sacs à distribution. On lavait le linge avec de l'eau chaude et quand les hommes l'avaient tordu pour le faire sécher, il ne leur restait plus entre les mains qu'une toile raide comme du fer-blanc. Joignez à cela, mes enfants, le pullulement de

Une véritable invasion de rats régnait dans les gourbis.

la vermine dans les camps et une véritable invasion de rats dans les gourbis.

Et pourtant il fallait remuer de la terre, creuser le roc, faire du fascinage, apporter aux batteries qui tiraient sans interruption leur approvisionnement de gargousses et de boulets, monter de longues gardes de nuit sous le feu incessant de la place, et pousser des pointes vers les avant-postes, pour éviter des surprises comme celle d'Inkermann.

Il fallait enfin lutter contre le scorbut et la dysenterie, ces deux fléaux de l'hiver.

Le général Canrobert para à tout; s'occupant sans cesse du bien-être du soldat, il était adoré de l'armée, et lorsque, sur la demande de l'Empereur, il résigna son commandement entre les mains du général Pélissier, plus apte à la conduite du siège, il le fit avec une abnégation qui emporta l'admiration générale : sans récriminer, noblement, simplement, il reprit le commandement de son ancienne division.

Cette armée, qu'il léguait au futur duc de Malakoff et qui venait de traverser les plus rudes épreuves, on peut dire qu'elle était alors la première armée du monde : elle seule, ou presque seule, allait d'ailleurs supporter le poids du siège. En effet, les Anglais voyaient leurs effectifs fondre à vue d'œil; les Italiens n'arrivèrent que pour assister à la victoire finale, et, quant aux Turcs, pour lesquels tout le monde se battait, ils ne faisaient rien.

Or, je vous le demande encore, mes enfants, et cette question je vous la poserai encore après la campagne d'Italie : il n'y a pas cinquante ans de tout cela, notre armée était, je le répète, la première armée du monde par le courage, l'endurance et les vertus guerrières. Comment, en moins d'un siècle, serait-elle déchue comme le proclament les sans-patrie qu'elle gêne, et tous ceux dont jouir est l'unique but ?

Nous sommes les fils des combattants de Sébastopol et de Solférino et vous en êtes les petits-fils ! Suffit-il donc de deux générations pour qu'un peuple meure ?

Non, mes enfants, mille fois non ! Si l'armée est silencieuse par devoir, elle est toujours forte, vaillante et prête à tous les sacrifices; vienne l'heure du danger, elle le prouvera.

Le Tsar Nicolas venait de mourir, mais son successeur, Alexandre II, avait donné à son armée, maintenant commandée par le prince Gortchakoff, la même consigne qu'à son prédécesseur : elle devrait lutter, suivant l'énergique expression russe, « jusqu'au manche du couteau ».

Quant au général Pélissier, « la tête de fer-blanc », comme l'appelaient ses soldats, il allait riposter aux résolutions des Russes par des actes vigoureux.

L'hiver prit fin; les soldats quittèrent les peaux de mouton, les sabots dont ils s'étaient affublés et qui leur avaient été envoyés de France avec des provisions de toutes sortes.

Avec le renouveau, la gaieté française transforma les camps : on se battait, on mourait le rire aux lèvres. Le 2ᵉ zouaves, célèbre par sa bravoure et ses talents dramatiques, avait monté, sur son front de bandière, le fameux « Théâtre du Moulin ou d'Inkermann ». Officiers et soldats y affluaient : les Anglais y venaient même de Balaclava, et Pierre y retrouva ses deux connaissances, le hussard et le highlander, toujours plus affamés que jamais. On y jouait le *Bourreau des Crânes*, le *Caporal et la Payse*, et les sujets de la reine Victoria, sans y rien comprendre, applaudissaient de confiance.

Au moment de la terrible affaire du Mamelon Vert, le programme du spectacle porta cet en-tête curieux « Au bénéfice des blessés, 7 et 8 juin. — « Représentation extraordinaire : le premier rôle et la dugazon ayant été « tués et plusieurs acteurs blessés, on a été obligé de changer le spectacle « primitivement annoncé. »

Le canon des batteries russes accompagnait le refrain des opérettes; chacune de ces batteries avait d'ailleurs un nom : la plus voisine, dont les boulets étaient venus deux ou trois fois troubler la mise en scène, s'appelait « Gringalet »; plus loin, c'était « Bilboquet, Zéphyrine, Flageolet » et l'inévitable « Guignol », et ces noms, devenus historiques, figuraient dans les relations officielles.

Les Russes, eux aussi, avaient leurs gaietés : ceux qui occupaient le bastion du Mât, avaient lancé dans les airs un énorme cerf-volant, « pour amuser les Français », disaient-ils, et dans une autre batterie de Karabelnaïa, un artiste russe avait barbouillé, sur une toile immense, dressée au-dessus du parapet, un zouave gigantesque, harponné par un cosaque.

Dans les suspensions d'armes, ce n'étaient pas seulement les officiers qui s'abordaient volontiers et s'entretenaient courtoisement ensemble : les soldats fraternisaient à leur manière. On comparait le cognac à la vodka, eau-de-vie dont les Russes font grand usage, et lorsque venait le moment de se quitter, on voyait partir des tirailleurs russes coiffés du képi, et des chasseurs français coiffés de la casquette.

Puis, quand les trompettes avaient sonné la retraite qui signalait la fin de la suspension d'armes, les balles se remettaient à siffler, des tranchées aux parapets et des parapets aux tranchées.

Aussi est-ce avec raison qu'on a dit récemment que les souvenirs pleins de cordialité de Sébastopol avaient puissamment contribué à faire l'alliance, aujourd'hui solidement nouée, entre la France et la Russie.

Un matin, le canon venait de se taire et une suspension d'armes venait d'être notifiée. Suivi de Pierre, Henri Cardignac qui attendait cette heure avec impatience depuis plusieurs semaines, se dirigea vers les glacis de Malakoff.

L'énorme bastion avait encore grandi : les parapets s'y accumulaient, monstrueux, barrés d'énormes traverses qui formaient autant de barricades à l'intérieur de l'ouvrage, et le commandant, qui du sommet du glacis mesurait des yeux la profondeur du fossé, se demandait comment les batteries de brèche arriveraient à le combler, lorsque Pierre lui toucha le bras.

— Voilà Yvan Mohilof, dit-il... c'est lui !

Debout sur la plongée, de l'autre côté de l'escarpe, le vieux sous-officier attendait dans une attitude militaire, et, sur un signe du commandant, se dirigea vers lui par une passerelle mobile, jetée sur l'un des flancs du bastion.

Presque aussitôt, un jeune homme portant le costume d'artilleur le rejoignit, et le colonel de Korf arriva pour servir d'interprète.

Je vous laisse à penser, mes enfants, quelle fut l'émouvante surprise du petit-fils de Fédor Mohilof, quand il se trouva en présence du fils de ce Français que le testament de son grand-père, c'est-à-dire un document sacré pour un Russe, lui avait ordonné d'aimer et de respecter comme un hôte sacré.

Il mit un genou en terre devant l'officier, lui prit la main et la baisa ; puis, gravement, le colonel de Korf traduisit ses paroles :

— Petit père, dit-il, et ce titre, très usité en Russie par les moujiks, était particulièrement touchant dans la bouche du vieux soldat, je remercie Dieu qui m'a permis de te voir avant de mourir. Mon grand-père parlait souvent du chef français qui avait éloigné le malheur de son toit : que ses enfants soient bénis : je te présente mon fils. Il porte le nom que tu connais : Fédor, et a déjà un petit enfant que le canon endort chaque soir là-bas dans

Mohilof mit un genou en terre devant l'officier.

le faubourg. Nos deux patries sont en guerre; mais moi je ne puis être ton ennemi et je prie Dieu qu'il fasse renaître la paix.

Henri lui répondit par quelques paroles émues.

Puis Yvan demanda à l'officier des nouvelles de son frère, car le colonel Cardignac, pendant les quelques semaines passées dans l'isba, avait parlé de ses deux enfants à son hôte et Yvan s'en souvenait.

Henri répondit que Jean n'était pas en Crimée, mais qu'il pouvait y débarquer d'un moment à l'autre avec les nombreux renforts que l'Empereur envoyait à l'armée.

Quand l'entrevue prit fin, le vieux Mohilof pria le colonel de Korf d'autoriser le commandant Cardignac à monter avec lui sur l'étage supérieur de la tour Malakoff. Le colonel y consentit, et quand ils y furent arrivés, le panorama de Sébastopol leur apparut.

La ville elle-même n'avait pas encore souffert du bombardement, limité jusque-là aux ouvrages fortifiés : elle s'étalait entre ses deux rades, toute blanche au milieu de la verdure de ses jardins. Tout le long de la baie du Sud s'alignaient des docks, des casernes, des magasins, et, de l'autre côté de la rade, le Fort du Nord étalait sa masse énorme, qui semblait indestructible et que les Russes ne devaient laisser à leurs vainqueurs qu'à l'état de chaos informe. Enfin, en face du Fort Constantin, bâti au ras de l'eau, à l'entrée du port, les mâts des navires, coulés par l'amiral Nackimoff, émergeaient comme des épaves.

— Tu vois, petit père, dit le vieux soldat en étendant le bras vers le nord, tu vois cette petite maisonnette au bord de l'eau : elle est bien exposée, mais Dieu nous y garde; c'est là que ma bru, Catherine, nous attend chaque soir. Si les Français prennent la ville, Fédor et moi nous serons, sans doute, comme tous les enfants de notre père le Tsar, ensevelis sous ses décombres, je te recommande mon petit-fils, Georgewitz, et sa mère, Olga : me promets-tu de les protéger?

— Sois tranquille, dit Henri Cardignac en pressant la main du Russe; les Français ne sont ni des pillards ni des insulteurs de femmes... Ceux que tu aimes seront en sûreté au milieu d'eux, je te le promets.

Mohilof demanda encore en se tournant du côté du plateau :

— Montre-moi où est ta tente?

Le commandant Cardignac étendit le bras du côté des monts Fédioukine.

— Je suis content, déclara le vieux, ma batterie ne tire jamais de ce côté... Adieu, petit père!

Il baisa de nouveau la main de l'officier et disparut avec son fils derrière une traverse.

— Quels merveilleux soldats vous avez là, mon colonel, dit Henri Cardignac en les suivant des yeux.

— Vous avez dit le mot : merveilleux, commandant. Ils ne sont ni alertes, ni débrouillards comme les vôtres; ils sont même lourds au physique et au moral; mais ils ont une force que bien des peuples n'ont plus : ils ont la foi. Sur un signe du Tsar, notre maître incontesté et notre chef religieux tout à la fois, ces gens-là marchent à la mort sans tourner la tête. Aussi soyez sûrs que nous ne vous laisserons ici que des ruines et des cadavres.

— C'est triste, fit Henri Cardignac assombri, cette lutte sauvage entre deux grandes nations faites pour s'aimer et s'estimer... et tout cela pour un peuple abêti, usé, fini, comme le peuple turc!...

— Le destin! dit le colonel de Korf qui, comme tous les Orientaux, était fataliste, c'est le destin; mais soyez persuadé que, même battus, nous prendrons un jour ou l'autre Constantinople que vous nous disputez aujourd'hui.

Puis, voyant s'avancer quelques-uns de ses officiers, désireux de saluer le commandant Cardignac, il changea aussitôt la conversation.

— Il paraît, commandant, que votre nouveau télégraphe électrique porte une dépêche à Paris et en rapporte la réponse en vingt-quatre heures?

— C'est vrai, colonel, et nous en sommes tous émerveillés; mais ça a un mauvais côté.

— Lequel donc?

— C'est que, de Paris, on a ainsi la tentation de diriger les opérations à distance.

— Je comprends, et ça ne va pas à « la tête de fer-blanc », dit le colonel en riant.

— Vous connaissez ce surnom, dit notre ami en riant à son tour.

— Par nos soldats qui le tiennent des vôtres; ce qui n'empêche pas vos hommes d'avoir une rude confiance dans votre éminent général.

— C'est vrai, il est dur; mais nul ne récrimine.

— Dur et quelquefois mal... — comment dites-vous ce mot en français?... — « mal embouché? » paraît-il?

— C'est un peu vrai, répondit Henri, pendant qu'autour de lui les officiers russes riaient de bon cœur, prouvant par là qu'ils connaissaient plus d'un trait du caractère spécial du général Pélissier. Ainsi, poursuivit-il, l'autre jour, impatienté de recevoir de l'Empereur ordres sur contre-ordres, il a télégraphié au Ministre de la Guerre, à Paris : « Si vous m'embêtez encore, je coupe le fil!... »

L'hilarité devint générale et déjà un commandant russe entamait le récit d'une anecdote analogue sur le général Khroulef, lorsque soudain les rires se figèrent sur toutes les figures, qui reprirent instantanément le sérieux des relations de service.

En même temps, le narrateur s'arrêta net.

Très surpris, Henri Cardignac se demandait quelle était la cause de ce brusque revirement, lorsque, suivant la direction du regard de ses interlocuteurs, il aperçut, se dirigeant de leur côté, un officier à tunique rouge.

C'était un officier anglais.

— Nous vous quittons, dit le colonel de Korf; bonne chance, commandant!...

Et, à mi-voix, il ajouta :

— Veuillez nous excuser; nous évitons tout rapport avec les Anglais; nos vrais, nos seuls ennemis, ce sont eux, et peut-être un jour, fit-il plus bas encore, vous apercevrez-vous qu'ils sont aussi les vôtres.

La prophétie s'est réalisée, mes enfants!

En annonçant à Mohilof que Jean pouvait arriver d'un jour à l'autre, Henri ne se trompait pas; quelques jours après, c'est-à-dire dans les premiers jours de mai, il recevait une lettre de son frère ainsi conçue :

« Mon cher Henri,

« Je prends le premier courrier pour te rejoindre; je suis chargé, par
« l'Empereur, d'amener au général Pélissier les « premières pièces rayées
« de siège » fondues à Bourges; elles arriveront encore à temps, je l'espère,
« pour le bombardement de Malakoff qui, paraît-il, va être mené avec un
« redoublement de vigueur. Tu verras les effets de nos nouveaux obus à
« ailettes.

« Mais j'apporte aussi, tu ne devinerais pas quoi : huit cents boucliers;

« une idée de l'Empereur; je t'en parlerai plus longuement quand je t'aurai
« rejoint.

« A bientôt donc et de tout cœur à toi.

« Ton frère et ami,

« Jean. »

— Des boucliers! fit Henri, qui, très intrigué, se demanda à qui allaient être attribuées ces armes défensives d'un autre âge; le siège de Sébastopol commence à ressembler au siège de Troie par la durée; il ne lui manque plus que les boucliers d'Achille et d'Ajax pour qu'il y ressemble tout à fait.

Le 5 juin, Jean débarquait à Kamiesch, et les deux frères, séparés depuis une année qui en valait bien deux, s'embrassaient avec effusion.

Jean apportait d'excellentes nouvelles des siens : Raton, c'était le surnom que Valentine donnait au petit Georges, était rose et potelé. Avec ses dix-huit mois il faisait mentir le dicton : « vingt mois, vingt dents », car sa vingtième quenotte venait de percer. Jean était très fier de son fils et avait essayé de faire faire sa photographie avant son départ; mais l'instantanéité seule aurait pu avoir raison de la turbulence du petit diable et elle n'existait pas.

En revanche, il apportait la photographie de Valentine, qu'il voulait avoir sous les yeux, à toute heure, dans sa tente, et Henri, en la regardant, lut dans les beaux yeux de la jeune femme une profonde mélancolie, car, nous le savons, elle n'aimait pas et ne comprenait pas la guerre.

— Et Lucienne, demanda Pierre qui avait accompagné le commandant Cardignac au débarcadère de Kamiesch, en avez-vous des nouvelles? Moi, je n'en ai plus depuis qu'elle a quitté la France, en octobre.

— Lucienne, dit Jean, mais elle a dû arriver en Crimée la semaine dernière, car la supérieure de la rue du Bac nous a dit qu'elle en avait fait la demande à Rome, où elle a séjourné plusieurs mois, et en avait obtenu aussitôt l'autorisation, les ambulances exigeant un nombreux personnel. Donc, elle est ici.

— Elle est ici! répéta Henri Cardignac, et il devint très pâle.

Car l'affection qu'il avait vouée jadis à l'enfant, maintenant morte au monde, cette affection survivait au plus profond de son âme : les aventures, les fatigues, les longs mois d'hiver n'avaient pu effacer la pure image de son souvenir ; seulement, elle s'était idéalisée : il l'adorait comme on adore une sainte, et les yeux clos, dans sa tente, aux jours d'épreuve, il la voyait avec sa cornette aux ailes déployées, répétant les derniers mots qu'il avait recueillis d'elle : « Si jamais M. Henri est en danger, je serai à ses côtés. »

Et voilà qu'elle arrivait en Crimée. Un esprit superstitieux eût trouvé dans cette venue l'annonce d'un danger imminent ; Henri, au contraire, pensa :

« Si je pouvais être blessé !... »

Le trouble de son frère n'avait pas échappé au commandant d'artillerie et il eut presque regret de lui avoir appris la présence, en Crimée, de sœur Marie-Agnès de Saint-Vincent-de-Paul.

Il ignorait d'ailleurs où elle était. A l'hôpital de Kamiesch, peut-être ; dans cette longue enfilade de baraques couvertes de toiles goudronnées qu'on voyait du débarcadère ?

Ou peut-être dans l'une des ambulances de la Maison des Carrières, du Clocheton ou du Moulin ?

— Je vais me mettre à sa recherche, dit Pierre. Elle aussi, d'ailleurs, doit nous chercher... Je la trouverai, mon commandant ; voulez-vous me donner la permission de la journée ?

— Oui, va, Pierrot, répondit le commandant, le regard voilé d'une indéfinissable mélancolie.

— Et tu ne me parles pas de mes boucliers ? dit Jean, sentant qu'il fallait rompre les chiens.

— Parle-m'en.

— Je te l'ai dit, c'est une idée de l'Empereur : c'est un humanitaire, tu sais, l'Empereur, et, si d'un côté il étudie avec soin les moyens de tuer le plus de Russes possible, avec des engins plus perfectionnés, de l'autre, il essaye de diminuer les pertes des nôtres et de préserver des balles ceux qui vont donner l'assaut ; tu sais peut-être qu'il a déjà fait envoyer en février quatre mille devants de cuirasses dans le même but. Il a su qu'on ne s'en était pas servi ; il s'est alors imaginé que le soldat, engoncé dans ce lourd plastron, ne pouvait plus se mouvoir et que là était le motif de son abandon. Sans se décourager, il a cherché autre chose, et cette autre chose, ce sont les boucliers que j'apporte.

— Il n'a pas deviné la vraie raison du délaissement dans lequel on a laissé ses cuirasses : la vraie, la seule, mon cher Jean, c'est qu'il répugne au caractère français de marcher au combat autrement que poitrine découverte, et les boucliers n'auront pas plus de succès que les cuirasses.

— Tu crois vraiment que c'est là le motif réel de l'abandon d'une pareille tentative?

— J'en suis sûr; on te le dira à l'état-major.

— Tu m'avoueras tout de même que c'est un singulier préjugé, reprit l'officier d'artillerie; le cuirassier ne se croit pas déshonoré parce qu'il a la poitrine bardée de fer, comme nos ancêtres du Moyen Age; le sapeur qui « avec cuirasse et pot en tête » pousse son gabion à l'origine d'une sape, ne se trouve pas ridicule, que je sache. Pourquoi, ce qui est acceptable pour eux, ne le serait-il pas pour le fantassin?

— Ton raisonnement est la logique même, mais logique et sentiment font deux. Et ni toi ni moi n'y pouvons rien. Maintenant, dis-moi, comment utiliserait-on ces boucliers que tu apportes?

— Voilà : au moment d'un assaut, la première ligne d'hommes qui franchit le parapet d'une tranchée en présence d'un ouvrage aussi formidable que Malakoff, cette première ligne est fatalement fauchée; or, suppose que chacun des hommes qui la composent, ayant son fusil en bandoulière, dresse et porte devant lui, en surgissant, un bouclier d'acier forgé de 1^m30 de hauteur sur 0^m50 de large; suppose de plus que tous les porteurs de boucliers se serrent les uns contre les autres sans intervalles : c'est sur une véritable muraille métallique que viendra tomber la première grêle de balles, c'est-à-dire la plus meurtrière; le premier rang sera donc préservé ou du moins touché dans des proportions très minimes, et il préservera, de plus, ceux qui marcheront immédiatement derrière lui.

— Et contre le canon, que pourront tes boucliers?

— Ah! le canon, évidemment, fera des brèches dans cette muraille, mais tu sais bien que c'est la balle qui tue le plus de monde dans un assaut. Enfin, n'y eût-il que quelques centaines de vies préservées à ce terrible moment, l'idée de l'Empereur n'en est pas moins louable en tous points.

— Je vois qu'il t'a convaincu.

— C'est vrai.

— Le malheur est qu'ici il ne convaincra personne : on ne lutte pas contre un préjugé aussi enraciné.

J'ajoute aux réflexions des deux frères sur ce grave sujet, mes enfants, qu'aujourd'hui, avec le feu à répétition, un assaut est devenu presque impossible dans la guerre de demain : les colonnes d'assaut fondraient comme du plomb dans un creuset, sous les milliers et les milliers de petites balles dont une seule peut traverser quatre hommes.

Et cependant la force du préjugé continue à s'opposer à l'adoption d'un engin préservateur.

Et vous verrez que cet engin sera un beau matin adopté par une puissance voisine, plus pratique et mieux commandée; il donnera à cette puissance une supériorité morale et matérielle considérable, et alors les Jérémie français, qui font de la tactique en chambre, s'écrieront lamentablement :

— Comment nos ministres et nos généraux ne se sont-ils pas préoccupés de couvrir nos soldats, comme les Allemands le sont aujourd'hui ?

Le lendemain de son arrivée, Jean alla avec Henri visiter les tranchées qui cheminaient vers le bastion Malakoff.

— Attention à toi! dit le commandant de chasseurs, lorsqu'ils débouchèrent dans le boyau le plus rapproché de l'ouvrage; des tireurs russes, à l'affût toute la journée, font feu sur tout ce qui se montre au-dessus de la gabionnade, et ils ne sont pas économes de leurs munitions. Ce serait bête de « trinquer » dans les vingt-quatre heures de ton arrivée.

Et pour lui donner la preuve de ce qu'il avançait, Henri posa vivement son bonnet de police au sommet de la tranchée.

Aussitôt plusieurs sifflements se firent entendre et quelques balles écrétèrent le parapet, tout près d'eux.

— C'est comme cela, reprit Henri, qu'est mort, aux environs de Pâques, ce pauvre général Bizot qui avait conduit, depuis le commencement du siège, toutes les opérations du génie; il a voulu regarder les contre-approches du côté du Mamelon-Vert et a reçu une balle derrière l'oreille.

— Fais attention surtout en reprenant ton bonnet.

— Pas la peine... tiens! le voilà.

En effet, une balle venait d'atteindre la coiffure et l'avait jetée à l'intérieur de la tranchée.

D'un point moins exposé, Jean put examiner le relief de Malakoff, et quand il eut entendu la description que lui fit son frère de l'organisation intérieure de l'ouvrage :

— Ce sera un dur morceau à avaler, déclara-t-il, et le mieux serait de pousser la tranchée le plus près possible du parapet, pour éviter aux troupes d'assaut un trop long trajet à découvert.

Jean avait vu juste, et ce fut pour avoir lancé les troupes de trop loin et les avoir obligées à franchir quatre cents mètres sous un feu écrasant, qu'échoua le premier assaut de Malakoff. Il eut lieu le 18 juin.

Inutile de vous dire, mes enfants, que, ni à cet assaut, ni au suivant, on ne fit usage des boucliers de Napoléon III.

L'échec subi par le corps de siège retentit douloureusement dans toute la France.

Le général Pélissier d'ailleurs eut sa part de responsabilité personnelle ce jour-là, car, ne pouvant supporter le trot d'un cheval plus de quelques minutes, il arriva en retard d'une heure à la redoute Victoria, où Lord Raglan l'attendait, et d'où la fusée, signal d'attaque, devait partir. Ce qui prouve que les qualités morales et la supériorité intellectuelle d'un chef doivent être étayées par la vigueur physique.

En même temps que le général en chef, une brigade, égarée dans la nuit, était arrivée trop tard; une autre prit une bombe pour la fusée de signal et s'élança trop tôt; deux généraux furent tués; les colonnes vinrent se briser contre la ligne russe avec quatre mille hommes de perte : les Anglais, de leur côté, échouèrent dans l'attaque du Grand Redan.

Tout était à recommencer, et cette date du 18 juin, qui avait été choisie tout exprès pour substituer une victoire mémorable au triste anniversaire de Waterloo, restait pour l'armée française une journée de malheur.

Dix jours après, Lord Raglan mourait à son tour du choléra, comme était mort le Maréchal de Saint-Arnaud.

Puis les Russes, encouragés par l'échec des alliés, les attaquèrent à Traktir; mais ils furent vigoureusement repoussés, et dès lors les travaux furent menés avec une activité fiévreuse contre la tour Malakoff.

Enfin le grand jour se leva. C'était le 8 septembre.

Tout le monde avait hâte d'en finir, et les soldats demandaient à grands cris l'assaut qui les débarrasserait des obsédantes corvées de la tranchée.

Le général Bosquet fut frappé derrière l'épaule droite et tomba...

D'ailleurs les Russes eux-mêmes étaient à bout de forces : toutes les armées du Tsar étaient venues successivement se fondre dans ce sanglant creuset de Sébastopol, et il était constant pour tous que la prise de Malakoff, en faisant tomber la ville, amènerait la fin de la guerre.

— Pas de chance, Vautrain, dit le commandant Cardignac à son lieutenant, lorsque ce jour-là, vers neuf heures du matin, les batteries reprirent le bombardement avec plus d'intensité que jamais ; non, pas de chance pour la cavalerie dont le rôle est nul, un jour comme celui-ci. Aussi vais-je planter là mes escadrons pour aujourd'hui et offrir mes services à ce brave général Bosquet.

— Qui sait, mon commandant, nous aurons peut-être une diversion du côté de la plaine.

— Je ne le crois pas : si le cœur vous en dit et s'il n'y a rien de nouveau, venez donc me retrouver dans la sixième parallèle vers deux heures : le spectacle y sera émouvant.

— L'assaut est pour midi juste, mon commandant.

— Oui, le général Pélissier a eu peur qu'on ne confondît encore les fusées-signaux avec les bombes, comme le 18 juin, et tous les officiers ont réglé leurs montres hier sur l'heure du quartier général : il n'y aura donc pas de signal : à midi juste, on s'élancera.

A onze heures, Henri Cardignac arrivait dans la sixième parallèle et obtenait du général Bosquet, qui l'aimait beaucoup depuis l'Alma, l'autorisation de lui servir d'officier d'ordonnance. Ce n'était d'ailleurs pas sans raison que Henri avait choisi ce poste, car tout près de cette parallèle avait été construite la batterie où les douze pièces rayées de Jean tonnaient depuis l'avant-veille, envoyant, grâce à leur longue portée, des obus de quatre-vingts kilogrammes jusqu'aux extrémités de la ville.

Depuis trois jours, le bombardement préparatoire à l'assaut — un bombardement infernal, suivant l'expression du prince Gortchakof — avait commencé de partout, sans trêve ni repos : huit cents pièces du côté des alliés, quatorze cents du côté des Russes tonnaient à la fois, et jamais guerre n'a engendré pareil duel d'artillerie.

Le spectacle de ce drame avait une majesté sinistre : du sein de la grande rade, sous un ciel d'un rouge ardent, une colonne de flammes illuminait, jusqu'aux confins de l'horizon, les montagnes et la mer. Atteint par une bombe, un grand transport russe brûlait comme un fanal énorme.

Dans la ville, quatorze maisons seulement restaient debout, et, muet devant cet ouragan de fonte qui s'abattait sur la malheureuse cité, Henri Cardignac pensa au petit enfant de Fédor Méhilof, dormant là-bas dans les bras de sa mère effarée.

Pierre l'avait accompagné comme toujours.

— Retrouverais-tu la petite maison? lui demanda le commandant.

Et leurs cœurs s'étaient compris, car Pierre répondit :

— J'irais les yeux fermés, mon commandant : je la vois encore, au bord de la baie, près d'une grande caserne, dans la verdure...

— Il faudra penser à y aller de suite... Pauvres gens!

— J'y penserai, mon commandant; comptez sur moi.

— Onze heures cinquante-six! fit le général Bosquet, tirant sa montre. Encore quatre minutes!

Près de lui, la batterie et la musique du 1ᵉʳ zouaves attendaient : les tambours, la baguette en l'air; les clairons, l'instrument près des lèvres. A l'abri derrière le rideau de fumée des canons, les régiments étaient venus prendre leurs postes, et les tranchées étaient bondées d'hommes silencieux, affermissant leurs baïonnettes, car c'était cette arme bien française qui allait jouer la partie suprême.

Midi!

La charge sonne, vibrante, s'épand comme une traînée de poudre tout le long des tranchées et enlève les hommes dans un élan frénétique.

Amenés par les derniers travaux à vingt-cinq mètres seulement de Malakoff, les zouaves du 1ᵉʳ régiment, colonel Collineau en tête, ont d'un bond franchi la distance. Ils n'ont besoin ni de ponts volants ni d'échelles, car le fossé est à demi comblé par les débris de la Tour : le talus est gravi. Les Russes qui depuis trois jours attendent en vain l'attaque, sont surpris dans leurs abris sous-traverses.

Les artilleurs seuls sont sur le rempart : ils se défendent avec leurs écouvillons, leurs leviers de pointage et tout ce qui leur tombe sous la main; mais ils sont tués sur leurs pièces.

Le 7ᵉ de ligne vient renforcer les zouaves. Le saillant de Malakoff est conquis, et le Maréchal de Mac-Mahon apparaît debout à son sommet, tête-nue, près du drapeau tricolore qui vient d'y être planté.

Les réserves saluent d'une immense acclamation l'apparition des couleurs de France.

Mais les Russes vont faire des efforts surhumains pour reprendre la clef de leur ville.

Trois épaisses colonnes, envoyées par Gortchakof, montent à l'assaut de la gorge; un combat désespéré s'engage dans les étroits couloirs qui mènent de l'esplanade intérieure au bastion : le 50e, le 20e le 27e de ligne, le 3e zouaves, les tirailleurs algériens accourent à l'aide; c'est une lutte corps à corps avec cris, imprécations et insultes comme au siège de Troie; les cris rauques des turcos répondent aux hourras des Russes; on se bat à coups de crosse, à coups de pierre; on se mord, on s'assomme.

Un officier du génie vient dire au Maréchal de Mac-Mahon qu'une mine formidable est sous ses pieds, qu'elle peut éclater d'une seconde à l'autre : il fait la réponse fameuse : « J'y suis, j'y reste! » et le sauvage et dernier effort des Russes vient se briser contre l'intrépidité de nos soldats.

A la même heure, les Anglais venaient d'échouer une seconde fois dans leur attaque contre le Grand-Redan; mais le succès des Français à Malakoff compensait tous les insuccès partiels, et, vers cinq heures, Gortchakof donnait à toutes ses troupes l'ordre d'évacuer Sébastopol.

Vers deux heures et demie, le général Bosquet s'était transporté devant le Petit-Redan, où le général Bourbaki venait d'être blessé et l'attaque française repoussée. Il donnait des ordres pour la reprise de cette attaque au général de La Motterouge, lorsqu'un éclat d'obus le frappa derrière l'épaule droite.

Henri Cardignac le vit chanceler et s'élança; mais, au même moment, lui-même s'affaissait : un biscaïen venait de lui trouer la poitrine.

— Jean! oh! Jean! fit-il en tombant.

Pierre, qui ne le quittait pas plus que son ombre, se précipita vers lui en poussant un cri déchirant.

Deux infirmiers accoururent avec une civière et une heure après, Henri Cardignac était transporté à l'ambulance du Moulin.

Pierre l'y avait suivi tout en larmes.

Jean, prévenu aussitôt, n'avait pu quitter sa batterie, et, rempli d'une angoisse impossible à décrire, avait subi ce martyre de sentir son frère agoniser non loin de lui sans pouvoir aller l'embrasser.

Le vie militaire est pleine de ces sacrifices-là!

A l'arrivée à l'ambulance, Henri Cardignac fut étendu sur un lit de sangles : le chirurgien examina la blessure et hocha la tête, le poumon gauche était perforé.

— Les heures sont comptées, dit-il à voix basse au lieutenant Vautrain qui, plein d'anxiété, attendait le résultat de son examen.

Si bas qu'il eût parlé, Henri l'avait entendu et compris : il ouvrit les yeux, serra la main de son lieutenant et celle du colonel Pajol qui venait d'arriver et regarda autour de lui.

— Pierrot, dit-il faiblement.

— Il est parti en courant et a dit qu'il allait revenir, mon commandant, dit Vautrain.

Une lueur brilla dans le regard de Henri Cardignac. Il demanda encore :

— Est-ce que Malakoff est à nous?

On lui répondit affirmativement; puis il s'informa de la blessure du général Bosquet.

Quand on lui eut affirmé qu'elle n'était pas mortelle :

— Tout est bien, dit-il avec effort.

Et plus lentement encore il ajouta :

— Mourir à l'ennemi... un jour de victoire!... J'avais... j'avais toujours rêvé cela!

Il tomba dans une torpeur de quelques instants, puis, comme réveillé en sursaut :

— L'aumônier, dit-il... je voudrais le voir!...

On y avait déjà pensé et l'abbé Lanusse, le digne prêtre qui devait plus tard être aumônier de Saint-Cyr, s'enferma quelques instants avec le mourant.

Quand il sortit, Henri Cardignac semblait avoir repris des forces; il avait tourné la tête vers la porte comme s'il eût concentré dans l'attente qui allumait son regard sa dernière flambée de vie.

Soudain un flot de sang jaillit à ses joues couleur de cire.

La porte de la baraque venait de s'ouvrir et une sœur de Saint-Vincent-de-Paul entrait sans bruit. Pierre la suivait.

Avec cet instinct divinatoire de certains mourants, Henri Cardignac avait senti s'approcher Lucienne Bertigny.

Il ne l'avait pas revue depuis son arrivée en Crimée : il savait que Pierre l'avait retrouvée à l'ambulance du Clocheton; mais au mutisme de ce dernier, il avait deviné que sœur Marie-Agnès avait recommandé le silence à son frère et il n'avait osé reparler d'elle.

En effet, elle avait répété à Pierre :

— J'irai, mais seulement lorsqu'il aura besoin de moi : ce jour-là, viens m'appeler.

Et maintenant le jour était venu où ces deux êtres, dignes l'un de l'autre, recevaient de la mort même, qui purifie tout, la permission de se revoir.

Elle s'avança aussi pâle que lui, belle de la beauté des vierges et des anges, et leurs regards se croisèrent.

— Merci, dit-il... oh! merci!

Sa main pendait le long du lit, elle la prit et s'agenouilla; puis elle posa chastement son front sur cette main, obéissant à son instinctif besoin de charité, et sentant dans les mystérieuses profondeurs de son cœur de

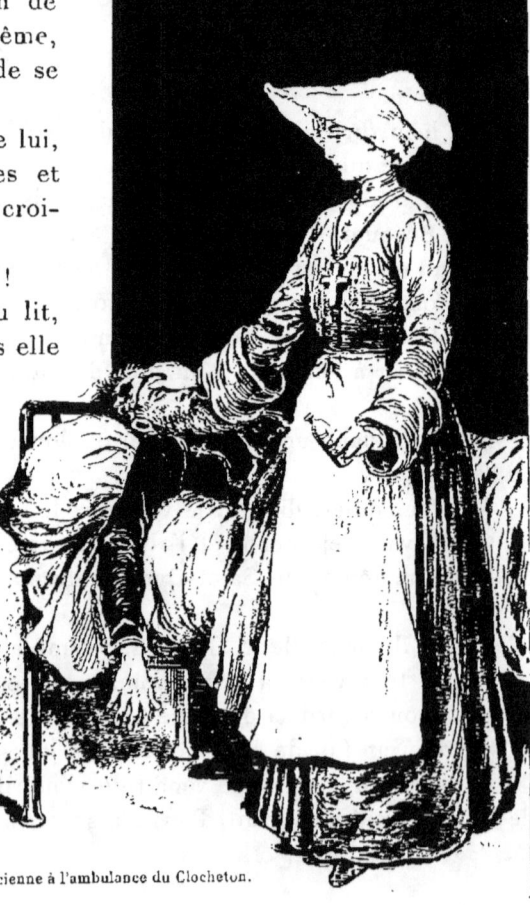

Pierre avait retrouvé Lucienne à l'ambulance du Clocheton.

femme, qu'elle embellissait ainsi sa dernière heure par l'évocation d'un souvenir d'une douceur infinie.

— Merci! dit-il encore...

Et elle s'abîma dans une prière ardente.

Enfin à cinq heures, Jean arriva, la figure noire de poudre et ravagée par les larmes; il n'eut pas besoin d'interroger ceux qui entouraient le lit pour deviner le fatal arrêt, et déposa en sanglotant un baiser sur le front de Henri.

Une demi-heure se passa encore sans qu'une parole fût échangée entre les témoins de cette mort, si belle et si calme. Pierre, anéanti, s'était agenouillé près de sa sœur; la respiration du blessé devenait difficile : la vie s'en allait goutte à goutte.

La porte s'ouvrit de nouveau et le général Pélissier parut.

Sûr désormais de la victoire, il était venu visiter en toute hâte le général Bosquet, qu'il savait sérieusement blessé, et avait appris, à l'ambulance même, que, tout près de là, le commandant Cardignac qu'il connaissait bien, se mourait.

Il entra rayonnant : à cette heure, il personnifiait la France victorieuse, et la certitude du succès final et définitif l'exaltait; elle était payée chèrement, cette victoire, par la perte de tant de braves; mais au-dessus de l'holocauste de tous ces sacrifiés, le chef suprême voyait le drapeau triomphant et ne pouvait voir que lui.

Il s'avança vers le lit, détacha de sa poitrine sa croix d'officier, et d'une voix dont il essayait d'adoucir la rudesse habituelle :

— Commandant, dit-il, recevez cette première récompense de votre brillante conduite,... la Patrie n'oubliera pas votre nom!

Et il posa la rosette rouge sur la poitrine trouée du mourant.

Le regard atone de Henri Cardignac s'éclaira une dernière fois; puis un léger tremblement agita son corps et ses yeux se fermèrent.

Sœur Marie-Agnès — c'était en religion le nom de Lucienne Bertigny — se releva alors, car, familiarisée avec les agonies, elle avait senti passer dans la main qu'elle tenait le dernier frémissement de la vie.

Elle croisa les bras de Henri Cardignac sur sa poitrine, ôta de son cou sa croix noire de religieuse et la posa près de celle de la Légion d'honneur, à l'endroit du cœur.

Puis elle se remit à prier pendant que Pierre, sanglotant toujours, sortait précipitamment de la salle.

Il venait de se rappeler la recommandation de son commandant, une des dernières phrases échangées avec lui :

Commandant, dit le général, recevez la récompense de votre brillante conduite.

— Retrouverais-tu la petite maison d'Yvan Mohilof? Il faudra penser à y aller de suite... Pauvres gens !

Cet ordre il voulait l'exécuter coûte que coûte et il n'avait pas de temps à perdre.

Toujours courant, enjambant tranchées et cadavres, contournant les entonnoirs d'explosion, il arriva au Petit-Redan qui lui avait paru le chemin le plus direct du rempart à la baie de Karabelnaïa.

La division de la Motterouge occupait l'ouvrage, et des centaines de soldats, assis sur les parapets éboulés, assistaient à l'anéantissement de Sébastopol et à sa destruction par les Russes eux-mêmes.

C'était l'heure du crépuscule; les derniers défenseurs de la ville franchissaient le pont flottant et s'écoulaient vers le nord. Derrière eux, batteries, bastions, redoutes, magasins, sautaient les uns après les autres, depuis la Pointe du Nord jusqu'au fort de l'Artillerie; des colonnes de feu jaillissaient de toutes parts, et le sol frémissait comme secoué par les saccades violentes d'un tremblement de terre. Un nuage d'une fumée roussâtre, nauséabonde, s'élevait lourdement au-dessus de la cité détruite. Pierre descendit vers la rade; il s'était orienté, avait revu aux dernières lueurs du jour la petite maison de Mohilof dans les arbres, et était certain de la retrouver. Mais il dut faire de nombreux détours au milieu des ruines et des incendies; l'explosion d'une poudrière, au moment où il approchait du but, le couvrit de débris. Il dut s'arrêter un instant, et la nuit arriva.

Il poursuivit ses recherches avec une obstination fiévreuse, se répétant l'ordre du commandant, la poitrine soulevée de gros sanglots en songeant à la mort de celui qu'il aimait par dessus tout, et arriva enfin devant un petit enclos; un grand bateau à vapeur brûlait non loin de là, éclairant les quais. Il reconnut la petite maison de Mohilof; mais la toiture s'était effondrée sous le poids d'une énorme pierre de taille, arrivée on ne sait d'où.

Qu'allait-il trouver dans ces ruines?

Il lui sembla entendre un gémissement et se hâta de franchir la porte à demi disloquée : dans la première pièce, les poutres du plafond gisaient à terre enchevêtrées.

Mais une porte s'ouvrait sur sa droite et il tendit l'oreille; il ne s'était pas trompé : un gémissement lent et continu sortait de l'ombre. Pierre frotta une allumette, et un spectacle navrant s'offrit à ses regards : écrasée par une pierre, une jeune femme aux cheveux d'un rouge ardent, épars autour d'elle, aux lèvres épaisses et au teint bistré, gisait à terre. Elle était morte depuis peu, car le corps n'était pas encore froid. Son visage convulsé reflétait la terreur de ses derniers instants.

Un enfant, qui pouvait avoir deux ans, étendu sur elle, s'accrochait à son cou et poussait les gémissements que Pierre avait entendus. Le maréchal

Le maréchal des logis prit l'enfant dans ses bras et sortit de la maison.

des logis l'enleva, sortit de la maison et l'examina à la lueur de l'incendie : il n'était pas blessé.

Il avait un peu le type kalmouk, nez légèrement épaté, front bas et arrondi, teint olivâtre, et quand Pierre l'eut caressé en lui parlant doucement, l'enfant ne pleura plus.

Une heure après, Pierre rentrait à l'ambulance du Moulin.

— Tiens, Lucienne, dit-il, le commandant Henri a promis devant moi d'être le protecteur de cet enfant. Cette promesse, aujourd'hui qu'il n'est plus, c'est moi qui la tiendrai. Je ferai pour ce pauvre petit ce que notre sauveur a fait jadis pour nous deux. Il se nomme Georgewitz Mohilof. Mais je ne puis en prendre soin jusqu'à notre retour en France : veux-tu t'en charger? j'ai compté sur toi.

— Tu as bien fait, dit-elle, et je t'aiderai : un désir de lui est sacré pour moi.

Et à l'altération de ses traits et au tremblement de sa voix, Pierre s'aperçut qu'elle avait pleuré.

CHAPITRE XV

POIGNÉE D'AVENTURES

La douleur de Pierre fut inexprimable.

Jusqu'à ce jour, il avait vécu avec l'insouciance de son heureuse nature, redressé à temps par la dure épreuve qui avait marqué son départ pour la Crimée, mais confirmé par cette épreuve même dans l'idée qu'il avait auprès de lui un tuteur puissant, qu'il n'avait qu'à se laisser grandir à ses côtés, et que l'homme qui lui avait jadis sauvé la vie saurait orienter cette vie au mieux de son avenir.

Et voilà que, subitement, cet homme disparaissait.

Le chêne puissant à l'ombre duquel il avait espéré, humble roseau, se mettre à l'abri des orages, gisait à terre foudroyé, et l'orphelin se retrouvait seul au monde, envisageant sa solitude avec effroi, et n'ayant pas, comme sa sœur, la foi qui tient lieu de tout à certaines âmes d'élite.

On ne pouvait comparer l'affectueux intérêt que lui portait Jean Cardignac, le chef d'escadron d'artillerie, à l'attachement presque paternel qui le liait au commandant de chasseurs d'Afrique.

Ce dernier avait reporté sur Pierre tout ce que son cœur contenait de tendresse comprimée et il aimait de plus le jeune sous-officier comme l'artiste aime l'œuvre qu'il a tirée du néant. Jean Cardignac, d'ailleurs, avait une famille, un enfant qui grandissait; et Pierre Bertigny ne pouvait espérer retrouver à son foyer le cœur aimant et dévoué qui venait de cesser de battre.

Un vide immense venait donc de se creuser en lui et les premières heures de son désespoir furent terribles : en vain sa sœur essaya de le calmer, de lui prouver que la résignation à la volonté divine était la plus douce et la plus efficace des consolations : il s'abîma dans une violente crise de larmes.

Puis une idée fixe s'implanta dans son cerveau et ne le quitta plus.

A tout prix, il ne voulait pas que les restes de son bienfaiteur fussent pour toujours exilés sur cette froide et lointaine plage de Crimée, perdus au milieu de l'ossuaire gigantesque que la France allait y laisser.

Certes, les Russes auraient des soins pieux pour ces reliques de héros qu'on leur confierait en partant; mais Pierre ne pouvait supporter l'idée qu'il ne pourrait plus jamais venir pleurer sur la tombe de son père adoptif et, aux heures noires, lui demander dans une prière le conseil qui guide et qui console. Aussi avant que les dispositions fussent prises pour l'inhumation du commandant Cardignac, inhumation qui devait avoir lieu en même temps que celle des centaines de braves tombés à Malakoff, il se mit en campagne pour obtenir le transport en France de la chère dépouille.

A tout autre moment, la chose eût été assez facile à obtenir. Maintes fois, le Ministre de la Guerre avait accordé l'autorisation de rapatrier les corps d'officiers supérieurs tués pendant le siège : mais plus de cent cinquante officiers avaient succombé le 8 septembre, parmi eux, des généraux et colonels en grand nombre; et Jean Cardignac, qui de son côté avait eu la même pensée et avait tenté une démarche personnelle auprès du Maréchal Pélissier, n'avait pu obtenir, de l'inflexible commandant en chef, le consentement désiré : « La flotte, avait-il répondu, allait avoir assez à faire pour rapatrier les vivants. Sébastopol pris, la moitié au moins du corps de siège allait rentrer en France, et tous les bâtiments disponibles devraient concourir à cette lourde tâche. »

Pierre ne se découragea pas. Tout d'abord il avait paré au plus pressé en sollicitant du médecin qui avait assisté aux derniers moments de l'officier l'embaumement du corps; puis, sous la direction du lieutenant Vautrain, les meilleurs ouvriers des deux escadrons de chasseurs d'Afrique avaient fabriqué un cercueil en chêne, pendant que les artilleurs de Jean, possédant une forge et les outils nécessaires, lui confectionnaient une enveloppe de zinc, soigneusement soudée et parfaitement étanche.

En allant à Kamiesh pour se rendre compte des bateaux en partance, Pierre remarqua un transport sarde, sur lequel allait s'embarquer une petite troupe de « bersaglieri » convalescents. Il réfléchit alors que les troupes italiennes n'avaient pas donné à l'assaut de Malakoff ; elles n'avaient donc pas de blessés à rapatrier. Hardiment le jeune maréchal des logis s'adressa à l'officier qui présidait à l'embarquement et lui exposa sa prière : ne pourrait-on trouver un coin sur ce bateau peu chargé pour le corps de son commandant ?

L'accent qu'il sut mettre dans l'exposé de sa requête émut l'officier italien. C'était un capitaine aux cheveux grisonnants, à la moustache forte, aux yeux couleur de jais et dont l'aspect extérieur était plutôt rébarbatif ; mais aux premiers mots du jeune homme il s'attendrit : il comprenait parfaitement le français et le parlait couramment, ayant passé plusieurs années en France pour échapper aux persécutions autrichiennes en Lombardie, et avec la chaleur du tempérament méridional, il épousa aussitôt le désir de Pierre.

— Français et Italiens sont frères, dit-il ; si la chose est possible,

Hardiment, Pierre Bertigny s'adressa à l'officier qui présidait à l'embarquement.

elle se fera : je vais moi-même aller demander l'autorisation au général de la Marmora. Revenez me trouver ce soir, mon jeune camarade : seulement, vous le savez, nous allons à Gênes.

— Oh! fit Pierre, quand nous serons à Gênes, je ne serai pas embarrassé.

— Eh bien, comptez sur moi ; je tâcherai d'être convaincant et serais bien surpris si j'échouais ; précautionnez-vous de votre côté pour être autorisé à embarquer avec nous, car je ne puis me charger de ce pieux dépôt qu'à la condition que vous l'accompagnerez : nous levons l'ancre demain à midi.

Le soir même, toutes les difficultés étaient aplanies.

Le général de la Marmora, qui professait pour l'armée française une profonde admiration et avait demandé que le corps italien opérât sous les ordres du Maréchal Pélissier et non sous les ordres de Lord Raglan, avait accordé de suite au capitaine Renucci, c'était le nom du vieil officier, l'autorisation sollicitée.

De son côté, Pierre avait obtenu d'urgence, et grâce à l'entremise du lieutenant Vautrain, un congé de trois mois qui était presque un droit pour lui, puisque depuis près de deux ans que durait cette pénible campagne, il n'avait pas eu un jour de permission.

Enfin, sœur Marie-Agnès, ayant exposé la situation à la supérieure de son ordre à l'hôpital de Kamiesh, avait reçu d'elle une mission pour Rome, avec l'autorisation d'accompagner son frère.

Car il n'était guère possible à ce dernier de se charger seul du petit Georgewitz, et, à aucun prix, Pierre n'eût voulu le laisser en Crimée. Il regardait en effet cet enfant comme un legs de son bienfaiteur : la dette de reconnaissance que ce dernier avait, en s'en chargeant, voulu payer au vieux Mohilof, c'était lui, Pierre, qui l'acquitterait, et, en la faisant sienne, c'était un peu de sa dette propre qu'il acquitterait en même temps.

Jean Cardignac, lui, restait en Crimée : il y était depuis trop peu de temps déjà pour songer à être rapatrié, et d'ailleurs il avait été chargé par le Maréchal de faire le recensement des centaines de bouches à feu prises sur les Russes. Il télégraphia donc, et écrivit en même temps à Valentine pour lui apprendre la lugubre nouvelle de la mort de Henri et du rapatriement de ses restes ; enfin il munit Pierre d'une somme largement suffisante pour faire face à ses frais de voyage de Gênes à Paris.

Pierre d'ailleurs partait chargé de lettres, de commissions, de souvenirs de toutes sortes, et ses camarades de l'escadron l'accompagnèrent tous jusqu'à l'embarcadère, pour saluer en même temps une dernière fois la dépouille du chef qu'ils adoraient.

Le petit lieutenant Vautrain ne put retenir ses larmes en faisant porter le sabre au peloton d'escorte qu'il commandait, et le lieutenant de Sauterotte, se rappelant les affectueuses et sérieuses leçons qu'il avait reçues du commandant Cardignac, n'était guère moins ému que son camarade.

Jean pressa une dernière fois le jeune homme dans ses bras, lui renouvela ses dernières recommandations et le chargea, pour Valentine et son petit Georges, de ses plus chaudes tendresses; puis le maréchal des logis monta dans la chaloupe qui devait le conduire à bord du transport.

A sa grande surprise, il aperçut à côté de lui un artilleur qu'il reconnaissait pour l'avoir vu plusieurs fois chez Jean; il y remplissait depuis peu l'emploi d'ordonnance et se nommait Mahurec.

C'était un Breton bretonnant. Il était rose et imberbe, petit, trapu et paraissait avoir seize ans : il n'en avait d'ailleurs que dix-neuf, s'étant engagé volontairement pour la durée de la guerre.

Il avait tenu absolument à être artilleur, car il avait pour les canons une admiration sans bornes. Il aimait ces puissants engins comme d'autres aiment un cheval ou un chien, et il n'était vraiment heureux que quand sa batterie était « en action ».

Dès les premiers jours de son arrivée en Crimée, il s'était fait remarquer dans la tranchée par son imperturbable sang-froid au milieu des projectiles de toutes sortes; on le citait surtout pour un fait d'armes peu commun: pendant le bombardement, il avait empoigné à pleins bras une bombe russe de 32 qui venait de tomber toute allumée dans la batterie ; très vigoureux malgré sa petite taille, il l'avait rejetée par dessus le parapet avant qu'elle éclatât, préservant ainsi d'une mort presque certaine les camarades qui servaient sa pièce, et Jean, très frappé de cette preuve extraordinaire de sang-froid et d'audace chez un jeune soldat, l'avait choisi pour remplacer son ordonnance tuée la veille.

Mahurec avait accepté, mais à la condition qu'il viendrait faire, à son tour et comme les autres, le service de sa pièce; il l'avait appelée « Yvonne », du nom de sa « promise » de Paimpol, et il n'était pas de soins qu'il n'eût pour sa fiancée de bronze.

Mahurec avait vu plusieurs fois, dans la tente de son officier, le maréchal des logis Pierre Bertigny, et celui-ci l'avait chaleureusement félicité pour le beau trait de courage que je viens de citer.

— Tu pars donc aussi, Mahurec? lui demanda Pierre.

— Non pas, marchi, mais le commandant m'a permis de vous accompagner jusqu'à bord pour vous y porter un cadeau.

— Un cadeau! pour moi?

— Oui, pour vous — et il montra à Pierre un volumineux paquet qu'il portait sur ses genoux.

Pierre allait se récrier; étant un des premiers chasseurs rapatriés, il avait déjà dans tous les coins des souvenirs de toutes sortes et quelques-uns même assez encombrants, puisque l'adjudant de son escadron n'avait pas craint de lui confier, à titre de relique, un énorme culot d'obus qu'il envoyait à ses parents.

Mais le Breton ne lui en laissa pas le temps.

— Je vais vous dire, fit-il : en venant sur le *Primauguét* nous avons passé à travers une tempête du diable, pas loin de la Sardaigne, et j'ai bien regretté de n'avoir pas emporté une ceinture comme les anciens en ont là-bas à Paimpol, lorsqu'ils embarquent sur le canot de sauvetage. Puis, quelque temps après, ça a été le naufrage de la *Sémillante*, perdue corps et biens. S'ils avaient eu ma ceinture, beaucoup en seraient revenus; alors, à mes moments perdus, je me suis amusé à en confectionner une ici. Prenez-la, marchi, on ne sait pas ce qui peut arriver.

— Merci, dit Pierre; mais je sais nager et il vaut mieux que vous la gardiez pour vous au retour.

— Oh! moi, je m'en referai une autre. Vous savez bien qu'il y a dans la vallée d'Inkermann des chênes-liège tant qu'on en veut; ça n'est pas le bouchon qui manque; mais vous verrez : ça n'est pas une ceinture ordinaire; avec celle-là vous flotteriez trois jours dans l'eau sans vous enfoncer, et puis, hier, j'ai ajouté quelque chose, rapport au petit Russe que vous emportez. C'est même à cause du gosse que j'ai songé à vous l'offrir. Acceptez, allez, marchi!

Pierre avait accepté en souriant tristement et avait déposé le cadeau du Breton à la tête de sa couchette.

A midi, le 12 septembre, la *Stella Maris*, l'Étoile de la Mer, levait l'ancre:

Très vigoureux, Mahurec avait empoigné la bombe et l'avait rejetée par dessus le parapet.

c'était le nom du bâtiment, nom que l'on retrouve fréquent dans la marine de commerce italienne, car les marins y ont le culte de la Vierge, et nombreux sont ceux qui lui vouent leurs bâtiments. La *Stella* était un navire à voiles.

Les soldats et officiers sardes, embarqués sur le transport, avaient organisé, dans l'entrepont d'arrière, une sorte de chapelle ardente, où, à tour de rôle, ils venaient jeter de l'eau bénite et prier à haute voix, suivant la coutume de leur pays.

Ils entouraient d'une chaude sympathie Pierre Bertigny et sa sœur, et le vieux capitaine Renucci en particulier s'était fait, dès les premiers jours, un ami du jeune homme.

Il l'avait d'ailleurs vivement intéressé en lui racontant son aventureuse histoire, et en le mettant au courant d'une situation politique dont Pierre n'avait pas la moindre idée; car, s'il connaissait à la rigueur son histoire de France, il ignorait d'une façon presque absolue l'histoire des autres pays de l'Europe.

Méfiez-vous, mes enfants, de cette ignorance, assez commune dans les générations d'aujourd'hui. On s'imagine connaître l'histoire parce qu'on sait à peu près celle de son pays; que d'enseignements il y a cependant à puiser dans l'histoire générale du monde, et combien il est préférable de la connaître dans ses grandes lignes que de posséder à fond les menus détails de la vie politique et militaire d'un seul peuple!

Ce fut un soir, sur la passerelle, que le vieil officier raconta à son jeune ami les souffrances et les angoisses de l'Italie morcelée, gémissant sous le joug autrichien, et les douloureux accents du patriote lombard éveillèrent aussitôt dans l'âme ardente de Pierre de chaleureux échos.

— Oui, dit le capitaine, depuis la mort de votre grand Empereur, Napoléon Ier, depuis les funestes traités de 1815, notre cher pays, divisé en plusieurs tronçons, essaye en vain de reconquérir son unité : l'Autriche y possède la Lombardie et la Vénétie, en dépit du principe des nationalités, et elle maintient dans nos provinces de sang latin le joug allemand le plus insupportable. Ce n'est pas tout : son action s'étend chaque jour, depuis six ans ses archiducs règnent en Toscane et dans le duché de Modène, ses troupes occupent les duchés de Parme et de Plaisance et même les Légations romaines. Le roi de Naples est son allié dévoué; seul, mon pays d'adoption, notre cher Piémont, a conservé l'indépendance.

— Vous n'êtes donc pas Piémontais? demanda Pierre.

— Non, j'appartiens par ma naissance à cette malheureuse Lombardie que « les habits blancs » ont transformée en prison; ma ville natale est Milan, une des cités reines du grand jardin fleuri italien; ma femme et mes deux enfants l'habitent encore, parce que leur départ équivaudrait à la confiscation de la vieille maison familiale que nous possédons dans cette ville, une maison que jadis le Corrège, notre grand peintre, illustra de fresques immortelles; mais moi, je suis exilé depuis Novare.

— Novare? fit Pierre interrogateur.

Le vieux patriote eut un geste de douloureux étonnement : ainsi les jeunes gens de la génération nouvelle ne connaissaient pas *Novare*, ce nom qui résonnait si lugubrement dans les cœurs italiens!

Alors, sombre et grave, il raconta l'effort de l'Italie pour se ressaisir six années auparavant, comment elle avait lutté et triomphé d'abord sur l'Adige; mais l'Europe avait été sourde à ses cris de détresse, et seule, abandonnée par ses sœurs de sang latin, la petite armée piémontaise avait succombé, en 1849, dans les plaines de Novare. La botte allemande avait alors pesé sur la Lombardie, plus lourde et plus insolente que jamais.

— Vous étiez à Novare? demanda Pierre.

— Oui; j'y ai été blessé et fait prisonnier. J'ai été enfermé pendant trois mois dans la citadelle de Vérone, et en sortant de cette dure captivité, apprenant que le nouveau roi, Victor-Emmanuel, successeur de Charles-Albert, ne désespérait pas de l'indépendance de l'Italie malgré sa défaite, j'ai été lui offrir mes services. Il y a six ans de cela; une lueur vient de luire à notre ciel politique: c'est notre ministre, Cavour, un homme celui-là, qui l'a fait jaillir en envoyant un corps piémontais à vos côtés en Crimée. Dieu veuille que la confraternité d'armes, née sous les murs de Sébastopol, s'affirme sous d'autres cieux et nous conquière la liberté!

— Vous avez des enfants? demanda Pierre très ému par cette ardente passion de l'Italien pour son pays.

— Oui, répondit l'officier : j'ai une fille, belle comme le jour, Margarita, une vraie perle d'Orient, et un fils au cœur chaud qui promet d'être un vaillant. Dans un an il aura l'âge d'être soldat; et j'attends de lui, sans la provoquer, la pensée de venir me rejoindre. Je ne souhaite qu'une chose avant de mourir : voir mon pays délivré de l'esclavage autrichien et mon fils officier;

non plus dans l'armée sarde ou piémontaise, mais dans l'armée *italienne*, confondant dans ses rangs tous les enfants de la péninsule, de la mer Tyrrhénienne à l'Adriatique.

Plusieurs fois, dans le cours de la traversée, le capitaine Renucci avait abordé ce douloureux sujet, et Pierre avait fini par s'enthousiasmer lui-même pour cette cause généreuse de l'indépendance d'un grand pays.

La traversée lui avait paru moins triste et moins longue dans le milieu de sympathie qui l'entourait, et il avait encore accru cette sympathie en racontant à ses auditeurs ce qu'il savait du séjour de l'Empereur Napoléon à l'île l'Elbe, le jour où la *Stella* était passée en vue de cette île célèbre.

Le lendemain, le bâtiment était à hauteur de la Spezzia, petite ville devenue aujourd'hui le plus grand arsenal de guerre de l'Italie, et son commandant, un brave homme qu'on n'apercevait guère qu'à son poste de commandement, avait annoncé l'arrivée à Gênes pour le surlendemain de bonne heure, lorsque, vers la tombée de la nuit, un gros nuage couleur de cuivre apparut dans la direction du Sud.

— Un mauvais grain... dit le capitaine Renucci; le commandant vient de faire la grimace.

— Et il fait carguer les voiles, ajouta Pierre, ce qui prouve qu'il s'attend à un fort coup de vent.

Une heure après, le coup de vent en question avait atteint les proportions d'un véritable ouragan, sifflant avec fureur dans les cordages et faisant fléchir les mâts.

La mer était devenue couleur d'encre; des éclairs terrifiants zébraient la nue, et la *Stella*, courbée sous le souffle puissant de la tempête, embarquait d'énormes paquets de mer, se dressant debout sur la crête des vagues et plongeant aussitôt après dans des abîmes qui paraissaient sans fond. Un tonnerre continu roulait au ciel.

— Parez les embarcations! ordonna en italien le commandant du bord.

Et cet ordre que Pierre avait entendu était gros d'inquiétudes.

Dès les premières secousses, des marins avaient fixé, à l'aide de cordes, le cercueil de Henri Cardignac, pour qu'il ne fût pas ballotté par la tempête comme un vulgaire colis, et sœur Marie-Agnès était venue s'agenouiller auprès de lui, se tenant des deux mains aux cordes qui le maintenaient. Les bougies qui brûlaient nuit et jour dans la chapelle ardente venaient de s'éteindre.

Pierre vint rejoindre sa sœur; il tenait dans ses bras le petit Georgewitz que la tempête avait réveillé : mais, habitué sans doute au vacarme qui ébranlait l'atmosphère par l'instinctif souvenir de cet autre ouragan qu'avait été le bombardement de Sébastopol, le bébé regardait devant lui les yeux grands ouverts et sans pleurer.

— Crois-tu qu'il y ait du danger, Pierre? demanda Lucienne Bertigny d'un ton calme.

— Je le crois, répondit le jeune homme : j'ai entendu le capitaine donner des ordres qui n'ont rien de rassurant, et, à tout hasard, j'ai apporté la ceinture que ce brave Mahurec m'a donnée au départ : s'il y a naufrage, elle te soutiendra sur l'eau, paraît-il, sans que tu aies d'effort à faire.

Mais Sœur Marie-Agnès secoua doucement la tête :

— Non, dit-elle; si l'heure est venue, je ne ferai pas un mouvement pour la reculer. Je suis prête depuis longtemps à paraître devant Dieu et la mort ne m'effraye pas : et toi, mon Pierre, es-tu prêt? Non, n'est-ce pas?

— Non, fit le jeune homme, mais je sais nager.

— Que te sert de savoir nager si le poids de cet enfant paralyse tes mouvements? Or il faut le sauver, tu le sais bien...

Cependant Pierre avait développé le paquet qu'il n'avait pas eu la curiosité de regarder depuis le départ, et, à la lueur incessante des éclairs qui transformaient les hublots en lampes électriques, il examina ce que Mahurec avait appelé une ceinture de sauvetage.

Elle ne ressemblait en rien aux appareils qui portent communément ce nom et qui sont tout simplement formés de larges plaques de liège, réunies par des sangles et munies de bretelles : le cadeau du Breton était une sorte de veste sans manches, en treillis, constituée par deux épaisseurs de tissu, piqué et matelassé, entre lesquelles était réparti le liège presque pulvérisé. Ce liège noirci au noir de fumée pour être imperméable et conserver sa légèreté, même après un long séjour dans l'eau, formait une couche uniforme de cinq centimètres environ d'épaisseur, et donnait à ce singulier vêtement l'aspect d'un plastron de maître d'armes, mais d'un plastron d'épaisseur égale par derrière et par devant.

Ce qui en faisait l'originalité et montrait bien dans quel but Mahurec l'avait confectionné, c'est que cet appareil portait à la partie supérieure du dos une espèce de poche, destinée à servir de refuge au petit Georgewitz;

deux sangles, placées à l'orifice de cette poche, étaient destinées à y maintenir l'enfant, de manière que, sans gêner les mouvements du nageur, il eût toujours la tête hors de l'eau.

— Est-ce que vraiment, murmura Pierre avec inquiétude, nous serions en danger?

Maintenant la tempête faisait rage; le navire exécutait des bonds désordonnés et toutes ses membrures craquaient lugubrement.

Entre deux coups de tonnerre, Lucienne dit à son frère :

— Je t'en prie, Pierre, mets la ceinture de sauvetage et plaçons-y cet enfant, je serai plus tranquille.

Ce ne fut pas sans peine que le jeune homme endossa le singulier vêtement, car l'enfant le gênait et Lucienne n'avait pas trop de ses deux mains pour se cramponner aux cordes. Par bonheur, une voix se fit entendre au milieu du vacarme et Pierre reconnut le capitaine Renucci.

— Ça va mal, dit l'officier italien : la barre est brisée, le bâtiment ne gouverne plus et nous sommes à la merci du hasard.

— Nous sommes à la merci de Dieu! dit sœur Agnès.

— Vous avez raison, ma sœur, nous sommes dans sa main; mais j'ai bien peur qu'il ne l'ouvre et ne nous lâche, car, avec ce vent-là, nous allons droit à la côte et elle n'est pas loin.

Tout en faisant ces réflexions, le vieil officier s'était chargé du petit Russe et Pierre avait revêtu l'appareil; puis le capitaine plaça et assujettit l'enfant dans la poche qui lui était destinée.

Si la situation n'avait pas été aussi terrible, l'accoutrement du jeune homme eût prêté à rire, car il avait l'air d'une de ces mères sauvages qui portent leur rejeton invariablement ficelé sur leur dos pendant qu'elles marchent et qu'elles travaillent.

Mais le tableau était lugubre et deux matelots qui vinrent se réfugier près d'eux, ruisselants d'eau, déclarèrent :

— Niente da fare (1).

Puis, au-dessus de leur tête, le grand mât s'abattit avec un bruit épouvantable et les marins se signèrent.

Sœur Marie-Agnès s'était remise à prier.

(1) Il n'y a plus rien à faire!

Soudain un choc violent se produisit suivi d'un arrêt brusque; puis le navire repartit sous l'impulsion de la tempête.

— Nous avons touché, dit le capitaine Renucci : c'est la fin.

Au-dessus d'eux, des cris, des commandements s'entrecroisèrent, et Pierre, escaladant l'escalier, revint prendre sa sœur par la main.

— Vite, Lucienne, dit-il, viens : on embarque dans les canots.

— C'est bien ce que je craignais, ajouta le capitaine, nous avons touché; une voie d'eau s'est ouverte... il faut abandonner le navire.

Le bâtiment en effet ne bondissait plus sur les vagues comme il le faisait quelques minutes auparavant : déjà surchargé par le poids de l'eau qui entrait dans sa coque, il avait une stabilité inquiétante.

Du fond de la cale, les marins employés à la manœuvre des pompes remontèrent en toute hâte; tout travail d'épuisement était inutile.

La *Stella-Maris* allait sombrer.

Sur le pont le spectacle était effrayant; le capitaine Renucci avait renoncé à se faire obéir de son détachement. Soldats et marins affolés couraient dans tous les sens en criant.

Il n'y avait à bord que trois canots pour une centaine d'hommes, et, hypnotisés par la crainte de la mort imminente, chacun s'y ruait sans écouter les ordres des officiers, sans même attendre que les manœuvres préparatoires au lancement fussent exécutées.

Le plus grand fut bientôt encombré de soldats et d'hommes de l'équipage, gesticulant et vociférant. Mais l'un des palans ayant fonctionné pendant que l'autre restait immobile, on vit l'embarcation déverser à la mer toute une grappe humaine et rester suspendue par l'arrière, pendant que les cris d'horreur des survivants, mêlés aux appels de détresse des malheureux précipités à la mer, dominaient le fracas des flots.

Le second canot, mieux manœuvré, allait toucher l'eau, lorsqu'une vague monstrueuse, le prenant par dessous, le jeta contre la paroi du vaisseau; quand il réapparut au milieu de l'écume, la moitié de ses passagers avait disparu.

Restait le troisième, mais une foule enragée s'y entassait déjà.

— Rien à faire, dit le capitaine Renucci qui, au milieu de cet effroyable cataclysme, gardait le calme de l'homme qui a déjà vu la mort de près plus d'une fois.

Mais Pierre Bertigny n'était pas décidé à mourir sans avoir tout tenté.

Il sentait le pont du bâtiment fuir sous ses pieds, l'eau montait à vue d'œil.

A quoi se raccrocher?

Deux matelots munis de haches lui fournirent la réponse qu'il cherchait.

Courant au milieu des débris de toutes sortes, ils tranchaient avec une merveilleuse adresse les cordes qui retenaient au bordage le grand mât abattu sur le pont, pendant qu'un troisième, armé d'une scie, achevait de couper à sa base les fibres de bois qui pouvaient l'y rattacher encore.

Debout sur la passerelle, le commandant de la *Stella* leur criait en italien les indications nécessaires.

—Accrochons-nous à cette vergue, dit le capitaine Renucci.

Maintenant l'eau arrivait au niveau du pont : encore une minute et le navire allait être recouvert par les lames.

Pierre se retourna pour chercher sa sœur.

L'accoutrement du jeune homme pouvait prêter à rire.

Il la vit à l'entrée de l'escalier qui descendait à l'entrepont; de la main elle lui fit un signe d'adieu et descendit.

Elle allait reprendre auprès du cercueil son poste de prière jusqu'à ce que la mort vînt l'y relever.

Pierre jeta un appel déchirant :

— Lucienne! Lucienne!

Il s'élança vers elle; mais une lame énorme s'abattit sur lui et le roula sur le pont : instinctivement il saisit à sa portée une des vergues du grand mât et s'y cramponna avec énergie.

Maintenant, le vaisseau s'enfonçait avec rapidité. Si une seule corde avait été oubliée et rattachait encore le mât au bâtiment, ce mât, avec les malheureux qui s'y cramponnaient désespérément, allait suivre la *Stella* dans les profondeurs de la mer.

Pierre se fit cette terrible réflexion en sentant l'eau le recouvrir et les vagues s'entrechoquer sur le pont.

Une demi-minute se passa qui lui parut un siècle, puis il sentit qu'il émergeait, respira longuement et sa première pensée fut pour le touchant fardeau qu'il portait.

De la main, elle lui fit un signe d'adieu.

Comment le pauvre bébé avait-il supporté l'immersion?

Un gémissement mêlé au bruit caractéristique d'expectorations précipitées lui prouva que, si l'enfant avait absorbé de l'eau salée, il se hâtait de s'en débarrasser, et Pierre se hissa sur la vergue qui le soutenait, de manière à mettre l'enfant hors de l'eau.

Quelle idée providentielle avait eue Mahurec en confectionnant ce berceau d'un nouveau genre! Il est difficile en certains cas de nier les pressentiments, et Pierre y crut sincèrement ce jour-là.

Maintenant la nuit était tout à fait venue; la tempête commençait à diminuer; mais les vagues, encore déchaînées, ballottaient le mât comme un fétu de paille.

Combien de malheureux avaient pu tout d'abord s'accrocher à cette bouée de salut? On ne le sut jamais, car, plus d'une fois dans le cours de cette affreuse nuit, des cris désespérés traversèrent l'espace, et Pierre comprit qu'ils étaient poussés par ceux qui, manquant de forces, se laissaient glisser dans l'abîme.

De temps en temps un gémissement doux et plaintif rappelait à Pierre la présence du petit Russe : heureusement l'eau du golfe était tiède en cette fin d'été, et le pauvre petit ne risquait pas de mourir de froid.

Mais la faim! il ne faudrait pas qu'elle se mît de la partie, car Pierre n'avait aucun moyen de s'en préserver.

Ce que fut le reste de la nuit, vous le devinez sans peine, mes enfants; une succession de mortelles angoisses pour les survivants.

Aux premières lueurs du jour la mer s'apaisa, et Pierre, qui ne s'était maintenu jusque-là qu'à l'aide de ses deux bras étreignant la vergue, essaya de se hisser à cheval sur la pièce de bois; mais il sentit qu'elle enfonçait sous son poids et reprit sa position première; fort heureusement ses efforts pour émerger étaient considérablement facilités par son vêtement de liège, et il s'en rendit compte surtout en voyant disparaître, à quelques pas de lui, un des officiers du bord, incapable de se cramponner plus longtemps.

Soudain il lui sembla entendre prononcer son nom : il répondit à cet appel et reconnut la voix du capitaine Renucci.

Le jour venu, un jour sale et brumeux, il le distingua à l'autre extrémité de la vergue qui le soutenait lui-même et se mit aussitôt en mesure de le rejoindre. Il atteignit sans trop de peine le mât qui donnait appui à la vergue; mais ses membres, raidis par ce séjour d'une nuit entière dans l'eau, ne lui permirent pas d'aller plus loin, et le vieil officier, n'ayant pu de son côté faire le moindre effort pour se rapprocher, Pierre comprit qu'il était à bout de forces. Trois mètres à peine les séparaient.

De nouveau Pierre essaya de franchir le mât qui l'empêchait de secourir le malheureux, mais en vain.

— Je suis perdu... râla le vieil officier en tournant vers le jeune homme des yeux mourants... Si vous êtes sauvé... allez à Milan... ma dernière pensée pour eux... allez à Milan!...

Ce furent ses derniers mots, et bien qu'il eût passé déjà dans cette horrible nuit par toute la gamme de l'émotion, Pierre fut secoué d'une angoisse indicible en voyant le malheureux officier couler et disparaître.

Trois survivants seulement restaient sur l'épave flottante : Pierre, le commandant de la *Stella* et un matelot.

Je ne vous peindrai pas plus longuement, mes enfants, les transes par lesquelles ils passèrent; heureusement la terre était proche, et vers dix heures du matin une des nombreuses barques de pêcheurs qui sillonnent les rivages de la Rivière du Levant (ainsi appelle-t-on la côte entre Gênes et la Spezzia) les recueillit à son bord.

Grand fut l'étonnement de ces braves pêcheurs en découvrant un enfant parmi ces naufragés; le pauvre petit était d'ailleurs en pitoyable état : raidi et violacé, il n'eût pas résisté deux heures de plus; un vieux loup de mer s'en empara, le dévêtit, le réchauffa, mit sur sa langue quelques gouttes de tafia et, quand le bébé fut revenu à lui, parvint à lui faire prendre quelques aliments.

Ce fut un soulagement pour Pierre quand il entendit de nouveau sa plainte lente et monotone.

Lui-même renaissait. Mais en même temps le souvenir lui revint de l'affreuse catastrophe dans laquelle il avait vu périr sous ses yeux la seule créature qu'il aimât encore au monde : il revit Lucienne, son geste d'adieu et versa d'abondantes larmes.

Le rêve qu'il avait formé de ramener en France les restes de son bienfaiteur, ce rêve s'était évanoui! — Henri Cardignac ne reposait pas près de son père; il avait au fond de la mer la sépulture anonyme des braves que rien ne

D'une violente poussée, il envoya l'Autrichien rouler sur le sol.

vient troubler, et la douce créature qu'il avait aimée d'une affection silencieuse reposait maintenant auprès de lui.

Ces deux êtres dignes l'un de l'autre, et qui n'avaient pu s'appartenir pendant la vie, étaient désormais unis dans la mort.

Pierre fut débarqué dans un petit port voisin de Rapallo, et, après quelques jours de repos nécessaire, surtout à l'enfant, il gagna Gênes.

Par bonheur il avait placé dans une ceinture de cuir, qui ne le quittait pas, l'argent qui lui avait été remis au départ, et il n'avait à implorer la charité de personne.

Il se borna, en arrivant à Gênes, à aller trouver le consul de France, lui raconta son naufrage et le pria de faire parvenir à son adresse une longue lettre qu'il écrivit à Mme Jean Cardignac pour la mettre au courant de sa triste odyssée.

Le consul de France, M. Petitpied, était un excellent homme, serviable et plein de cœur, que le récit du jeune homme intéressa au plus haut point. Il avait une nombreuse famille et offrit à Pierre de se charger, pendant quelques jours, de son petit protégé.

Pierre accepta, car il avait un devoir à remplir auquel il n'eût voulu se soustraire à aucun prix, celui d'aller porter à la veuve et aux enfants du capitaine Renucci le dernier adieu du malheureux naufragé.

Aussitôt donc qu'il le put, laissant le petit Russe aux soins de Mme Petitpied et muni d'effets civils, il prit le train pour Milan.

Dès son arrivée dans cette ville, il fut frappé du grand nombre de soldats autrichiens qu'il rencontra; comme les Français, ils portaient le pantalon rouge; mais leur tunique était blanche et ils étaient coiffés d'une espèce de shako en cuir bouilli.

Des patrouilles armées parcouraient les rues; les officiers, l'air provoquant, le revolver en bandoulière, allaient par groupes; sur la place de la cathédrale, une batterie était en position, canons braqués. On pouvait se croire dans une ville en état de siège.

Pierre n'eut pas de peine à trouver la maison de la famille Renucci : cette famille était connue à Milan comme une des plus patriotes, et chacun savait que son chef s'était expatrié pour servir dans l'armée piémontaise.

Aussi, la première figure que rencontra le jeune homme après avoir frappé à la porte, fut celle d'un sous-officier autrichien qui avait été imposé comme *garnisaire* à Mme Renucci, bien qu'il fût de règle, en pays civilisé, d'éviter cette charge, en temps de paix, aux femmes seules et aux veuves.

C'était un Croate, type du véritable soudard, à la barbe d'un roux ardent, à la figure enluminée, au verbe haut, et dont le sabre résonnait dans toute la maison avec un grand bruit de ferraille.

Il toisa insolemment le visiteur et l'interpella en allemand.

Pierre ne comprit rien à son apostrophe; mais l'air rogue du sous-officier le fit bondir, et sur le même ton, il répliqua en français :

— Ce n'est pas à vous que j'ai affaire : je viens voir ici Mme Renucci.

Mais le Croate, planté au milieu de l'antichambre, les bras croisés, réitéra sa question, barrant le passage.

Le sang afflua aux tempes de Pierre : il était, nous le savons, peu endurant, de tempérament ardent et batailleur. Tout ce que le capitaine italien lui avait raconté de la tyrannie et des vexations autrichiennes en Lombardie lui revint à la mémoire, et, oubliant les plus élémentaires leçons de prudence, puisqu'il était sans permission régulière en pays étranger, il s'élança menaçant sur le garnisaire.

— Je ne comprends rien à ce que vous me racontez, cria-t-il les yeux brillant de colère; mais vous allez me laisser passer, entendez-vous, car vous n'êtes pas le maître ici!

Le sous-officier recula d'un pas, mit la main à la garde de son sabre et nul ne sait comment se fût terminée cette scène, lorsque, en haut de l'escalier, une femme en noir parut, très pâle sous ses bandeaux de cheveux argentés; elle avait les traits classiques, les yeux sombres et la démarche noble des femmes romaines : une longue écharpe de dentelle était jetée sur ses épaules.

Descendant quelques marches, elle adressa à l'Autrichien dans sa langue une phrase dont Pierre ne comprit pas le sens, mais dont il lut clairement l'effet sur la physionomie du soldat, car ce dernier fit un pas menaçant vers l'escalier.

Notre ami en profita pour passer, gravit les premières marches, se découvrit et allait se présenter, lorsqu'il sentit une main s'appuyer lourdement sur son épaule et l'attirer brusquement en arrière.

Alors, il ne se contint plus, un voile rouge passa devant ses yeux et la rage décupla ses forces; d'un mouvement rapide, il se dégagea, puis, d'une violente poussée, il envoya rouler l'Autrichien sur le sol dallé.

Un cri d'effroi se fit entendre au sommet de l'escalier et Pierre entrevit une jeune fille dans laquelle il devina l'enfant du malheureux capitaine. Effrayée, elle s'était jetée dans les bras de sa mère.

Margarita Renucci paraissait avoir dix-huit ans, et son père n'avait rien exagéré en la comparant à la perle dont elle portait le nom, car elle était d'une merveilleuse beauté : l'ovale de sa figure d'une pureté virginale, sa bouche petite et d'un dessin parfait, ses beaux yeux agrandis par l'anxiété, sa lourde chevelure noire ombrageant un front droit et intelligent, sa taille souple et fine, tout s'harmonisait pour faire de cette jeune fille une de ces créatures privilégiées comme en produit l'Italie, cette terre classique de la beauté.

Elle produisit sur le jeune homme l'effet d'une apparition, et quand le sous-officier autrichien revint sur lui en jurant, le sabre haut, Pierre n'hésita pas; sous ce regard qu'il venait de croiser pour la première fois, il eût accompli des prodiges; rompu comme il l'était à tous les exercices du corps, il fit un bond vers son adversaire, ne lui laissa pas le temps de frapper, et d'un violent coup de canne lui fit sauter le sabre des mains; puis ramassant l'arme avant que l'Autrichien fût revenu de sa stupeur, il la ploya sur la dalle, mit le pied sur la pointe, la brisa et en jeta la poignée aux pieds du soudard, littéralement abasourdi.

Un double cri s'éleva :

— Bravo! Viva! viva!

Et un jeune homme aux traits énergiques, au regard brillant, se précipita vers Pierre et lui étreignit le bras avec une chaleur passionnée.

— Francesco Renucci, sans doute? interrogea notre ami.

— Lui-même, répondit le jeune homme en français.

— Alors, puisque, grâce à vous, je vais pouvoir me faire comprendre de cette brute, dit Pierre, voulez-vous lui expliquer que je suis Français, et maréchal des logis aux chasseurs d'Afrique; que j'arrive de Sébastopol et que je serai à sa disposition où et comme il voudra.

Le jeune Italien eut un geste admiratif, et, dans un sourire dédaigneux, jeta au reître, traduite en allemand, la phrase qui lui était dictée.

La physionomie de l'Autrichien laissa percer l'impression d'étonnement que lui causait la révélation de ce titre de combattant de Sébastopol, car il n'était bruit en Europe, à ce moment, que des prouesses accomplies de part et d'autre en Crimée; mais la rage d'avoir été désarmé devant deux femmes par cet inconnu muni d'une simple canne, le faisait trembler de colère et il répondit :

— Si cet homme était italien, je l'aurais fait bâtonner; mais, puisqu'il est français, je lui ferai l'honneur de me battre avec lui : il recevra tout à l'heure la visite de mes témoins, ici même.

— Je les attends, fut la seule réponse de Pierre, quand Francesco, exaspéré par l'insulte à l'adresse des Italiens l'eut traduite.

Le soudard ramassa les tronçons de son sabre, ouvrit la porte et disparut.

Alors comme si rien d'anormal ne se fût passé, Pierre Bertigny s'inclina profondément devant Mme Renucci et sa fille, puis se nomma.

Mais, à ce moment, le souvenir lui revint de la lugubre nouvelle qu'il apportait.

Cette nouvelle allait effacer, pour longtemps, le sourire plein de charme qui se dessinait sur les lèvres de la jeune fille, maintenant remise de sa terreur, et, à la pensée qu'il fallait parler, une sueur froide enveloppa Pierre de la tête aux pieds.

— Veuillez me faire l'honneur d'entrer dans ma maison, monsieur, dit la mère, et considérez-la comme vôtre : un Français est partout chez lui dans notre malheureux pays; et vous êtes doublement Français, puisque vous êtes soldat.

Pierre entra dans le grand salon. A tout autre moment, son attention eût été attirée par les merveilleuses fresques qui en couvraient les murs et le plafond; mais, devant les regards interrogateurs de la mère et de ses deux enfants, il se troubla et ne trouva plus un mot à dire.

Son hésitation était si visible et son regard si rempli d'angoisse que Mme Renucci pâlit.

— Mon Dieu! monsieur, fit-elle, m'apportez-vous des nouvelles du capitaine, de fâcheuses nouvelles?... J'ai peur!...

Et comme Pierre, de plus en plus ému et gêné, ne répondait pas :

— Vous l'avez vu... poursuivit-elle, serait-il blessé? Pourtant sa dernière lettre, très récente, nous annonçait la fin de la guerre et son prochain retour... Parlez, je vous en conjure!... Vous me terrifiez!...

— Madame, balbutia Pierre haletant et joignant les mains, je ne sais vraiment comment vous apprendre...

— Oh! mon Dieu, mon Dieu, s'exclama la pauvre femme en tombant à genoux.

Et je n'essayerai pas, mes enfants, de vous décrire la scène d'affreux désespoir qui suivit. Je n'ai déjà été que trop souvent obligé, par les nécessités de mon récit, de vous initier à des tristesses qui ne sont pas de votre âge; mais c'est que la guerre, dont j'essaye de vous montrer les divers aspects, traîne derrière elle des douleurs et des déchirements que son cortège de gloire ne parvient pas toujours à masquer.

Une heure après le récit, entrecoupé de sanglots, de la fatale nouvelle, Mme Renucci était encore agenouillée au milieu de la pièce, serrant fiévreusement contre elle ses deux enfants en larmes, lorsque des coups violents ébranlèrent la porte d'entrée.

— Madame, vint dire un domestique, ce sont des Autrichiens, des soldats, ils veulent entrer.

— Cette visite est pour moi, madame, dit Pierre Bertigny; veuillez ne pas vous en préoccuper : je vais la recevoir.

Mais Francesco Renucci s'était levé et s'essuyant les yeux :

— Vous êtes notre ami, dit-il d'une voix qui alla droit au cœur de Pierre, notre ami le plus cher, bien que nous ne vous connaissions que depuis un instant; ces gens-là viennent vous provoquer. Vous ne connaissez personne à Milan, permettez-moi d'être l'un de vos témoins; le colonel Brignone, aide de camp du Roi, en ce moment ici, sera l'autre. Je ne doute pas de son acceptation et je vous l'amènerai dans une heure.

— Merci, répliqua Pierre; ce détail était le seul qui m'embarrassât vraiment.

C'était en effet une provocation en règle que venaient adresser, au maréchal des logis de chasseurs d'Afrique, de la part du Croate, leur camarade, les deux sous-officiers autrichiens.

L'un appartenait aux chasseurs tyroliens et parlait à peu près le français; l'autre servait dans un régiment de Honved.

Le Tyrolien expliqua :

Le duel devait avoir lieu au sabre, le jour même, à six heures du soir, dans un jardin retiré sur les bords de l'Olona.

Pierre accepta, sans les discuter, toutes les conditions qui lui furent faites, annonça qu'il amènerait deux témoins, et les sous-officiers se retirèrent.

Puis il voulut prendre congé de ses hôtes et les laisser seuls, par discrétion, jusqu'à l'heure de la rencontre; mais tous trois le supplièrent de rester, et Pierre, qui ne demandait qu'à se laisser convaincre, passa le reste de la journée auprès des pauvres gens à qui il venait d'apporter le deuil.

Il trouva dans son cœur les plus délicates consolations à leur adresse, pendant qu'eux-mêmes essayaient de s'abstraire de leur douleur pour lui parler du danger qu'il allait courir, danger très réel, car son adversaire était un colosse dont la force brutale bien connue était redoutable.

— Soyez tranquilles, dit Pierre; depuis dix-huit mois que nous sommes en campagne, je suis entraîné et j'ai vu de près des Russes qui valaient bien ce Croate-là. Je n'ai qu'un regret, madame, c'est de distraire votre fils de sa légitime douleur et de lui prendre quelques-uns des instants qu'il devrait passer près de vous.

Mais le jeune Francesco se récria, et avec cette emphase si chère aux Italiens de toutes conditions :

— Ne regrettez rien, fit-il; je considère comme un devoir primant tous les autres de vous assister dans cette lutte contre un des oppresseurs de mon pays !

— Que la Madone vous protège, monsieur, ajouta la veuve de l'officier piémontais; c'est en venant remplir auprès de moi un devoir sacré que vous avez rencontré ce véritable guet-apens. Margarita et moi irons ce soir à la chapelle du Campo-Santo et nous prierons pour vous pendant le combat.

La jeune fille confirma d'une inclinaison de tête les paroles de sa mère, et son regard, que rencontra Pierre, souleva en lui tout un monde d'émotions.

En quittant la maison, la poitrine gonflée d'un trouble inconnu, il se sentait de taille à affronter n'importe quel péril. Comme le Cid, au sortir de son entrevue avec Chimène, il eût pu s'écrier :

— Paraissez, Navarrais, Maures et Castillans !

Et ce fut avec une confiance impertubable qu'il arriva à l'heure dite, avec Francesco, au lieu du rendez-vous.

Le colonel Brignone, en tenue bourgeoise, les y avait déjà précédés.

La pointe du sabre de notre ami disparut dans la poitrine qui s'offrait.

C'était l'un des officiers les plus estimés de l'armée sarde, et il devait se signaler plus tard au combat de Palestro.

Il serra chaleureusement les mains du jeune homme; mais, avec une nuance d'inquiétude, il lui dit :

— En France, vous faites beaucoup de fleuret, un peu d'épée de combat et rarement du sabre... Or, c'est au sabre que la question d'aujourd'hui doit se régler et... les Autrichiens, les cavaliers surtout, sont très exercés au maniement de cette arme.

— Tout est pour le mieux, alors, mon colonel, car le sabre est aussi l'arme des chasseurs d'Afrique, et je vais essayer de vous prouver que je sais m'en servir...

— Parfait, mon jeune camarade; votre confiance me fait plaisir, elle est un gage de succès. Un conseil seulement : méfiez-vous des coups de tête... avec du calme et de la souplesse, vous userez rapidement ce lourdaud.

Il s'interrompit, car, au tournant d'une allée, trois Autrichiens venaient d'apparaître.

Tous trois étaient en uniforme; l'adversaire de Pierre dominait ses deux camarades de la tête : c'était vraiment un colosse, large d'épaules, aux jambes massives, aux bras énormes, et dont les coups de sabre devaient produire l'effet de coups de hache.

Adversaires et témoins se saluèrent; puis les deux combattants mirent habit bas et l'Autrichien montra son torse énorme, aux bras velus, musclés comme un bras d'athlète, avec des veines saillantes comme des cordes, pendant qu'en face de lui, le buste d'un blanc laiteux de Pierre, vigoureusement dessiné, émergeait d'une large ceinture rouge, seul débris qui lui restât de son uniforme.

Le colonel Brignone avait apporté deux sabres; mais le tirage au sort, pour le choix des armes, favorisa le Croate, et notre ami comprit l'importance de cette formalité lorsqu'on lui mit en main un sabre d'un poids inusité, à coquille énorme, et dont la lame massive mettait le centre de gravité très en avant de la main.

Il était visible que cette arme ne pesait pas plus qu'un fleuret ordinaire au bras du colosse autrichien et qu'elle était d'un poids anormal pour le Français.

Un deuxième tirage au sort, de nouveau défavorable à Pierre, donna à l'Allemand l'avantage de la place, c'est-à-dire le terrain descendant, et un troisième, semblable aux deux premiers, attribua au plus âgé de ses témoins la direction du combat.

Francesco, superstitieux comme tous les Italiens, se signa sur le front et sur la poitrine pour conjurer le mauvais sort, en le voyant si manifestement contraire ; mais Pierre, un sourire aux lèvres, se campa en face de son adversaire et le fixa de son regard clair.

Gêné par ce regard, l'Allemand se mit à rouler des yeux furibonds ; on pouvait être sûr qu'il n'était pas disposé à ménager son adversaire.

Au signal du Tyrolien, les deux hommes se mirent en garde, et, presque aussitôt, l'Autrichien, opérant la feinte du coup de flanc, fit décrire à son arme un rapide moulinet et l'abattit sur la tête de Pierre Bertigny.

Mais déjà la tête de notre ami n'était plus là : bondissant de côté, il s'était dérobé. Son parti était pris : à cet adversaire, solidement campé comme une forteresse, mais comme une forteresse immobile, il allait opposer l'agilité et l'intelligence de sa race. Ne tenant pas sur place, attaquant avec furie et sautant vivement en arrière aussitôt son coup manqué, il rappelait le combat de l'agile espadon contre la baleine.

De plus, sentant qu'il se fatiguerait rapidement le bras avec une arme aussi lourde, en voulant porter des coups de *taille*, il se réserva pour les coups de *pointe*, les seuls en honneur, du reste, dans l'armée française.

Les reprises étaient de deux minutes.

Trois reprises eurent lieu, sans autre résultat qu'un coup de fouet sur l'épaule de Pierre et une légère piqûre sur le biceps de l'Autrichien ; mais la première blessure n'avait produit qu'une zébrure rouge, et l'autre, d'ailleurs insignifiante, n'avait servi qu'à aiguillonner la rage sourde de l'Allemand.

Le corps déjà ruisselant de sueur, la face congestionnée, en raison de l'incessant mouvement auquel l'obligeait son alerte adversaire, le Croate voulut en finir, au début de la quatrième reprise, par son coup favori, le coup le plus dangereux d'ailleurs de ceux qui s'échangent dans un duel au sabre, le coup de tête.

Il débuta par deux moulinets éblouissants de rapidité, simula un coup de banderolle, et, avec toute la vitesse dont il était capable, remonta dans la ligne haute pour frapper.

Mais dans ce dernier mouvement il se découvrait fatalement ; profitant de cet instant, fugitif comme l'éclair, la pointe de notre ami passa et disparut dans la poitrine qui s'offrait.

Battant l'air des deux bras, le colosse lâcha son arme et s'affaissa dans les bras de ses témoins.

Le colonel Brignone s'avança alors vers Pierre :

— Mon jeune ami, lui dit-il, si vous m'en croyez, vous allez quitter Milan au plus tôt; car, bien que le duel ait eu lieu dans toutes les règles, la police autrichienne sera chez vous dans une heure : je la connais.

Et se tournant vers le fils du capitaine Renucci :

— Vous aussi, mon cher Francesco, ajouta-t-il, vous ferez bien de disparaître quelque temps... Ce sera prudent : malgré votre jeune âge, vous êtes suspect et les prisons de Milan sont déjà remplies de patriotes qui n'en ont pas tant fait... Donc, partez tous deux; moi, je reste ici pour les formalités à remplir.

— Croyez-vous qu'il soit sérieusement touché, demanda Pierre dont la nature généreuse reprenait le dessus.

— Sérieusement oui, car il a au moins dix centimètres de fer dans la poitrine et vous y êtes allé franchement; mais c'est le côté droit qui est traversé, le cœur doit être indemne, et on revient souvent d'un poumon perforé. D'ailleurs, partez sans remords; si le gaillard eût pu vous toucher la tête, vous auriez à cette heure le crâne fendu jusqu'au menton.

Quand ils furent de retour à la maison, Francesco qui jusque-là s'était contenu, sauta au cou de Pierre Bertigny.

— Oh! fit-il, laissez-moi vous embrasser; que c'est beau d'être brave, d'être soldat... d'être Français!

Mais ce qui paya Pierre au centuple, ce fut l'accueil de Mme Renucci et de la brune Margarita; les deux pauvres femmes oubliaient leur deuil pour féliciter leur hôte, et Pierre frémit lorsque la jeune fille le remercia d'une voix qui lui parut la plus suave des musiques.

Mais Francesco rappela à son ami la recommandation du colonel Brignone et se tournant vers sa mère :

— Que dirais-tu, fit-il, si j'accompagnais M. Bertigny?

— Je t'approuverais, mon enfant, puisque le colonel prétend qu'une arrestation te menace ici : tu n'es plus un enfant et la police autrichienne ne te ménagerait pas.

— Oh! ce n'est pas pour la fuir que je songe à suivre ce vaillant Français, mais pour être soldat avec lui dans cette armée française, la première du monde aujourd'hui.

Pierre eut beaucoup de peine à faire comprendre au bouillant jeune homme que, n'étant pas naturalisé Français, il ne pourrait servir que dans un seul corps, la Légion étrangère.

— Qu'est-ce que la Légion étrangère? demanda Francesco.

— C'est une troupe d'élite en campagne, répondit Pierre; mais son recrutement est des plus mêlés, puisqu'il y entre des déserteurs de tous pays et des déclassés de tout rang à qui on ne demande aucun compte de leur passé.

— Eh bien! dit le jeune homme, je vais m'engager dans l'armée piémontaise.

— Tu es trop jeune, Francesco, objecta la mère.

— Non, le roi Victor-Emmanuel, en raison des services rendus par mon père, m'agréera, j'en suis sûr; je travaillerai, et dans deux ans je pourrai peut-être entrer à l'École militaire de Turin.

— Alors c'est l'exil définitif, comme pour ton père.

— Vous me rejoindrez à Turin avec Margarita, mère, quand vous aurez pu réaliser la vente de cette maison et de nos biens. Si mon père pouvait exprimer un désir, soyez sûre que ce serait celui-là.

— C'est en effet le vœu que je lui ai entendu formuler, appuya Pierre.

Mme Renucci et sa fille ne répondirent que par leurs larmes, et le jeune homme fit ses préparatifs de départ.

Lorsque Pierre Bertigny vint faire ses adieux aux deux femmes, il les trouva résignées, et elles eurent pour cet ami que la Providence leur envoyait des paroles touchantes.

— L'Italie ne compte plus que sur la France, dit la veuve d'une voix grave, et il n'est pas un patriote italien qui ne jette en ce moment des regards suppliants vers votre noble pays; n'a-t-il pas toujours été le défenseur de toutes les causes généreuses, le champion désintéressé des peuples opprimés? Il a rendu la vie à la Grèce; il rendra son indépendance à l'Italie, et, jusqu'à la fin des siècles, tous les cœurs italiens le béniront, comme les deux faibles femmes que nous sommes vous bénissent aujourd'hui.

Profondément remué, Pierre put à peine répondre quelques mots, mais ses yeux parlaient pour lui, et il emporta, gravé dans un des plus secrets replis de son cœur, l'image de la ravissante Italienne.

Le lendemain matin, les deux jeunes gens débarquaient à Turin. Pierre avait tenu à accompagner Francesco jusque-là, et reçut en le quittant ses plus vives protestations d'amitié. Il fut convenu qu'une correspondance suivie s'engagerait entre eux, et que, l'année suivante, Pierre, s'il pouvait avoir un congé, viendrait le passer dans la famille Renucci.

Le lendemain, par Alexandrie et Novi, notre ami regagnait Gênes, et Georgewitz Mohiloff, à qui la famille empressée du Consul avait fait oublier les vilaines heures du naufrage, agita ses petits bras en le reconnaissant.

Notre ami mit le Consul au courant des péripéties de son court voyage.

Le petit Russe était calme, doux et silencieux.

— Vous avez bien fait de revenir au plus vite, approuva l'excellent homme, car il aurait pu vous en cuire; tout cela est fort triste et la situation est des plus inquiétantes; l'antagonisme est tel aujourd'hui en Lombardie, entre Italiens et Autrichiens, que la lutte ne peut tarder à en sortir; au théâtre, dans les lieux publics, partout, on s'évite ou on se provoque; les maisons particulières sont fermées aux agents du gouvernement. Les Autrichiens ne sont pas installés dans ce pays : ils y sont campés le revolver au poing, et Dieu sait comment tout cela finira si la France ne s'en mêle pas.

— La France ne sera pas seule, opina Pierre: l'Angleterre qui vient d'être notre alliée en Crimée sera de nouveau avec elle.

— Détrompez-vous, répliqua vivement M. Petitpied. L'Angleterre y a été de son concours le plus actif en Crimée parce qu'il s'agissait pour elle d'une question vitale : la prédominance de la Russie à Constantinople dont elle ne veut à aucun prix; mais l'indépendance de l'Italie n'a pour elle qu'un intérêt secondaire, et comme elle ne sacrifie jamais au point de vue sentimental, *elle n'interviendra pas*. C'est un peuple trop pratique pour risquer, dans un cas comme celui-ci, un soldat ou un écu; c'est bon pour la France ce rôle-là.

— C'est un beau rôle, s'écria Pierre avec feu!

— C'est quelquefois un rôle de dupe! murmura en hochant la tête le Consul de France.

Quelques jours après, Pierre s'embarquait sur un bateau côtier, à destination de Marseille et y prenait le train pour Paris, un peu embarrassé, il faut l'avouer, par son rôle de bonne d'enfant, mais s'y appliquant de son mieux.

Pierre Bertigny trouva Valentine à la fois triste et heureuse; triste de la mort de Henri Cardignac qu'une dépêche laconique lui avait apprise, heureuse de voir la fin de cette guerre meurtrière et de n'avoir plus rien à redouter pour son mari.

Pendant les premiers jours, elle ne se lassa point de faire raconter à Pierre les détails de l'assaut de Malakoff et du bombardement qui l'avait précédé, et elle ne manquait jamais de conclure par cette phrase :

— Quelle affreuse chose que la guerre!

Elle versa des larmes abondantes au récit de la mort si émouvante de Henri, et de la fin si belle et si tragique de Lucienne, et montrant le petit Georgewitz :

— J'espère bien, dit-elle, que Jean, quand il reviendra, n'aura pas l'idée de faire plus tard un soldat de cet enfant.

Le petit Russe avait passé assez facilement des bras de sa mère morte dans ceux de sœur Marie-Agnès.

Il passa de même des bras de Pierre dans ceux d'une brave campagnarde à qui le confia Valentine.

Il avait à peu près l'âge de son fils Georges, un peu plus de deux ans, du moins pouvait-on le présumer, car la date de sa naissance était inconnue. Peu à peu, il devait paraître plus âgé que Georges, car il se développait plus rapidement, comme il arrive d'ailleurs aux races orientales dont la maturité est précoce, mais chez lesquelles aussi les signes de la vieillesse apparaissent plus rapidement que dans les pays d'Occident.

Avec ses yeux noirs, enfoncés, très petits et très vifs, ses sourcils rares, son teint olivâtre, ses cheveux légèrement crépus et d'un noir bleu, ses membres gros, son torse râblé, il formait un contraste frappant avec le petit Georges Cardignac, et ce contraste s'étendait jusqu'au caractère, car le petit Russe était calme, doux, silencieux, criant rarement et ne pleurant jamais.

Georges Cardignac était devenu un bel enfant dont les grands yeux bleus, étonnés et rieurs, faisaient la joie de Valentine: ses cheveux, presque blonds à sa naissance, tournaient au blond vénitien; il était rose comme un amour de Bouguereau et sa petite bouche appelait le baiser. Par une bizarrerie de la nature, cet enfant d'un savant peu enclin à la gaieté et d'une femme sérieuse, comme la nièce de M. Normand, était d'une gaieté folle, et son rire frais et bruyant emplissait déjà la maison; mais aussi il avait des colères subites, criait, tapait du pied et son caractère tenait plutôt de celui de son oncle Henri que de celui de son père.

La vérité est que sa pétulance, sa gaieté, ses impatiences, son besoin de caresses le rapprochaient du colonel Cardignac, son grand-père, dont il n'avait pas les yeux noirs, mais dont il possédait cependant le regard expressif et lumineux.

Les trois mois de congé de Pierre allaient toucher à leur fin et Jean n'était pas encore de retour. Valentine qui se sentait trop seule, pria le jeune maréchal des logis de faire prolonger son congé ou de renoncer à l'Afrique.

Et chose étonnante, mes enfants, ce fut le deuxième parti que choisit le

Georges Cardignac était devenu un bel enfant.

jeune homme : lui qui n'avait rêvé pendant de longs mois que son passage aux chasseurs d'Afrique et les fougueuses chevauchées dans la brousse algérienne, il renonça sans hésitation à rejoindre son régiment à Constantine.

Les dix-huit mois de campagne qu'il venait de faire lui avaient-ils ôté le goût de l'action et des aventures? Non certes : là n'était pas la raison de sa détermination, et cette raison je vais vous la dire tout bas, car il n'osait pas se l'avouer à lui-même, et encore moins à Mme Cardignac.

En retournant en Afrique, Pierre aurait eu peu de chance de pouvoir aller passer son prochain congé en Italie et de revoir les yeux de jais de la belle Margarita, car de Philippeville, les courriers étaient rares, les permissions aussi. Et voilà comment son voyage accidenté à Milan, et surtout le souvenir rempli de charme qu'il en avait rapporté le décidèrent à chercher un permutant. Il en trouva un sans peine au régiment de cavalerie de Saint-Germain, et, en juin 1856, il passait au 2ᵉ hussards, commandé par le colonel L'Huillier.

Un mois après, en juillet, l'armée française de Crimée était enfin rapatriée tout entière, et je n'ai pas besoin de vous dire quel enthousiasme populaire accueillit les vaillants qui venaient d'ajouter une page glorieuse à l'histoire de notre pays.

Ce fut un retour triomphal.

Le Maréchal Pélissier quitta la Crimée le dernier.

Il s'était fait précéder par le colonel Pajol, chargé de porter à l'Empereur Napoléon III les drapeaux pris à Sébastopol.

Soixante ans auparavant, le père de ce colonel, le général Pajol, avait été chargé par Kléber de porter à la Convention les trophées pris à Mayence : il y a des noms prédestinés pour les nobles missions.

Jean Cardignac accompagnait le colonel Pajol.

Avec quel bonheur Valentine retrouva son mari, je vous le laisse à deviner, mes enfants; elle allait donc reprendre avec lui la vie de travail tranquille qu'elle regardait comme l'idéal du parfait bonheur! Aussi pour n'avoir plus à craindre l'imprévu d'une séparation, elle insinua doucement, très doucement d'abord à son mari, qu'il serait beaucoup mieux dans la vie civile pour continuer les recherches scientifiques, qui constituaient en somme le principal attrait de son existence; et peu à peu elle essaya de l'amener à donner sa démission.

Mais Jean Cardignac la supplia de ne plus prononcer ce mot. Il avait juré à son père d'être soldat et soldat il restera. Aujourd'hui, surtout, que son frère était mort et qu'il était seul, lui, Jean Cardignac, dans l'armée à porter un nom glorieux, il ne pourrait se résoudre à la quitter.

Valentine n'insista plus.

D'ailleurs, quelques jours après cette conversation, et comme si l'Empereur eût deviné les sollicitations dont était l'objet son ancien aide de camp, Jean Cardignac était promu lieutenant-colonel au choix hors tour, pour services exceptionnels en Crimée, et reprenait sa place à l'État-Major particulier de l'Empereur.

Ce fut une grande satisfaction pour le dernier filleul de Napoléon de se retrouver au service du neveu de son illustre parrain, et peut-être l'emploi lui fit-il ce jour-là plus de plaisir que le grade.

Peu après, Jean eut une conversation secrète avec le souverain sur le nouveau matériel de canons rayés de campagne, qui était alors en construction et dont Napoléon III poussait en toute hâte l'achèvement. A la suite de cet entretien, il réintégra son cher local d'études du Louvre. Il y retrouva son fidèle Bouloche et se replongea avec plus de feu que jamais dans ses recherches, ses épures et ses calculs.

Mais ce qui faisait son bonheur causa le désespoir de Mahurec.

Le brave Breton avait d'abord éprouvé un gros chagrin en laissant en Crimée sa pièce « Yvonne », bien qu'elle ne tirât plus; puis il s'était dit qu'en France, il retrouverait une autre « Yvonne » d'un calibre différent peut-être, mais à laquelle il pourrait s'attacher.

Il avait été fort impressionné, lorsque, au débarcadère, à Paris, Pierre Bertigny lui avait sauté au cou, l'avait remercié de sa ceinture de sauvetage et traité en ami; mais il avait éprouvé une vive déception en voyant que son commandant, qui avait dix-huit pièces sous ses ordres à Sébastopol, n'en commandait plus une seule à Paris et n'alignait plus que des chiffres.

Il crut d'abord qu'il ne s'agissait, pour son officier, que d'une occupation passagère, et, pour tuer le temps, il alla voir, quand il avait des loisirs, manœuvrer les batteries sur le polygone de Vincennes; mais lorsque Jean, réinstallé au Louvre, voulut le transformer en garçon de bureau, à l'instar de Bouloche, plus ventripotent et plus solennel que jamais, Mahurec exprima nettement son sentiment :

— Mon colonel, dit-il, moi, voyez-vous, j'aime le canon; c'est plus fort que moi. Il n'y a pas d'homme plus heureux que moi quand je vois ma pièce bien astiquée, bien luisante, prête à tirer. « Je m'ai engagé » pour sept ans afin d'arriver chef de pièce. Je vous en prie, remettez-moi dans une batterie : je crois que je peux faire un bon artilleur, mais je suis sûr de faire un mauvais garçon de bureau.

Son vœu avait été exaucé, et, dès 1857, son ambition était réalisée : il était chef de pièce, et qui plus est, *d'une pièce de 4 rayée de campagne*, c'est-à-dire d'une des pièces nouvelles qui allaient faire si brillamment leurs preuves sur les champs de bataille d'Italie.

L'année 1856 s'écoula, marquée seulement par la signature du *Traité de Paris*, qui mettait fin officiellement à la guerre de Crimée et retardait pour un temps la décadence et la chute de l'Empire Ottoman. Aussi bien, cet empire était tellement ébranlé que, quatre ans après, il eut encore besoin de la France pour rétablir la paix dans une de ses provinces : une expédition française fut envoyée pour préserver la population chrétienne du Liban, les Maronites, contre les violences des Druses musulmans.

C'est aussi à cette époque, mes enfants, que l'intérêt de la France tournée vers l'Orient, s'y affirma par une grande œuvre de paix. Un Français, M. de Lesseps, entreprit, malgré la jalouse intervention de l'Angleterre, le percement de l'isthme de Suez qui, terminé depuis 1869, ouvre la plus utile des voies de communication, par la Méditerranée et la Mer Rouge, entre l'Europe et l'Asie.

Cependant Pierre Bertigny voyait arriver avec un secret bonheur l'époque qu'il s'était fixée pour aller voir ses amis de Turin; il savait, par les lettres de Francesco, que sa mère et sa sœur l'avaient rejoint dans la capitale du Piémont et qu'il espérait entrer l'année suivante, en 1858, à l'École royale militaire.

Un jour, il avait trouvé, dans une de ses lettres, une fleur séchée de myosotis, et la vue de la poétique fleurette avait fait battre son cœur à coups précipités. Non, certes, il n'oubliait pas, et il comptait les jours qui le séparaient de son congé, lorsque le colonel L'Huillier le fit appeler à la salle des rapports.

— Maréchal des logis Bertigny, lui dit-il, vous avez demandé dernièrement une permission qui m'a donné la curiosité de consulter de près vos états de services : vous avez maintenant huit ans de présence sous les drapeaux et quatre ans de grade de sous-officier; je trouve bien, à l'origine de votre carrière, une faute grave, mais je ne vous la rappelle que pour constater qu'elle a été noblement réparée, puisque vous avez obtenu une citation à l'ordre de l'armée d'Orient. Votre instruction générale est suffisante, vos connaissances professionnelles très complètes, votre science en équitation approfondie; en un mot, je ne sais pas pourquoi vous semblez vous confiner dans le grade de sous-officier, alors que vous avez tout ce qu'il faut pour devenir un très bon officier de cavalerie...

Le maréchal des logis Pierre Bertigny.

— Mon colonel, je crains...
— Laissez-moi finir; vous ferez vos observations après. Toutes les considérations que je vous énumère m'ont donc convaincu, et je vous préviens que je vous propose pour Saumur à cette inspection générale. Vous y entrerez dans deux mois.
— Mon colonel,... voulut dire Pierre.
— Qu'est-ce que c'est? ça ne vous va pas, fit le colonel L'Huillier qui ne se rappelait déjà plus sa concession de tout à l'heure, tant son caractère autoritaire admettait peu la réplique.
— Mon colonel,... bégaya Pierre de nouveau.
— Suffit! rompez!...

Quand notre ami se retrouva dans la cour du quartier, il se tâta pour savoir s'il ne rêvait pas. Il avait depuis longtemps renoncé à toute ambition, comptant sous peu arriver maréchal des logis-chef et espérant atteindre son bâton de maréchal dans le grade d'adjudant, pour y terminer ses vingt ans de services.

Il avait maintenant vingt-sept ans : c'était bien tard pour arriver sous-lieutenant; encore ne pouvait-il être nommé à ce grade qu'après une année passée à Saumur, c'est-à-dire à vingt-huit ans, alors que les privilégiés, sortant de Saint-Cyr, acquièrent ce grade à vingt et un ans, vingt-trois au plus. C'était donc pour lui, vis-à-vis de ces derniers, un retard de cinq ans au moins.

Et puis, l'entrée à Saumur, c'était son voyage d'Italie remis à l'année suivante.

Mais une autre réflexion le retourna comme un gant, et, pour la première fois, il lut clairement dans son âme.

Cette jeune fille, cette adorable Margarita à laquelle il ne cessait de penser, à quel titre avait-il espéré se rapprocher d'elle et acquérir le droit de lui parler de son affection? Pouvait-il lui proposer d'unir sa vie à celle d'un sous-officier de carrière, elle, dont la famille était une des premières de Milan, sinon par la fortune, du moins par la considération.

S'il passait officier, au contraire, tous les espoirs lui étaient permis.

Promptement donc, il écrivit à Francesco Renucci que, lui aussi, entrait à l'École Militaire de cavalerie pour passer officier l'année suivante, et que cette raison seule avait pu lui faire différer la visite promise.

Quand il eut la réponse de Turin, huit jours après, il fut transporté au septième ciel, car, cette fois, tout un bouquet de myosotis s'épanouissait dans l'enveloppe, et les allusions de Francesco au souvenir de sa sœur, à la part qu'elle prenait à l'heureux événement survenu dans la vie de Pierre, lui semblèrent autant de présages d'un bonheur possible et relativement prochain.

En octobre 1858, donc, Pierre Bertigny entra à Saumur, et personne n'eût reconnu, dans le jeune homme à la physionomie sérieuse, au front mélancolique, mûri par l'expérience, le malheur et les campagnes, personne n'eût reconnu, dis-je, le gamin incorrigible, le révolté et l'indiscipliné de La Flèche, tant il est vrai, mes enfants, qu'il y a toujours de la ressource chez l'enfant qui a du cœur et une nature droite.

De plus, Pierre Bertigny avait compris la nécessité du travail, et le paresseux du Prytanée devint à Saumur un travailleur acharné : il en sortit dans un excellent rang qui lui permettait de faire choix d'un régiment.

Il se décida pour le 4e régiment de chasseurs, parce qu'il comptait y retrouver son lieutenant de peloton, le petit Vautrain, récemment nommé capitaine dans ce corps, après avoir quitté, lui aussi, les chasseurs d'Afrique.

Ce fut un beau jour pour lui, je vous l'assure, mes enfants, que celui où

Pierre Bertigny arbora le dolman bleu, galonné de la tresse d'argent et le coquet shako à la jugulaire de cuivre doré; il regretta bien un peu de ne pouvoir aller visiter ses amis d'Italie dans cette brillante tenue, car il était interdit d'aller à l'étranger en uniforme, mais il se fit faire un vêtement civil élégant, lança sa demande de permission et, pour la seconde fois, annonça à Francesco son arrivée prochaine.

C'était en décembre 1858.

Quinze jours après, aux réceptions du 1er janvier 1859, l'Empereur Napoléon III, s'adressant au baron de Hubner, représentant l'Autriche, à Paris, lui dit :

— Je regrette vivement, monsieur l'Ambassadeur, que mes relations avec votre gouvernement ne soient plus aussi bonnes que par le passé, mais je vous prie de dire à l'Empereur que mes sentiments personnels pour lui ne sont pas changés.

En langage non diplomatique, cette phrase, mes enfants, n'a qu'une traduction; elle est la suivante :

« J'aime votre souverain de tout mon cœur, mais ça n'empêche pas que la guerre avec votre pays est devenue inévitable et que vous pouvez compter dessus. »

Ce fut ainsi, d'ailleurs, qu'elle fut interprétée, dès le lendemain, par la presse de l'Europe entière.

Quelques jours après, un ordre du Ministre de la Guerre supprimait toutes les permissions, rappelait tous les hommes en congé et prescrivait la mobilisation de trois armées, une sur la frontière des Alpes, une sur le Rhin et une à Lyon.

Dès lors, Pierre Bertigny, privé définitivement de permission et déçu pour la deuxième fois, ne vécut plus que dans l'espérance de voir la situation se brouiller tout à fait; il mit de côté son élégant complet de voyage et ne rêva plus que d'entrer au pays de Margarita, shako en tête et sabre au côté.

Son espoir ne fut pas déçu : le 3 mai, la guerre était déclarée par l'Autriche au Piémont et par la France à l'Autriche.

Une éloquente proclamation de l'Empereur l'apprenait au monde.

Une fois de plus, la France tirait l'épée pour venir en aide à un peuple opprimé, ne demandant pour elle que la gloire qui s'attache aux nobles causes noblement défendues.

CHAPITRE XVI

A TRAVERS L'ITALIE

Vous avez certainement rencontré déjà, mes enfants, quelque vieux soldat portant à la boutonnière le petit ruban rouge et blanc, souvenir glorieux et déjà lointain de la guerre d'Italie.

Si, le rencontrant de nouveau, vous le mettez sur le chapitre de ses campagnes — ce qui est toujours facile, car un militaire ne tarit pas quand il parle de guerre — vous l'entendrez certainement raconter tout d'abord son arrivée à Gênes ou son entrée à Milan.

« Ah! mes enfants, vous dira-t-il, quel accueil, quels cris de joie, quel débordement d'enthousiasme! et ces arcs-de-triomphe élevés à la gloire des sauveurs de la patrie italienne, et ce déluge de fleurs tombant des balcons, et ces sourires, ces baisers de tout un peuple voyant poindre l'aurore de la liberté, quelle ivresse, quel délire partout! »

Puis vous verrez son front se rembrunir et vous l'entendrez murmurer tout bas :

« Jamais, à cette époque, nous n'aurions cru, nous, les vieux de Magenta et de Solférino, que les enfants de ces Italiens-là mettraient leur main dans la main de nos pires ennemis et s'allieraient avec les Allemands contre nous. »

Si vous lui demandez alors la raison de ce lamentable revirement d'une nation qui est, comme nous, de sang latin, il haussera les épaules et murmurera ce vilain mot qui sert à expliquer tant de vilaines choses :

« C'est la politique! mes enfants. »

Et vous ne seriez pas plus avancés pour comprendre, si je ne tenais à vous expliquer, très brièvement d'ailleurs, à quoi tient cette attitude de l'ingrate Italie. Car mon but, en écrivant pour vous ces récits de guerre, est de vous apprendre l'histoire, et cela c'est l'histoire d'hier et celle d'aujourd'hui.

Soyez tranquilles, d'ailleurs, ce n'est pas compliqué.

Quand Napoléon III, séduit par ce rôle de Libérateur des nations, mit l'épée de la France dans la balance et déclara la guerre à l'Autriche, les Italiens crurent, du coup, que tous les pays de langue italienne allaient être arrachés à l'Autriche et leur revenir sans contestation d'aucune sorte.

Libre jusqu'à l'Adriatique!

Tel était le mot qui courait, en 1859, d'un bout de l'Italie à l'autre.

Or, après sa victoire, chèrement achetée, de Solférino, l'Empereur des Français commença à trouver que la continuation de la guerre allait l'éloigner de plus en plus des frontières de France, qu'elle faisait couler pour d'autres le plus précieux du sang français, et qu'il avait assez fait pour ses bruyants protégés.

Sans crier gare, il traita directement avec l'Empereur d'Autriche, un brave homme de souverain qui répugnait, lui aussi, à la guerre, et tous deux, sans avoir recours aux diplomates — ce qui fut considéré comme l'abomination de la désolation, — signèrent le traité de Villafranca, qui donnait à l'Italie la Lombardie, mais laissait au pouvoir de l'Autriche certaines provinces, comme le Trentin et la Vénétie, et certaines villes, comme Trieste.

En apprenant qu'ils n'auraient pas tout ce sur quoi ils avaient compté, Cavour, le ministre de Victor-Emmanuel, poussa des cris d'orfraie, les Italiens crièrent plus haut que lui, et voilà comment, mes enfants, une lutte sanglante entreprise et menée à coups de victoires pour rendre à un peuple sa liberté, nous fit de ce peuple un ennemi acharné.

Et le plus beau de l'histoire, c'est que tout en se déclarant « irredente », c'est-à-dire décidée à recouvrer un jour ou l'autre les provinces restées sous le joug de l'Autriche, *c'est à l'Autriche elle-même que l'Italie s'est alliée contre nous depuis trente ans.*

Cette alliance-là, par exemple, je ne me charge plus de vous l'expliquer; je la constate seulement et, loin de la croire éternelle, j'attends le jour, prochain d'ailleurs, où le peuple italien, trouvant plus avantageux de la rompre, tombera sur le dos de l'Autriche, son alliée d'aujourd'hui, pour contribuer à son démembrement.

Ce jour-là sera celui où mourra ce pauvre Empereur François-Joseph, dernier soutien du vieil empire des Habsbourg.

La politique était certainement le moindre des soucis de Pierre lorsqu'il mit le pied sur le sol italien ; il était tout à la griserie du premier accueil, et tout à son idée fixe d'arriver le plus tôt possible à Milan, qui représentait pour lui le cœur de ce pays enchanté, puisqu'il allait y retrouver Margarita.

Au débarcadère de Gênes, il retrouva Mahurec.

L'artilleur, vous le savez, avait atteint le but de sa suprême ambition : il était chef de pièce.

Il avait à lui, bien à lui, un de ces jolis canons de « quatre » aux fauves reflets de bronze, et, parmi les six pièces de la batterie du capitaine Lenclut, il était facile de reconnaître la pièce du Breton, car elle était la mieux astiquée, la plus luisante, et sa gueule laissait voir, brillantes comme des dents de scie, les multiples rayures qui s'enfonçaient en hélice à l'intérieur de l'âme.

Inutile d'ajouter qu'elle se nommait toujours « Yvonne ».

Avec quel soin le maréchal des logis Mahurec la fixa par ses tourillons entre les crocs de la puissante grue qui, du pont du navire, la déposa à quai ! Avec quelle rapidité il ordonna et fit exécuter la manœuvre de force qui replaçait le canon sur son affût, c'est ce qu'eût pu dire notre ami le sous-lieutenant de chasseurs, car Pierre, intéressé par cette passion que la fin tragique de l'artilleur devait plus tard lui montrer si touchante, Pierre assista à la mise à terre de la batterie et à son entrée triomphale dans Gênes.

Quand elle fut au parc, alignée derrière son avant-train :

— Alors, Mahurec, demanda le jeune officier, tu dis que notre nouveau matériel est supérieur à celui des Autrichiens ?

— Supérieur, mon lieutenant, c'est-à-dire qu'il y a, entre ces canons rayés-là et les canons lisses des kaiserlichs, la même différence qu'entre la carabine des chasseurs à pied et le mousquet d'avant la Révolution.

— Tu exagères, Mahurec...

— Non pas, mon lieutenant ; les boulets ronds, ça va à deux mille mètres tout au plus ; tandis que vous allez voir nos obus tomber à plus de trois kilomètres et tomber juste, je ne vous dis que ça...

L'artillerie française n'allait pas tarder à confirmer d'une façon éclatante les affirmations du brave Breton.

Ce fut d'abord à Montebello, sous les ordres d'un des généraux les plus brillants du second Empire, le général Forez, qu'enfilant la grande rue du village remplie d'Autrichiens, les obus de la petite pièce de quatre accumulèrent, en peu d'instants, les morts sur les blessés.

Puis à Palestro, où, aidé par l'artillerie, le 3ᵉ zouaves se couvrit de gloire, se jetant sur l'ennemi avec furie, à la baïonnette, bousculant une brigade entière, et lui enlevant six pièces de canon.

Mais ce fut surtout à Magenta, que la grande portée des nouvelles pièces se révéla d'une façon éclatante; malheureusement, il faut bien l'avouer et raconter les choses telles qu'elles sont, ce furent les troupes du Maréchal de Mac-Mahon qui firent, les premières, connaissance avec cette grande portée des pièces françaises, car elles reçurent les obus de l'artillerie du général Vinoy postée à trois kilomètres de là, à Ponte di Magenta.

Si Mahurec avait pu se douter qu'il tirait alors sur des troupes françaises, il eût fait taire immédiatement Yvonne; mais le commandant de la batterie ayant fait grimper un canonnier au sommet d'un arbre, et ce dernier ayant aperçu de grosses masses de troupes dans la direction de Marcallo, où il ne soupçonnait pas de troupes françaises, le commandant, dis-je, avait, sans hésitation, donné l'ordre de tirer dessus à toute volée.

De leur côté, les soldats de Mac-Mahon, étonnés de recevoir des projectiles d'un côté où ils n'en attendaient pas, avaient éprouvé un moment d'hésitation dans leur marche, marche qui devait cependant décider du gain de la bataille et valoir au général, qui l'avait de lui-même ordonnée et conduite, le glorieux titre de duc de Magenta.

Ce trait vous indique de suite, mes enfants, que la bataille de ce nom fut un peu décousue; en effet, l'Empereur, qui s'était attendu à une bataille l'avant-veille, n'en attendait pas ce jour-là, 4 août.

De son côté, le généralissime autrichien, Gyulay, qui avait battu en retraite jusque-là, s'était arrêté sur la rive gauche du Tessin, par ordre exprès de l'Empereur d'Autriche qui voulait une bataille, mais il la livrait à contre-cœur, en homme à peu près convaincu qu'il la perdrait.

Or, sachez-le bien, mes enfants, un chef qui craint d'être battu l'est déjà plus d'à moitié.

Quel débordement d'enthousiasme!

Et sachez aussi que, réciproquement, le parti qui a de son côté la confiance et l'audace est presque toujours victorieux d'avance.

Or, les Français de 1859 en étaient encore à cette belle période de notre histoire militaire, où on ne pouvait s'imaginer que les descendants des soldats de la Grande Armée fussent battus. Ils se figuraient toujours être les premiers soldats du monde, de même que les zouaves se figuraient être les premiers soldats de l'armée française.

Et forts de cette belle assurance, les colonels lançaient leurs régiments à l'ennemi dès qu'ils l'apercevaient, et les troupiers eux-mêmes, devinant les intentions de leurs chefs, allaient de l'avant avec une audace endiablée.

Aussi, peut-on dire que cette guerre d'Italie fut glorieuse, beaucoup plus grâce au courage du soldat et à la valeur des régiments que par le fait des hautes conceptions du commandement.

Dans cette journée de Magenta, ce fut d'abord la merveilleuse obstination des grenadiers de la Garde qui, de l'autre côté du large canal du « Naviglio Grande », continrent seuls en avant de Ponte di Magenta l'attaque de plusieurs brigades autrichiennes; puis la bouillante valeur du 2ᵉ zouaves, se ruant sur le 9ᵉ de ligne autrichien, qui menaçait l'artillerie de la division Espinasse et s'empara du drapeau de ce régiment.

Le nom du zouave Daurière, qui conquit ce trophée, est inscrit en lettres d'or dans l'historique de son régiment, ainsi que celui de l'adjudant Servières qui lui en facilita la conquête, en blessant d'un coup de sabre le porte-drapeau autrichien.

Et, savez-vous, mes enfants, pourquoi les régiments sont si fiers de cet acte d'héroïsme d'un de leurs enfants ? c'est que leur propre drapeau est ensuite décoré de droit.

C'est ainsi qu'il y a en France un certain nombre de drapeaux, portant à leur cravate la croix de la Légion d'honneur; ils ne sont pas nombreux d'ailleurs et je ne résiste pas au plaisir de vous les citer.

Ce sont : le drapeau des chasseurs à pied, décoré à Solférino; ceux du 51ᵉ et du 99ᵉ de ligne, décorés au Mexique; celui du 76ᵉ, à Solférino; celui du 57ᵉ, à Gravelotte; celui du 2ᵉ zouaves dont je viens de vous parler, et ceux des 3ᵉ zouaves, 3ᵉ tirailleurs et 1ᵉʳ chasseurs d'Afrique, décorés au Mexique.

Au total *huit* drapeaux, nobles entre tous les drapeaux de l'armée française.

Lorsque vers le soir, les fameuses divisions de la Motterouge, Camou, d'Espinasse furent entrées dans Magenta en flammes, après un combat furieux, Pierre, qui appartenait au 4ᵉ régiment de chasseurs, c'est-à-dire à la brigade Gaudin de Vilaine, arriva, avec son peloton, en vue d'une ferme isolée, située à quelque distance du village conquis.

L'armée autrichienne était en pleine retraite vers le bas Tessin.

Depuis le matin, hommes et chevaux avaient escadronné par monts et par vaux et n'avaient rien mangé. Pierre, se souvenant des leçons de son ancien chef, le lieutenant Vautrain, devenu son capitaine, jugea le moment venu de réquisitionner, pour son peloton, du fourrage et des vivres.

— Les chevaux ne seraient plus capables de fournir une poursuite de deux heures si nous ne leur donnions la botte, dit-il à son maréchal des logis, un Parisien débrouillard et dévoué ; cherchez le propriétaire de cette « cascine » et amenez-le à nous fournir des vivres.

Et laissant son sous-officier à ces recherches, sans permettre à son peloton de se débander, car il fallait se garder de toute surprise, Pierre plaça lui-même des sentinelles aux issues de la ferme et fit mettre pied à terre à ses cavaliers dans la cour.

La maison d'habitation était vide, mais, détail curieux, on y trouva tout un jeu de drapeaux, les uns autrichiens, les autres français : suivant que l'une ou l'autre armée semblait devoir être victorieuse, l'Italien arborait ceux-ci ou ceux-là.

En quoi il imitait ses compatriotes de Villafranca dont l'histoire est assez plaisante pour vous être racontée.

Le 3 juillet, ils pavoisèrent leur ville aux couleurs de l'Autriche, l'Empereur leur ayant fait l'honneur de dîner chez eux ; puis, le 4, lorsque le Maréchal de Mac-Mahon s'installa dans l'hôtel d'où François-Joseph avait décampé rapidement le matin même, ils se hâtèrent de leur substituer les drapeaux tricolores.

Mais, le lendemain 5, sur l'ordre de Napoléon III, le deuxième Corps français, dont la position semblait aventurée, s'étant replié sur San Lucia, les mêmes habitants firent disparaître avec la même vélocité les trois couleurs françaises et les remplacèrent de nouveau par les drapeaux autrichiens de l'avant-veille.

La prudence est, en effet, une des vertus les plus soigneusement cultivées de l'autre côté des Alpes.

Après quelques instants de recherches, le maréchal des logis de Pierre dénicha, non sans peine, le propriétaire de la « cascine » : c'était un Toscan aux cheveux crépus, au regard fuyant; il était caché dans un tonneau vide de son cellier et jura ses grands dieux, dès qu'il fut en présence de l'officier, qu'il n'avait plus une mesure d'orge ni un morceau de lard.

— Allons, fit Pierre, en lui parlant doucement pour le rassurer, tu as bien au moins quelques bottes de paille pour mes chevaux, et il te reste bien dans ta cave quelques « fiasques » de vin pour mes chasseurs; donne-les, on te les paiera.

Mais l'Italien secoua la tête en jurant par la Madone qu'on ne trouverait rien chez lui, et en indiquant même, à quelque distance, une autre « cascine » où il y avait, disait-il, de tout en abondance.

Or, savez-vous, mes enfants, ce qu'on trouva dans la sienne, lorsque notre Parisien, né malin, eut découvert derrière de vieilles planches la porte dérobée d'une cave?

On trouva, cachés dans cette cave, soixante Croates armés qui se disposaient à faire irruption dans la cour et qui, si les chasseurs de Pierre se fussent dispersés sans précautions pour piller, leur eussent fait un bien mauvais parti.

Et ne croyez pas que j'invente ce trait pour noircir à plaisir l'âme italienne, si peu sœur de la nôtre; le récit en est rapporté tout au long dans un livre récent intitulé : *Souvenirs d'un cavalier du second Empire*, et le capitaine Choppin, qui fut le témoin oculaire de cette petite scène, ajoute qu'il eut toutes les peines du monde à empêcher ses soldats de fusiller le traître; en quoi il eut bien tort de les empêcher. Mais le Français est généreux, surtout quand la victoire lui met l'âme en liesse, et Pierre, après avoir eu, lui aussi, tout d'abord l'idée de passer son Toscan par les armes, se contenta de lui zébrer la figure d'un violent coup de cravache, devant son peloton rassemblé.

D'ailleurs, une découverte imprévue venait de détourner son attention et lui avait fait jeter une exclamation de surprise.

Vous allez voir qu'il y avait de quoi.

Les Croates, se voyant découverts et pris comme dans une souricière, avaient demandé merci en jetant leurs armes, et, dans le premier qui avait été amené devant lui, notre ami, stupéfait, avait reconnu son adversaire de Milan, le farouche garnisaire de Mme Renucci.

Il n'était donc pas mort du furieux coup de pointe qu'il avait reçu sur les bords de l'Olona, et Pierre, qui n'avait jamais entendu reparler de lui et n'avait jamais désiré le voir passer de vie à trépas, éprouva une vraie satisfaction en le retrouvant sur pied plus massif que jamais.

De son côté, le colosse, après un premier moment d'hébétement, avait reconnu le Français à qui il avait essayé de faire apprécier la vigueur de « ses coups de tête », et une grimace si tourmentée se dessina sur sa large face que Pierre ne put s'empêcher de sourire.

Ce n'était plus le soudard hautain et provoquant de jadis, faisant sonner lourdement son sabre sur le seuil de la maison qu'il regardait comme sienne; c'était un pauvre diable bien « embêté » de se trouver là, et que nulle velléité d'héroïsme ne tourmentait, à cette heure difficile de son existence.

S'il eût pu formuler un désir, il n'eût pas trouvé d'autre phrase que celle d'Hyacinthe dans une pièce connue du Palais-Royal : « Je voudrais bien m'en aller... »

Pierre comprit-il ce muet désir? céda-t-il à ce besoin quelquefois irréfléchi de générosité qui est la caractéristique de notre nation, parfois si peu pondérée?

A vous dire vrai, mes enfants, je crois plutôt que la vue du soudard, en évoquant soudain au fond de son cœur des souvenirs très vivaces, venait de faire jaillir devant ses yeux la pure et noble figure de celle qu'il considérait déjà comme sa fiancée, et qu'à cette évocation une idée folle lui avait aussitôt traversé le cerveau.

Depuis qu'il avait mis le pied en Italie, il s'était demandé cent fois comment il pourrait faire parvenir un mot à la mère de Margarita et cent fois il avait été obligé d'y renoncer, puisque les Autrichiens, occupant la capitale de la Lombardie et l'ayant mise en état de siège, n'eussent jamais laissé pénétrer une lettre dans la maison suspecte des Renucci.

Cette lettre, qu'il avait recommencée trois fois déjà et qu'il tenait prête à tout hasard, comme s'il y eût vraiment un Dieu pour lui, pourquoi ne l'expédierait-il pas par ce courrier qui lui tombait sous la main d'une manière si inattendue?

Telle était l'idée fantastique qui lui était passée par la tête. Vous savez d'ailleurs combien jadis Pierre aimait les situations bizarres et se complaisait dans les difficultés; celle-là lui parut peu ordinaire et il trouva piquant d'utiliser, comme messager, l'adversaire que le hasard mettait à sa merci.

Il lui fit entendre sans peine qu'il avait besoin de lui parler en particulier; le Croate trouva dans son détachement un soldat baragouinant le français, et pendant que les chasseurs de Pierre enfermaient leurs prisonniers dans une grange bien cadenassée, notre ami faisait entendre au sous-officier autrichien à quel prix il pouvait recouvrer sa liberté.

Je voudrais savoir dessiner comme mon ami de Sémant pour vous peindre l'expression de physionomie du colosse lorsqu'il eut, non sans peine, compris la proposition qui lui était faite. Il chercha son sabre pour jurer sur sa poignée qu'il accomplirait fidèlement la mission dont on le chargeait pour Milan, mais il était désarmé et il se borna à faire de grands gestes d'assentiment.

Pierre lui remit sa lettre : il la serra dans la poche intérieure de son plastron blanc, et, s'étant vivement orienté, détala de toute la vitesse de ses grosses jambes dans la direction de l'armée autrichienne.

Si maintenant vous vous étonnez de voir Pierre libérer, de sa propre autorité, un prisonnier de guerre, je vous dirai que je ne me charge pas de l'excuser, car, en effet, il commettait une faute grave.

Mais je ne vous l'ai pas présenté comme une perfection.

Sachez, d'ailleurs, qu'il n'avait pas mal placé sa confiance : le lendemain même, notre Croate, s'étant remonté à peu de frais sur un des nombreux chevaux qui erraient sans maître aux environs du champ de bataille, arriva à Milan et porta la lettre à destination.

Il eut même, en la remettant, quelques paroles aimables qui portèrent à son comble l'étonnement de Mme Renucci et de sa fille, car, comme il ne se vanta pas devant elles d'avoir été le prisonnier de Pierre, plusieurs jours s'écoulèrent avant qu'elles pussent comprendre quel miracle avait transformé leur farouche garnisaire en facteur des postes.

Cependant, l'Empereur Napoléon III ne se doutait pas que la bataille de Magenta était gagnée et quand, le soir même, Mac-Mahon lui en eut donné l'assurance, il ne fut qu'à demi satisfait, car les feux de l'armée autrichienne étincelaient sur les hauteurs voisines, et une autre bataille pouvait être perdue le lendemain.

Mais, le 5, des personnages en habit noir et en cravate blanche arrivèrent au grand quartier général, et, au nom de la municipalité milanaise, supplièrent l'Empereur d'entrer dans sa bonne ville de Milan que les Autrichiens venaient d'évacuer.

Ce que fut cette entrée dans Milan, mes enfants : une véritable féerie! L'enthousiasme de Gênes était dépassé : les fleurs tombaient en pluie sur les soldats; des femmes en grande toilette embrassaient les bottes de l'Empereur et des généraux (sic); d'autres lui tendaient leurs petits enfants avec des mots de bénédiction pour qu'un regard de lui arrivât jusqu'à eux; les cloches sonnaient à toute volée, et les vieilles tapisseries, les tentures de velours avec des crépines d'or pendaient aux balcons, mêlées aux longs plis des drapeaux.

Pendant que s'agitait la masse grondante de la foule, un jeune officier de chasseurs arrivait devant l'antique demeure de la famille Renucci, et la porte s'ouvrait d'elle-même devant lui.

Au bas de l'escalier, où il avait jadis lutté avec le Croate, deux femmes l'attendaient; l'une toujours en noir et l'air noble sous ses bandeaux blancs, l'autre vêtue d'une robe bleu de ciel, car le deuil aurait juré avec la joie de son âme. Les yeux brillants de bonheur, sa magnifique chevelure de jais couronnée d'une dentelle blanche en point de Venise, Margarita, plus belle que jamais, attendait celui qui avait signé sa lettre de l'avant-veille du doux nom de fiancé.

— Mon enfant, dit Mme Renucci d'une voix qui tremblait d'émotion... je vous la donne! embrassez votre femme!

Et pendant que des manifestations, aussi bruyantes qu'éphémères, remplissaient la ville enfiévrée, un lien, solide celui-là, associait entre elles deux existences dans le silence de la vieille maison familiale des Renucci. Sous les regards souriants et heureux de la veuve du patriote lombard, Pierre et Margarita échangèrent leurs serments de fidélité, les seuls durables, car, à la différence de ceux qui s'échangent entre les peuples, ils n'ont pas l'intérêt pour mobile.

Sur ces entrefaites, le frère de Margarita parut : il avait quitté le général Brignone dont il était l'officier d'ordonnance, pour venir embrasser sa mère et sa sœur et je vous laisse à penser avec quelle effusion il serra entre ses bras son ami devenu son frère.

Le soir même, d'ailleurs, Pierre ayant pu retrouver le lieutenant-colonel Cardignac, le présentait à sa nouvelle famille, lui demandait son consentement à l'union rêvée, et Jean Cardignac reprenait ainsi, auprès de Pierre Bertigny, le rôle de père adoptif, laissé vacant par son frère Henri.

Le mariage fut fixé à la conclusion de la paix. Aussi, et si désireux qu'il fût de se signaler, Pierre Bertigny en arriva-t-il à la désirer aussi vivement que Napoléon III lui-même.

Ce n'était pas peu dire.

Mais il fallait encore une victoire avant que la paix fût possible, car l'Empereur d'Autriche, arrivé pour prendre en personne le commandement de son armée, exigeait d'elle un dernier effort.

Le bon génie qui veillait *pour la dernière fois* sur les destinées de la France la lui donna dans les plaines de Solférino.

Solférino fut ce qu'on est convenu d'appeler, mes enfants, *une bataille de rencontre*.

C'est-à-dire que Français et Autrichiens, après de nombreux tâtonnements, se mirent, un beau matin, en marche les uns vers les autres, sans connaître exactement leurs positions respectives, et se heurtèrent le jour où ils y songeaient le moins.

Les deux armées étaient d'égale force : 160.000 hommes de chaque côté.

La bataille eut lieu le 24 juillet, date célèbre dans nos annales, et, plus encore qu'à Magenta, ce fut la supériorité individuelle du soldat français qui la gagna.

Je n'essaierai d'ailleurs pas de vous la raconter, car mon récit ne vous offrirait aucun intérêt : elle ne comporte en effet aucun de ces coups de génie, aucune de ces inspirations du commandement qui forcent les sourires de la Victoire.

Depuis les inquiétudes qui l'avaient assailli le soir de Magenta, en sentant tous ses corps dispersés, Napoléon III ne marchait plus que concentré, et s'il eût pu, il eût formé de son armée un seul carré de 160.000 hommes.

Baraguey-d'Hilliers, de Mac-Mahon, Niel et la Garde avec le Maréchal

Regnaud de Saint-Jean-d'Angely, n'eurent donc qu'à marcher droit devant eux. La tour de Solférino étant le point dominant du champ de bataille, l'attaque française la prit naturellement pour objectif. Cette tour domine si bien toute la contrée, que les Italiens l'appellent la Spia d'Italia, « l'espionne » de l'Italie. La prise du cimetière de Solférino, formidablement défendu, puis l'enlèvement des hauteurs de Cavriana par les tirailleurs algériens et le 70e de ligne, enfin l'héroïque ténacité du corps d'armée du Maréchal Niel furent les facteurs principaux du succès

L'artillerie française pouvait d'ailleurs en revendiquer sa bonne part : grâce à elle, l'accès de Solférino avait été rendu possible aux voltigeurs de la Garde; les batteries du colonel Cardignac, envoyées fort opportunément sur un escarpement favorable par une heureuse inspiration du général Lebœuf, obligèrent l'artillerie adverse à se taire, et éventrèrent les murs crénelés du cimetière où les Autrichiens s'étaient fortifiés.

Ce fut pendant cette lutte d'artillerie qu'arriva à « Yvonne », la pièce de Mahurec, un accident qui faillit la rendre *muette* pour le restant de la journée.

Mahurec, dès la mise en batterie, avait commencé, suivant son habitude, à en régler le tir avec le plus grand soin, lorsque, soudain, un boulet de gros calibre, parti des batteries autrichiennes de San-Pietro, vint s'abattre en ronflant sur la « gueule » de sa pièce, puis ricocha sans tuer personne.

Le canon de Mahurec faillit quitter son affût, et, sous cette poussée formidable, recula de quelques mètres; toutefois le Breton ne croyait pas à une avarie sérieuse, lorsque, en examinant la... bouche d'Yvonne, il s'aperçut que le boulet ennemi avait occasionné, à l'entrée même des rayures, un refoulement du métal, un véritable bourrelet de bronze.

Et vous le devinez sans peine, mes enfants, puisque les canons d'alors se chargeaient par la bouche et que l'obus était exactement du calibre de l'âme, le chargement d'Yvonne était du coup devenu impossible.

Mahurec faillit en jurer de désespoir; mais il ne jurait jamais que par saint Guénoël, et, invoquant le nom du saint breton, il accourut vers le lieutenant-colonel Cardignac qui, une lunette à la main, observait les effets du tir.

— Mon colonel, s'écria-t-il, v'là que je ne peux plus tirer... faudrait limer le bourrelet : y en a au moins pour trois heures de travail!...

À son tour, Jean Cardignac examina « la blessure d'Yvonne » et hocha la tête : le Breton avait raison, cette large bavure de bronze refoulé ne pouvait être enlevée qu'à la lime, et ce n'était pas là, au milieu des projectiles arrivant par douzaines, qu'il était possible d'exécuter ce travail de patience.

Le colonel allait donc donner l'ordre au commandant de la batterie de faire ramener cette pièce en arrière, lorsqu'une inspiration lui vint :

— Est-ce que la pièce serait chargée, par hasard? demanda-t-il à Mahurec.

— Eh oui, mon colonel, nous allions lâcher le coup quand ce maudit boulet est arrivé.

— Eh bien, alors, le mal va être réparé instantanément : lâche-le maintenant, ton coup.

— Comment? vous croyez...

— Tire, te dis-je : ton obus en passant rasera le bourrelet et fera office de lime.

Le visage du Breton s'éclaira :

— C'est ma foi vrai! s'écria-t-il en reprenant son poste de commandement.

Et d'une voix de stentor.

— Pièce... feu! s'écria-t-il.

Le canonnier hésitait.

— Feu sur tout ce que tu voudras! répéta Mahurec; tu ne comprends donc rien, s'pèce d'emplâtre?

Et quand, le coup parti, il examina « la denture » d'Yvonne — il appelait ainsi l'extrémité en dents de scie des rayures, — il constata qu'en effet, le projectile en passant avait rasé net le malencontreux bourrelet.

Le calibre était redevenu normal, on pouvait recharger : la pièce était seulement « égueulée », suivant l'expression des artilleurs, et son « astragale » légèrement aplati. Mais ce n'était là qu'une déformation sans influence sur le tir et le Breton se remit vigoureusement en action.

— La « fluxion » d'Yvonne n'a pas duré longtemps, racontait-il le soir même, sous la tente, aux artilleurs de sa batterie : c'est l'obus qui a remplacé le dentiste.

À quelques kilomètres de là, Pierre Bertigny échangeait quelques coups

DE NAPOLÉON

de sabre avec les cavaliers de Mensdorff et s'en tirait sans une égratignure; mais le soir, après le terrible orage qui suspendit la lutte sur tout le champ de bataille, il fut témoin d'un de ces événements qui peuvent transformer une victoire en défaite et qui déconcertent les plus judicieuses prévisions.

Il fut enveloppé dans la panique qui marqua la fin de la bataille et qui emporta, dans un tourbillon effaré, cavaliers, artilleurs et conducteurs de voitures. Quelques

Sire, nous vous nommons caporal de zouaves.

lanciers autrichiens s'étant montrés sur les flancs d'un régiment de cavalerie, qu'il vaut mieux ne pas désigner par son numéro, apparurent au milieu des ombres de la nuit, comme l'avant-garde d'une charge prête à balayer la plaine.

Au cri de « sauve qui peut », l'affolement commença, et, pêle-mêle escadrons, batteries, équipages reculèrent sur la route de Brescia. L'énergie des officiers finit par enrayer ce mouvement, mais quelques fuyards ne s'arrêtèrent qu'à vingt-cinq kilomètres de Solférino.

En présence de résultats semblables, dus au grossissement que provoque dans les imaginations la crainte de l'obscurité, on se demande si de simples compagnies, vigoureusement commandées et habituées aux manœuvres de nuit, ne pourraient pas, dans la prochaine guerre, produire des effets de surprise inattendus sur des masses énervées par une journée de lutte, et s'il ne conviendrait pas d'opérer dans ce sens le dressage de certaines unités.

Or, les unités qui semblent qualifiées, dans la guerre de demain, pour jouer ce rôle sont les compagnies cyclistes, et j'aurai l'occasion de vous en reparler, mes enfants, quand nous arriverons au récit des événements qui s'accomplissent de nos jours. (1)

Pendant que l'armée française triomphait sur toute la ligne, l'armée italienne, composée de cinq divisions et comptant quarante mille hommes sous les ordres directs de Victor-Emmanuel, se faisait battre, pour n'en pas perdre l'habitude, à San Martino, par le général autrichien Benedeck qui n'en avait que dix-huit mille.

Pourtant, le Roi Victor-Emmanuel était un brave soldat, s'il était un général médiocre. Il avait même, à Palestro, fait preuve d'un beau sang-froid au feu; et j'ai même omis de vous raconter à ce sujet une anecdote assez typique.

Le soir de la bataille de Palestro, Victor-Emmanuel qui avait été, au cours de la journée, émerveillé de la bravoure des zouaves, vint incognito faire un tour dans leurs bivouacs.

Le Roi, enveloppé d'un grand manteau, mais suivi de deux aides de

(1) 3e volume de l'Histoire d'une Famille de Soldats : *Petit Marsouin*.

camp, fut vite reconnu ; un vieux zouave chevronné se leva alors, vint droit au souverain, puis le saluant militairement :

« Sire, dit-il dans son langage pittoresque et familier, nous vous avons vu tantôt; vous êtes un *rude lapin* et au nom de mes camarades, nous vous nommons *caporal de zouaves*. »

Un peu interloqué tout d'abord, Victor-Emmanuel sourit, serra la main du vieux zouave et le remercia tout en acceptant.

Ainsi, à près d'un siècle de distance, il arrivait au roi d'Italie la même aventure épisodique qu'à Bonaparte, nommé par ses soldats caporal au soir de Lodi; mais vous conviendrez, n'est-ce pas, mes enfants, qu'il y avait une réelle différence entre ces deux caporaux improvisés, puisque le premier, le grand !... le *Petit Caporal* en un mot, marchait par la suite de victoire en victoire, tandis que Victor-Emmanuel, tout caporal de zouaves qu'il fût, se faisait battre à San-Martino.

Peu importait d'ailleurs aux Italiens d'avoir été battus, puisque leurs alliés étaient victorieux. Il en était de même de Garibaldi qui devait faire monts et merveilles sur le flanc gauche de l'armée franco-piémontaise, et qui, plus expert probablement en matière de guerre civile qu'en rase campagne, se fit pourchasser par le général autrichien Urban.

Moins de vingt jours après Solférino, la paix de Villafranca était signée, au grand désespoir, je vous l'ai dit, des Italiens, à qui l'effusion de sang français paraissait la chose la plus naturelle du monde, et qui crurent sincèrement qu'on leur volait quelque chose, du moment qu'on ne leur donnait pas tout ce qu'ils considéraient comme leur appartenant.

Aussi, les troupes françaises qui traversèrent la Lombardie et le Piémont pour rentrer en France, y trouvèrent-elles un accueil singulièrement refroidi.

Il n'en fut pas de même en France. Le pays tout entier, fier des lauriers rapidement conquis, applaudit à la cessation des hostilités, et l'armée d'Italie reçut dans la capitale l'accueil le plus grandiose.

Remarquez-le, d'ailleurs, mes enfants, c'était la dernière fois qu'une armée française victorieuse rentrait dans Paris : on n'a pas revu ce spectacle depuis quarante ans, et, avec Solférino, je viens de clore l'ère glorieuse des victoires de la France, en Europe du moins.

Si d'ailleurs vous avez lu entre les lignes du récit de cette dernière campagne, vous avez déjà senti que le soldat français, toujours aussi brave, aussi vibrant, aussi endurant, avait souvent réparé les erreurs de direction et le manque d'initiative de certains chefs. Tout alla bien en 1859 parce que les Autrichiens, de leur côté, n'étaient pas mieux commandés; mais il était déjà aisé de prévoir que le courage individuel ne suffirait plus lorsqu'on aurait affaire à un ennemi bien commandé.

C'est ce que la grande lutte de 1870, entre la France et la Prusse, allait prouver, hélas! en inaugurant la période des guerres scientifiques, en obligeant ensuite les peuples à entretenir des armées énormes, enfin en contraignant les officiers à travailler et à s'instruire pour se remettre au niveau de leurs vainqueurs.

Dans le mois qui suivit le retour à Paris de l'armée d'Italie, Pierre obtint ce qu'on appelait alors un congé de semestre, et son mariage avec Margarita eut lieu à Sainte-Clotilde. Mme Renucci s'était en effet décidée à quitter Milan et à venir habiter Paris.

On était alors tout à l'enthousiasme pour l'Italie, la jeune sœur latine.

L'Impératrice Eugénie, informée de ce mariage par l'Empereur, à qui Jean Cardignac en avait parlé, envoya aux jeunes mariés un magnifique service en argenterie. L'ambassadeur d'Italie assista à la cérémonie religieuse, pour marquer combien son souverain était heureux de cette union d'une vieille famille italienne avec un officier français.

De nombreux officiers, amis de la famille Cardignac, les anciens chefs de Pierre, ravis de son bonheur, vinrent aussi ce jour-là s'y associer par leur présence, et ce ne fut pas sans une profonde émotion que le jeune officier, en entrant dans l'église au son triomphal des orgues, reconnut l'un d'eux, lui souriant doucement, au premier rang.

C'était le colonel Michel, l'ancien président du Conseil de guerre devant lequel, six ans auparavant, Pierre avait comparu comme brigadier de cuirassiers.

Le vieil officier, depuis quelques années en retraite, lui donna en passant une énergique poignée de main :

— Merci, mon colonel, dit Pierre à voix basse.

Et son cœur se gonfla au souvenir des émotions anciennes.

Quel chemin parcouru depuis le jour où, courbé sous la honte d'une accusation terrible, il avait entrevu, comme unique horizon, l'effroyable vie du soldat rejeté du sein de l'armée et retranché de la société! Quelle différence entre ce jour funèbre et cette claire matinée d'octobre où tout lui faisait fête, où l'avenir lui souriait, où il marchait au bonheur, entouré de la sympathie publique!

Et pendant que le prêtre prononçait les paroles qui unissent les âmes, un élan de muette reconnaissance monta de son cœur vers celui qui l'avait arraché au déshonneur pour le remettre dans le droit chemin; sa pensée se reporta vers le héros de Crimée, vers ce vaillant au cœur généreux, que la mer berçait maintenant dans ses éternelles profondeurs.

Il se répéta qu'il était le fils de Henri Cardignac, non seulement son fils adoptif, mais son œuvre même; c'était Henri Cardignac qui, après l'avoir sauvé du yatagan arabe, avait façonné son âme, élagué ses mauvais instincts, orienté son esprit vers le culte des grandes choses, en lui faisant connaître la beauté du sacrifice et la sublimité du courage.

A tous ces titres, il était bien le fils du Filleul de Napoléon, et c'est pourquoi, mes enfants, convaincu, moi aussi, que Henri Cardignac, mort sans postérité, pouvait considérer comme sien cet enfant qu'il avait formé pour le bien, j'ai aussi étroitement mêlé Pierre Bertigny à l'histoire de cette « Famille de Soldats » qui a traversé sous vos yeux les grandes guerres du siècle.

Quant à Francesco Renucci, ayant obtenu un congé pour venir à Paris, il manifesta de nouveau son intention d'entrer dans cette armée française dont la gloire brillait alors d'un éclat incomparable; mais la loi était formelle : il ne pouvait devenir officier français qu'en se faisant naturaliser Français, et en s'engageant ensuite comme simple soldat. C'était une carrière à refaire et il ne s'en sentit point le courage. Nul d'ailleurs ne pouvait se douter alors que la France et l'Italie deviendraient ennemies, et Francesco, qui avait voulu seulement se rapprocher de son ami Pierre, put se dire qu'il restait son frère d'armes, puisque les armées française et italienne semblaient devoir n'en former qu'une seule.

Cet espoir ne devait pas durer longtemps. — Dès 1860, Garibaldi faisait tomber le royaume de François II, roi de Naples, soulevait la Sicile, puis marchait sur Rome, que les Italiens voulaient enlever au Pape pour en faire la capitale de leur nouveau royaume.

En voyant les succès du grand condottiere, Victor-Emmanuel, ou plutôt Cavour, son fameux ministre, joignit ses troupes aux bandes garibaldiennes. Le Pape Pie IX avait alors, pour défendre la Ville éternelle, une garnison de volontaires français, belges, suisses et autrichiens qui, sous le nom de *zouaves pontificaux*, formaient une petite armée commandée par Lamoricière. Cette armée fut battue sans peine par les forces supérieures des Italiens, à Castelfidardo ; le général de Pimodan, un Français, y fut tué. Lamoricière, assiégé dans Ancône, capitula, et Napoléon III rappela son ambassadeur de Turin.

Tout ceci se passait en 1860 : voilà où on en était avec l'Italie, un an après Solférino. Déjà les Italiens regardaient comme une usurpation l'annexion à la France de Nice et de la Savoie, annexion faite quelques mois auparavant, et faite, remarquez-le bien, avec le consentement des populations de ces provinces.

Ce n'était pourtant qu'une faible compensation aux sacrifices de la France ; mais, aujourd'hui encore, vous entendrez nos alliés de 1859 réclamer, comme faisant partie du territoire italien, les trois départements qu'elles ont formés.

Rome seule, avec ses environs immédiats, resta au Pape, grâce à sa garnison française. Deux ans après, Garibaldi fit une nouvelle tentative pour s'en emparer, puis une troisième en 1867. Dans cette dernière, il fut battu par le général de Failly, à Mentana, où les Français expérimentèrent, pour la première fois, une arme se chargeant par la culasse, le fusil Chassepot.

Mais trois ans après, en 1870, lorsque l'heure des revers sonna pour la France, engagée dans sa terrible guerre contre la Prusse, Victor-Emmanuel, profitant de l'occasion, envahit Rome, s'en empara sans peine et la proclama capitale de l'Italie.

C'est depuis ce jour que, se considérant comme prisonnier dans son ancienne capitale et ne cessant de protester contre l'usurpation italienne, le Chef de la Chrétienté se tient enfermé, sans en sortir jamais, dans le palais du Vatican.

Voici, mes enfants, ce qu'a été l'histoire de l'Italie depuis le jour où Napoléon III, prenant son sort en pitié, amena nos régiments dans les plaines du Pô, jusqu'à celui où Victor-Emmanuel, émancipé par la France, s'allia contre elle à Guillaume Ier, empereur d'Allemagne, notre vainqueur de 1870.

Trois mois à peine après leur mariage, et au retour d'un congé qu'ils passèrent à Milan, Pierre Bertigny et sa jeune femme reçurent l'avis d'un nouveau bonheur, dont l'auteur était cette fois l'Empereur lui-même.

Le jeune officier était nommé sous-lieutenant aux *guides*.

Vous ne pouvez guère aujourd'hui, mes enfants, vous faire une idée de ce qu'était alors le régiment des « guides de la Garde impériale », car il n'existe plus, et rien ne l'a remplacé, pour la bonne raison d'ailleurs que les guides étaient les gardes particuliers de la personne de l'Empereur, et que la chute de l'Empire, en 1870, vit en même temps la disparition des guides.

C'était Napoléon Ier, en 1796, alors qu'il n'était que le général Bonaparte et qu'il commandait l'armée d'Italie, qui les avait créés à la suite d'une surprise de guerre dans laquelle, aventuré sans escorte, il avait failli être pris par les Autrichiens.

Bessières en avait organisé le premier escadron, noyau des chasseurs à cheval de l'ancienne Garde impériale. Dénommés « guides d'État-major » en 1848, ils avaient été réorganisés, et sous Napoléon III, ils formaient un magnifique régiment.

Ils rivalisaient de distinction et d'élégance avec le fameux corps des *cent-gardes,* composé des plus beaux hommes de l'armée, et dont la tunique bleu de ciel à col écarlate, la cuirasse étincelante et le casque à crinière faisaient l'admiration des visiteurs des Tuileries.

Pierre endossa la veste collante à brandebourgs et la pelisse flottante; il se coiffa du colback à plumet, mit à son côté la large sabretache à triple bélière ornée de l'aigle impériale et vint se fixer à Paris.

Il fallait posséder une certaine fortune pour tenir un rang dans ces corps d'élite, car la vie dans la capitale, le souci d'une tenue luxueuse et toujours brillante, constituaient, pour un sous-lieutenant, une lourde charge; mais la famille Renucci avait pu vendre dans des conditions favorables, grâce à l'heureuse issue de la guerre, l'important domaine qu'elle possédait en Lombardie, et la dot de Margarita s'était trouvée cinq ou six fois supérieure à la maigre dot de 30.000 francs qui, sans varier depuis 1848, en dépit des besoins nouveaux et du renchérissement de la vie, constitue encore de nos jours le maigre apport de la femme d'officier.

Les deux ménages, celui de Jean Cardignac et celui de Pierre, s'installèrent côte à côte rue de Bourgogne, car le lieutenant-colonel ne pouvait s'éloigner des Tuileries, où, au retour de la guerre d'Italie, il avait repris ses grandes et petites entrées.

Valentine avait fait à la jeune Italienne le plus gracieux accueil, et le grand plaisir de Margarita qui adorait les enfants, était d'emmener avec elle, soit au Cirque de l'Impératrice, soit au Guignol des Champs-Élysées, le petit Georges Cardignac, âgé de sept ans.

C'était maintenant un petit garçon à la mine hardie, à l'œil vif, au geste prompt, sans cesse en mouvement, et bien découplé dans son costume de marin. Il avait le regard volontaire, la bouche petite, le menton bien dessiné, et ses cheveux, dont la teinte chaude et dorée eût fait envie à une femme, tombaient encore en boucles sur ses épaules ; sa mère ne pouvait se résoudre à les lui couper, alléguant qu'elle le vieillirait du coup de plusieurs années et qu'il ne serait plus son petit Georges.

D'un caractère emporté, mais à un degré moindre que Pierre Bertigny jadis, il montrait une ténacité étonnante pour son âge, et se plaisait beaucoup plus dans les exercices du corps et les jeux violents que dans l'étude de ses leçons. Doué d'un esprit naturel très précoce, il faisait la joie de ses parents par ses saillies inattendues et ses réflexions pleines de drôleries.

A côté de lui, le petit Russe râblé, le dominant de la tête, était toujours silencieux et calme. Comme si un instinct atavique l'y eût secrètement poussé, il s'était fait volontairement le serviteur de Georges, lui obéissait sans mot dire, se pliait à toutes ses fantaisies, mettait à son service sa force déjà grande, tantôt le portant sur son dos, tantôt poussant sa petite voiture de jardin, en un mot, dépensant tout naturellement pour lui tout ce que son cœur de petit moujik contenait d'obscur dévouement.

L'occupation favorite de Georgewitz consistait à travailler le bois. Quand Georges le laissait tranquille, il s'ingéniait à fabriquer des petits bancs, des tables, des maisons minuscules. L'idée ne lui serait jamais venue de jouer au soldat et de revêtir un des nombreux uniformes que son pétulant camarade laissait traîner dans tous les coins de la maison.

Si bien que, lorsqu'il eut dix ans, le colonel Cardignac dit à Valentine :

— Il est inutile de songer à en faire un soldat : il vaut mieux lui apprendre un métier manuel.

— Lequel ?

— Nous avons le temps d'y penser, et d'ailleurs, mettons-le, quand il aura l'âge voulu, dans une école d'Arts et Métiers : il s'orientera de lui-même vers la branche qui lui conviendra le mieux.

En 1861, Jean Cardignac reçut sa nomination de colonel, et comme l'étude du nouveau matériel de siège rayé était suffisamment avancée pour qu'il quittât son emploi technique au « cabinet » de l'Empereur, il demanda et obtint la faveur la plus enviée par un colonel, le commandement d'un régiment.

L'Empereur lui donna le régiment d'artillerie de Vincennes; mais en l'engageant, avec sa bienveillance habituelle, à ne pas déserter les Tuileries. Aussi Jean Cardignac ne manquait-il pas de passer chaque semaine au « cabinet » de l'Empereur, et ne fut-il pas surpris lorsque, au mois de novembre 1861, l'officier qui s'y trouvait de service lui apprit que l'Empereur désirait le voir.

On l'introduisit dans une pièce voisine de celle où il avait été reçu maintes fois, jadis, par le souverain penché sur les épures du nouveau canon rayé, et son étonnement fut profond en se trouvant en présence, non seulement de l'Empereur, mais encore de l'Impératrice.

Il s'inclina profondément et baisa respectueusement, suivant l'usage, la main que lui tendait la souveraine.

Quelle communication pouvait avoir à lui faire Napoléon III, et pourquoi avait-il jugé nécessaire la présence de l'Impératrice à cette entrevue ?

Ce fut elle qui prit la parole :

— Colonel, dit-elle d'une voix musicale, en enveloppant l'officier d'un sourire gracieux, l'Empereur désire vous donner une mission de confiance, et comme cette mission a pour objet une expédition qui me tient fort à cœur personnellement, j'ai tenu à vous en faire part moi-même.

Jean Cardignac s'inclina de nouveau; son étonnement redoublait.

L'Impératrice reprit :

— Il s'agit d'un pays merveilleux, dont un coup d'audace peut faire, en quelques mois, une colonie magnifique; d'un pays qui fut jadis espagnol

Pierre Bertigny était nommé sous-lieutenant aux guides.

comme je l'étais moi-même, et que je veux voir devenir français comme je le suis devenue. — Vous l'avez deviné, colonel, il s'agit du Mexique.

Jean Cardignac tressaillit.

Oui, il venait de le deviner, et ce mot *Mexique* lui avait produit une indéfinissable impression de malaise.

Car il avait entendu parler, comme tous ceux qui fréquentaient les Tuileries, des motifs, plus ou moins avouables, mis en avant pour motiver une intervention française, dans ce pays livré à la plus complète anarchie, mais où ne nous appelait aucun intérêt essentiel.

Il savait que, pour favoriser le recouvrement de la créance d'un certain Jecker, Suisse naturalisé Français, qui avait prêté au Mexique de l'argent à un taux usuraire, on parlait tout haut d'avoir recours aux armes; il savait que l'Espagne, elle aussi, voulait intervenir, et que l'Impératrice, fidèle à ses origines, voulait faire de cette guerre « sa guerre à elle ».

Mais, ce qu'il savait aussi, ce qu'il voyait surtout, c'est que la France, jalousée en Europe, ne devait, à aucun prix, user ses forces et ses ressources dans des expéditions lointaines; c'est qu'une puissance continentale commençait à se dresser devant elle comme une rivale mieux armée, mieux outillée, et décidée à venger ses défaites de 1806.

Dix ans avant la funeste guerre de 1870, Jean Cardignac sentait venir l'orage, du côté de la Prusse ambitieuse et grandissante.

Il écouta avec la plus grande déférence l'exposé très passionné que l'Impératrice lui fit de ses projets, car ces projets étaient bien les siens, et elle les revendiquait comme tels.

L'amiral Jurien de la Gravière était chargé de l'organisation d'un corps expéditionnaire, qui devait opérer de concert avec ceux de l'Espagne et de l'Angleterre. Il allait débarquer à la Vera-Cruz; mais il fallait à la tête de la colonne, destinée à opérer dans l'intérieur du pays, un officier énergique, et c'était sur lui, Jean Cardignac, que le choix du souverain s'était porté.

Le malaise de notre ami avait augmenté pendant cet exposé, débité avec la plus grande volubilité. L'Empereur, adossé à la cheminée, n'avait pas ouvert la bouche et regardait l'officier d'un œil terne et fatigué.

Une réponse immédiate était nécessaire, et, quoi qu'il pût lui en coûter, Jean Cardignac la fit telle que sa conscience la lui dicta.

— Que Votre Majesté, dit-il, soit persuadée que le choix dont elle a bien voulu m'honorer m'est la plus précieuse des récompenses ; mais qu'elle veuille bien permettre aussi, au plus fidèle de ses sujets, de lui faire les respectueuses objections que lui suggèrent, au sujet de cette expédition, son amour pour la France et son dévouement à la dynastie impériale...

Alors, avec une grande chaleur de conviction, et se tournant vers l'Empereur, il parla de l'ambition de la Prusse et de ce nouveau ministre, aux visées puissantes, encore inconnues du grand public, et qui avait nom *Bismarck*. Il parla de la rapidité de la mobilisation prussienne, expérimentée en 1859, des progrès de son armée, de ses projets non dissimulés de se substituer à l'Autriche, à la tête de l'Allemagne unifiée.

Et, sans remarquer l'air ennuyé de Napoléon III, l'expression irritée du visage de l'Impératrice Eugénie, il conclut par ces paroles, qui eussent été audacieuses dans la bouche d'un ministre, et qui étaient plus que risquées dans la bouche d'un simple colonel :

— Je vous en conjure, Sire, ne permettez pas que nos forces militaires s'épuisent dans des expéditions lointaines, et que nous risquions de rester un jour impuissants devant des événements surgissant à notre porte...

Il n'en put dire davantage : l'Empereur venait de quitter la pose méditative qui lui était familière, et d'une voix où perçait l'impatience :

— C'est bien, colonel, fit-il ; sachez que, partout où se montre le drapeau de la France, une cause juste le précède et qu'un grand peuple le suit...

Et, satisfait de cette phrase redondante, semblable à celles dont il se grisait habituellement, il ajouta, en se dirigeant vers la porte de son cabinet, pour indiquer que l'audience était terminée :

— J'apprécie comme il convient votre dévouement, colonel ; mais ce dévouement eût pu se dispenser d'entrer dans des considérations auxquelles il doit rester étranger : vous avez parlé en esprit superficiel de choses dont vous ne connaissez pas les différents aspects ; je regrette d'être obligé de me priver dorénavant de vos services.

Jean Cardignac comprit : c'était une disgrâce ; mais sa conscience ne lui reprochait rien, et son visage ne refléta aucune émotion. En se retirant, il entendit l'Impératrice dire à l'Empereur, avec une irritation mal contenue et assez haut pour être entendue, la phrase suivante :

— Qui donc avait pu vous conseiller pareil choix ?

Jean Cardignac quitta les Tuileries ; il n'y devait plus jamais rentrer.

En agissant comme il venait de le faire, mes enfants, le Filleul de Napoléon venait de faire preuve d'un courage particulier, plus rare et plus méritoire peut-être que le courage proprement dit, dont son père et son frère avaient été l'un et l'autre la personnification.

Il s'appelle le *courage civique*.

Il consiste à sacrifier à ses convictions, au culte de la vérité et de la justice, sa situation et son avenir. Il exige une conscience irréprochable, un jugement droit, une volonté ferme, et, en tenant tête à l'Empereur, pour essayer de lui ouvrir les yeux devant le danger où il engageait la France, le colonel Cardignac donnait au nom illustre que lui avait légué le preux de l'épopée napoléonienne, une gloire de plus.

Seulement, il allait la payer cher.

Non seulement il manquait une occasion unique de gagner rapidement les deux étoiles de général, mais encore il venait d'encourir la disgrâce du maître tout puissant.

Il ne tarda pas à en sentir les effets, car sans que rien le lui eût fait pressentir, il trouva, quelques semaines après, au *Journal officiel,* sa nomination de sous-directeur à la manufacture d'armes de Saint-Étienne.

C'était l'éloignement de Paris; c'était surtout la perte de son commandement, le commandement d'un « régiment » auquel déjà il était attaché par toutes les fibres de son cœur; c'était un déplacement onéreux; enfin c'était la mise en sous-ordre, puisqu'il avait au-dessus de lui dans cette manufacture un Directeur, colonel comme lui, mais plus ancien de grade.

Il ne récrimina point, ne confia à ses officiers étonnés aucun des motifs réels de cette disgrâce imméritée, et, faisant à son régiment des adieux touchants, il rejoignit son nouveau poste.

Valentine fut la digne compagne de cet homme de bien : elle abandonna, non sans mélancolie, sa petite maison de la rue de Bourgogne, renonça aux soirées des Tuileries et aux relations mondaines, et alla s'enfouir, avec son mari et son petit Georges, dans la ville aux rues noires et aux usines enfumées.

On était en 1863 et la manufacture d'armes de Saint-Étienne qui, vous le savez, mes enfants, est la fabrique de fusils la plus importante de France, commençait à expérimenter certains modèles de fusils se chargeant par la culasse.

Dès son arrivée, le colonel Cardignac se trouva en relations avec un contrôleur d'armes nommé Chassepot, qui était l'inventeur d'un système de fermeture de culasse assez ingénieux. Ce système était constitué par une rondelle de caoutchouc, que la déflagration de la poudre aplatissait et appliquait par suite, avec une très grande force, contre les parois de la chambre, fermant ainsi toute issue aux gaz.

Jean Cardignac se mit à l'étude de ce nouveau modèle, avec la conscience qu'il avait apportée à l'étude du canon rayé. Il apprit de M. Chassepot que la Prusse avait, depuis vingt ans déjà, un fusil se chargeant par la culasse, et qui se nommait le fusil *Dreyse* ou *fusil à aiguille.*

— Grâce à leur système de chargement par l'arrière, lui dit M. Chassepot, les Prussiens peuvent tirer six ou sept coups à la minute, tandis qu'on en tire deux avec l'ancien fusil; il n'est que temps de les rattraper.

— Mais, objecta le colonel, leur arme est lourde, mal en main, et le recul qu'elle donne est tel que leurs soldats redoutent de tirer un coup de fusil.

— Détrompez-vous, mon colonel; ils s'entourent le haut du bras d'une bande de toile, plusieurs fois enroulée, et évitent ainsi les *bleus*, dus au choc de la crosse.

— Et leur fusil porte loin?

— A mille mètres au moins, et il est très juste à quatre et cinq cents mètres. Ce qu'il y a de curieux, c'est que son inventeur, M. Dreyse de Sommerda, l'a proposé à la France avant de l'offrir à son propre pays.

— Et le vôtre, à quelle distance va-t-il porter?

— Les expériences de Châlons ont montré que la balle allait jusqu'à 2.200 mètres, et que la justesse était grande encore à 800 mètres.

— C'est merveilleux! Fabriquons-le vite, alors...

— Vite... Hélas! mon colonel, fit M. Chassepot, ne savez-vous pas que, pour changer l'armement d'un pays, il faut de trente à quarante millions?

— Eh bien! la France n'est-elle pas assez riche pour s'offrir un élément de supériorité comme celui-là?

L'inventeur secoua la tête.

— Il y a deux ans, fit-il, elle aurait pu se payer ce luxe nécessaire; aujourd'hui elle ne le peut pas.

Chassepot disait vrai, et déjà les prévisions du colonel Cardignac se réalisaient lugubrement l'une après l'autre.

Tout d'abord, l'expédition du Mexique avait débuté par un échec devant

FILLEULS

Puebla; puis, peu à peu, la force du corps expéditionnaire avait été augmentée, pour permettre au général Forey d'abord, au général Bazaine ensuite, de conquérir Mexico avec les provinces avoisinantes. Puis la lutte était devenue de plus en plus sauvage, et un jour parvint en France le douloureux récit du combat de Camaron.

Retenez ce mot, mes enfants, car il rappelle un des traits d'héroïsme les plus beaux de l'histoire de

Ils se défendirent alors à la baïonnette.

notre pays, et il est comparable à celui de Sidi-Brahim que vous connaissez déjà. Le vénérable aumônier de Saint-Cyr, l'abbé Lanusse, l'a donné pour titre à un de ses livres les plus émouvants.

Soixante hommes de la Légion

étrangère, avec trois officiers escortant un convoi, s'étaient heurtés à mille fantassins et huit cents cavaliers des guerillas mexicaines. Après plusieurs charges victorieusement repoussées, ils avaient pu se retrancher dans quelques maisons du village de Camaron.

Il était neuf heures du matin.

Le capitaine Danjou qui les commandait leur fit jurer de se défendre jusqu'à la dernière extrémité; bientôt après il tombait frappé mortellement.

Le sous-lieutenant Vilain prit le commandement.

Aux dix-huit cents hommes déjà acharnés contre les défenseurs de Camaron, vinrent, à midi, s'ajouter douze cents autres. Trois mille hommes en assiégeaient cinquante !

Par une brèche pratiquée dans le mur, l'ennemi prit les défenseurs à revers.

A deux heures, le sous-lieutenant Vilain fut tué : le commandement passa au sous-lieutenant Maudet.

La chaleur était accablante; les hommes n'avaient ni mangé ni bu depuis la veille. L'ennemi fit une troisième sommation qui fut repoussée comme les autres, et incendia un hangar pour enfumer les défenseurs de Camaron. Malgré tout, les survivants se maintinrent aux créneaux et aux brèches.

A cinq heures et demie du soir, il ne restait plus que quinze hommes debout. Honteux d'être arrêtés par cette poignée de héros, les Mexicains donnèrent un assaut général; le sous-lieutenant Maudet fit envoyer la dernière balle à l'ennemi, puis, chargeant à la baïonnette en tête des survivants, il fut tué à son tour. Un tambour seul put s'échapper.

Telle fut l'admiration de l'ennemi pour ces braves, qu'ils rendirent aux corps de leurs officiers les honneurs militaires, et n'osèrent plus attaquer les convois suivants.

Ils avaient perdu trois cents hommes !

Mais le nombre des révoltés ralliés autour de Juarez augmentait chaque jour; l'empereur Maximilien, que Napoléon III avait imposé aux Mexicains, ne possédait guère que sa capitale, et un jour vint où les charges de la guerre du Mexique devinrent si lourdes qu'il fallut songer à l'évacuation.

D'ailleurs, les États-Unis protestaient contre l'occupation française, et la Prusse, après avoir, de concert avec l'Autriche, dépouillé de deux provinces le petit Danemark, se disposait à la guerre contre cette même Autriche, avec laquelle elle ne voulait plus partager les provinces conquises.

Il était urgent que l'armée française du Mexique revînt en France.

L'Empereur la rappela, et peut-être à cette heure se souvint-il des respectueuses et clairvoyantes supplications du colonel Cardignac; car cette guerre coûtait à la France quatre cents millions et plusieurs milliers de soldats; surtout elle allait l'immobiliser pendant la lutte de la Prusse contre l'Autriche.

En signant le rappel de l'armée du Mexique, Napoléon III signait d'ailleurs en même temps l'arrêt de mort de l'Empereur Maximilien, car l'infortuné souverain, fait prisonnier par Juarez, fut fusillé sans pitié le 19 juin 1867. Il mourut noblement. Sa femme, l'Impératrice Charlotte, après avoir jeté à Napoléon III la lugubre malédiction : « Soyez maudit comme Caïn ! » était devenue folle.

Les événements se précipitaient en Europe ; la guerre entre la Prusse et l'Autriche avait été courte; après plusieurs combats heureux à Turnau, à Podol, à Nachod, à Trautenau, le Roi Guillaume ou plutôt le général de Moltke, chef d'état-major des armées prussiennes, avait écrasé les Autrichiens à Sadowa, victoire féconde s'il en fut, car la Prusse lui dut tous les succès qui suivirent.

L'Italie, alliée de la Prusse pendant cette guerre, s'était fait battre sur terre à Custozza, et sur mer à Lissa ; elle n'en gagna pas moins la Vénétie, que l'Empereur d'Autriche lui céda en signant le traité de Prague. Il est dans la destinée de ce pays de gagner une province après chacune de ses défaites.

Mais, on l'a dit souvent, les événements le prouvèrent, le véritable vaincu de Sadowa, c'était Napoléon III !

Il avait compté sur la victoire de l'Autriche; voyant les Prussiens s'annexer des provinces et prendre la tête de la nouvelle Confédération germanique, il réclama, comme compensation, Landau et Mayence.

— Une telle prétention, répondit Bismarck, ce serait la guerre!

L'Empereur dut y renoncer. Il eut un instant l'idée d'attaquer la Prusse sur-le-champ ; mais l'armée française était désorganisée par cette funeste expédition du Mexique; le fusil Chassepot se fabriquait lentement, les cadres des régiments étaient vides, le trésor obéré. Il dut « ronger son frein » et le Maréchal Niel, effrayé des progrès militaires de la Prusse, persuada à Napoléon qu'en vue d'une guerre ultérieure avec cette puissance, la réorganisation de l'armée était la première des nécessités.

Cette réorganisation fut commencée; mais la Prusse, qui avait déjà choisi son heure, et qui, pour être la maîtresse du vieux continent, n'avait plus que la France à abattre, la Prusse ne la laissa pas s'achever...

Jean Cardignac avait vu s'accumuler sur son pays les orages qu'il avait prévus. Découragé, sentant que la rancune impériale ne lui permettrait jamais de dépasser le grade de colonel, il prit sa retraite en 1868 et se retira au Havre, pour y diriger la maison Normand, aux côtés du père de Valentine. Le vœu que sa femme lui avait jadis exprimé de le voir quitter l'armée, se réalisait enfin; mais il la quittait vieilli, anxieux, doutant de sa force, doutant surtout de la valeur du haut commandement. Il avait soixante et un ans!

Dès 1864, il avait placé Georges au lycée Louis-le-Grand, et, à la même époque, confirmé dans l'idée que Georgewitz n'avait pas les aptitudes voulues pour exercer une profession libérale, il l'avait fait entrer aux Arts-et-Métiers.

Il continuait donc dans la retraite la vie de travail qui avait toujours été la sienne; le culte de la science allait lui faire oublier les désillusions et les mécomptes de sa carrière.

Il avait compté sans les événements.

De son côté, Pierre Bertigny, plus heureux que jamais avec Margarita, venait d'avoir, en 1869, une petite fille à laquelle on donna le nom de Thérèse. Il avait quitté le régiment des guides en passant capitaine, et, pour se rapprocher du colonel Cardignac, avait demandé et obtenu le régiment de chasseurs, en garnison à Rouen.

Très optimiste, heureux de vivre, il ne croyait pas aux prédictions sinistres de l'ancien officier d'ordonnance de l'Empereur; il ne pouvait s'imaginer que la France pût être battue par une puissance quelconque, et que le régime impérial pût crouler. Le plébiciste de 1868 n'avait-il pas donné à l'Empire une formidable majorité?

Ce fut dans cette quiétude que vint le surprendre le coup de foudre de 1870.

Le 19 juillet de cette année, « l'année terrible » comme on l'a appelée, se dressa une question diplomatique, au premier abord sans grande importance pour nous : la question de la succession au trône d'Espagne. La couronne fut offerte au prince Léopold de Hohenzollern, cousin du roi de Prusse; l'Empereur Napoléon déclara qu'il ne souffrirait pas cette candidature.

Elle fut retirée; mais, non content de cette solution, l'Empereur fit demander au Roi de Prusse « l'assurance qu'il ne l'autoriserait pas de nouveau ».

Étonné de cette insistance, Guillaume déclara à l'ambassadeur français, en gare d'Ems, qu'il n'avait plus rien à lui communiquer.

Ce fut cette dépêche d'Ems que Bismarck *falsifia*, — il s'en est vanté depuis, — et rédigea, en la communiquant à la presse allemande, de façon à ce que la France outragée fût poussée à déclarer la guerre.

Son plan réussit. Malgré les supplications de Thiers, le grand historien du Consulat et de l'Empire, opposé à cette lutte qu'il sentait inégale, la guerre fut déclarée le 19 juillet.

La France courait aux abîmes !

Le lendemain, Pierre Bertigny entra en coup de vent dans le bureau du colonel Cardignac, penché sur l'épure d'un « monitor ».

— Eh bien, mon colonel, fit-il joyeusement, on va donc en découdre avec ces fameux Prussiens; il n'est que temps : ils devenaient encombrants et nos sabres commençaient à se rouiller !

Jean Cardignac regarda tristement le capitaine de chasseurs. Le colonel avait beaucoup vieilli ; une épaisse moustache blanche ombrageait sa lèvre et son regard était teinté d'une profonde mélancolie.

Pierre Bertigny lui-même d'ailleurs n'était plus jeune : il avait maintenant quarante ans, et s'il avait conservé sa verte allure et une taille de sous-lieutenant, il avait les cheveux clairsemés et quelques fils d'argent dans « l'impériale » qu'il portait depuis son entrée aux guides.

— Voyons, mon colonel, réitéra-t-il avec un accent de réelle surprise, vous ne paraissez pas rassuré : vous êtes le seul, vous savez !... Au régiment, nous sommes tous emballés, et notre chef d'escadron nous a dit carrément hier que, dans quinze jours, nous serions dans le grand-duché de Bade... Mais vraiment !... vous n'avez pas l'air convaincu ?...

Le colonel se leva, et gravement :

— Si, mon pauvre ami, fit-il, je suis convaincu ; mais convaincu que nous marchons à un autre Sadowa !

Or, mes enfants, ce n'est pas *une* mais *trois* défaites comparables à celle de Sadowa que nous a infligées la Prusse, il y a de cela trente ans, et si j'ai dû vous arrêter un peu trop longtemps peut-être, dans ce chapitre, sur d'arides questions d'histoire, c'est que tout se tient dans cette même histoire, et que je devais vous montrer par quel enchaînement de faits notre malheureux pays, après avoir été l'arbitre de l'Europe, allait subir la déchéance lamentable, préparée depuis soixante ans par les vaincus d'Iéna !

CHAPITRE XVII

L'ANNÉE TERRIBLE

Le 11 août 1870, le colonel Cardignac, Valentine et Georges étaient réunis autour de la table de famille, dans la Villa des Tilleuls au Havre. Le colonel lisait un journal en tortillant fiévreusement sa moustache, et sa femme, tout en travaillant à un écran brodé commencé depuis longtemps, l'examinait à la dérobée, une lueur d'angoisse dans ses beaux yeux.

Georges, lui aussi, avait sous les yeux un certain nombre de feuillets couverts d'une large écriture; mais rêveur, il ne lisait plus, et, le regard perdu dans l'ombre de la pièce, il avait une physionomie sérieuse qui contrastait avec son apparence de blondin rose épanoui.

Il venait d'atteindre seize ans, et, au mois d'avril précédent, avait « décroché » à la Faculté de Paris le fameux diplôme de bachelier ès lettres qu'on passait alors en une seule fois; c'était un beau succès dont il avait été chaudement félicité, d'autant plus chaudement qu'à vrai dire, ses parents et ses professeurs n'avaient pas espéré qu'il pût ainsi réussir du premier coup.

Cette première épreuve franchie, il allait tenter, l'année suivante, après une année de mathématiques élémentaires, le baccalauréat ès sciences, et atteindrait ainsi, dans de bonnes conditions, l'âge de dix-huit ans, imposé comme un minimum aux candidats de Saint-Cyr.

La guerre venait d'interrompre la mise en œuvre de ce programme, imposé par le colonel. Le lycée Saint-Louis avait, comme tous les lycées de

Paris d'ailleurs, congédié ses élèves un peu avant l'époque habituelle des vacances, et nul ne savait si ses portes se rouvriraient à la date habituelle. Mais ce que nul alors ne prévoyait certainement, c'est qu'à cette date du 1er octobre, les Prussiens seraient depuis dix jours devant Paris.

Ce soir-là, Georges était loin, très loin des méditations inhérentes à ses études classiques. Ce qu'il avait devant lui, c'étaient des feuillets écrits par son père depuis les deux années qu'il était en retraite.

Ils portaient comme titre ce seul nom : « Jean Tapin. »

C'était en effet l'histoire de l'ancien colonel de la Garde impériale, qu'à l'aide de nombreuses notes personnelles, de lettres laissées par sa mère, de documents trouvés dans les archives du ministère de la Guerre et de souvenirs d'enfance, Jean Cardignac avait reconstituée avec un soin pieux, campagne par campagne; et brisé par ces récits épiques où le mot de *victoire* rayonnait à chaque page, Georges venait de faire une chute infiniment douloureuse en sautant subitement de la journée de Friedland qu'il avait lue le matin même, à celle de Frœschwiller qu'il venait d'entendre raconter.

Car le colonel Cardignac en avait trouvé une relation détaillée dans son journal ce soir-là, et, d'une voix tremblante, l'avait lue tout haut.

Secoué par des émotions inconnues, Georges, les yeux dilatés, songeait toujours, sans s'apercevoir que sa mère, lisant derrière son front, l'enveloppait maintenant d'un regard de tendresse effrayée.

Certes, Valentine pouvait être fière de son Georges, car l'espiègle que nous connaissons, chargeant un ennemi imaginaire sur son cheval de bois avec un sabre de fer-blanc, était devenu un beau garçon, solidement bâti, bien campé et qu'un entraînement physique raisonné et progressif, avait admirablement développé.

Très partisan des méthodes d'éducation anglaises qui n'ont été comprises en France que depuis peu et qui consistent à soigner le corps autant et plus que l'esprit, le colonel s'était efforcé de faire de son fils ce qu'on appelle, de l'autre côté de la Manche, un *sportsman*; dans ce but, il l'avait de bonne heure mis en selle, et voué au culte de l'escrime qui développe si harmonieusement le corps et les membres. Il avait exigé qu'il connût la boxe pour être en mesure de se défendre partout, qu'il sût grimper, sauter, courir et faire preuve, en certains jeux, de force et d'agilité. Et il était arrivé à ce résultat que, maître des muscles de son corps comme des ressorts de son esprit, ce fils avait vu ses facultés morales et sa puissance de volonté recevoir une nouvelle vigueur de cet entraînement physique.

De blond, Georges était devenu châtain; mais il avait conservé le teint très blanc, et ses yeux bleus reflétaient l'intelligence et la décision; sa bouche, petite et arquée, était à peine estompée d'un léger duvet; il avait des mouvements harmonieux, un port de tête fier, une allure dégagée.

Ce n'était pas un « fort en thème », mais il avait dû au parfait équilibre qui s'était établi entre les facultés de son esprit et celles de sa volonté, de faire des études littéraires assez complètes et de réussir, je vous l'ai dit, à son premier examen. Il est vrai que le colonel augurait moins bien du second, l'examen scientifique; car, manifestement, c'était l'imagination, le goût des lettres, le sens artistique qui prédominaient en lui, et les sciences ne lui disaient rien qui vaille. Il adorait les histoires de voyages et les romans d'aventure; à douze ans, il s'était extasié sur les exploits des héros de Gustave Aymard, il avait rêvé de courses dans la savane, de surprises et d'embuscades dans les grands bois du Nouveau-Monde et frémi au récit des exploits du capitaine Corcoran.

Maintenant, c'étaient les livres de Jules Verne et l'histoire des grandes guerres napoléoniennes qui le captivaient, et Valentine, en voyant passer des éclairs dans son regard à la lecture des feuillets de *Jean Tapin*, s'était dit tristement déjà :

— Il n'y a plus à en douter... Celui-là aussi sera soldat!

Georgewitz entra, portant un plateau; il déposa lentement, soigneusement sur une petite table les tasses, le sucrier, le pot à lait, alla au samovar qui fumait sur un guéridon et, toujours silencieux, versa le thé.

Lui aussi était revenu du Conservatoire des Arts et Métiers : il s'y était montré docile et appliqué; mais son intelligence un peu bornée, sa compréhension lente ne lui avaient pas permis d'y apprendre grand'chose, et le colonel se demandait s'il ne s'était pas trompé en l'engageant dans cette voie. Il avait conservé l'aspect massif qu'il avait enfant : sa tête était grosse, sa démarche pesante, mais sa force musculaire était prodigieuse.

Toujours silencieux, il était rentré avec joie chez ses parents adoptifs, et y était aussitôt redevenu le serviteur attentif, l'ombre inséparable de Georges. De plus, il rendait mille petits services à la maison. Les premiers temps, le colonel avait voulu lui faire comprendre qu'il pouvait se dispenser de faire certaines besognes; mais il était visible qu'on le chagrinait en s'opposant à ce besoin inné de se rendre utile, et on l'avait laissé faire. Il avait conservé la blouse russe, serrée à la taille par une ceinture d'étoffe, et les cheveux longs.

Un mouvement brusque du colonel, jetant rageusement son journal à terre, rompit le silence, et Valentine murmura :

— Cela va mal encore, Jean?

Le colonel secoua douloureusement la tête et Valentine ajouta :

— Il est bien facile de voir aujourd'hui que ces Prussiens étaient prêts et que nous ne l'étions pas!

Alors Jean Cardignac éclata :

— Ah! certes, non, ma pauvre Valentine, nous n'étions pas prêts! mais à qui la faute? A tous ces conseillers qui entouraient et flagornaient ce pauvre Empereur malade, en lui faisant croire qu'il était le premier stratège du monde. A qui la faute? A tous ces bavards des Chambres qui, pour faire échec au régime impérial, ont annihilé les efforts de notre pauvre Maréchal Niel, mort à la peine avant d'avoir pu mettre sur pied une autre organisation militaire. A qui la faute? A tous ces généraux d'antichambre qui ont appris la tactique moderne dans la « Vie de César » et qui s'imaginent que les souvenirs glorieux peuvent tenir lieu de travail et d'entraînement!... Aussi, vois où nous en sommes à cette heure! Par toute la France, des généraux cherchent leurs divisions, des intendants leurs magasins, des artilleurs leurs batteries. On s'aperçoit tout d'un coup que Strasbourg n'est pas armé, que les forts de Metz ne sont pas achevés, qu'on aurait dû faire sauter le tunnel de Saverne. Les cinq divisions de Mac-Mahon s'éparpillent sur cent cinquante kilomètres de frontière; les autres se font battre en détail. Les généraux n'ont pas l'idée de s'entr'aider, attendent des ordres qui ne viennent pas, et notre cavalerie ne renseignant point, tout le monde s'agite dans le vide. Ah! quel gâchis, quel gâchis, Valentine! Et dire qu'au milieu de tout cela, une seule chose reste debout : le courage individuel de nos soldats, et que, de tous ces courages, nul n'a su rien faire! rien!...

Il y eut un silence pesant : le colonel était haletant; le bras tendu, il reprit.

— Vois la dernière lettre reçue de Pierre : est-il rien de plus désolant

Un maréchal des logis parut, la main à la coiffure.

que ces chassés-croisés, ces ordres et contre-ordres, chevauchant les uns sur les autres; ces fatigues inutiles imposées aux hommes et aux chevaux; cet épuisement des escadrons avant même d'avoir vu l'ennemi?... Et puis, si encore elle faisait son métier, notre cavalerie! Mais jusqu'à présent elle n'a encore fourni aucun renseignement utile : il semble qu'elle n'existe que pour garder les bagages ou pour se faire écharper à la fin des batailles en couvrant la retraite... Mille dieux! ce n'est pas ainsi que l'*Autre* comprenait son rôle, et les cavaliers de Lasalle et de Murat prenaient quelquefois plusieurs jours d'avance sur la Grande Armée.

— Où est-il maintenant, ce pauvre Pierre? murmura Valentine.

— Il devrait être au camp de Châlons; mais a-t-il quitté Paris, seulement? Son régiment devait faire partie de la division Du Barail; mais il croit, dit-il, qu'il vont avoir le général Margueritte. Les chefs changent pour un oui, pour un non; les troupes ne les connaissent pas... Que peut-il sortir de bon d'une pareille incohérence?

— Et du camp de Châlons, où ira-t-il, mon cousin Pierre?

C'est ainsi que Georges appelait le capitaine de chasseurs.

— Je ne puis te le dire et lui-même l'ignore probablement; il me semble seulement que sa division ne peut tarder à rejoindre le corps d'armée auquel elle est attachée. Il a promis d'écrire souvent : nous saurons sans doute quelque chose demain.

— Mᵐᵉ Renucci et Margarita vont-elles rester à Paris, ainsi toutes seules? demanda Mᵐᵉ Cardignac.

— Je leur ai offert de venir passer quelque temps avec nous, tu le sais; je vais leur réitérer mon invitation. Paris d'ailleurs n'est pas sûr en ce moment; sait-on à quelles extrémités peut se porter une foule surexcitée par des nouvelles sinistres, et que d'habiles meneurs vont évidemment pousser contre le gouvernement responsable, contre l'Impératrice régente et la dynastie impériale?

Le colonel fit une pause, et rendu plus calme par l'évocation de ce souverain tombant de si haut :

— Pauvre Empereur, poursuivit-il; doit-il souffrir en ce moment, physiquement et moralement? Voilà plusieurs années qu'une maladie cruelle le torture, et, quand on souffre, l'intelligence s'obscurcit! J'ai bien pensé à aller le trouver comme autrefois, à le supplier de m'entendre, à lui dire certaines vérités qui ne parviendront jamais jusqu'à lui... A quoi bon? Je trouverais porte close. Vois-tu, Valentine, il y a quelque chose de pourri en France et ce quelque chose va s'effondrer. Que pourra-t-on rebâtir sur les ruines de ce régime et de cette société? Je n'en sais rien; mais la guerre, cette guerre m'apparaît chaque jour davantage comme le châtiment... Pourquoi faut-il que tant d'innocents paient pour les coupables, tant de braves gens pour les corrompus, tant de soldats vaillants pour les politiciens sans scrupules!... Comme le disait ce pauvre Henri en Crimée, va « c'est écrit » : la France n'échappera pas à sa destinée!

Il se tut, la tête dans ses mains. Georges, les traits contractés, regardait son père, et debout dans un coin, le petit-fils de Mohiloff écoutait, l'air étonné.

— N'est-ce pas navrant, ce début de campagne, poursuivit le vieux soldat? Vois, coup sur coup, tous ces désastres, à Wissembourg le 4, à Spickeren le 6, à Frœschwiller le même jour, et il n'y a pas à dire que les soldats ne savent plus se battre : ils sont héroïques!... héroïques! répéta-t-il.

— Oui, n'est-ce pas, père? fit Georges, l'œil brillant; les nôtres n'étaient que quarante mille le 5, à Frœschwiller, et les Prussiens étaient plus du double!

— Bien plus du double, mon enfant : ils étaient cent soixante mille. Et pourtant, ce n'est qu'à la fin du jour que leurs masses sont venues à bout de nos zouaves, de nos turcos, de nos petits lignards et de nos intrépides cuirassiers. Mais il en sera toujours ainsi maintenant; la vaillance, l'élan, tout ce qui constitue nos qualités natives, viendra désormais se briser contre le nombre, contre la puissance de l'organisation et la valeur des conceptions stratégiques. — Une seule chose pourrait nous sauver, je crois : la levée en masse, la poussée formidable de tout un peuple se ruant sur l'étranger, comme en 1793.

— Comme au temps de « Jean Tapin », père?

— Oui, Georges, comme en ce temps-là, où tous les Français coururent à la défense du sol, où les enfants combattirent à côté des hommes faits, où les infirmes forgeaient des armes, où les femmes soignaient les blessés, où les vieillards se faisaient porter en place publique pour exciter les courages. La voilà la seule guerre possible dans l'affreux désordre où nous nous enlizons, et pour mon compte...

— Jean! dit Valentine d'un ton suppliant, je t'en supplie, ne reparle pas de ton projet de l'autre jour!...

— Si, mon amie, si, j'y reviens... Je sens qu'en ce moment un devoir de plus en plus pressant m'appelle, et à cet appel, je crois le moment venu de répondre...

— Mais, fit-elle avec un tremblement douloureux dans la voix, tu sais bien que tu n'as aucune lettre de service, aucun commandement dans la réserve.

— C'est vrai; je suis simplement *à la disposition* du Ministre; mais dans un pareil moment, j'estime coupable qui attend qu'on le convoque. Si on ne songe pas à moi, j'ai le devoir de m'offrir et j'ai trop tardé déjà...

Deux grosses larmes roulèrent lentement sur le visage résigné de Mme Cardignac.

— Père, dit Georges, tu as dit tout à l'heure qu'en 1793 les enfants avaient combattu à côté des hommes faits... mais j'ai seize ans, moi!...

— C'est vrai, mon enfant... c'est vrai... mais...

Le vieil officier n'avait plus le ton impératif avec lequel il avait scandé toutes ses affirmations précédentes : derrière le soldat, le père reparaissait.

— Et puis, fit encore le jeune homme d'une voix décidée, mon grand-père n'avait que treize ans à Valmy!

— C'est vrai! dit encore le colonel.

— Georges! supplia Valentine.

Et rapprochant sa chaise de celle de son fils, elle entoura son cou de ses bras, comme si elle eût voulu empêcher qu'on le lui arrachât.

Un silence pesant tomba de nouveau dans la chambre.

Le colonel venait de reprendre son journal, lorsque la sonnette de la porte d'entrée tinta dans la nuit.

— Qui peut nous venir à cette heure? interrogea Valentine.

— Une dépêche peut-être, murmura le colonel... une dépêche officielle qui me fixe un poste ou me donne un commandement... J'aurais dû la prévenir.

Georgewitz apportait un plateau quand la porte s'ouvrit, et un maréchal des logis d'artillerie s'y encadra, la main à la coiffure, les talons joints.

— Mahurec! s'écria le colonel en se levant; mon vieux Mahurec!

C'était en effet le Breton, mais vieilli et grisonnant, et, presque aussitôt, le colonel remarqua qu'il avait un crêpe au bras gauche.

— Oui, mon colonel, fit-il en laissant retomber la main dans le rang, c'est moi : je ne me doutais guère, quand j'ai mis mon vieil uniforme dans l'armoire en 65, que je le sortirais de là... Mais après toutes les nouvelles que j'ai entendu raconter, y avait plus d'hésitation possible, pas vrai?... Alors j'ai été trouver l'Intendant ; « je m'ai rengagé » pour la durée de la guerre, il m'a donné une feuille de route pour Metz, et voilà...

— Donne-moi ta main, Mahurec, dit le colonel d'une voix pénétrée ; c'est bien, ce que tu as fait là !...

Et se tournant vers sa femme :

— Tu vois, mon amie... voilà une nouvelle preuve de ce que je te disais tout à l'heure : ce sont ces humbles-là qui nous montrent le chemin, à nous autres...

— Mon colonel, interrompit Mahurec dont l'œil se voila, ne me faites pas de compliments... Je ne les mérite pas, vous allez voir pourquoi... J'aurais dû vous donner de mes nouvelles quand j'ai été marié, je n'aurais pas tant de peine à vous dire ça aujourd'hui...

— Que veux-tu dire, mon brave ?

— Voilà, mon colonel. Vous savez bien, Yvonne, la vraie, ma promise que j'ai épousée en rentrant du service... eh bien, elle est morte, il y a un an, à Paimpol... Alors qu'est-ce que vous voulez qui me retienne ?... Je me suis dit : « On te donnera une pièce comme autrefois, tu l'appelleras Yvonne comme autrefois et peut-être qu'au milieu des dangers, tu auras moins de peine... »

— Mais n'as-tu pas un petit gars ?

— Oui, mais si petit... Il s'appelle Yan ; je l'ai laissé à la mère d'Yvonne, une bonne vieille qui me le gardera. Ce n'est pas lui qui pouvait me retenir, vous pensez bien... Seulement, avant de partir de Morlaix, j'ai fait un détour pour vous voir... Je m'ai dit : « Allons demander au colonel ce qu'il pense de tout ça. »

— Je pense comme toi, Mahurec : l'heure est venue de marcher pour nous autres, les vieux d'Italie et de Crimée.

— Alors, ça ne va décidément pas ?

— Non, ça va de plus en plus mal : l'ennemi a franchi les Vosges, tous nos corps se replient sur Metz ; le Maréchal Lebœuf vient de résigner ses fonctions de major général, et l'Empereur va probablement abandonner le commandement. Enfin, le ministère Ollivier est par terre et l'Impératrice vient d'appeler le général Cousin-Montauban à la guerre... Un désastre militaire peut survenir à la frontière d'un moment à l'autre...

« Tiens, Mahurec, assieds-toi là; tu vas prendre le thé avec nous, et puis on va te préparer une chambre ici et tu ne partiras pas demain matin sans venir me parler.

— Oh! mon colonel... je n'oserai jamais...

— Assieds-toi, te dis-je... Tu ne faisais pas tant de manières en Crimée, quand tu finissais le restant de ma cafetière, le matin, au réveil.

— Ah! mon colonel, c'était le bon temps... C'est dur d'avoir vu tout ça si bien marcher, tandis que maintenant... Mais, voilà, on n'a plus confiance.

— Tu as dit le mot, Mahurec : la confiance n'y est plus... et quand la confiance n'y est plus, la défaite arrive.

— Alors, mon colonel, risqua le Breton, vous ne l'avez plus, vous, la confiance ?

Le colonel ne répondit pas ; peut-être regrettait-il d'en avoir trop dit devant Georges, dont il sentait sur lui le regard plein de muettes interrogations et dont il devinait les secrets élans.

Mahurec reprit :

— Pourtant, mon colonel, il y a Mac-Mahon; il n'a pas flanché en Italie, celui-là. Et en Crimée, vous rappelez-vous comme il était beau, le jour de Malakoff?

— Certes oui.

— Et puis, il y a Canrobert, poursuivit le Breton en s'animant davantage; un brave celui-là, et aimé du soldat...

— Eh oui, Mahurec, je me les rappelle, et eux et bien d'autres ; mais la Crimée, l'Italie, c'est loin, très loin... et tu ne te doutes pas de l'abîme qui nous sépare de cette époque-là... C'est une guerre nouvelle qui commence : la guerre scientifique, et le dernier mot va être aux états-majors, au fusil à tir rapide et au canon à longue portée.

— Eh bien, fit Mahurec, nos canons ne portent-ils pas aussi loin que ceux des Prussiens ? Songez donc; à deux mille trois cents mètres, à Magenta, on arrivait à taper sur les réserves des Autrichiens ; et en avait-on un plaisir quand on voyait leurs boulets s'arrêter à moitié chemin !

— C'est justement le contraire qu'on va voir, mon pauvre garçon; si tu avais comme moi suivi la campagne de Sadowa, tu saurais que le canon prussien, le canon Krupp, porte à quatre mille mètres et plus.

— A plus de quatre kilomètres ! s'exclama Mahurec, en ouvrant des yeux énormes... Ah ! par exemple !...

— Joins à cela, reprit le vieil officier, que ce même canon tire plus vite que le nôtre, puisqu'il se charge par la culasse, et qu'enfin les Prussiens ont deux fois plus de pièces que nous et les font agir par masses... Ainsi, à Frœschwiller, l'autre jour, ils en avaient deux cents sur une même position. Quelle infanterie peut résister à ça ?

— Deux cents pièces tirant ensemble, s'écria le Breton... ça devait être rudement beau !...

Quand Mahurec se fut retiré et que Georges, le regard brillant de fièvre, fut remonté dans sa chambre, le colonel Cardignac prit les mains de sa femme et la regardant dans les yeux :

— Tu lis en moi, n'est-ce pas, ma chère Valentine ? fit-il ; tu devines ce que je veux te dire... L'exemple de cette âme simple, de ce brave homme reprenant son ancien uniforme, me montre la voie à suivre... Je pars demain...

— Oh ! Jean, fit-elle dans un sanglot longtemps comprimé et jaillissant soudain.

— Ne pleure pas... J'obéis à des voix qui me sont chères : à celle de mon père, qui ne comprendrait pas mon inaction ; à celle de mon frère, mort au champ d'honneur. — J'entends encore, le jour du retour des Cendres, mon père, brisé par la maladie, dire à ma mère : « Lise, prépare mon vieil uniforme... » Je te fais aujourd'hui la même prière. Si Dieu veut que je reste là-bas, élève notre Georges dans les principes d'honneur qui nous ont été légués... Si cet honneur le pousse à me rejoindre ou à me venger, laisse-le faire... La Patrie est une mère exigeante, tyrannique même ; mais nous lui devons tout, et les Cardignac n'ont jamais eu d'autre culte que le sien !

Valentine, ce soir-là, ne se coucha pas et pleura toutes ses larmes. Georgewitz, lui non plus, n'avait pas voulu se coucher et aida le colonel dans ses préparatifs de départ.

Quand Mahurec descendit, le matin, de bonne heure, de sa chambre pour prendre congé, il poussa une exclamation de surprise.

Jean Cardignac, en uniforme de colonel d'artillerie, l'attendait, et derrière lui, Georgewitz, portant sa cantine, se disposait à l'accompagner à la gare.

Ce que furent les adieux, vous le devinez, mes enfants.

Georges, le sourcil froncé, faisait de violents efforts pour retenir ses larmes, et quand son père se pencha vers lui pour l'embrasser :

— Père, dit-il tout bas... bientôt... à la prochaine bataille perdue... je te rejoindrai!...

Sans lui répondre, le colonel le serra dans ses bras.

Et pendant que M. Jacques Normand, le frère de Valentine, péniblement impressionné par ce départ inattendu, accompagnait Jean Cardignac à la gare, la mère de Georges s'abîmait dans une prostration désespérée, semblable à cette Gauloise d'un tableau fameux, qui, penchée sur le corps de son fils tué, maudit « la guerre détestée des mères ».

Quand Jean Cardignac et Mahurec débarquèrent à Paris, le 12 août, la grande ville était dans la consternation : les mauvaises nouvelles se succédaient d'heure en heure. Mac-Mahon avait battu en retraite sur Châlons, mais il était coupé de l'Empereur qui, de son côté, ne commandait plus que nominativement.

Les Prussiens atteignaient la Sarre; l'Empereur, pour ne pas se laisser enfermer dans Metz, allait, disait-on, rejoindre Mac-Mahon. On ignorait les projets de ce dernier : allait-il se rabattre sur Paris ou se porter au secours de Metz? La prudence eût exigé le premier parti ; l'Impératrice penchait pour le second, craignant que la retraite sur Paris ne fût le signal de la chute du trône impérial.

Les rues étaient remplies d'une foule houleuse et menaçante : le mot de trahison commençait à circuler. Des bataillons de *garde mobile*, cette milice nouvelle, mal instruite et mal armée, qui constituait l'armée de deuxième ligne, traversaient Paris pour s'embarquer ; ils jetaient aux échos du boulevard les paroles de la *Marseillaise;* mais ce n'était plus dans leurs bouches le chant farouche des bandes républicaines marchant contre l'ennemi de la Patrie : beaucoup chantaient pour s'étourdir, et, comme l'avait dit le colonel, la confiance n'y était plus.

L'ancien officier d'ordonnance de l'Empereur se dirigea vers le Ministère de la Guerre; il n'avait pas de lettre de service; son premier but était d'en demander une, qu'on ne lui refuserait certainement pas.

En arrivant dans la vaste antichambre, ornée de panoplies et de tableaux, qui précède le cabinet du Ministre de la Guerre, le colonel Cardignac eut un vif mouvement de surprise.

Il le reconnaissait, malgré ses cheveux blancs, ce solennel huissier, qui, une large chaîne d'argent sur les épaules, s'inclinait devant lui; et il n'eut plus aucun doute lorsqu'il l'entendit déclarer :

— Mon colonel, *nous ne recevons* que le mardi et le...

— Bouloche! interrompit Jean Cardignac, toi, ici!... mes compliments!...

— Ah! mon colonel, fit le digne homme... c'est vous!... Que je suis donc content de vous revoir!...

— Et ton Ministre, est-il là?

Mais Bouloche, tout à ses effusions, ne pensait guère à son Ministre.

— Mon colonel, reprit-il, j'ai bien des excuses à vous faire de ne pas vous avoir appris mon avancement; mais voilà tout de même que je me fais vieux... je n'ai plus que deux ans à faire pour ma retraite... Seulement, voilà : irai-je jusqu'à ma retraite? Comment tout ça va-t-il finir? C'est que ça va rudement mal... C'est égal, je suis content tout de même!...

C'était bien le Bouloche de jadis, toujours content.

Le colonel l'interrompit : il n'avait pas de temps à perdre, et, sur son invitation réitérée, le digne huissier entra dans le cabinet du Ministre pour annoncer le visiteur; mais il en sortit presque aussitôt.

— Son Excellence n'est pas là, fit-il un doigt sur sa bouche... ou plutôt, ajouta-t-il plus bas encore, elle y est bien, mais Sa Majesté l'Impératrice vient de la faire demander pour délibérer, et alors... si mon colonel allait à la Direction d'artillerie dans les bureaux...

Mais dans les bureaux, Jean Cardignac ne trouva personne qui pût le renseigner. Le Directeur venait d'être nommé au commandement de l'artillerie du 2ᵉ Corps; l'affolement était complet, les couloirs déserts.

Un capitaine d'artillerie qu'il rencontra dans un escalier lui jeta rapidement ces mots :

— Le Maréchal Bazaine vient d'être nommé généralissime; c'est à lui qu'il faut vous adresser : c'est lui qui va faire toutes les nominations et les affectations à l'armée du Rhin.

— Nous n'avons plus qu'une chose à faire, dit Cardignac au fidèle Mahurec qui l'attendait dans la rue; tâchons de trouver un train en partance pour Metz.

Mon colonel, *nous ne recevons* que le mardi...

Mais cela non plus n'était pas facile : la gare de l'Est était littéralement encombrée, et, après deux heures d'allées et venues inutiles, le colonel se décida à reculer son départ de quelques heures et à prendre un peu de repos.

En traversant le boulevard de Strasbourg, au milieu d'un embarras de voitures, son regard croisa celui d'un homme de haute taille, aux favoris courts et grisonnants, au teint hâlé, et tous deux se reconnurent en même temps.

— De Nessy !

— Cardignac !

C'était en effet l'ancien ami de Henri Cardignac, en Afrique; celui qui, comme enseigne de vaisseau, avait partagé avec lui les terribles émotions de la captivité dans le fort L'Empereur. Après la mort de son ami en Crimée, il avait fait la connaissance de son frère Jean en venant lui apporter ses condoléances, et avait reporté sur ce dernier toute l'amitié qui l'unissait jadis au brillant officier de cavalerie.

Il venait d'être promu contre-amiral et se dirigeait vers le Ministère de la Marine.

Tous deux marchèrent quelques instants côte à côte.

Après les premières effusions, le même mot leur vint à tous deux à la fois.

— Quel gâchis !

Et navré, l'amiral raconta toutes les épreuves auxquelles était soumise la flotte française, cette flotte si supérieure à celle des Allemands qui existait à peine à l'état d'embryon, cette flotte sur laquelle on avait fondé tant d'espérances puisqu'elle devait porter en Danemark un corps de débarquement destiné à opérer vers le nord une puissante diversion.

— C'est lamentable, conclut-il; là non plus rien n'a été étudié. Les côtes de la Baltique sont basses, le manque de fond interdit aux vaisseaux l'accès des rivages; les chalands nous manquent; aucun débarquement n'est possible; la flotte va être absolument inutile pendant cette guerre qui s'annonce si terrible, et, plutôt que de naviguer à ne rien faire, je suis venu demander ici un commandement dans l'armée de terre.

— Vous, un marin !

— Eh oui ! que voulez-vous ? Tout va se décider sur terre, et les marins peuvent rendre, comme canonniers, de précieux services dans les forts. Quant aux officiers de marine, on peut leur confier des ouvrages de défense, des secteurs de place forte; je vais tâcher d'obtenir quelque chose comme ça... Et vous, mon cher Cardignac ?

— Moi, je vais trouver Bazaine à Metz pour lui demander un commandement, quel qu'il soit.

— C'est donc Bazaine qui succède à l'Empereur dans la direction des opérations ?... Vous en êtes sûr ?

— On me l'a dit au Ministère...

— Eh bien, c'est complet !

— Vous le connaissez ?

— Certes oui ; je le connais. Je l'ai vu à l'œuvre au Mexique. Il y a été surtout adroit et dénué de scrupules... Quant à ses talents militaires, je les cherche, et en ce qui concerne sa valeur comme entraîneur d'hommes... je la nie.

— Alors ce n'était pas l'homme qu'il fallait en un pareil moment...

— Ah! Dieu! non.

— C'est l'opinion publique, je crois, qui l'a imposé à l'Empereur...

— Alors, c'est plus triste encore ; quand c'est le caprice populaire qui choisit les grands chefs, la chute n'est pas loin.

Ils se séparèrent attristés, en échangeant une chaude étreinte.

Vers le soir enfin, le colonel et Mahurec purent trouver place dans un train en partance pour Châlons. Ce train emmenait un bataillon de mobiles, destiné au 6e Corps qui se complétait à Châlons avant de rejoindre l'armée de Metz. Jean Cardignac qui, pendant toute sa vie, n'avait connu que la belle ordonnance d'une troupe silencieuse et disciplinée, fut tristement impressionné par le spectacle que lui offrirent, pendant l'embarquement et le trajet, ces soldats d'occasion, que nul lien de discipline n'attachait à leurs chefs ou à leur drapeau. C'était dans la gare un tumulte indescriptible, où les chants avinés et les jurons se mêlaient aux discussions passionnées ou ineptes. Les uns déblatéraient à haute voix contre les généraux de l'armée du Rhin ; les autres proposaient des plans de campagne extraordinaires ; d'autres encore réclamaient la nomination de leurs officiers à l'élection, et, le cœur serré, Jean Cardignac évoqua la grande ombre de son Parrain. C'était sa main de fer qui manquait pour rompre à l'obéissance tous ces descendants des Gaulois ardents, bavards et prompts au découragement.

Le trajet de Paris à Châlons, qui eût dû s'accomplir en cinq ou six heures, en demanda quatorze ou quinze. A Château-Thierry, à Épernay, les voies étaient encombrées par des trains de matériel ; les arrêts interminables ; les soldats descendaient, buvaient, et plusieurs au départ ne remontaient plus. Au point du jour seulement, on atteignit Châlons.

En ce point, le train, au lieu de s'arrêter, continua sa marche sur Verdun ; des ordres étaient arrivés pour diriger directement sur Metz toutes les troupes appelées à faire partie du Corps de Canrobert. Les cris redoublèrent ; les officiers impuissants se taisaient.

Soudain, à la station de Saint-Hilaire, des sonneries de clairon dominèrent le bruit des chants et des cris ; toutes les têtes se penchèrent aux portières, et soudain le silence se répandit parmi ces mille hommes exaltés, comme si une puissance invisible venait de les toucher du doigt.

Le train roulait lentement, puis s'arrêta : et voilà ce que virent les soldats.

Tout près de la voie, un grand carré se développait, dont des troupes de toutes armes formaient trois faces ; l'une des faces était adossée à la voie ferrée, et comme cette voie était en remblai, le train maintenant arrêté dominait tout le terrain, comme si on eût choisi ce point à dessein pour permettre à tous de mieux voir.

La quatrième face était vide, mais deux poteaux s'y dressaient lugubres, et, à quelques pas de ces poteaux, espacés d'une dizaine de mètres, deux détachements de douze hommes chacun, l'arme au pied, attendaient immobiles.

Les mobiles, penchés aux portières du train, comprirent, et bientôt ce fut dans le bataillon un silence de mort.

Un roulement se fit entendre, assourdi comme si les tambours eussent été recouverts de crêpe ; puis des commandements lui succédèrent poussés par un colonel à cheval au centre du carré.

— Baïonnette au canon !... portez vos armes !...

Un fourgon, traîné par deux chevaux et percé d'étroites fenêtres grillées, apparut.

Dix gendarmes l'escortaient ; il se dirigea vers les poteaux.

Un aumônier militaire en descendit le premier, reconnaissable à la large croix d'argent qui brillait sur sa poitrine.

Il tenait un crucifix à la main et derrière lui deux hommes parurent, d'une pâleur de cire, portés plutôt que soutenus par des soldats du train.

C'étaient les condamnés à mort qui allaient être fusillés.

Les deux corps s'estompèrent dans un épais nuage de fumée.

La ligne d'horizon était barrée par des centaines de petites tentes alignées, car les corps, venus du camp de Châlons situé à quelques kilomètres, campaient là avant de s'embarquer pour Metz. On n'entendait plus un mot dans la vaste plaine crayeuse, où de maigres bois de sapins aux formes géométriques essayaient de donner l'illusion de la verdure, et la voix du greffier du Conseil de guerre, lisant le jugement, s'éleva dans ce grand silence des hommes et des choses.

« Au nom du Peuple français! »

Le colonel Cardignac se pencha à la portière et fit signe de s'approcher à un employé de la gare.

— Qu'ont fait ces malheureux? demanda-t-il à voix basse.

— Vous ne savez pas? fit l'homme étonné.

— Non, j'arrive de Paris.

— On doit savoir ça à Paris; c'était avant-hier : le Maréchal Canrobert a passé une revue au camp, des gardes mobiles l'ont hué; puis, comme leurs officiers voulaient les faire taire, il y en a deux qui ont frappé... Ce sont ceux-là!...

Maintenant la lecture était terminée, et les derniers préparatifs s'achevaient rapidement. Les deux fantassins réapparurent, les yeux bandés, à genoux, attachés chacun à leur poteau, et les pelotons d'exécution, qui en étaient à douze pas, firent six pas, l'arme au pied, pour se rapprocher d'eux.

Puis les chassepots, chargés d'avance, s'abattirent; un bruit sec, celui des chiens, qu'on armait alors avec le pouce, arriva aux oreilles des mobiles dont les yeux s'agrandissaient, dont les figures se figeaient dans une curiosité muette et terrifiée.

— Joue! commandèrent presque ensemble les deux adjudants.

On n'entendit pas le commandement de « feu! » Très émus, les sergents, les caporaux et les hommes qui composaient les pelotons avaient appuyé sur la détente sans l'attendre, et, dans un épais nuage de fumée, les deux corps s'estompèrent affaissés, retenus au poteau par leurs liens, les têtes penchées sur les poitrines.

Puis deux coups encore, les coups de grâce tirés à bout portant dans l'oreille, pour éviter la souffrance au condamné qui expie, et presque aussitôt un coup de sifflet de la locomotive retentit.

Le train se remettait en marche pendant qu'hypnotisés, toujours penchés en dehors des portières, les mobiles continuaient à regarder. Des commandements leur parvinrent encore : les lignes du carré se brisaient en faces régulières; les compagnies rompaient par sections pour le défilé, le défilé sans batterie ni sonnerie, devant les corps des fusillés, qu'impose le règlement à toutes les troupes qui ont assisté à la terrible parade. Et pendant que ce dernier acte du drame s'accomplissait dans le lointain de la plaine dénudée, le train emportait vers les champs de bataille de Borny, de Gravelotte et de Saint-Privat, ces soldats redevenus soldats par la terreur de l'*exemple!*

Dans les armées disciplinées, mes enfants, ces exemples sont rares, parce qu'ils sont inutiles; dans les cohues armées où l'ordre est méconnu, où la voix des chefs n'est plus écoutée, où se préparent les paniques et les défaites, ils sont nécessaires, et, dans maintes circonstances tragiques de l'histoire, le salut de la Patrie en a dépendu.

Le trajet jusqu'à Verdun s'accomplit sans qu'un seul cri fût poussé; un nouvel arrêt eut lieu dans cette gare pour laisser passer plusieurs convois de blessés provenant des premiers combats de Wissembourg et de Spickeren, blessés dont se débarrassaient les ambulances divisionnaires, en prévision d'autres batailles.

Et ce fut une autre leçon de choses pour ces soldats improvisés : lentement devant eux les wagons défilèrent, les uns contenant les blessés qui pouvaient encore se tenir assis, la tête entourée de linges sanglants, les bras en écharpe; les autres organisés pour contenir des brancards, entre lesquels circulaient médecins et infirmiers.

A la dernière voiture, le drapeau de la convention de Genève, avec sa croix couleur de sang, semblait étendre son ombre protectrice sur ce long défilé de blessés et de mourants, et quand il eut disparu du côté des glacis de la citadelle, le train qui emportait le colonel Cardignac s'ébranla pour sa dernière étape.

Mais, presque aussitôt, des coups de sifflet répétés du commissaire militaire de la gare l'arrêtèrent, puis le firent rétrograder : un bataillon de la 3ᵉ division du 6ᵉ corps venait d'arriver, et le Maréchal Canrobert ayant donné l'ordre que toutes les troupes de son corps d'armée le rejoignissent au plus tôt, le train dans lequel se trouvaient Jean Cardignac et Mahurec, allait laisser ses mobiles à Verdun pour embarquer ce bataillon de ligne.

A 2 heures du soir, le 13 août, le convoi arrivait enfin en vue de Metz et s'arrêtait en pleine voie, en face du Ban Saint-Martin.

Le colonel se mit aussitôt en quête du généralissime.

Mais le Maréchal Bazaine, dont le seul souci à ce moment était d'éloigner l'Empereur, dont il redoutait l'immixtion dans la conduite de l'armée, le Maréchal avait donné ordre qu'on ne le dérangeât pas. Jean Cardignac vit seulement son chef d'état-major, le général Jarras, qu'il ne connaissait pas, et qui l'écouta distraitement.

— Un emploi de votre grade, répondit-il d'un air ennuyé, où voulez-vous que j'en trouve un ?

— Peut-être les pertes des premiers combats ont-elles fait quelques vacances dans l'artillerie, mon général, et toute mon ambition...

— Écoutez, colonel, allez voir Canrobert ; lui aura probablement un poste pour vous.

Le colonel Cardignac ne sut jamais si cette réponse ne marquait pas une véritable ironie, car dès les premiers mots qu'il échangea avec un des officiers d'ordonnance du Maréchal Canrobert, un beau lieutenant à la physionomie ouverte et intelligente, nommé Roget (1), il apprit que ce malheureux 6ᵉ Corps, venu de Châlons en chemin de fer par Frouard et Pont-à-Mousson, avait vu la voie coupée près de Dieulouard par des coureurs ennemis, et que l'artillerie des 2ᵉ et 4ᵉ divisions, ainsi que l'artillerie de réserve et toute la division de cavalerie, ne pouvant plus arriver à Metz, avaient rebroussé chemin sur Châlons.

Ainsi donc, loin d'avoir des vacances d'officier d'artillerie dans son corps d'armée, le Maréchal Canrobert n'avait que la moitié de ses pièces.

— Et que dit le Maréchal de cette situation ?

— Ne m'en parlez pas, mon colonel ; il ne décolère plus, lui si calme au feu...

— Où est le reste de l'armée ?

— Sur la rive droite de la Moselle ; mais l'Empereur prie et supplie le

---

(1) Aujourd'hui général.

Maréchal Bazaine de repasser au plus vite sur la rive gauche et de se mettre en retraite sur Verdun, car ce qui nous est arrivé, au 6ᵉ Corps, prouve que les Allemands commencent à passer la Moselle au sud de Metz pour aller nous couper cette route de Verdun. Si nous perdons encore vingt-quatre heures, nous ne passerons plus.

— Et alors ?...

— Alors nous serons enfermés dans Metz, rendus inutiles pour toute la durée de la guerre, et contraints de nous rendre par la famine dans un temps plus ou moins prochain.

— La famine ! mais Metz renferme des approvisionnements énormes.

— On le croyait : il paraît qu'il y en a pour *douze* jours seulement.

— Une armée française de 150.000 hommes se rendre, s'écria le colonel Cardignac, mais jamais on n'aurait vu cela !

— Jamais, en effet, mon colonel.

— Aussi j'espère bien que cela n'arrivera pas, moi vivant, conclut Jean Cardignac, de plus en plus effrayé par toutes ces constatations lamentables.

Quant à trouver un emploi, un commandement de groupe d'artillerie, il ne l'espérait plus maintenant, avant qu'une bataille eût fait des vides dans son arme. Et le soir même, sombre et triste, il gagna la ville. En franchissant la porte Serpenoise, ses yeux rencontrèrent l'inscription qui rappelait le siège héroïque, soutenu, au temps du duc de Guise, par Metz, la ville inviolée jusqu'alors ; et, sur la place d'armes, devant la cathédrale, il lut la phrase suivante, gravée sur le socle de la statue de Fabert :

« Si pour empêcher qu'une place que le roi m'a confiée ne tombât au « pouvoir des ennemis, il fallait mettre sur la brèche ma personne, ma « famille et tout mon bien, je ne balancerais pas un moment à le faire ! »

Le lendemain, 14 août, le mouvement rétrograde de l'armée française continuait, et ses corps passaient sur la rive gauche de la Moselle, lorsque l'attaque d'une simple avant-garde allemande du 7ᵉ Corps, par ordre du fameux général Von der Goltz, engagea la bataille de Borny.

Ce fut, mes enfants, une bataille glorieuse ; et, lorsque la nuit vint y mettre un terme, sans que les Allemands eussent entamé nos positions, l'espoir, si vivace au cœur du Français, était revenu. « Vous venez de rompre le charme », dit l'Empereur au Maréchal Bazaine, qui ne méritait guère ce compliment, car il n'avait rien prévu, rien ordonné, et le courage de ses soldats, seul, avait tout fait.

De leur côté, d'ailleurs, les Allemands s'attribuaient le succès, et, avec l'idée fixe qu'avaient leurs chefs, d'inculquer au soldat *l'idée de victoire quand même*, leurs musiques jouèrent jusqu'à la nuit l'hymne : *Heil dir im Siegerkranz!* (1).

Le lendemain 15, le Maréchal Bazaine fit continuer le passage de la Moselle pour la retraite sur Verdun, mais avec une lenteur calculée et des dispositions si défectueuses, que l'armée parcourut à peine quelques kilomètres dans la direction de cette place : quatorze kilomètres en deux jours!

Aussi, le 16 août, elle était arrêtée net dans son mouvement par l'attaque des Allemands, craignant que leur proie ne leur échappât.

Cette attaque et la glorieuse défense qui lui fut opposée portent dans l'histoire le nom de bataille de Gravelotte.

Cette journée-là aussi fut glorieuse, mes enfants, et, en voyant l'acharnement de nos soldats, les pertes énormes qu'ils infligèrent aux Allemands, leur ténacité à conserver leurs positions, le colonel Cardignac eut un instant l'espoir que la fortune de la France allait retrouver un triomphal essor.

Le matin, il avait assisté, à distance respectueuse, au départ de Napoléon III pour Verdun, et il avait éprouvé une émotion profonde en revoyant, pour la première fois depuis sept ans — pour la dernière fois aussi — le souverain qui l'avait si injustement disgracié. Le visage fatigué de l'Empereur était rougi par les larmes et son regard voilé; dans son entourage « la « tristesse était sur tous les visages, la désillusion dans toutes les « pensées. »

Le Prince impérial et le Prince Napoléon l'accompagnaient.

Puis, toujours dans cette situation bizarre d'un officier sans lettre de service ni emploi, Jean Cardignac s'était décidé à rejoindre le groupe de batteries du 6e Corps, où Mahurec, plus heureux que lui, avait retrouvé un emploi de chef de pièce.

En y arrivant, il rencontra le Maréchal Canrobert, qu'il n'avait pu joindre la veille, mais que le lieutenant Roget avait mis au courant de la situation de Jean Cardignac.

(1) Salut à toi au jour de la victoire!

— Comment! *mon colonel*, fit le Maréchal en le voyant arriver à pied, car il n'avait pas plus de monture que d'emploi, vous, un vieux brave de Crimée et d'Italie, vous en êtes réduit à chercher un commandement, et dans cet équipage! Venez avec moi, *mon colonel !*

C'était l'appellation familière et affectueuse qu'aimait à employer le Maréchal vis-à-vis des officiers de tous grades, et, très touché par cet accueil bienveillant, le premier qu'il eût reçu depuis son départ du Havre, Jean Cardignac s'inclina.

— Qu'on donne au colonel un de mes chevaux, dit encore le Maréchal; il y a en ce moment assez de pleutres qui fichent le camp, pour qu'on ait des égards vis-à-vis de ceux qui rallient le drapeau!

Le colonel venait à peine de se mettre en selle, que le Maréchal partait au galop, pour presser l'entrée en ligne de la division Bisson.

La bataille, en effet, s'engageait et s'annonçait acharnée.

Jean Cardignac dut suivre le Maréchal aux grandes allures, et je ne vous cacherai pas, mes enfants, qu'ayant, depuis deux ans déjà, cessé de pratiquer cet art si utile de l'équitation, il eut quelque peine, pendant la première heure, à retrouver son assiette.

Mais l'intérêt croissant avec lequel il suivait le développement de la bataille, l'empêcha d'y songer. Il assista d'abord au recul du 2º Corps français, à la charge des cuirassiers de la Garde, sous les ordres du brave général du Preuil, puis au mouvement offensif du Corps du Maréchal Canrobert, qui eût pu, s'il avait été appuyé par les troupes dont disposait Bazaine, rejeter les Prussiens dans les ravins d'où ils essayaient de déboucher.

Mais Bazaine, dont l'idée fixe était de se replier sous les murs de Metz, pour y rester, avec son armée, l'arbitre de la France après la chute de l'Empire, Bazaine *ne voulait pas d'une victoire*, et la situation demeura indécise : les Allemands pour sauver leur 3º Corps de l'attaque furieuse du Maréchal Canrobert, demandèrent à leur tour à leur cavalerie de se sacrifier, et c'est alors qu'eut lieu cette charge de la brigade Bredow (7º cuirassiers et 16º hulans) qui porte encore en Allemagne le nom de *Todtenritt* (chevauchée de la Mort) et qui — il faut toujours rendre hommage au courage d'un ennemi — est le digne pendant de la charge de nos cuirassiers à Reischoffen.

Ce jour-là, mes enfants, ce Maréchal Bazaine qui, plus tard, fut condamné

Charge de la brigade Bredow.

à mort par le Conseil de guerre de Versailles pour avoir capitulé sans avoir fait tout « ce que prescrivaient le devoir et l'honneur », ce Maréchal, dis-je, fut soudainement entouré par des hussards allemands; un sous-officier prussien le poursuivit, galopa à côté de lui jusqu'à la route de Rezonville et faillit le faire prisonnier; ce fut le 3⁰ bataillon de chasseurs à pied qui le sauva.

Que fût-il arrivé si ce sous-officier avait réussi à prendre ou à tuer le chef misérable qui déjà complotait la livraison de son armée et la trahison de sa patrie? Nul ne le sait; mais comme le commandement fût passé par là même aux mains du vaillant Canrobert, on peut être sûr que ce grand soldat, dont le nom était synonyme de loyauté et d'honneur, n'aurait jamais signé la capitulation de Metz.

C'est ainsi, vous le voyez, qu'à certaines heures de l'histoire, les destinées d'un pays tiennent quelquefois tout entières entre les mains d'un soldat obscur.

A quatre heures du soir, le Maréchal Bazaine donnait l'ordre au Maréchal Canrobert d'arrêter son mouvement en avant. C'était l'heure où les Allemands épuisés, manquant de munitions, commençaient à plier; où leurs batteries ne tiraient plus; où la 6⁰ division prussienne, démunie de cartouches, battait en retraite *au pas de course;* où s'offrait en un mot l'occasion unique de faire expier à l'ennemi son audacieux mouvement d'enveloppement.

Encore une fois, Bazaine arrêta tout, donna au 10⁰ Corps prussien le temps d'arriver et au Prince Frédéric-Charles celui d'accourir à franc-étrier de Pont-à-Mousson, et de diriger la bataille.

En vain, nos soldats frémissent d'impatience; en vain la division de Cissey, quoique marchant depuis le matin par une chaleur torride, écrase complètement dans le ravin de Mars-la-Tour la brigade Wedell (1), l'action reste indécise et un effroyable engagement de cavalerie, célèbre dans les annales de la guerre, termine cette lutte où trente-trois mille hommes, la population d'une ville, sont tombés de part et d'autre.

Le colonel Cardignac fut témoin du désespoir du maréchal Canrobert, lorsqu'il fut obligé de s'arrêter en plein succès, et de sa colère lorsque, le lendemain, il reçut l'ordre de se replier sur Metz.

La journée du 17 se passa à exécuter ce mouvement de repli sur le camp

---

(1) C'est dans le cours de cette lutte si chaude, que fut pris l'un des trois drapeaux du 16⁰ régiment prussien, par le sous-lieutenant Chabal, du 57⁰ de ligne. Il est aujourd'hui suspendu à la voûte des Invalides, « plus précieux certainement à lui seul, dit le commandant Rousset, que les quarante-cinq drapeaux livrés, le 27 octobre suivant, à l'ennemi, par un soldat indigne ».

retranché. Elle permit à l'ennemi d'achever le sien en nous coupant, cette fois pour toujours, de Verdun, dont la route, le 16 au soir, était encore ouverte; elle fut fatale à la France : elle allait amener la défaite sanglante et définitive du 18 août.

Le colonel Cardignac avait eu raison d'espérer un commandement à la suite de la première bataille : les vides à combler au 6e corps, après Rezonville, étaient nombreux; il reçut le commandement de l'artillerie de la 3e division (Levassor-Sorval).

Sa satisfaction redoubla en retrouvant, le 17 au soir, dans l'une de ses deux batteries, le brave Mahurec qu'il n'avait pas revu le 16, et qui s'était tiré, sans une blessure, de cette effroyable tuerie.

— Notre artillerie n'est pas si en retard que vous le disiez, mon colonel, dit le Breton; mon « Yvonne » n'est plus une pièce de quatre : c'est une mitrailleuse. Je ne savais même pas comment ça se chargeait il y a quarante-huit heures, mais les servants m'ont appris ça vivement, et vous savez, quand on est à bonne portée, ça fait de la belle besogne...

— Oui, dit le colonel, mais il faut être à belle portée, à 1.800 mètres au plus, et surtout il ne faut pas avoir affaire à des canons Krupp, car on n'en mène pas large : ils vous démolissent, à 3.000 mètres, une batterie de mitrailleuses sans qu'elle puisse répondre.

— Ça c'est vrai; mais sur l'infanterie, si vous aviez vu ça, hier, mon colonel, ça fauchait les rangs comme des épis de blé. Nos hommes les appellent des « moulins à café ». M'est avis que mon « Yvonne » va avoir bientôt l'occasion d'en « moudre » encore une fois.

— Demain, probablement, mon brave Mahurec : je viens de recevoir l'ordre d'occuper à la pointe du jour une hauteur, là-bas à droite, près d'un village appelé Saint-Privat; et je serais bien surpris si la bataille n'était pas encore plus acharnée que celle d'hier.

— A la grâce de Dieu, mon colonel, fit le Breton en se signant; on fera de son mieux.

Pendant la nuit qui précéda cette journée décisive, le colonel Cardignac se retourna en vain sur la couchette en peau de mouton qui lui servait de lit dans une petite auberge du village de Saint-Privat. Il ne put trouver le sommeil, et, se levant, il écrivit à sa femme.

Après lui avoir raconté brièvement les péripéties de son voyage, il terminait ainsi :

« Ma Valentine, tu as été ma compagne bien-aimée, mon ange gardien, ma consolatrice aux heures difficiles; sois bénie pour le bonheur que tu m'as donné dans une vie déjà longue; un secret pressentiment me pousse à te l'écrire ce soir. Si le dernier jour de cette vie est près de sonner, laisse-moi te redire encore une fois mon dernier vœu :

« Élève notre Georges dans le culte de l'honneur, de cet honneur militaire qui est la devise des Cardignac; surmonte tes angoisses maternelles et laisse se développer librement en lui la vocation si marquée qu'il montre pour notre carrière. Car, tu peux m'en croire, à l'heure où peut-être je termine la mienne, à l'heure où, comme le voyageur au bout de sa course, je jette un coup d'œil sur le chemin parcouru, je n'en vois pas qui soit aussi belle, aussi digne de tenter un noble cœur.

« S'il veut te quitter, emporté par l'élan de son âme, par sa fière jeunesse, par son amour instinctif du danger, sacrifie-toi une fois de plus; laisse-le venir à moi. Je serai fier de lui en le voyant arriver, et dans sa tombe son grand-père, le petit tambour de Valmy, tressaillera en se reconnaissant dans notre Georges!

« Adieu, ma bien-aimée compagne; que Dieu, qui peut-être m'attend, te donne le courage et nous réunisse un jour! Mes plus tendres baisers pour notre Georges et pour toi.

« JEAN. »

« Saint-Privat, 17 août 1870. »

Comme s'il se fût soulagé en écrivant cette lettre qui était presque un adieu, Jean Cardignac s'endormit profondément.

Ses pressentiments ne le trompaient pas; mais ce qu'ils ne lui disaient point, c'est que son Georges, arrivé à Metz la veille par un des derniers trains circulant encore entre cette ville et Verdun, parcourait à cette heure la ville et les camps, cherchant son père avec une ardeur fiévreuse.

Il semblait que, poussé par une instinctive divination, cet enfant qui commençait la troisième génération de notre *Famille de soldats* eût senti que l'heure était venue pour lui de donner à l'armée un nouveau Cardignac, en remplacement de celui qui allait mourir!

ÉPILOGUE

Le 19 août 1870, aux premières heures de l'aube, un funèbre cortège sortait de Metz par la porte de France, et, s'engageant lentement sur le chemin de Devant-les-Ponts, gravissait les hauteurs de Plappeville, se dirigeant vers Amanvilliers.

C'était un long défilé de voitures recouvertes de bâches brunes et portant la croix de la Convention de Genève.

Des infirmiers, des soldats du train, des Frères des écoles chrétiennes marchaient le long du convoi; sur les sièges, près des conducteurs, des Sœurs de charité, assises, égrenaient des chapelets.

Des médecins militaires chevauchaient le long de la colonne et pressaient la marche des fourgons; car elle était abondante, la lugubre moisson de blessés là-haut, sur les plateaux.

En avant de la première voiture, un maréchal des logis d'artillerie marchait à grandes enjambées; sa tunique était couverte de boue et un bandeau sanglant entourait son front; les yeux fixés sur la sombre dentelure des bois, il boitait en marchant, et de temps en temps la douleur lui arrachait un hurlement; il se baissait alors, jetait avec un bidon quelques gouttes d'eau sur un pansement qui lui serrait la jambe au-dessous du genou, et repartait, les poings serrés, les traits contractés par la souffrance.

C'était Mahurec.

Derrière lui, Georges Cardignac, très pâle, hâtait le pas; avec ses yeux rougis par les larmes, ses traits altérés par deux nuits d'insomnie, il avait vieilli de dix ans depuis huit jours.

— C'est encore loin, Mahurec? demanda-t-il au moment où, s'engageant dans une profonde vallée, le fourgon de tête obliquait à droite sur Amanvilliers.

— De l'autre côté des bois, Monsieur Georges.

— Il est épais, le bois, de ce côté-ci?

— Je crois que oui, mais ce n'est pas par ce chemin-là que nous sommes revenus, hier soir; et puis, à vous dire vrai, dans cette affreuse bagarre-là, je ne sais plus si j'ai marché longtemps...

Une clairière s'ouvrit; le jour montait, mais le sol était couvert d'une brume grisâtre qui ressemblait à de la fumée, et, confusément, à travers ce voile, des centaines de petites tentes apparurent à droite et à gauche de la route. Dans les intervalles, des corps étendus les uns contre les autres formaient des taches sombres. Au bord du fossé, une longue file de faisceaux se perdait dans la brume, et Georges distingua, supporté par deux de ces faisceaux, un étui noir d'où sortait une aigle dorée : c'était un drapeau; la sentinelle qui devait veiller sur lui s'était abattue sur le sol, son fusil près d'elle. Une immense fatigue planait sur tous ces camps épars où dormaient d'un sommeil de plomb, dans le pêle-mêle des régiments, les survivants de Saint-Privat.

Le convoi s'était de nouveau engagé dans le bois; le maréchal des logis s'arrêta.

— Vous n'arriverez jamais, Mahurec, fit Georges suppliant; pourquoi ne voulez-vous pas monter dans une voiture?

— J'arriverai, dit le Breton, et il martela ce mot d'un air têtu... La balle est sortie, fit-il en montrant sa jambe; c'est le principal... Seulement, dans ce moment-ci, j'ai comme un éblouissement.

— Montez en voiture, insista Georges. Si tout à l'heure vous tombez... comment ferai-je, moi, pour *le* retrouver tout seul.

Et la voix de l'enfant s'étrangla en prononçant ces derniers mots.

Car vous l'avez deviné, mes chers enfants, Georges cherchait son père, le colonel Cardignac, resté là-haut, sur le terrible champ de bataille où s'était jouée, la veille, entre les deux armées, la partie suprême.

Comment le retrouverait-il, le colonel? Était-il blessé seulement?

Vous ne laisserez pas
votre vieux Maréchal tout seul!...

Dans ce cas, il avait peut-être été ramassé déjà par les Allemands, car leurs services sanitaires avaient dû explorer le terrain de la lutte pendant toute la nuit.

Seulement, l'ennemi avait lui-même tant de blessés, qu'il avait dû commencer par ramasser les siens.

Et à cette heure, le père de Georges était peut-être encore là, étendu au milieu de l'amoncellement de sacrifiés de l'héroïque 6e Corps.

Mais s'il n'était pas blessé... s'il était... Et une sueur froide inonda l'enfant, lorsque surgit le mot fatal des profondeurs de sa pensée.

— Marchons, Mahurec, fit-il avec angoisse.

Déjà, le Breton, domptant la douleur et serrant les dents était reparti... Il voulait marcher, disait-il, pour se tenir éveillé ; car, s'il montait en voiture, il était bien sûr de son affaire : endormi ou évanoui, ce serait l'histoire de cinq minutes ; et, vrai... ce n'était pas le moment !

Il marcha une demi-heure environ, puis le convoi sortit du bois ; le jour montait ; à quelque distance, une masse informe apparut.

— Amanvilliers ! dit un médecin.

— Alors, ça n'est pas encore ici, fit Mahurec, parce que je m'en rappelle bien : quand ça a commencé, le colonel m'a montré un gros village à notre gauche ; il m'a dit : « Ça, c'est Amanvilliers : c'est Ladmirault qui le défend, ça sera bien défendu. »

— Et vous, où étiez-vous ?

— A Saint-Privat, le village d'après ; et tenez, vous voyez Amanvilliers. Monsieur Georges, la moitié du village est par terre, eh bien, il est censément bien conservé en comparaison de ce qu'était Saint-Privat quand nous l'avons quitté : il n'en reste plus pierre sur pierre. Pendant trois heures !... c'est long trois heures, Monsieur Georges... des centaines de canons ont tiré dessus de trois côtés de l'horizon... Le ciel était rouge, rouge, on aurait dit une fournaise... il tombait de la fonte comme si le bon Dieu l'avait jetée à pleines mains des hauts fourneaux du ciel ! C'était terrible !...

Il se tut ; l'évocation du sombre tableau lui avait fait oublier la douleur, il poursuivit :

— Oui, c'était terrible, mais c'était beau aussi, allez, Monsieur Georges, et je vivrais cent ans que je n'oublierais point ce que j'ai senti, en voyant le Maréchal à pied, passant derrière les tranchées, devant les bataillons, au milieu de nos pièces. Il serrait la main des blessés, il encourageait les tireurs, et surtout il regardait à droite, là-bas, du côté de Roncourt. Il avait un pli au front et passait sa main dans ses longs cheveux. Il était soucieux, c'est sûr, mais je l'entends encore dire d'une voix tranquille : « Il faut tenir, « mes enfants, tenir... jusqu'au dernier... Moi, je vous préviens, je ne m'en « vais pas, *vous ne laisserez pas votre vieux Maréchal tout seul!...* » Ah! celui-là, Monsieur Georges, c'était un homme !

— De quel Maréchal parlez-vous, Mahurec?

— De Canrobert, parbleu! s'écria le Breton en s'arrêtant les poings serrés, il n'y en a qu'un... c'est pas Bazaine, bien sûr, qui aurait fait cela : nous ne l'avons pas vu de la journée, celui-là... Si seulement il avait envoyé du secours, mais rien, rien n'est venu; alors, vous comprenez, tout a une fin... les fusils encrassés ne partaient plus, nous n'avions plus de munitions, plus de gargousses!... c'est le général Ladmirault qui nous a prêté les dernières... les Prussiens arrivaient de partout, comme des loups qui hurlent à la mort... à la clarté de l'incendie de Saint-Privat, on les voyait accourir par milliers sur notre droite; nous allions être coupés... il a bien fallu déguerpir... j'ai vu notre pauvre Maréchal entraîné par son état-major; des chasseurs de Du Barail ont attelé nos mitrailleuses comme ils ont pu, parce que tous nos chevaux étaient tués depuis six heures, et nous sommes tous partis... J'ai été roulé dans un flot de soldats du 4ᵉ de ligne... je les vois encore : leurs baïonnettes étaient toutes rouges, ils arrivaient de Roncourt... moi, je ne voulais pas quitter ma pièce, vous comprenez... Elle faisait des bonds en passant par dessus des tas de blessés et de morts ; je courais à côté d'elle; c'est à ce moment-là que j'ai reçu une balle dans la jambe... ça m'a fait l'effet d'un coup de fouet.

Il s'arrêta de nouveau et un gémissement sourd lui échappa, aussitôt comprimé. Puis il repartit.

— Quand l'avez-vous vu pour la dernière fois? demanda l'enfant.

— Le colonel?... fit Mahurec en baissant la voix, car il s'était enfiévré en racontant; la dernière fois que je l'ai vu, c'est quand la division du général Du Barail a voulu charger et qu'elle a été tout de suite arrêtée par les obus; nous n'avions plus de gargousses; le colonel nous a crié : « Les « canonniers vont se porter en avant des pièces et tirer avec les mous- « quetons. » Puis, je l'ai vu donner un ordre à un capitaine qui est tombé à ce moment-là, et moi comme j'avais encore quelques cartouches de mitrailleuse en réserve, je me suis occupé d'Yvonne et je n'ai plus revu le colonel.

— Alors, vous ne l'avez pas vu tomber? fit anxieusement l'enfant.

— Non... Seulement, ajouta le Breton avec une hésitation dans la voix... quand nous avons été en bas, de l'autre côté du bois, j'ai retrouvé un lieutenant de ma batterie, M. Gilquin et, comme je lui demandais s'il avait des nouvelles du colonel, il m'a répondu...

Mahurec s'arrêta, il n'osait plus parler.

— Dites-moi ce qu'il a répondu, Mahurec, dites je vous en prie, fit l'enfant d'une voix suppliante... j'aime mieux savoir.

— Il croit qu'il l'a vu tomber au moment où les Allemands ont donné l'assaut... il croit... il n'est pas sûr...

— Peut-être, fit Georges en refoulant un sanglot, est-il tombé parce que son cheval était touché.

— Son cheval! fit le Breton en hochant la tête; il y avait longtemps qu'il ne l'avait plus et que personne n'en avait plus dans la batterie... Non, Monsieur Georges, il était à pied... Mais voyez-vous, j'ai dans l'idée qu'il n'est que blessé... il faut avoir de l'espoir... voyez-vous.

Le convoi venait de s'arrêter devant la tranchée du chemin de fer alors en construction. Georges, le cœur étreint par une angoisse indicible, regarda autour de lui; pour la première fois les traces de la lutte le frappèrent: sacs et fusils, képis et casques, chevaux morts et voitures brisées s'éparpillaient dans les champs.

Soudain, comme il se portait derrière Mahurec en avant du convoi, des cris rauques aussitôt répercutés comme par des échos très proches, mais modulés sur des tons différents jaillirent dans la brume.

— Wer da?

C'étaient les avant-postes de la Garde prussienne, de cette garde fameuse qui avait trouvé son tombeau à Privat et dont les débris, la veille, à la nuit noire, étaient entrés dans Amanvilliers en flammes.

Des ombres émergèrent: on veillait dans l'armée victorieuse; un des médecins du convoi s'avança et parlementa un instant; puis, un officier allemand arriva et d'une voix brève, en un français haché, ordonna de faire halte jusqu'à ce que parvînt du quartier général l'autorisation de relever les blessés dans les lignes prussiennes.

Mahurec eut un geste de colère et s'assit sur un affût brisé, au bord de la route.

— Si j'étais sûr que nous attendions là un bout de temps... dit-il, je m'arrangerais un peu mon pansement, parce que je crois bien que le sang s'est remis à couler.

— Il faut l'arranger, Mahurec, dit Georges, je vais vous aider ou peut-être qu'un des médecins qui sont là...

Mais une longue silhouette venait de surgir devant eux : c'était un prêtre, un jeune prêtre. Sa soutane couverte d'une boue sanglante, ses cheveux en désordre, l'altération de ses traits montraient assez comment il avait passé la nuit : il avait parcouru le champ de bataille, traversant les lignes allemandes, grâce à son costume, cherchant à surprendre parmi les corps immobiles, un reste de vie, passant des morts aux blessés, aidant les agonisants à mourir.

Il se nomma : il s'appelait d'Ormesson; Georges connaissait ce nom, il appartenait à une vieille famille française qui avait donné à l'armée, au clergé, à la diplomatie, d'illustres enfants. Sorti de Saint-Cyr quelques années auparavant comme sous-lieutenant, le jeune homme s'était senti soudain emporté par une vocation religieuse irrésistible et avait été ordonné prêtre; mais quand la guerre avait éclaté, il était revenu prendre place au milieu de ses compagnons d'armes; il était aumônier à la 4e division du Corps Canrobert.

Sa figure fine et aristocratique, ses yeux noirs et profonds, la mélancolie douce épandue sur sa physionomie, attiraient la sympathie. Il avait entendu les derniers mots de Georges.

— Laissez-moi vous refaire ce pansement, mon ami, dit-il en s'agenouillant devant Mahurec.

Et bien que le Breton s'en défendît, il déroula avec d'infinies précautions la bande de toile qui enveloppait le membre blessé, mit la plaie à nu, et aidé d'un infirmier qui s'était approché, la lava avec soin. Quelques minutes après, le pansement était refait avec une parfaite dextérité.

— J'ai la jambe moins raide, fit Mahurec; merci mille fois, Monsieur l'aumônier.

Ce dernier reprit :

— Ce n'est pas tout; il ne faut plus marcher avec une pareille blessure, car elle commence à s'enflammer, sans compter que vous en avez une autre à la tête.

— Oh! celle-là, ce n'est rien; une éraflure, un culot d'obus qui m'a frisé; cinq centimètres plus bas, il me décapitait... ce que c'est, d'avoir de la chance! Pauvre colonel, s'il pouvait en avoir eu autant!

— C'est de votre colonel que vous parlez? demanda le prêtre.

— Oui, Monsieur l'abbé, et en même temps du père de M. Georges Cardignac.

L'aumônier se tourna vers le jeune homme; absorbé par les soins donnés au blessé, il ne l'avait pas remarqué.

— Vous êtes le fils du colonel Cardignac... de l'artillerie? demanda-t-il.

— Oui, Monsieur l'aumônier.

— Vous habitez Metz?

— Non... Le Havre.

— Et vous êtes venu du Havre pour le chercher?

— Je suis venu pour m'engager; c'est en arrivant que j'ai appris que père était blessé.

— Blessé! répéta le prêtre.

Il y eut un silence.

— Le connaîtriez-vous? demanda Georges.

— J'ai entendu prononcer son nom pour la première fois, il y a deux jours seulement; il venait prendre un commandement d'artillerie au 6ᵉ Corps.

— Et pendant la bataille, l'avez-vous vu?

— Oui, fit l'aumônier, après une seconde d'hésitation; il a, n'est-ce pas, de fortes moustaches blanches? Je crois l'avoir remarqué avec les batteries sur une hauteur qui sépare Saint-Privat de Roncourt.

— C'est bien cela, Monsieur l'aumônier, s'écria Mahurec, c'est bien là que nous étions... nous y sommes restés jusqu'à six heures.

— Alors, mon enfant, fit tristement le prêtre, votre père était bien exposé... peut-être pourrai-je vous être utile dans vos recherches, ajouta-t-il; si vous le permettez, je vais vous accompagner.

— Oh! merci, merci, Monsieur l'aumônier; et vous, Mahurec, fit le jeune homme, vous allez pouvoir vous reposer et nous attendre ici.

— Jamais de la vie, fit le Breton.

Et comme le convoi repartait, il se leva, étouffa un cri de douleur et toujours boitant se remit en marche.

Les lignes allemandes franchies, le convoi se scinda en deux sections; l'aumônier et ses deux compagnons prirent avec l'une d'elles le chemin de Saint-Privat.

Déjà les corvées allemandes étaient partout en mouvement, relevant les morts; des voitures, des cacolets, des brancardiers coiffés du bonnet à cocarde allaient et venaient; les cadavres étaient apportés au bord de la route et alignés comme à l'exercice; des officiers prenaient des notes; des soldats, en tenue de corvée, creusaient des tranchées profondes... et Georges, émotionné au plus haut point, se sentit défaillir.

Le prêtre devina l'impression que ce spectacle faisait sur son jeune compagnon, et, pour l'obliger à regarder au loin :

— Voyez là-bas, mon enfant, dit-il, ce village sur les dernières pentes en avant d'un bois: c'est Saint-Ail, et cet autre un peu plus loin sur la droite, c'est Sainte-Marie-aux-Chênes. Il y a eu là un combat acharné. L'histoire en parlera. Le brave colonel de Geslin était là avec le 94e; il a tenu contre des masses dix fois supérieures, et, au moment où, de Saint-Privat, nous le pensions tué ou pris avec tout son monde, il a pu ramener les débris de son régiment à Roncourt.

Mais c'est ici, sur les pentes que vous voyez là, en avant de Saint-Privat, c'est ici que le spectacle a été terrifiant...

— Vous y étiez, Monsieur l'aumônier?

— Oui, c'était ma place... J'ai vu sortir dix, puis vingt, puis trente bataillons prussiens de Saint-Ail et de Sainte-Marie-aux-Chênes... la terre en était noire et pour leur en ouvrir l'accès, leurs canons tonnaient avec rage contre Saint-Privat; mais personne parmi nous ne faisait attention aux canons... nos soldats postés derrière les murs, aux fenêtres des maisons et jusque sur les toits, attendaient, le doigt sur la détente. Il était cinq heures. Le Maréchal avait recommandé de bien viser... de les laisser s'approcher... ils étaient à mille mètres; je vois encore les compagnies alignées, les officiers devant; leurs sabres scintillaient. Tout à coup la fusillade se mit à crépiter de notre côté... cinq minutes après, ils étaient cloués sur place; on voyait les bataillons tourbillonner, des rangs entiers s'abattre. Quelle effroyable tuerie! un blessé près de qui je me trouvais à ce moment,

Georges venait de reconnaître son père.

se leva sur son séant pour regarder et se mit à battre des mains ; puis j'entendis la voix du Maréchal passant derrière les lignes : « C'est bien, mes enfants, maintenant, ménagez vos cartouches pour tout à l'heure. »

— Oh! oui, Monsieur l'abbé, s'écria Mahurec, oui, vous l'avez entendu comme moi. — C'est un vrai brave, celui-là !

Il y eut un silence, puis l'abbé étendit le bras plus à droite :

— J'ai bien cru à ce moment-là que les Prussiens n'arriveraient pas à enlever notre position, poursuivit-il, mais ils étaient trop et pendant que nous faisions face par ici, des régiments et encore des régiments nous tournaient là-bas, par Auboué, Montois, Roncourt. On voyait leurs lignes noires gagner, gagner sur notre flanc comme une inondation ; puis vers sept heures et demie les obus sont arrivés de par là, enfilant nos lignes... ça a été le commencement de la fin... Tenez... nous sommes arrivés... voilà ce qui reste de Saint-Privat!

Le malheureux village en effet n'avait plus une maison debout, l'église seule avait résisté ; des pans de murs calcinés se dressaient, lamentables au milieu de décombres fumants ; les rues étaient obstruées par mille débris et les fourgons du convoi qui devaient aller plus loin à Roncourt, se mirent en devoir de contourner le village.

— L'artillerie était là sur ce mamelon, dit le prêtre.

— Vite, Monsieur l'aumônier, allons-y, fit Georges ; et son trouble était tel, en arrivant au terme de ce lugubre pèlerinage, que ses dents claquaient ; il semblait en proie à une fièvre ardente.

Soudain le prêtre s'arrêta... A quelque distance, un groupe de brancardiers allemands venait de passer, se dirigeant vers l'église ; sur les brancards, l'aumônier distingua des dorures, des épaulettes.

— Mon enfant, dit-il, vous allez m'attendre ici ; les Allemands transportent, je crois, dans l'église, les officiers qu'ils ramassent... je vais jeter un coup d'œil et je reviens.

Les quelques minutes pendant lesquelles Georges attendit, lui parurent interminables. Quand le prêtre reparut, l'enfant n'eut qu'à le regarder pour comprendre et jeta un cri déchirant...

— Vous l'avez vu?

— Armez-vous de courage, mon enfant.

— Oh! mon Dieu! mon Dieu!... est-ce possible?... Alors, il est là? fit Georges en sanglotant.

Ils entrèrent dans l'église, tête nue; les murs étaient troués par les obus, l'autel effondré et des débris de vitraux jonchaient les dalles.

Au milieu du chœur, une trentaine de corps étaient étendus côte à côte, généraux, colonels, officiers supérieurs français et allemands confondus, dans leurs uniformes aux galons ternis, aux étoiles maculées, leurs sabres auprès d'eux.

Et soudain Georges se précipita en sanglotant et s'agenouilla auprès d'un de ces nobles morts.

Il venait de reconnaître son père.

Le colonel Cardignac avait reçu une balle en plein cœur : un filet de sang avait coulé le long de sa croix; sa figure était calme et, les yeux fermés, il semblait dormir.

Haletant, la poitrine soulevée par des sanglots convulsifs, Georges, penché sur le corps de son père, l'embrassait, l'appelait !...

Un soldat allemand, en sentinelle dans un des bas côtés de l'église, s'approcha; mais l'abbé d'Ormesson lui dit quelques mots à voix basse et le soldat s'éloigna sur la pointe des pieds, comme s'il eût craint de troubler le cruel deuil de cette âme d'enfant.

Ainsi, c'était pour arriver au sommet de ce calvaire, que Georges avait quitté le foyer désert, avait brisé le cœur de sa mère, en partant malgré ses supplications !

Pendant quelques minutes, il pleura, cria, implora; puis, devant ce visage immobile et déjà revêtu de la majesté calme de la mort, il se tut; une ardente prière monta à ses lèvres, puis le front dans ses mains, il songea à sa mère qu'il avait laissée là-bas, et qu'il ne reverrait plus que couverte du long voile des veuves.

Dans ce moment terrible, il revécut comme en un rêve les dernières heures de son séjour au foyer paternel.

Quel pressentiment l'avait poussé à le quitter ?

Comment avait-il pu, lui, enfant soumis et tendre la veille encore, signifier à sa mère, comme il l'avait fait, sa volonté de partir ?

Il revit la scène : une mauvaise nouvelle, l'annonce d'une grande défaite, avait paru ce soir-là dans un journal anglais; d'après le *Times*, l'armée française se trouvait dans une position critique : coupée de la Moselle, avec deux corps d'armée anéantis... c'était la version que les Anglais, toujours favorables aux plus forts, donnaient du combat glorieux de Borny... Puis le même soir, une lettre de Pierre était arrivée à Paris : il venait, sur sa demande, de passer capitaine commandant au 1er régiment de chasseurs d'Afrique et s'apprêtait à rejoindre son corps à Verdun, avec un cadre de sous-officiers et de brigadiers tiré des chasseurs de la Garde... Dans deux jours, il aurait quitté Paris et demandait au colonel de donner l'hospitalité à sa chère Margarita et à Mme Renucci... Il ajoutait que le gâchis augmentait, que l'affolement régnait dans la capitale et que tout lui semblait aller de plus en plus mal...

Après la lecture de cette lettre, Georges s'était levé, en proie à une véritable exaltation ; il avait rappelé à sa mère l'engagement formel qu'il avait pris : « Père, je te rejoindrai. » Le colonel l'avait embrassé sans mot dire... donc il l'approuvait !...

Toute en larmes, elle l'avait supplié de renoncer à ce projet : il n'était qu'un enfant... on n'accepterait pas son engagement ; n'était-ce pas assez que son père fût parti ? que deviendrait-elle, seule, avec ses inquiétudes ?

Mais, poussé par une force invincible, il avait eu le courage de résister, répétant nerveusement : « Je m'engagerai, je m'engagerai. »

Alors elle avait ordonné ; mais, à sa défense, il avait opposé la volonté de son père dont il était sûr, l'exemple de son grand-père auquel elle ne pouvait rien objecter et, le lendemain, il était parti.

Georgewitz avait voulu le suivre, mais celui qu'il considérait comme son jeune maître lui avait ordonné de rester auprès de Mme Cardignac ; et, le cœur gros, le petit Russe, comme on l'appelait toujours, avait obéi.

A Paris, Georges avait pu voir Pierre Bertigny avant son départ : il l'avait trouvé très troublé par cette atmosphère de méfiance qui régnait dans la grande ville, mais content néanmoins de retourner aux chasseurs d'Afrique, et surtout de servir sous les ordres du général Margueritte qu'il connaissait. Quant à Margarita, elle était désespérée de cette cruelle séparation et Georges l'avait, de la part de sa mère, engagée à rallier le Havre au plus vite avec Mme Renucci, pour y unir leurs solitudes.

Enfin, le soir même, le fils du colonel Cardignac était monté dans un train pour Metz, un train militaire, comme celui où son père avait trouvé place.

Un sergent l'avait interpellé : « Je vais m'engager », avait répondu Georges ;

puis il était tombé brisé par l'émotion et la fatigue sur la banquette, et les soldats l'avaient laissé dormir. Quand il s'était réveillé, le train entrait dans la gare de Metz; c'était le 16 août au matin, et quelques heures après, tonnait le canon de Rezonville qui coupait la voie aux trains suivants.

Comment il avait passé cette cruelle journée, il n'en avait plus qu'un vague souvenir : il avait erré, sans arrêt, interrogeant des soldats, des officiers. Nulle part, pendant la bataille, il n'avait trouvé trace du nom de son père; mais, le lendemain, étant allé à l'arsenal et ayant intéressé à son sort un garde d'artillerie, il avait trouvé sur un bon de munitions la signature du colonel donnée le matin même; il n'avait donc pas été blessé le 16 et, du même coup, Georges apprit qu'il était nommé à un commandement d'artillerie au 6ᵉ Corps.

Avec cette indication, il allait le trouver le lendemain sans difficulté.

Mais le lendemain 18, c'était la bataille de Saint-Privat.

Et de nouveau, toute la journée, il avait couru; dès la première heure, il était monté au fort Saint-Quentin dont la masse imposante domine la Moselle. Peut-être que là il saurait quelque chose; on n'avait pu lui dire où était le 6ᵉ Corps, mais on lui avait montré, à Plappeville, la maison où se tenait Bazaine : les chevaux attendaient sellés à la porte, des estafettes arrivaient au galop et repartaient aussitôt; c'étaient les messagers qu'expédiait coup sur coup le malheureux Canrobert, débordé par plus de cent mille hommes.

Et en entendant cette canonnade qui faisait rage et illuminait l'horizon, il s'était demandé, lui, l'enfant ignorant des choses de la guerre, pourquoi le généralissime qui commandait cette armée si furieusement engagée, n'allait pas la rejoindre, comment ces chevaux restaient toujours sellés à la porte?

A cinq heures pourtant il avait vu sortir Bazaine; mais, à sa grande surprise, il était parti du côté opposé à la bataille; il était entré au fort Saint-Quentin et s'était amusé lui-même à pointer une pièce sur Jussy... Puis, rentré dans son salon, il avait déclaré que « la journée était finie ».

Elle était finie, en effet, et la suprême bataille perdue; que maudite soit la mémoire de cet homme, mes enfants! Il avait la plus belle armée du monde, il pouvait sauver son pays, disputer au moins la victoire; il ne fit rien, couva de ténébreux projets et trahit ses soldats. Or, s'il est un crime infamant sur la terre, c'est celui du traître!

Le soir venu, Georges avait assisté, terrifié, à la retraite du 4ᵉ Corps et avait été emporté dans la déroute des régiments ; puis, à la nuit close, au moment où les derniers grondements du canon de l'ennemi se mouraient sur l'infernal plateau, il s'était trouvé par hasard au milieu des campements du 6ᵉ Corps ; de bivouac en bivouac, il avait fini par tomber sur l'artillerie, près du hameau du Sansonnet, et comme Mahurec n'avait pas abandonné sa pièce, c'est là qu'il l'avait retrouvé.

Vous jugez, mes enfants, de la surprise du vieux sous-officier en se voyant aborder dans l'obscurité par Georges Cardignac qu'il avait laissé avec sa mère, au Havre, quelques jours auparavant.

— Monsieur Georges ! c'est vous ! ah ! par exemple !

Mais à la première interrogation du jeune homme, il avait pâli sous ses linges ensanglantés ; le colonel... hélas ! il ne savait pas ; mais le lendemain, ils se joindraient à une ambulance et iraient chercher là-haut !

Et pendant le reste de cette terrible nuit, Georges avait pleuré et prié.

✣

Ils avaient cherché, ils avaient trouvé !...

Maintenant c'en était fait : Georges allait entrer dans la vie sans soutien.

Le premier colonel Cardignac, celui qui avait été laissé pour mort sur le champ de bataille de Waterloo, avait survécu à ses blessures et pendant seize ans encore, il avait servi de guide et de conseil à ses deux fils.

De ces deux héritiers de son nom, l'un, Henri, avait déjà disparu, tué à l'ennemi, et voilà que l'autre, Jean, tombait à son tour au champ d'honneur dans une autre journée de Waterloo. Les descendants du premier des Cardignac avaient noblement suivi les enseignements paternels.

Et Georges, le dernier rejeton de cette famille militaire, restait seul, seul à un âge où, blottis à l'ombre du foyer, tant de jeunes gens ignorent encore les durs combats de la vie.

Mais un sang généreux coulait dans ses veines. Tant qu'il avait craint ou espéré, il avait donné libre cours à ses larmes ; mais devant la terrible réalité, devant le vide qui s'ouvrait subitement dans sa vie, il se ressaisit et le prêtre qui priait dans un coin, le vit soudain transfiguré. Son jeune visage refléta l'énergique résolution qui venait de se préciser au fond de son âme, et dans ses yeux bleus un éclair passa.

Georges détacha de la poitrine de son père la croix de la Légion d'honneur, relique arrosée de son sang et qu'il allait emporter; il ôta de son propre cou la médaille d'or qu'il portait depuis le jour de son baptême et sur laquelle était gravé le nom de Cardignac; pieusement, avec des attentions infinies, il la passa au cou de son père; puis, étendant le bras :

— Père, dit-il d'une voix grave, je te jure de te venger !

Il déposa alors un long et dernier baiser sur le front du mort et se releva, le regard décidé :

— Monsieur l'aumônier, dit-il, permettez-moi de vous adresser une prière.

— Elle est exaucée d'avance, mon pauvre enfant !

— Ce que je viens de faire, c'est pour le reconnaître (1) plus tard, quand nous viendrons le rechercher avec mère !... Voulez-vous regarder où *ils* vont le mettre et remarquer l'endroit ?

L'abbé d'Ormesson eut un geste triste d'assentiment, et le jeune homme poursuivit :

— Moi, je pars de suite ; je vais à l'armée de Mac-Mahon ; il est encore temps de passer et je ne veux pas perdre une heure... Adieu, Monsieur l'aumônier, adieu, mon bon Mahurec !

— Monsieur Georges, est-ce possible ? vous partez comme ça,... fit le vieux sous-officier, la figure bouleversée.

— Oui, Mahurec, si père pouvait encore parler, c'est le vœu qu'il formerait, j'en suis sûr, je le sais et je lui obéis.

— Mais, Monsieur Georges, si vous restiez ici, à l'armée du Rhin, si vous vous engagiez dans ma batterie, par exemple, vous ne seriez pas tout seul, et je pourrais peut-être...

— Non, fit vivement le jeune homme; ici c'est fini, les Prussiens vont vous enfermer tout à fait, et moi je ne veux pas être prisonnier ; je m'en vais remonter du côté de Thionville et je trouverai bien moyen de regagner Châlons. Là, je rejoindrai Pierre Bertigny que vous connaissez bien et qui me conseillera. Après, à la grâce de Dieu !...

— Vous avez raison, mon enfant, dit le prêtre ; lui seul est le maître, le maître des nations et des hommes !

L'enfant avait eu, à cette heure de suprême inspiration, la vision prophé-

(1) Les officiers et les soldats n'avaient pas alors au cou la plaque inoxydable qui permet de reconnaître leur identité sur les champs de bataille.

Costumes du début de la guerre de 1870.

Officier d'état-major.   Garde-mobile.

tique de la douloureuse agonie qui attendait la vaillante armée du Rhin!

Deux mois après la bataille de Saint-Privat, conduits par leur chef indigne à la plus sombre des catastrophes, les meilleurs soldats de France, des soldats aguerris, braves, dévoués, mais brisés par une inaction démoralisante et abattus par la famine, étaient livrés aux Prussiens.

Après des négociations qu'il serait trop triste de rappeler ici, le Maréchal Bazaine consentait à capituler, remettant aux mains de l'ennemi la place de Metz et ses forts, 3 maréchaux de France, 50 généraux, 6.000 officiers, 173.000 hommes, 1.400 pièces de canon, 23 millions de cartouches!

Et à cet immense butin il ajouta, ô honte! mes enfants, 45 drapeaux!

Oui, et n'osant avouer qu'il obéissait à l'ordre formel de Frédéric-Charles d'avoir à les livrer, il prescrivit aux colonels des régiments d'envoyer leurs drapeaux et étendards à l'arsenal de Metz, *pour y être brûlés!*

La plupart des chefs de corps obéirent, bien qu'une profonde émotion se fût emparée de l'armée en recevant cet ordre.

D'autres, soupçonnant la trahison qui se préparait, brûlèrent eux-mêmes leurs drapeaux.

Tels furent les généraux Lapasset, Desvaux, de Laveaucoupet et Jeanningros.

Quelques-uns, mieux inspirés encore, découpèrent la soie en lambeaux minuscules et les distribuèrent à leurs officiers, sous-officiers et soldats. De ce nombre fut le colonel Giraud, du régiment des zouaves de la Garde, et aujourd'hui, ces morceaux sacrés, restitués en partie par ceux qui les avaient reçus en dépôt, forment à Tunis, dans la salle d'honneur du 4ᵉ zouaves, héritier des zouaves de la Garde, le drapeau de Metz reconstitué.

J'ai eu l'honneur, il y a dix ans, par ordre du colonel Jeannerod, de rassembler tous ces lambeaux renvoyés des quatre coins de France; j'ai reçu des lettres touchantes des vieux soldats qui les avaient emportés en captivité, le 28 octobre, et ce vieux drapeau, je ne l'ai jamais regardé, mes enfants, sans me reporter à l'heure fatale où les régiments de l'armée du Rhin durent se séparer de leurs aigles. Qu'ils durent souffrir les anciens de Crimée et d'Italie, eux qui les avaient vues resplendir au-dessus des bataillons victorieux!

Maintes fois, mes enfants, je vous ai parlé du drapeau. Souvent encore, je vous en parlerai : vous saurez plus tard, vous sentirez par vous-mêmes quelle place il tient dans un régiment, cette forteresse dont les remparts sont des poitrines humaines; vers lui vont tous les regards à l'heure du danger, à lui, se sont sacrifiées volontairement des milliers de nobles vies! Un peuple qui a le culte du drapeau et de l'honneur dont il est le signe, ne meurt pas; ayez-le, ce culte, mes enfants, pour que notre France vive! proclamez-le bien haut, pour qu'elle se relève!...

Le 29 octobre à midi, de longues files interminables d'hommes hâves, sombres, amaigris, arrivèrent devant les régiments allemands qui les attendaient l'arme au pied, et défilèrent mornes et dignes devant leurs vainqueurs; la captivité, une dure captivité de cinq mois, était au bout de cette première étape!

Ce soir-là, près du fort Saint-Quentin, une longue file de canons et de mitrailleuses s'alignaient sur les glacis; une délégation d'officiers allemands devait venir en prendre possession à cinq heures. Deux officiers d'artillerie français causaient tristement à voix basse, attendant l'arrivée des vainqueurs, pour leur remettre les canons et les caissons suivant les clauses de la capitulation.

Soudain, du côté des bois, un sous-officier français d'artillerie parut; il était grisonnant, portait une barbe inculte et montait un cheval de haute taille, à forte encolure, un de ces chevaux de grosse cavalerie comme en possédaient les régiments poméraniens; à sa selle, était adapté un poitrail aux extrémités duquel des traits d'attelage roulés pendaient librement.

Ce sous-officier était Mahurec, le chef de pièce.

Mahurec guéri et sorti de l'ambulance depuis quelques jours seulement.

Où le Breton, démonté depuis longtemps, puisque la plupart des chevaux avaient été mangés, avait-il trouvé ce cheval? ou plutôt quel coup de main le lui avait livré? on ne le sut jamais; qu'en voulait-il faire? je vais vous le dire.

Il arriva au trot devant le parc d'artillerie, passa entre la ligne des pièces et celle des caissons, sauta à terre, prit sa monture par la bride et lentement parcourut le front des mitrailleuses devant les officiers étonnés.

Il examina chacune d'elles avec attention, se penchant pour en lire les numéros gravés sur les tourillons et tout à coup s'arrêta.

A certains détails de construction qui ne le trompaient pas, à certains poinçons ou chiffres qu'il connaissait par cœur, il venait de reconnaître Yvonne... sa pièce à lui... la dernière Yvonne qu'il eut servie!

Aussi calme que s'il se fût agi d'une manœuvre d'avant-train, il déroula les traits qui pendaient au poitrail de sa monture, en passa les crochets dans les poignées latérales de l'affût et non sans peine, car il boitait encore, il se remit en selle.

Un des deux officiers d'artillerie, s'avançant, l'interpella :

— Eh bien! maréchal des logis, que faites-vous donc là?

— Vous le voyez, mon capitaine, j'ai retrouvé ma pièce, je l'emmène...

— Vous l'emmenez? fit l'officier abasourdi, où celà?

— Là-bas! répondit Mahurec en étendant le bras dans la direction d'Amanvilliers.

Et scandant ses mots :

— Je l'emmène, reprit-il, parce que *je ne veux pas* que les Prussiens la prennent.

— Vous ne voulez pas!... alors, c'est de vous-même, sans ordre, que vous enlevez cette mitrailleuse?

— Oui, mon capitaine, je me suis juré que, moi vivant, elle ne tomberait pas entre leurs mains.

Les deux officiers se regardèrent et celui qui n'avait encore rien dit murmura :

— Pauvre homme... il est fou!..

— Oui, c'est un coup de folie, reprit l'autre, mais quel brave homme et combien je l'admire!

Tous deux se trompaient, mes enfants. Mahurec n'était pas fou, mais à cette heure atroce, où un Maréchal de France, revêtu de la plus haute dignité militaire, foulait aux pieds le devoir le plus saint, il avait été saisi, lui, l'humble maréchal des logis, d'un véritable délire patriotique en songeant que l'ennemi allait mettre la main sur cette chose sacrée pour lui, sur cette compagne de sa vie militaire, sur sa pièce!

Il n'avait plus qu'elle au monde; toutes ses affections étaient parties depuis que la véritable Yvonne reposait là-bas dans un petit cimetière de Bretagne, depuis que le colonel Cardignac à son tour avait disparu de l'horizon de sa vie.

Sans doute il avait donné une pensée à son petit Yan resté au pays, mais tant d'enfants bretons ne connaissent point leurs pères, ravis de bonne heure par l'Océan!... et après avoir essuyé une larme au souvenir de l'orphelin, il était revenu à l'idée fixe qui l'avait empoigné lorsqu'il avait appris qu'on livrait tous les canons aux Prussiens.

Idée fixe qui se résumait ainsi :

Sauver sa pièce de cette profanation.

A la pensée que l'ennemi allait l'emmener, un déchirement s'était produit dans cette âme simple, et vous le comprendrez, mes enfants, quand je vous aurai dit que, quelques mois plus tard, à la fin du siège de Paris, un autre canonnier, un marin, Le Gac, se tua sur sa pièce au fort d'Issy, au moment où les Prussiens prenaient possession de l'ouvrage (1).

Mahurec, lui, n'avait pas pensé au suicide, réprouvé par la loi divine ; mais on lui avait appris au régiment qu'un soldat ne doit jamais rendre ses armes, que, réduit à la dernière extrémité, il doit les détruire avant d'accepter la captivité, et simplement, sans confier son projet à personne, il s'était juré de faire pour son compte ce que le chef de l'armée ne faisait pas.

Les deux officiers français n'avaient d'ailleurs pas fait un geste pour le retenir, et Mahurec, remis en selle, éperonna vigoureusement son cheval.

La mitrailleuse française n'avait pas un poids considérable, le gros cheval poméranien la mit en branle sans trop d'efforts et le Breton prit le trot.

Il se dirigeait vers la lisière des bois.

Soudain, des casques à boule surgirent sur la gauche à quelque distance, une troupe de canonniers allemands arrivait précédée d'officiers ; elle s'arrêta indécise, ne comprenant rien à ce qu'elle voyait.

En les apercevant, Mahurec avait vigoureusement stimulé sa monture qui, sous l'éperon, bondit et prit le galop. Le Breton filait en ligne droite, vers un but invisible.

Puis on le vit s'arrêter au sommet d'un léger renflement du sol et, par un à-gauche, amener sa mitrailleuse au sommet de ce remblai crayeux, comme s'il eût voulu la mettre en batterie.

Alors, il descendit de cheval, se baissa sur l'affût, détacha les traits, rendit la liberté à sa monture et s'arc-bouta à la roue droite, comme pour le mouvement de *à bras en avant!*

---

(1) Historique. — Ce marin a sa statue.

Mais des cris, des vociférations, venaient d'éclater parmi les Allemands, témoins abasourdis de cette scène rapide.

Ils avaient compris.

Le point que venait d'atteindre Mahurec était le bord de carrières très profondes, s'étendant jusqu'à la lisière du bois d'Amanvilliers.

Ces carrières d'où on extrayait du grès étaient abandonnées depuis longtemps, et les enfants venaient le dimanche jeter des pierres dans leurs noires profondeurs, pour entendre au bout de quelques secondes, qui paraissaient des minutes, le bruit sourd de leur chute, sur les rocs invisibles.

Mahurec les connaissait bien...

Des commandements précipités se firent entendre; mais les canonniers allemands qui avaient leurs carabines en bandoulière, ne s'attendant guère à en faire usage ce soir-là, furent lents à les apprêter, puis à charger; et quand, au commandement plusieurs fois répété rageusement de *Feuer! Feuer!* ils eurent enfin mis en joue et pressé sur la détente, la mitrailleuse avait disparu.

Elle avait roulé dans l'abîme, son affût tordu, ses roues brisées, sa culasse faussée... Celle-là du moins ne servirait pas à l'ennemi et n'irait pas orner à Postdam le Musée guerrier consacré au triomphe de l'Allemagne.

A quelque distance, le cheval paissait tranquillement.

Au bord des carrières, Mahurec, son œuvre accomplie, venait de tomber sur un genou, la cuisse traversée par une balle.

Il mit l'autre genou en terre, joignit les mains, et ses lèvres murmurèrent une vieille prière bretonne.

Mais un feu de salve s'abattit sur lui à moins de cent mètres, et percé de plusieurs balles, il tomba les bras étendus sans pousser un cri.

Un des Allemands, un sous-officier, se détacha du groupe, se dirigea vers le lieu du drame, et, voyant que le Breton ne remuait plus, d'un coup de pied furieux, le poussa dans l'abîme. Il se pencha et ne vit rien; mais le bruit mat d'un corps qui s'écrase monta jusqu'à lui.

Mahurec allait dormir son dernier sommeil auprès de sa pièce.

Lui, du moins, n'avait pas rendu ses armes, et avait fait, avant de succomber, *tout ce que prescrivaient le devoir et l'honneur!*

Pendant que s'accomplissaient les lugubres destinées de l'armée du

Rhin, Georges Cardignac avait fait ses premières armes à Bazeilles, dans cette lutte acharnée qui précéda la bataille de Sedan. Sain et sauf après la terrible journée, il avait retrouvé Pierre Bertigny sorti vivant, lui aussi, de la fournaise où s'était engouffrée la division Margueritte, et tous deux, par un trait d'heureuse audace, avaient traversé les lignes prussiennes, gagné la Belgique et échappé ainsi à la honte d'une deuxième capitulation.

À l'heure même où Mahurec tombait à Metz, le dernier des Cardignac tenant, avec une farouche énergie, le serment fait à son père, sur le champ de bataille de Saint-Privat, combattait dans les armées de province : le 30 octobre, il était blessé à la première bataille de Dijon ; mais, rapidement guéri, il reprenait à temps son poste à l'armée de l'Est pour y terminer la campagne, et il y tirait ses derniers coups de fusil.

Si maintenant, mes enfants, vous voulez bien parcourir avec moi la troisième et dernière étape (1) du trajet historique, commencé avec vous il y a deux ans, vous verrez l'enfant qui représente la troisième génération de notre « Famille de soldats », entrer à Saint-Cyr après la guerre de 1870, et, dans cette Infanterie de marine qui a donné à la France, les Galliéni, les Monteil, les Marchand, les Mangin et tant d'autres vaillants, parcourir le cycle des expéditions coloniales qui préludent à « la Guerre de demain. »

(1) *Petit Marsouin*.

TABLE DES MATIÈRES

	Pages
Dédicace.	V
Chapitre I. — Sur la terre d'Afrique.	1
— II. — Prisonniers.	11
— III. — Dans les cachots de la Kasbah!	27
— IV. — Jours d'angoisse.	45
— V. — Lettre d'Afrique.	55
— VI. — A travers la poudre.	71
— VII. — Officiers d'ordonnance.	83
— VIII. — Sur la brèche.	91
— IX. — Le retour des cendres.	121
— X. — Pierrot à La Flèche.	149
— XI. — Le petit Georges Cardignac.	177
— XII. — Devant le Conseil de guerre.	197
— XIII. — Où il est démontré qu'un drapeau n'est pas facile à prendre.	233
— XIV. — Devant Sébastopol.	269
— XV. — Poignée d'aventures.	311
— XVI. — A travers l'Italie.	353
— XVII. — L'année terrible.	389
Épilogue.	419

ACHEVÉ D'IMPRIMER

le 1ᵉʳ décembre 1899

SUR LES PRESSES DE PAUL SCHMIDT

20, rue du Dragon, Paris

POUR

LA LIBRAIRIE CH. DELAGRAVE

www.ingramcontent.com/pod-product-compliance
Lightning Source LLC
Chambersburg PA
CBHW070206240426
43671CB00007B/566